»Renate Hartwig verdient für ihr engagiertes Vorgehen breite Unterstützung.«
Dr. Wolfgang Schäuble,
Fraktionsvorsitzender der CDU/CSU im Deutschen Bundestag

»... eine persönlich und engagiert geschriebene Auseinandersetzung mit den Zielen und Aktivitäten von Scientology.«
Frankfurter Allgemeine Zeitung

»Dieses Buch ist Sprengstoff!«
Globus

»Die mutigste Frau Deutschlands.«
die aktuelle

»Renate Hartwig beobachtet aufmerksam und recherchiert zäh, wie ›Scientology‹ Unternehmen zu unterwandern versucht. Ihre Warnungen haben schon viele Firmen vor Schaden bewahrt.«
Wirtschaftswoche

Zur Person:

Renate Hartwig ist Feind Nr. 1 für Scientology in Deutschland; ihr Haus in Pfaffenhofen gleicht aus guten Gründen einer Festung. Die Gründerin und Vorsitzende der Anti-Scientology-Bürgerinitiative »Robin direkt« weiß (fast) alles – über Strategien, Geheimpläne, Mitglieder, Machenschaften von Scientology. Ihre Infoquelle: Aussteigewillige, denen Renate Hartwig mit größtem persönlichen Einsatz aus den Fängen der »Sekte« hilft. Deren Gegenleistung: sie packen rückhaltlos aus. Fachleute vermuten, daß Renate Hartwig über die vielleicht größte Datenbank zu Scientology außerhalb der Organisation verfügt. Darum ist Renate Hartwig auch die erste Anlaufstelle im deutschsprachigen Raum für alle Journalisten von Presse, Funk und Fernsehen die über Scientology berichten. Das Magazin TEMPO schreibt über Renate Hartwig: »Sie erlebte einen Bestechungsversuch in Millionenhöhe; anonyme Morddrohungen, Verleumdungen und Bespitzelungen gehören zu ihrem Alltag. Der hat sich längst in einen Privat-Kreuzzug verwandelt, den die dreifache Mutter mit moralischer Rauflust und bissiger Ironie führt. Auf die Frage, was sie beruflich mache, sagte sie einmal: ›Ich schaffe mir Feinde.‹«

Renate Hartwig

Scientology
Ich klage an!

WILHELM HEYNE VERLAG
MÜNCHEN

HEYNE SACHBUCH
Nr. 19/356

Taschenbuchausgabe im Wilhelm Heyne Verlag GmbH & Co. KG,
München
Copyright © 1994 by Weltbild Verlag GmbH, Augsburg

ISBN 3-453-08521-3

Sagen oder veröffentlichen Sie niemals etwas,
was sie nicht beweisen oder dokumentieren können.

Dokumentieren Sie immer die Wahrheit,
um Lügen entgegenzutreten.

L. Ron Hubbard

*aus: HCO Policy-Brief
vom 27. Oktober 1974,
PR-Serie Nr. 25*

In die Schreibweise der Originalzitate wurde nicht korrigierend eingegriffen.

Inhalt

Ein paar Worte über eine mutige Frau

Scientology, ein abstruses Gemisch aus Psychokult, Science Fiction, Pseudowissenschaft und Wirtschaftsmulti.

Viele wußten davon, aber nur wenige taten etwas dagegen. Das wäre vermutlich so geblieben, wenn nicht eines Tages eine mutige Frau aufgestanden wäre und laut und vernehmlich »Nein« gesagt hätte. Wer Renate Hartwig kennt, weiß, daß schon ihr Temperament ihr verbietet, das leise zu tun. Und weil Tun meist wirkungsvoller ist als Reden, setzt sie sich mit einer Mischung aus einem ausgeprägten Gerechtigkeitsempfinden und mindestens genauso markanter Sturheit über die »Gesetze« der Scientologen hinweg, die da beispielsweise heißen: »Wer uns kritisiert, wird sich wünschen, nie über uns gesprochen zu haben.«

Sieben Tage pro Woche ist sie im Einsatz, sammelt, archiviert und speichert Informationen, zeigt in Referaten vor meist erschreckten Zuhörern die Gefährlichkeit der Krake Scientology auf, berät und versteckt Aussteiger und ermöglicht ihnen so die Rückkehr in ein normales Leben. Die Belohnung für diesen Idealismus heißt nicht Geld, sondern Dankbarkeit.

Diese Frau ist ein einziger Ausnahmezustand. Ein »fabelhafter« Vergleich wäre auch die berühmte Geschichte von Hase und Igel: Was immer die Scientologen anstellen, um ihr auf die Füße zu treten – sie ist längst mindestens einen Schritt weiter. Denn schon lange wehrt sie sich nicht mehr nur gegen das System Scientology, sie greift es an. »Um einen Falken zu fangen, muß man denken wie ein Falke«, hat sie einmal gesagt. Um eine sogenannte »Kirche« zu bekämpfen, deren Fragwürdigkeit sich schon allein dadurch beweist, daß sie zur Bespitzelung von Kritikern und sogar der eigenen Mitglieder einen »Geheimdienst« und eine »Kriegskasse« braucht, hat sie deshalb »Robin direkt«, eine schlagkräftige Bürgerinitiative gegründet.

Das Namenskürzel »LRH« von Sektengründer »Laffaette Ron Hubbard« hat sie ebenfalls längst umgedeutet: Das könne doch nur »Liebe Renate Hartwig« heißen. Die Prozesse, mit denen sie regelmäßig eingedeckt wird, wenn sie wieder einmal einem Journalisten

Material geliefert hat, sind Legion; sie hat das Zählen längst aufgegeben. Und während die Scientologen mit ihren Klagen und horrenden Schadenersatzforderungen häufig auf dem Bauch landen, legt sie den Finger längst in andere Wunden.

Die Scientologen jedenfalls fürchten Renate Hartwig wie der Teufel das Weihwasser. Die »neuen Übermenschen«, die angeblich unverwundbaren und gegen so gewöhnliche Unbill wie Atomstrahlung immunen »Thetanen«, die zudem vorgeben, alles und jeden »handhaben« zu können, kneifen und lassen sich entschuldigen, wenn in einer Fernsehsendung Renate Hartwig mit am Tisch sitzt.

Scientology ist oft mit einer Krake verglichen worden, die mit ihren Fangarmen im trüben fischt und festhält, was immer in ihre Nähe kommt. Renate Hartwigs verlängerte Arme dagegen sind wir Journalisten, die das publik machen, was sie an Informationen und oft auch an Schmutz ausbuddelt. Im durchaus eigenen Interesse wohlgemerkt: In den totalitären Zukunftsvisionen von Scientology ist eine freie Presse aus nachvollziehbaren Gründen nicht vorgesehen. Die Glaubensfreiheit, auf die die Scientologen sich zur Tarnung ihres Tuns heute noch in allen Prozessen larmoyant berufen, würde wohl ebenfalls sofort abgeschafft. Und auch die Schlüsselpositionen in Wirtschaft und Politik wären in einem solchen System nur mit absolut linientreuen Befehlsempfängern besetzt. Politiker und Manager können nach diesem Buch jedenfalls nicht mehr sagen, sie hätten von nichts gewußt. Auch wenn ihre Fähigkeiten nicht in jedem Fall über alle Zweifel erhaben sind: Zumindest lesen können sie alle.

Obwohl auch in diesem Buch »Gut« und »Böse« die Hauptrollen spielen, ist es alles andere als ein Märchenbuch. Es kann aber dazu beitragen, ein Märchen wahrzumachen. In einem Fernseh-Interview hat Renate Hartwig ihr Engagement und ihren Mut vor einiger Zeit einmal schlüssig begründet: »Ich habe drei Kinder, und die werden irgendwann ebenfalls Kinder haben. Und denen werde ich dann eine Geschichte erzählen, die beginnt mit ›Es gab einmal eine Sekte, und die hieß Scientology ... ‹ «

Martin Graf, Journalist

Kapitel 1

Ich klage an!

Ich, Renate Hartwig, bin keine Anwältin. Ich habe in keinem juristischen Kolleg gesessen und keine juristischen Handbücher studiert. Mein Leben lang habe ich mich sozial engagiert; ich war nie ein Zuschauer. Ich nehme mir jetzt die Freiheit anzuklagen. Ich nehme mir diese Freiheit als ein Mensch, der in den letzten Jahren ein bißchen zuviel erfahren und gesehen hat, als daß er noch länger den Mund halten könnte. Vor meinen Augen spielten sich menschliche Tragödien ab: Eltern wandten sich an mich, die ihr Kind durch Selbstmord verloren hatten, Frauen, die auf rätselhafte Weise ihren Partner, den Vater ihrer Kinder aufgeben mußten und fortan von der Sozialhilfe lebten, alte Leute, die plötzlich damit konfrontiert wurden, daß durch ihren Sohn ein paar hunderttausend Mark Hypothek auf einem Bauernhof lasteten, der Jahrhunderte lang in Familienbesitz war – und immer wieder, dutzendfach und mehr, diese erschütternden Einzelschicksale von Leuten, die an meiner Tür klingelten, weil sie einfach fix und fertig waren und nicht mehr ein noch aus wußten. Im Brennpunkt all dieser Geschichten: das Wort »Scientology«.

Warum überließ ich diese Menschen nicht einfach den »Fachleuten«? Ich weiß es nicht genau. Mein Vater hat im KZ gesessen; nach dem Krieg hat er sich politisch engagiert. Meine Mutter mußte das Land verlassen, weil sie jüdische Kinder versteckt hatte. Von ihnen habe ich das Rückgrat, diesen unbändigen Gerechtigkeitssinn und den gefährlichen Hang, mich einzumischen in Dinge, für die eigentlich die Politiker, die Justiz, die Polizei da wären. Da »wären«, wenn sie nicht so skandalös pennen würden. Ich nehme mir die Freiheit, ihnen gehörig Dampf zu machen.

In diesem Buch werde ich Scientology an den Pranger stellen. Aber nur zur Hälfte; ich habe nämlich in diesem Zusammenhang noch ein paar andere Leute im Visier. Bloß das System Scientology anklagen, das mache ich nun schon seit Jahren. Landauf, landab habe ich auf ungezählten Veranstaltungen gesprochen; bei Talk-Shows trat ich gegen Vorzeige-Scientologen in den Zeugenstand (bis sie sich wohl nicht mehr trauten, gegen mich anzutreten); ich habe Dutzende von Prozessen überstanden. Scientology anklagen – das haben mittlerweile auch schon andere besorgt. Und ich bin stolz darauf, daß Robin direkt, die Bürgerinitiative gegen Scientology, und ich selbst in der Vergangenheit einen ganz wesentlichen Beitrag zur Aufklärung über die Machenschaften dieses denkwürdigen »Unternehmens« geleistet haben.

Filmreporter fast aller öffentlich-rechtlichen und privaten Fernsehsender, verschiedene Buchautoren und die Journalisten der großen Tageszeitungen, Wochenzeitungen und Magazine saßen bei mir in Pfaffenhofen in unserem Wohnzimmer und im Büro, um zu recherchieren und sich mit Material zu versorgen. Sie erhielten Einblick in Zeugenaussagen hochrangiger Aussteiger, sie studierten die internen Papiere der »Sekte«. Couragierte Politiker unserer großen Parteien haben sich bei Robin direkt kundig gemacht; Ermittler der Kriminalpolizei wälzten Berge von Akten; Regierungsstellen ergänzten ihre Dokumentation; die Personalchefs großer Industriekonzerne ließen sich beraten, wie sie ihre Unternehmen wieder frei von ideologischen Zugriffen machen konnten. Viele von diesen mutigen Leuten wurden meine Freunde. Ich darf heute sagen: Sie bauten mit an einem Netz des Widerstands. Sie alle haben dazu beigetragen, daß man heute in der Öffentlichkeit in Umrissen eigentlich ganz gut wissen könnte, was Scientology ist. Nein, nur Scientology anzuklagen, nur noch ein weiteres Skandalbuch mit pittoresken Opfergeschichten zu schreiben – das ist mir zu wenig. Den Skandal, den ich mit diesem Buch publik machen werde, ist der Skandal unserer öffentlichen Einrichtungen, die es blauäugig, resignativ oder gar bewußt hinnehmen, daß die Organisation Scientology im Untergrund wie eine Krebsgeschwulst weiter wuchern kann. Da organisiert eine mutmaßlich kriminelle Vereinigung einen »Staat im Staat«; da wird unsere freiheitlich-demokratische Verfassung in kalter Absicht, mit einer raffiniert ausgetüftelten Strategie und bestem Erfolg unterlaufen. Und dann gibt es überall Leute, die nehmen das Unglaubliche zur Kenntnis, beschriften einen neuen Leitzordner und heften es ab.

Das ist der Skandal, von dem ich reden werde! Scientology ist nur darum noch nicht von der Bildfläche verschwunden, weil diese Einrichtung Kooperateure, Sympathisanten und Kumpane hat – überall, in den Parteien, den Regierungsstellen, der Justiz, der Polizei. Unter diesen »Kumpanen« gibt es zwei Sorten, die manchmal schwer auseinanderzuhalten sind: Kumpane wider Willen und Kumpane wider besseres Wissen. Die einen kann man aufklären; die anderen muß man beim Namen nennen. Die Leute von der letzten Sorte sollen sich schon einmal warm anziehen. Sie stehen namentlich in diesem Buch.

Für jeden, der es noch nicht weiß, sage ich es laut: Scientology ist keine irreale, harmlose Randgruppe von Spinnern. Scientology ist bittere Realität. Die Pseudo-Sekte macht rabiat Umsatz und zieht immer mehr Menschen in ihren verhängnisvollen Bann. Vorerst merken es nur Leute, die als Folge der Bemühungen der Pseudo-Sekte ihren Arbeitsplatz verlieren, in ihrer ökonomischen Existenz ruiniert werden, persönlichen Schiffbruch erleiden usw. Ich wünsche es unserem Land nicht, daß es eines Morgens aufwacht und feststellt, was es bedeutet »clear« zu sein. »Clear Deutschland« heißt das öffentlich erklärte Etappenziel von Scientology; es könnte auch heißen: Machtübernahme. Wer über solche scheinbar etwas vermessenen Absichten lacht, der soll einmal mit Mitarbeitern eines Unternehmens reden, in dem die Machtübernahme schon gelaufen ist.

Meine Anklage lautet in der Kurzform:

Scientology ist staatlich geduldeter, von der Justiz nicht verfolgter, von Prominenten, Künstlern und Medien verharmloster Terror.

Die Beweise für diese These werde ich nicht schuldig bleiben. Um sie zu erhärten, greife ich im Grunde genommen auf zwei Quellen zurück: Die erste Quelle sind die Schriften, Strategie-Papiere, »Ethik-Akten«, geheimen Anweisungen von Scientology selbst, und zwar auch solche, die bislang noch nie außerhalb von Scientology veröffentlicht wurden. Top-Aussteiger versorgten mich damit; sie stammten oft genug aus den Schaltstellen der scientologischen Macht. Mehr als einmal parkte ein PKW vor meinem Haus, um einen wohlgefüllten Kofferraum mit belastendem Material zu übergeben. Papiere wie diese füllen sozusagen meterweise die Regale unseres Hauses. Mein Kopierer dient nicht zuletzt dem Zweck, Behörden, Kriminalpolizei und Staatsanwaltschaften mit Doubletten meiner Sammlung gedruckter Ungeheuerlichkeiten auf den Skandal hinzuweisen. Es muß, nebenbei bemerkt, also niemand bei mir einbrechen; die Kopien sind an sicherem Ort. Aus diesen Schriftstücken lassen sich mit einer Deutlichkeit, die zu wünschen nichts übrig läßt, die haarsträubenden Ziele dieser »mutmaßlichen terroristischen Vereinigung« belegen. Die Dokumente in meinem Besitz zeigen noch mehr: daß nämlich bei Scientology nicht nur markige Worte geschwungen werden. Die angekündigten Ziele sind bereits in eine hocheffiziente Organisation übersetzt.

Und hier setzt die zweite Quelle ein, von der ich oben sprach. Diese zweite Quelle ist mein Leben – das, was mit mir, meiner Familie und meinen Freunden geschah, was wir zu hören und zu sehen bekamen, seit Robin direkt im Jahr 1991 dazu überging, Scientology etwas genauer auf die Finger zu sehen. Wir – mein Mann und ich – wußten damals nicht, worauf wir uns einließen, als wir den Kampf gegen den milliardenschweren Konzern aufnahmen. Wir vertrauten darauf, in einem Land zu leben, in dem freie Bürger ihre freie Meinung sagen dürfen und auf Mißstände hinweisen können, ohne Gefahr zu laufen, sich systematischem Terror auszusetzen.

Wahrscheinlich hätte es nur einen einzigen Grund gegeben, aus dem wir geschwiegen hätten – nämlich unserer Kinder wegen. Jetzt haben wir keine Wahl mehr, als mutig nach vorne zu gehen. Wir tun das auch, weil uns unsere Kinder immer wieder ermutigen: »Gebt nur ja nicht auf!« Was wir seit 1991 erleben, nenne ich schon einmal »die Chronologie einer Konfrontation mit dem Wahnsinn«. Von permanentem Telefonterror, Drohbriefen, verschiedenen Bestechungsversuchen, Lauschangriffen, Verleumdungen, schikanösen Prozessen, Gewalt gegen Sachen, bis zur anonymen Belästigung meiner Kinder reicht die Erlebnis-Skala unseres etwas ungewöhnlichen Alltags. Davon mehr in diesem Buch.

Was Scientology eigentlich ist, wurde mir erst im Laufe der Zeit so richtig klar. Es gab da drei Phasen. Auch ich habe vor noch nicht allzu langer Zeit geglaubt, Scientology sei so eine Art abgedrehter, aber im Grunde genommen harmloser »Jugendreligion« – eine Annahme, in der sich das Bundesfamilienministerium in Bonn möglicherweise noch immer befindet. Das war Phase eins: die »Sekte« Scientology.

Durch bittere Erfahrungen wurde ich klüger. Als eine menschlich und ökonomisch Betrogene habe ich angefangen, mich mehr und mehr in die raffinierten wirtschaftlichen Unterwanderungs- und Auspowerungs-Strategien der »Sekte« einzuarbeiten. Da kapierte ich sehr schnell, daß das Ganze mit Religion soviel zu tun hat wie die Pornoindustrie mit dem Papst. Religion als Deckmäntelchen und gesellschaftliche Nische mit Steuervorteil – diese Rechnung geht ja bis auf den Tag in der uninformierten Öffentlichkeit noch immer prächtig auf. Für mich war diese Erkenntnis der Sprung in Phase zwei: Von nun an verglich ich Scientology am liebsten mit der Mafia. Hier wie dort das Geheimbündlerische, hier wie dort die kriminelle Energie, hier wie dort die geldschwere internationale Vernetzung, hier wie dort das Abhängigmachen und Aussaugen, hier wie dort die mitspielenden Biedermänner in Wirtschaft, Justiz und Politik, hier wie dort die fließenden Übergänge zum Show-Biz und Jet-Set. Aber auch dieser Vergleich – das merkte ich bald – hinkt; die Mafia ist nämlich im Gegensatz zu Scientology »dumm« – sie hat kein Bewußtsein, keine Ideologie.

Und dann kam Phase drei: Eigentlich erst sehr spät nahm ich wahr, daß hinter den menschlichen und wirtschaftlichen Tragödien, die sich im Dunstkreis von Scientology abspielen, eine abstruse Ideologie steht. Was L. Ron Hubbard, seine Epigonen und Nachfahren »politisch« wollten und wollen, das ist das eigentlich Gefährliche. Ich empfehle Ihnen einfach folgendes: Lesen Sie die Zitate von L. Ron Hubbard, und legen Sie ein bestimmtes Buch daneben: »Mein Kampf« von Adolf Hitler. Das Buch ist in den zwanziger Jahren erschienen. Da stand alles drin. Nur hat es keiner geglaubt. Ich kämpfe heute dafür, daß man Scientology – besser gesagt: den Hubbardismus, denn der ist weiter zu fassen als das, was unter dem Namen Scientology auftritt – politisch ernst nimmt: das Faschistoide, den Rassismus, die Menschenverachtung, die antidemokratische Tendenz. Von allem, was in Deutschland derzeit unter dem Etikett »rechtsradikal« firmiert, ist nichts gefährlicher als das Gedankengut von L. Ron Hubbard und das, was die blind ergebene Jüngerschaft des kalifornischen Sciencefiction-Autors damit anrichtet. Und noch immer erntet man erstauntes Augenaufschlagen, wenn man die schnieken Yuppies von Scientology als Rechtsradikale bezeichnet; sie sind es.

Wenn noch jemand meine persönlichen Motive wissen will, die mich veranlassen, dieses Buch zu schreiben, so nenne ich als erstes unsre drei Kinder. Der älteste Sohn studiert in der Anonymität einer Großstadt. Die mittlere Tochter bekam vor kurzem die Tür ihrer Wohnung eingeschlagen. Unser jüngster Sohn – er ist 15 Jahre alt – fühlt sich nach Einbruch der Dunkelheit alleine auf der Straße nicht mehr sicher. Ich will kein Land, in dem Kinder so leben müssen, weil sich ihre Eltern öffentlich für eine gerechte Sache engagieren.

Ich habe noch ein zweites Motiv, ein ganz eigennütziges. Solange wir, die wir gegen Scientology kämpfen, eine Öffentlichkeit und Freunde haben, solange wird uns nichts geschehen. Ich werde alles daran setzen, daß immer mehr Menschen den Mut haben, sich nicht länger einschüchtern zu lassen. Ich widme dieses Buch meinem großartigen Mann, meinen nicht weniger großartigen Kindern, den Freunden von Robin direkt, der Gemeinschaft, in der ich so viele kühne und aufrechte Leute gefunden habe, und nicht zuletzt auch den zahlreichen tollen Journalisten, die sich bis auf den Tag nicht einschüchtern ließen.

Ich empfehle allen Lesern dieses Buches, was ich dem Journalisten sagte, der mir neulich mitteilte, ein anonymer Anrufer habe ihn wissen lassen, er werde den Abend des Tages nicht erleben, an dem sein (kritischer) Artikel über Scientology erscheine. Ich habe ihm gesagt: »Unterzeichnen Sie nicht nur mit Ihrem richtigen Namen – setzen Sie noch ein Bild neben Ihre Unterschrift! Scientology wird nur dann von der Bildfläche verschwinden, wenn immer mehr Leute öffentlich hinstehen – mit Namen und Gesicht hinstehen! – und laut sagen: Nein.«

Kapitel 2

Wie ich dazu kam

»Es war einmal . . .«, so beginnen die Märchen. Unser »Märchen«, das Märchen der Familie Hartwig, dauerte nur sehr kurze Zeit: Wir waren einmal eine »ganz normale« Familie, Durchschnitt für Deutschland. Ich war Witwe gewesen, mit zwei Kindern, mein Mann war bei einem Autounfall ums Leben gekommen, und ich hatte – als gelernte Sozialarbeiterin und um meinen Lebensunterhalt zu verdienen – ein paar Jahre zuvor eine »Single-Zentrale« aufgemacht, ein Organisationszentrum für die Leute, die alleinstehend waren und die etwas zusammen unternehmen wollten. Dabei lernte ich 1987 Paul Hartwig kennen – wir verliebten uns. Bald darauf zogen wir zusammen, sein Sohn aus erster Ehe, meine Kinder und wir zwei wurden eine Familie. Am 7. Oktober 1988 haben wir geheiratet. Wir verstanden uns, fühlten uns wohl, hatten ein schönes Haus in Ulm, Haustiere, Autos, ein relativ gutes Einkommen.

Es erschien uns beiden damals als ein glücklicher Wink des Schicksals, daß Paul das Angebot einer amerikanischen Staubsaugerfirma erhielt, in leitender Position dort anzufangen. Er gab kurzerhand seine Werbeagentur auf und stieg bei der Firma ein.

2.1 Störfall bei Zabel & Schmitt

Alles lief wie geplant: Paul stieg rasant die Karriereleiter hinauf, so, wie es ihm Helmut Hurle, der Chef der Biberacher Vertretung der Firma, vorher in den schönsten Farben ausgemalt hatte. Der erfolgreiche Staubsaugerkonzern ist das typische Beispiel für eine US-amerikanische Firma, die nach dem Strukturvertrieb arbeitet[1]. Die Firmenspitze sitzt in den Vereinigten Staaten; sie vergibt die Lizenzen nach Deutschland und liefert die Ware, nicht ohne kräftig an beidem zu verdienen. In Deutschland läuft es nach dem gleichen Muster: Man stellt Vertriebsleute ein, die eine bestimmte Region in Deutschland als exklusives Vertriebsgebiet erhalten und dort für den Staubsauger werben. Diese »Vertragshändler« stellen ihrerseits wieder Leute ein, die für sie arbeiten und Gewinne erwirtschaften, und so fort. Das Ganze ist ein verstecktes Schneeballsystem: Je mehr Leute an der Basis arbeiten, um so höher sind die Gewinnspannen, die die Konzernspitze bekommt.

Ich habe für Paul das Büro geführt. Kundenbetreuung, Termine mit Mitarbeitern klären – das ging alles über meinen Schreibtisch. Irgendwann kam der Zeitpunkt, da meinte der Biberacher Chef Helmut Hurle, es ginge nicht mehr, daß ich den Single-Treff leitete und gleichzeitig noch für Paul das Büro führte. Er drängte darauf, ich sollte den Treff verkaufen. Letztendlich gab meine Gesundheit den Ausschlag; ich hatte eine chronische Bronchitis. Zwei Jobs auf einmal, das wurde mir in der Tat zuviel. Der Single-Treff wurde verkauft.

Die Staubsaugerfirma war straff organisiert, die Gewinne waren gut, weitere Aufstiegschancen für Paul waren gegeben. Was tut man, wenn man Erfolg hat und noch mehr Erfolg haben will? Man bedient sich des Berufsstandes der Management- und Unternehmensberater, an denen es ja in unserem Land nicht fehlt. An uns trat ein gewisser Dieter Schmitt vom »Zabel & Schmitt Business Training« in Ehingen/Donau heran. Sinnvoll wäre es, so meinte er bei einem Besuch am 9. Juni 1989, jetzt aufbauende Seminare zu besuchen – zuerst ein Verkaufsseminar, dann ein Führungsseminar. Paul schickte einige Mitarbeiter zum Verkaufsseminar, wir selbst meldeten uns zum »Seminar für effektiveres Führen« an. Es sollte vom 4. bis zum 6. Oktober 1989 in der »Lindenhalle« in Ehingen stattfinden. Untertitel des Seminars: »Wir machen Sie stärker.« Die Kosten waren happig, für zweieinhalb Tage insgesamt 4321,70 DM.

Die »Lindenhalle« ist ein Tagungshotel, wie es Hunderte gibt in Deutschland – Übernachtungsmöglichkeit, Seminarräume, eine Bar für den Abend. Ich wußte damals noch nicht, daß dieses Hotel in Ehingen gleich zweimal für mich zum Schauplatz entscheidender Situationen werden würde – Situationen, die mein bis dahin recht »normales« Leben völlig umkrempeln würden.

Solch ein Kurs ist nichts Außergewöhnliches, die meisten Firmen, die mit Selbständigen arbeiten, legen ihren Mitarbeitern nahe, sich fortzubilden. Firmen, die Angestellte haben, schicken diese auf ihre Kosten zu Fortbildungen, zu Seminaren über Führungsaufgaben, Konzepte und Strategien. Der Kurs war also an sich nichts Besonderes.

In der »Lindenhalle« trafen wir Dieter Schmitt wieder. Die Herren Zabel & Schmitt höchstpersönlich führten das Seminar durch. Die Teilnehmerliste war ein Querschnitt durch die Welt reisender Geschäftsleute, wie sie in mittelständischen Unternehmen arbeiten: Mitarbeiter bei Immobilienfirmen, Computerfachleute, Versicherungs- und Anlageberater, Führungskräfte aus anderen Firmen, die ähnlich aufgebaut waren wie die US-amerikanische Staubsaugerfirma, für die Paul arbeitete. Also überwiegend Mitarbeiter, die im Außendienst tätig waren.

Am ersten Tag ging es um Kommunikationsmodelle, am zweiten Tag um Führungsmethoden. In den Unterlagen konnten wir die Modelle, die uns Dieter Schmitt vorführte, gut verfolgen. Eines dieser Modelle nannte sich »Tonskala«, anhand derer – wie er sagte – man einstufen könne, in welcher Stimmung sich jemand befindet und über welche Kompetenzen er oder sie verfügt. Dieter Schmitt spielte sie mit seinem Partner Wolfgang Zabel vor: Von »0,05«, das heißt Apathie, bis zur Stufe »4,0« auf der Skala, das bedeutet Enthusiasmus, gingen die beiden die Gemütsstimmungen durch und erklärten auch gleich, was dahinter steckt. Jemand, der ein »0,05-Kandidat« ist, ist selbstmordgefährdet, ein »1,5er« ist zornig, ein »2,0er« ist »ehrlich, aber taktlos«, und ein »4,0er« ist »ein Mensch auf der Siegerstraße«. Dann kamen wir an die Reihe. Jeder mußte mit einem Partner Stufen dieser Skala in einer Art Rollenspiel darstellen, und das mehrfach.

Irgendwann reichte es mir. »Wieso muß ich wissen«, fragte ich Dieter Schmitt, »was jemand für eine Tonstufe hat?« Schmitt kam an meinen Tisch, setzte sich auf die Tischkante, beugte sich ganz nahe zu mir herunter und drückte mir seinen Finger auf die Brust. »Wie wollen Sie über andere Macht bekommen«, sagte er mit lauter Stimme, »wenn Sie nicht wissen, wo die stehen?« Ich empfand den Mann als widerwärtig.

Es war kurz vor dem Mittagessen, als ich in den Kursunterlagen blätterte und den Hinweis entdeckte, daß die Tonskala von »Hubbard« entwickelt wäre und die Lizenz dazu bei »WISE Int.« läge. »Ist das der Hubbard von Scientology?« fragte ich. »Nein«, antwortete Dieter Schmitt.

Bis dahin hatte ich von Scientology nur wenig gehört, nicht mehr, als jeder andere interessierte Bürger in Deutschland wohl auch. Scientology war für mich eine Jugendsekte, die zwar als gefährlich angesehen wurde, aber in deren Fängen nur labile Menschen landen. Ich war ja immer im sozialen Bereich aktiv gewesen. In der Drogenberatung, wo ich unter anderem arbeitete, hatte ich von Narconon erfahren, einer Gruppe, die vorgibt, Drogenabhängigen helfen zu wollen, und die eine scientologische Tarnorganisation ist. Von dort wußte ich, wie Narconon arbeitet: nach den Methoden und Richtlinien eines gewissen L. Ron Hubbard, des Gründers von Scientology. Mir wurde da-

»... die Mehrheit der drei Milliarden Leute da draußen hat noch nicht einmal etwas von Dianetik und Scientology gehört, geschweige denn ein Buch gelesen!«

aus: Hubbard Kommunikationsbüro, HCO Policy-Brief v. 15. April 1982, Marketing-Serie Nr. 18 (nur an Orgs und Management, keine Ausgabe für die allgemeine Öffentlichkeit)

mals die Gefahr klar, die von der »Scientology-Church«, wie sie sich selbst nennt, für einzelne ausgehen mochte. Eine Gefahr, die für mich selbst, so meinte ich, nie bestehen würde, weil ich nicht zu den »labilen« Menschen gehöre.

Ich wurde sehr bald eines Besseren belehrt: Das scientologische System kreiste mich bereits ein.

Dieter Schmitt ließ mich für den Rest des Seminars in der »Lindenhalle« nicht mehr aus den Augen. Am letzten Seminartag wurde ich für ihn zu seinem bevorzugten Angriffspunkt. Heute weiß ich, daß ich damals für ihn zu dem geworden war, was die Scientologen als »PTS« (Potential Trouble Source), als »möglicher Ärgernis-Verursacher«[2], bezeichnen.

Am Ende des »Business-Seminars« wurden wir angehalten, unter Anleitung einen »Erfolgsbericht« abzufassen. Das heißt: mit einigen rhetorischen Tricks wurde man an den Punkt gebracht, einen »positiven« Bericht abzufassen. Ich schrieb damals: »Meine Erwartungen waren, meine eigene Position im Geschäft zu erkennen und zu verändern. Nach drei Tagen kann ich sagen, es ist gelungen, wenn auch teilweise schmerzhaft. Die gewonnenen Erkenntnisse werde ich umgehend in die Tat umsetzen und dadurch eine wachsende Linie nach oben in der Statistik erreichen. Natürlich hat sich«, so schrieb ich auf-

MAGAZINE OF THE
INTERNATIONAL ASSOCIATION
OF SCIENTOLOGISTS
*c/o Saint Hill Manor, East Grinstead
West Sussex, England RH19 4JY*

IMPACT

ISSUE 45

Das Scientology-Blatt »Impact – Magazine of the International Association of Scientologists« wird in East Grinstead, West Sussex, England herausgegeben. In der Ausgabe von Anfang 1991 veröffentlichte die Zeitschrift eine umfangreiche Liste von Personen, die der Organisation als sogenannte »patrons« Geldbeträge in einer Mindesthöhe von 40 000 US-$ zukommen ließen.

Mireille Pollack
Ronald Pollack
Int Pollins
Rene Pope
Bruce Posner
Power Insurance
Bruce O. Pratt Jr.
Chuck J. Prenner &
Joanne Call
Karl Prescott
Billy Prince
Professional Contractors
Janice Racheff
Jerald J. Racheff
Ronald Redstrom
Julie Rakow
Ron Rakow
Steve Ramm
Myron B. Rapp
Adrienne Rappoport
Jessie Ratts
Rockey R. Ratts
Sandy Raymond
Resi World Corporation
Grant Reid
Renovations Technicians
Al Ribisi
Al Rice
Mischa Rice
Frances Rich
Bruce Rigney
Christine Rigney
Michael D. Roberts
Pan Roberts
Patrick Robinson
Kathleen Roche
Lyle Roland
Glenda R. Rose
Joan Roswell
Robert Rownds
Sue Roznak
Judith Salderriaga
Barbara Salmon
Eileen Sanders
Roger Sanders
Dennis Sandmann
Andrew Savas
Greg F. Sawielle
Andrik Schapers
Ronald L. Scheidore
Schippers & Crew
Gerd Schliemann
Mariel Schliemann
Anita Schneider
Maaret Schnler
Joanne Schnitzer
Robert Schoeller
Jeffrey Scott
Sonya Scott
D. P. Search
Joseph Sgroi
William A. Shannon Jr.
Craig M. Sharp
Charles E. Shinnerman II
Stephen Shortliff
Steve M. Sigal
Penny Silber
Bruce H. Silton
Larry Silver
Stephen Simon
Glen E. Simms
Jeffrey L. Simms
David Singer
Singer Enterprises
David Slaughter
L. D. Sledge
Virginia Smedberg
Brian L. Smith
Dennis Smith
Duke Snider
Scott Snow
Snow Software Corp.
Software Works
Soli
Ken Sonnenberg
Scott Sparkman
Special Product
Engineering Inc.
Jeff Speed
James Spelher
Joe Spencer
Torrey Spencer
Joy Spise
Howard Spinner
Richard Springstead
William Stairs
Vanessa Stapleton D. C.
David Stedman
Larry M. Steely
Art Stein
Thomas Steiner
Sterling Management Ltd.
Randall Stith
David Stobbe
David Strutt
Jay R. Stryker
Stryker Systems Inc.

Michael M. Suggs
Randy Suggs
Reed W. Suggs
Angela Sushko
John M. Swahko
Steven C. Syfers
Steven R. Talevi
Michele Takacs
Paul Twankewick
George Taisumo
Ann P. Thomas
Seymour Thomas Jr.
Roberta Tibbles Gardner
Katie Tighe
Jess Trainor
Lawrence Trainor
John M. Traul
Hans Peter Tschupp
Sherry A. Tully
Bob Twaalfhoven
Craig Valarik
Elsa Valarik
Ruth Valno
Cheryl Velasco
Jose A. O. Velasco
Diana Alicia Venegas
Juan Villarreal
Albert L. Vitali
John T. Waldron Jr.
Andres Walker
Douglas Walker
Robe J. Walker
Jerry Watson
Susan Watson
Bennett Weber
Harriet Weber
Douglas Weigand
Scott Weigand Family
Joy Westrum
JoAnne Wheaton
William S. Wherry
Anaie White
Kenneth Whitman
Judy WHardson
Christine Williams
Michael O. Williams
Neil Willner
Barbara Wilson
J. David Wilson
Kevin C. Wilson
Kathleen E. Wiltsey
Gil Winter
WISK International
Marlene Wolfe
Jeanette K. Yates
Sheila Yonemoto
Stan Yonemoto
Michael R. Zarnek
Herbert N. Zerden
Vered Ziv
Bryan Zwan

FINLAND
Tapio Ahokas
Juha Harju
Harry Kafka
Anita Koivisto
U-Man Finland

FRANCE
Daniel Beguinot
Fabienne Bellot
Gerard Bernet
Bernard Bringel
Lawrence Dallazerra
Marie-Pierre Delphieux
Xavier Deluc
Georges Fichet
Christian Fouche
ABLE France
Christian Gounord
Danielle Gounord
Patrick Horny
Daniel Ickblah
Naja Alexy Mastouk
René Mahieu
Michel Machard
Jean-Jacques Mazier
Jean Luc Meuley
Helene Meuley
Patrick Morin
Jean Michel Parce
Celebrity Centre Paris
Philippe Petitdemange
Frank Padva
Jean-Paul Pruniaux
Michel Raoust
Michel Reveillere
Antoine Robert
Marguerite Robin
Nadine Rochel
Luc Secretain
Henry Stelmen
Nicole Sabtil
Claude Tizioli
Isabelle Touvrck
Hendrik van Oordt

GERMANY
Bernd Acker
Heinz Adam
Klaus Ahrenmann
Andreas Altheimer
Albert Altheimer
Konrad Ambach
Elvira Balker
Paul Twankewick
Kay Barre
Manfred Beckert
Karl-Robert Behringer
Rolf Biselli
Martina Bienke
Rose-Marie Bleeke
Barbara Boetzel
Helmuth Blochaum
Irme Bognar
Arne Bordewick
Crista Bordewick
Goetz Braun
Brigitte Braunmueller
Werner Braunmueller
Hanselore Bresnig
Hans Bruegemann
Wolfgang Brugger
Sibylle Bucher
Hans-Ulrich Buehler
Mauro Cezcolini
Karl Otto Clausen
Rainer Hucky Cyris
Reinhard Denne
Gerhard Dauberer
Philip H. M. De Jong
Knut Dietrich
Michael Drzakowski
Elke Ehrler
Sigfried Ekrler
Helga Ernst
Hans-Peter Fischer
Frankfurt Org
Rosemarie Freihoff
Thomas Frigge
Irmgard Fuegen
Dubravko Fuvc
Thomas Ganz
Volker Ganz
Martin Gayer
Stephan Gebhardt-Seele
Inge Geib
Rolf Geiger
Edenar Geissler
Gerard Gerstenberg
Alois Gnanni
Liane Gottwald
Petra Greiner
Agathe Grenz
Andrea Gregoric
Elisabeth Gross
EDELTRAUT GROZ
BERNHARD GUT
GERHARD HAAG
Sabine Haag
Helgard Hahn
Horst Hahn
Sibylle Hahn
Ernst Haible
Celebrity Centre Hamburg
Hamburg Org
Monika Hartmann
JOSEF HEILMANN
Doris Helzael-Rodenhauser
Angelika Herz
Werner Herz Dental Technik
Dagmar Hopp
Michael Igel
Harald Janss
HANS DIETER KAPFITZ
Erwin Karle
Wilma Katzschmann
Claudia Kauer
Emil Kauer
Klaus Kempe
Marietta Kempe
Udo Kient
Heidi Klinger
Michael Klinger
Bernard Klomb
Elisabeth Kochalek
Bernhard Kochka
Winfried Koegler
Stephan Koenig
Klaus Koller
Gabi Korell for Stuttgart Org
Michael Kragmann
Gudrun Kugler
Rolf Kunz
Gerhard Lahm
Conny Lahman
Wolf-Dieter Lahmann
Gottfried Lange
Ingrid Lenzke
Ulrich Lenzke
Gerhard Lidl
Georg Liewer
Elizabeth Lippern
Gunther Lucas
Egon Luck

Heinz Maier
Anita Mally
Matthias Manthey
Herbert Marks
M.W. Masnivhaus
Helmut Metzger
Charlotte Mittendorf
PETER MOUSIOL
Harald Mueller
Ute Mueller
Eckhart Muller
Christiane Neu
Walter Neuschitzer
Herlbert Nonnen
Monika Nonnen
Helmut Oppenborn
Manuela Ostertag
Rainer Ottenweller
Heidelore Passlack
Dr. Michael Passlack
Gerald Peknsl
Pat Petermann
Anton Pflug
Dieter Pohlmann
Uwe Rade
Arian Raschidi
Doris Raschidi
Farhad Raschidi
Heidi Raschidi
Heinz Rau
Alfons Rauscheder
Adelheid Rech-Gesche for
Celebrity Centre Duesseldorf
Susanne Reich
Walter Reinhardt
Kirsten Reupke
Dagmar Roeder
Thomas Roeder
Horst Roesener
Pablo Roehrig
Dieter Sauer
Hans Sauer
Chris Schierch
Engelbert Schlipf
Karl Schlosser
Gerald Schmidt
Dieter Schmitt
Christine Schneider
KARL-HEINZ SCHNEIDER
Sabine Schneider-Brendel
Hans Schuhboeck
Inge Schuhboeck
Dieter Schulz
Eveline Schulz
Hubert Schwarz
Maria Seegerer
Helmut Seibold
Johannes Silk
Susanne Slupetzky
Graziella Spagone
Christopher Sperling
Lee Spini
Peter Spini
Henrik Steger
Cathy Steiner
Anita Steins
Rita Stockhausen-Fischer
Chris Strobl
Division 6 -- Church of
Scientology Stuttgart
Claudia Tabor
Peter Talkenberger
Ingrid Theen
Milko Thies
Franz Tincher
Gerd Tjarks
Peter Troebs
Horst Tubbesing
Rudiger Tuschen
Klaus Uckelmann
Hannelore Ulbricht
Wilfried Ulbricht
Friedrich Veit
Aatje Victore
Jan Viemming
Lore Viemming
Sylvio Markus Vogel
Heike Weidenberg
Rupert Weinmann
Martina Weiss
Monika Wieneke
Roland Wolz
Heinz Wrege
Herbert Wulfinger
Wolfgang Zabel
Axel Zeller
Christina Zeiler
Leonore Zimmerman
Eka Zoellner
Norbert Zuendorf

INDIA
Jiten K. Shah

ISRAEL
Avner Golan
Izhar Pearlman

ITALY
Elza Alessi
Franco Baggio
Moreno Baggio
Carlo Bedetti
Gianmario Bianchi
Alessandro Capasso
Casa Dolce Casa S.R.L.
Massimo Cavadenti
Bruno Ceresoli
Dada Cinquepalmi
Patrizia Conti
Lorenzo D'andrea
Pio De Zordo
Martin Ellenberg
Marcello Foresta
Fabio Frigerio
Gelateria Icedream
Franco Lombardo
Claudio Lugli
Renata Lugli
Claudio Mesi
Tito Mazza
Elena Miltomagnani
Management Time Modica
Davide Moschini
Maria Moschini
Claudio Movenzi
Ezio Poletto
Vitaliano Pregnolato
Jolanda Premoli
Giuseppino Riccardi
ADRIANA SALTAMERENDA
Pablo Sgabazzini
Franco Simonini
Andrea Turroni
Erica Turroni
Josina Van Loon
Giovanni Zamboni

JAPAN
Mike Miwa
Miwa Environmental

MEXICO
DAVID AGAMI
Elias Agami
Jose Octavio Bernot Dubois
Margarita Bernot Jr.
Margarita Bernot Sr.
Jose Maria Curto
Marcos Dena
Elena N. de Maya
Haim Diner
Annette Galicia
JOSE LUIS GALICIA
Gerardo Garza
Gerardo Garza Snr.
Josele Garza
Nadina Garza
Moises Hennaad
Mario Hernandez
Ruben Kleinbaum
Salvador Kleinbaum
Jose Martinez
Leonora Moctezuma De Lomán
ROBERTO SANTOS
Laura Santos De Garza
Frances Williams De Santos
GUSTAVO LOMAN VILLARREAL

THE NETHERLANDS
Feyidah Azimulloh
Catharina Toos-Feringa
Rene van der Bijl
Joop van der Linde
Ella van Loon

NEW ZEALAND
Terry J. Le Sueur

NORWAY
Gleute Borgerud
Knut ARC Pedersen

PORTUGAL
Joao Romeu L. Nunes

PUERTO RICO
TONY BLANCO
Patricia Flanagan

SAUDI ARABIA
Omar A. Jazzar
Vaughn X. Prost

SPAIN
Felicidad Barrera Molina
Granada Field Group
Felicidad Serrano Barrera
Jesus Serrano Barrera
JOSE EDGARDO SERRANO BARRERA
Jacinto Castellanos
Jose Serrano Prieto
Jorge Serrano Prieto
Maria Berral Prieto

grund der Anleitung von Zabel & Schmitt, »meine Grundeinstellung zu Geschäft und Menschen im Betrieb und dadurch auch im privaten Bereich verändert und das ist gut und richtig so.« Dieser geforderte »Erfolgsbericht«, den jeder Teilnehmer an Seminaren von Zabel & Schmitt schreiben muß, dient unter anderem dazu (so erfuhren wir später in unserer Arbeit gegen Scientology), vor Gericht Klagen gegen das Unternehmen abzuwenden. Die Formulierungen wählt man natürlich so, daß jeder unvoreingenommene Leser meinen muß, man habe »hingerissen« und mit Begeisterung teilgenommen. Jede Klage wird angesichts solcher Formulierungen fast aussichtslos.

PTS/SP - KURS

Wie man Unterdrückung konfrontiert und zerschlägt

L.RON HUBBARD

Dieses Lehrbuch zu Hubbards PTS/SP-Kurs wird von einem Kopenhagener Verlag herausgebracht.

Bei der Staubsaugerfirma wurde die Arbeit nach dem Kurs aber nun nicht leichter. Im Gegenteil. Das Betriebsklima verschlechterte sich jedesmal, wenn neue Mitarbeiter bei den Seminaren bei Zabel & Schmitt gewesen waren. Ich glaube, jeder von ihnen wollte das System, das er im Seminar erlernt hatte, in der Firma umsetzen; jeder versuchte, den anderen zu beherrschen. Ein paar Wochen, nachdem Paul und ich am Seminar teilgenommen hatten, wurde in der Biberacher Niederlassung ein Kontrollsystem in Form von Statistiken eingeführt. Zudem wurde die Provisionsverteilung neu geregelt: In der Hierarchie höher stehende Mitarbeiter bekamen fortan mehr Geld, diejenigen, die sich in dieser Art Vertriebssystem schwer taten, bekamen weniger.

◁ *Endlos wirkt die Auflistung der Namen, die durch horrende Summen das Unternehmen »Scientology« unterstützen. »South Africa«, »Canada«, »Germany«, »Switzerland« oder »Venezuela«: Aus Staaten rund um den Erdball schöpft die Organisation Spendengelder. Auch Dieter Schmitt findet sich unter »patrons«. Damit steht fest: Dieter Schmitt von »Zabel & Schmitt« ist Scientologe.*

Um meinen Mann und mich sammelten sich in dieser Zeit diejenigen Mitarbeiter der Firma, die sich ungerecht behandelt fühlten. Mancherlei Dubioses kam hoch. So meldete sich bei uns Helmut Moll, damals Gebietshändler für die Firma in Blankenbach. Er beschwerte sich über seinen Vertragshändler Josef Barthel, der sich vor allem durch rechtsradikale Tendenzen hervorgetan hatte. So hatte Josef Barthel Moll aufgefordert, ihm nationalsozialistische Literatur zu besorgen, und seine Kollegen mit dem »Hitler-Gruß« begrüßt. Andere Mitarbeiter fühlten sich vom System ausgenutzt, unter Druck gesetzt. In zwei offenen Briefen[3] versuchte ich, die Situation der Mitarbeiter zu schildern, um eine Diskussion mit der Firmenleitung in Gang zu bringen. Doch die Diskussion blieb einseitig. Statt einer Antwort bekam Paul eine fristlose Kündigung wegen meiner offenen Briefe ins Haus[4]. Natürlich war die Kündigung nicht Rechtens. Schließlich konnte Paul nicht in einer Art »Sippenhaft« für meine Briefe verantwortlich gemacht werden. Aber ich war Pauls Mitarbeiterin, an mich konnten sie nicht heran. Deshalb wollten sie meinen Mann loswerden.

Vertragshändler Helmut Hurle schlug einen außergerichtlichen Vergleich vor. Wir bekamen eine Abfindung, die es uns ermöglichte, erst einmal aufzuatmen: Wir hätten vor dem finanziellen Ruin gestanden, wäre die fristlose Kündigung Rechtens gewesen. So konnten wir uns in den darauffolgenden Monaten dem widmen, was künftig der eigentliche Inhalt meines täglichen Tuns wurde: herausfinden, was hinter den Seminaren, hinter den Praktiken der Firma und von Zabel & Schmitt steht, und warum sie Paul so schnell herauswarfen, nur um seine Frau mundtot zu machen. Ich hatte mich damals so engagiert in diese Arbeit hineingestürzt, daß Paul meinte, ich würde irgendwann einmal als »Robin Hood« bezeichnet werden – der Retter der Wehrlosen.

Seit Juni hatte sich in Biberach eine Gruppe von Leuten um uns geschart, die ihre Interessen der Firma gegenüber gemeinsam vertreten wollten. Ein Name für die Gruppe war bald gefunden, hatte doch Paul ihn indirekt schon vorgeschlagen: Robin direkt. Der Verein, den wir gründeten und zu dessen Vorsitzender ich gewählt wurde, hatte sich ursprünglich vorgenommen, eine Schutzgemeinschaft für Vertreter zu sein, die dubiosen Firmenpraktiken ausgeliefert waren.

Die Gruppe wuchs schnell an, nicht zuletzt aufgrund des großen

Medienechos, das die Gründung hatte. Eine Interessengemeinschaft von selbständigen Handelsvertretern – das hatte es bis dahin in dieser Form noch nicht gegeben. Bis Ende des Jahres 1989 hatten sich bei uns mehrere hundert Leute gemeldet, die in einer ähnlichen Situation steckten. Und je mehr Leute zu Robin direkt stießen, um so mehr wurde mir klar, mit wem ich es eigentlich aufgenommen hatte. Nämlich nicht nur mit einer Handelsfirma aus den USA mit Vertretungen in Deutschland, sondern auch mit Scientology.

Unter zehn Betroffenen, die sich bei uns meldeten, waren es durchschnittlich acht, die im Rahmen ihrer beruflichen Tätigkeit in irgendeiner Form mit der Ideologie von Scientology in Kontakt gekommen waren. Meist im Rahmen von Schulungen oder Seminaren. Auffällig war: Fast alle Firmen, die diese Seminare angeboten hatten, waren, ebenso wie Zabel & Schmitt, sogenannte »WISE-Lizenznehmer«. Überall hatten die Teilnehmer an den Seminaren die gleichen »Erfolgsberichte« schreiben müssen, die auch Paul und ich hatten anfertigen müssen. Das machte uns neugierig.

Aber es sollte noch eine Weile dauern, bis wir hinter das wahre Gesicht etwa eines Dieter Schmitt kamen. Anfang 1991 bekamen wir eine Ausgabe eines Scientology-Magazins mit dem Titel »Impact« in die Hand, in dem sich eine Auflistung von Spendern befand, die für die »Kriegskasse« von Scientology gespendet hatten.[5] Mindestsumme: 40 000 US-$. In der Liste findet sich unter den »patrons«, das sind diejenigen Spender, die die Mindestsumme gegeben haben, auch Dieter Schmitt. Damit war für uns klar: Dieter Schmitt war Scientologe.

Wir stießen, aufgrund der vielen Berichte, die uns in unserer Gruppe »Robin direkt« erreichten, auf weitere Firmen, die mit WISE-Lizenznehmern zusammenarbeiteten. Da waren beispielsweise Außendienstvertreter von »Garant Immobilien«, die in Werbeanzeigen als »Der Immobilienspezialist im Ländle« firmiert.[6]

Es kam beispielsweise am Ende des Jahres 1990 eine Frau aus Stuttgart zu mir und berichtete, ihr Lebensgefährte sei als Außendienstmitarbeiter bei Garant Immobilien tätig. Er gehe ständig auf Schulungen, habe sich völlig verändert. Er sei zurückgezogener geworden, introvertierter, leide an ständigem Geldmangel, da er Schulungen, die er bei Garant Immobilien absolviere, aus eigener Tasche bezahlen müsse. Über die Garant Immobilien sei er zu Scientology gekommen. Allein im Januar 1989, das hatte die Frau aus einem Brief mitbekommen, den ihr Partner von der »International Association of Scientologists« erhalten hatte, hatte er 3095 DM für eine »Lifetime Membership FEE ungrade« an Scientology gezahlt.[7]

Einer der Niederlassungsleiter bei Garant, Manfred Nüssle, sei sogar Ethik-Offizier bei der Scientology in Esslingen.

Ich fragte, was das sei, ein Ethik-Offizier.

Sie: Das sei so etwas wie die Polizei von Scientology. Nüssle sei ein »ganz scharfer Hund«, der die Richtlinien von Scientology in der Geschäftsstelle von Garant Immobilien umsetze.

Ich fragte, wie das vor sich gehe. Denn bei mir hatten sich mehrere Außendienstmitarbeiter von Garant Immobilien gemeldet, die von ähnlichen Vorgängen berichtet hatten. Sie: Auf Schulungen von Garant Immobilien seien Richtlinien vorgestellt worden, die von L. Ron Hubbard stammten. Nach diesen Richtlinien müsse bei Garant Immobilien gearbeitet werden. Wer gegen diese Richtlinien verstoße, werde vom Ethik-Offizier, also von Manfred Nüssle, zur Rechenschaft gezogen. Dies entweder im persönlichen Gespräch oder aber vor der Gruppe im sogenannten »Wochen-Meeting«.

Für mich stellte sich das ganze als eine Art Psychoterror dar, dem die Mitarbeiter ausgesetzt waren.

Eine andere Mitarbeiterin bei Garant Immobilien brachte mir Unterlagen, die zeigten, wie die Schulungen ablaufen und wie die Firma ihre Mitarbeiter unter Druck setzt und sie in Abhängigkeit hält. Diese Mitarbeiterin hatte bei Garant Immobilien anfangen können, nachdem sie einen sogenannten »200-Fragen-Test« ausgefüllt hatte, der als Einstieg in Scientology bekannt ist.

Anschließend wurde sie zu einer »Grundschulung, Teil 0« geschickt. Im Vorwort zu dieser Schulung schrieb der geschäftsführende Gesellschafter von Garant Immobilien, Hans Moser, an die Kursteilnehmer: »Wenn es Ihnen gelingt, die Ihnen übermittelten Daten und Regeln ausnahmslos einzuhalten, ist Ihr Erfolg 100%ig garantiert.« Und drei Seiten weiter heißt es in den Seminarunterlagen: »Die Erkenntnisse und Technologien, die wir erfolgreich anwenden, sind von a) L. Ron Hubbard, b) [...]«

Bei einem weiteren Seminar von Garant Immobilien im »Haghof«[8] bei Stuttgart am 9. und 10. 9. 1989 beispielsweise erhielten die Teilnehmer des Kurses u. a die »Kurze Beschreibung der Emotionsniveaus«, die auch ich in meiner Schulung bei Zabel & Schmitt bekommen hatte: die »Tonskala«. Wiederum wurde der Schöpfer der »Kurzen Beschreibung der Emotionsniveaus« genannt: »Copyright 1987 by L. Ron Hubbard, all rights reserved« steht auf dem Blatt, das den Teilnehmern des Kurses im »Haghof« ausgehändigt wurde.

Die Frau, die mit diesen Unterlagen zu mir gekommen war, tat sich schwer, sich von Garant Immobilien zu lösen. Kein Wunder: Wurde sie doch in finanzieller Abhängigkeit gehalten. Das System war simpel. Am Anfang hatte diese Frau von Garant Immobilien eine Einführung erhalten. Ihre Auszahlung war: 0 DM. Wenige Monate später hatte sich diese Auszahlung auf über 5000 DM erhöht. Dann begannen die ausführlichen Schulungen, deren Teilnahme Voraussetzung war, um im System von Garant Immobilien weiter nach oben steigen zu können. Obwohl die Frau relativ gute Umsätze machte, blieb ihr am Ende nichts übrig. Denn je mehr Umsatz sie für die Firma erwirtschaftete, um so mehr mußte sie an Schulungen teilnehmen. Die Palette der Kurse reichte von der Verkaufsberatung bis hin zur »Farb- und Stilberatung«. Die Kosten für diese Seminare deckten sich seltsamerweise oft mit den Umsätzen des jeweiligen Monats. Damit am Monatsende überhaupt etwas ausgezahlt wurde, gab es sogenannte »Akonto-Zahlungen«, die auf den Formularen von Garant Immobilien für die Provisionsabrechnungen bereits im Vordruck als Posten vorhanden waren. Von diesen Akonto-Zahlungen bestritt diese Frau ihren Lebensunterhalt und die laufenden Kosten als selbständige Mitarbeiterin, da sie ja keinen Lohn als Angestellte erhielt.

Zu diesen Kosten gehörten unter anderem auch Anzeigen, die Garant Immobilien für sie in örtlichen Zeitungen schaltete. Diese Anzeigen mußten von ihr bezahlt werden. Allein im Januar 1990 hatte Garant Immobilien für diese Frau für 650 DM Anzeigen geschaltet. Die Frau geriet so in immer größere Abhängigkeit von der Firma. Ganz schön clever, dieses System des doppelten Abkassierens: Erstmal sind die Kunden dran und dann auch noch die Mitarbeiter!

Diese Aussage deckte sich inhaltlich mit den übrigen Aussagen, die ich von Mitarbeitern von Garant Immobilien erhielt.

Nutzen zog die Frau aus den Schulungen wenig. Im Gegenteil: Die schriftlichen Zeugnisse, die sie von den Schulungen mitbrachte, ließen sich wohl auf dem freien Arbeitsmarkt kaum gebrauchen. Als »Besondere Belobigung« erhielt sie beispielsweise im Juli 1990 die Bemerkung, daß sie bei einer Schulung einen »ganz besonderen Beitrag zur Gruppe erbracht« habe. »Sie hat dafür gesorgt«, so ist da zu lesen, »daß das Gruppenspiel mit der Gruppe 10 in Gang gekommen ist und daß Donauwellen gebacken wurden. Sie hat die Materialien zusammengetragen und dafür gesorgt, daß das Backen der Donauwellen eine Gruppenaktivität geworden ist.« Diese »Besondere Belobigung« wurde von Manfred Nüssle, Niederlassungsleiter der Garant Immobilien in Neu-Ulm, unterschrieben. »Zur Krönung hat sie der Gruppe Neu-Ulm noch ein zweites Blech gebacken, damit jeder in den Genuß von Donauwellen gekommen ist«, schrieb Nüssle weiter. » [...] ist auch sonst stets bereit, aktiv zur Gruppe beizutragen, sei es in guten Ideen bei Geburtstagsgeschenken, um Kaffeegeld einzusammeln, oder wenn es um einen Gruppenbeitrag bei der Auftaktfeier geht. [...] zeichnet sich wirklich aus durch echte Gruppenintegrität. Sie ist für alle eine wertvolle Kollegin. Sie ist, wie die Gruppe selbst, Spitze.«

Anstatt Nutzen aus den Seminaren ziehen zu können, wurden die Seminar-Teilnehmer immer weiter mit dem Denken von L. Ron Hubbard vertraut gemacht und an die Ideologie von Scientology herangeführt. Die Gruppen der Firma, so schrieb Geschäftsführer Moser in einem Brief, sollten sich »stabil in Richtung Power« entwickeln. Was das hieß, hatte die Frau in einer »Statistik-Schulung« der Garant Immobilien im Februar 1990 lernen dürfen. »Die Tabelle der Zustände«, so hatte sie gelernt, werde angeführt von »Power (Macht)«, gehe über »Power Change (Machtwechsel)« und weitere Zustände und ende mit »Non-Existence (Nicht-Existenz)«. Die Unterlagen verschwiegen nicht, woher die Tabelle stammt: »Auszug erarbeitet von WISE International aus dem Aufsatz vom 14. März 1968, DIE KORRIGIERTE TABELLE DER ZUSTÄNDE, und dem Tonbandvortrag vom 25. Mai 1965, DIE FÜNF ZUSTÄNDE, von L. Ron. Hubbard.«

Die Seminarteilnehmer lernten auch gleich, wie die Zustände zuzuweisen seien: »Die Zuweisung eines dieser Zustände an ein Individuum oder eine Unternehmung und das Beharren darauf, daß diese Formeln angewandt werden, bilden das Grundhandwerkszeug eines jeden, der recht sprechen will.«[9] Wie das wohl geht, einem »Individuum« »Non-Existence« zuzuweisen?

Wenig später hatte ich erneut eine Frau bei mir zu Gast. Sie hatte mir Unterlagen mitgebracht, die meine letzten Zweifel beiseite schoben. Manfred Nüssle, der als Niederlassungsleiter bei Garant Immobi-

Helfen Sie dabei, die Funktionsfähigkeit der Scientology zu erhalten.

Wissensberichte sind ein wesentlicher Teil dessen, die Funktionsfähigkeit der Scientology zu erhalten.

Wenn Sie einer Verletzung standardgemäßer Ethik, Tech oder Verwaltung begegnen, schreiben Sie einen Wissensbericht mit vollständigen Einzelheiten an Ihren örtlichen Ethik-Officer und schicken Sie eine Kopie davon an das Religious Technology Center, wenn Sie das Gefühl haben, daß es über diese Angelegenheit informiert sein sollte.Wissensberichte sind wertvoll und sind etwas, das jeder Scientologe verwenden kann, um dabei zu helfen, die Funktionsfähigkeit der Scientology zu erhalten.

aus: Ursprung, Magazin der Scientology Kirche Bayern e.V., Nr. 209, »Helfen Sie dabei, die Funktionsfähigkeit der Scientology zu erhalten«,©1992 L. Ron Hubbard

»Was wir tun ist keine Spielerei. Unsere persönliche Zukunft hängt davon ab, in unserer Tätigkeit fortzufahren und keine größeren Fehler zu machen. Es ist nicht eine Frage, ob es etwas anderes gäbe. Dies gibt es nicht! Niemand kann halb in und halb außerhalb von Scientology sein. Scientologen sind Scientologen, ungeachtet dessen, was sie tun, um ihren Lebensunterhalt zu verdienen [...]

Wenn wir dies schaffen wollen, müssen wir persönlich, administrativ und als Gruppe daran arbeiten, und gute Arbeit leisten [...]

Die Belohnung besteht darin, sein Selbst wiederzugewinnen und frei zu werden.«

HCO Policy-Letter, 30. Juli 1963, Gegenwärtige Planung

lien in Neu-Ulm arbeitete, war wirklich Ethik-Offizier der Scientology-Mission in Esslingen. In einer »Ethik-Order« schrieb er: »[...] hat sich mit seinen Eltern laut seinem eigenen Aufschrieb so zerstritten, daß seine Mutter damit gedroht hat, einen Rechtsanwalt zu beauftragen, den Missionholder persönlich und die Mission anzugreifen.

Dieser Umstand entspricht der Definition des PTS-Typ C. Ref.: HCO PL 07. Mai 1969 Richtlinien über Schwierigkeitsquellen.« Nüssle war also wirklich einer jener »Polizisten« der Scientology, der darauf achtete, daß die Angehörigen der Mission gemäß den Richtlinien des Scientology-Gründers Hubbard arbeiteten. In der »Ethik-Order« schrieb er weiter: »[...] ist deshalb ab sofort vom Posten und von den Linien genommen und zwar so lange, bis die Streitigkeiten mit seinen Eltern und deren antagonistische Haltung zu ihm und Scientology gegenüber – nachhaltig – gehandhabt sind«. Nüssle forderte in der »Ethik-Order«: »Sofortige Abkühlung und intensive Handhabung der aufgebrachten Handlung der Eltern in der Weise, daß [...] den Eltern gegenüber wirklich zeigt, daß er akzeptiert, daß er den elterlichen Berufs- und Geschäftszielen wohlgesonnen und persönlich interessiert daran ist; daß er akzeptiert, daß die Eltern ohne Scientology leben wollen, und ihnen diesen Umstand auch gewährt; und daß er deutlich zu verstehen gibt und zeigt, daß er sich selbst von Scientology vorerst zurück- oder herauszieht und dies auch tut.« Gleichzeitig fordert Nüssle aber auch »sehr gute und häufige Berichterstattung über das Klima und die Entwicklung der Situation zuhause an den Ethik-Officer der Mission«. Nachdem die Situation abgekühlt sei und nachhaltig gehandhabt worden sei, empfiehlt Nüssle: »PTS-SP-Kurs Teil 1 mit anschließendem vollen PTS-Handling, PTS- und Suppressed Person Rundown.«

Nachdem die Person versucht hatte, sich von Scientology zu lösen, schrieb Nüssle in einer weiteren Ethik-Order: »[...] ist seit ca. 3 Wochen nicht mehr auf seinem Posten erschienen. 3 Versuche, [...] zu einem klärenden Gespräch in die Mission zu bekommen, sind gescheitert. [...] ist in seiner Haltung unverändert. [...] soll für weiteres Auditing und Kurse in Scientology solange nicht zugelassen werden, bis die Situation aufgeklärt ist.«

Nüssle war Niederlassungsleiter in der Firma, von ihm war jeder abhängig, bei ihm hatte man Bericht zu erstatten, von ihm wurde man gerügt oder belobigt. Die Kurse, die man bei Garant Immobilien besuchte, bauten auf Schriften des Scientology-Gründers L. Ron Hubbard auf. Wenn Nüssle jemandem in der Mission verbot, an Scientology-Kursen teilzunehmen, kam das einem Verlust seines Arbeitsplatzes gleich – man fiel im System der Firma durch.

Ich wundere mich heute manchmal, wie diese Firma überhaupt

funktionieren konnte. Ständig mußten Mitarbeiter an Schulungen teilnehmen, ständig wurde in Ethik-Ordern oder Richtlinien auch das kleinste Ärgernis in der Firma schriftlich an alle Mitarbeiter weitergeleitet. So schrieb Manfred Nüssle beispielsweise am 12. 12. 1991 eine »Richtlinie« an alle Mitarbeiter in Neu-Ulm, in der er sich über Gemeinwohl in der Firma und Expansion bei Garant Immobilien ausläßt. »Sie können also davon ausgehen«, so schreibt er in der Richtlinie, »daß Ihr Verkaufsleiter immer ›offen‹ für ein Gespräch oder eine Neuregelung ist.« Wenn ich bedenke, welche Inhalte diese Gespräche oft hatten! Die Menschen, die zu mir kamen und davon berichteten, sprachen von »Unter-Druck-setzen«, von »Psycho-Terror«, von »Auf-Schulungen-schicken«.

An der Situation bei Garant hat sich nichts Grundlegendes geändert. Obwohl der Chef, Hans Moser, in der Öffentlichkeit und bei neuen Mitarbeitern jegliche Nähe zu Scientology abstreitet, werden neue Mitarbeiter immer noch mit dem »200-Fragen-Test« abgecheckt. »Höhepunkt« dieser jüngsten Entwicklungen: Auf der Garant-Jahres-Auftaktfeier aller Niederlassungen am 8. 1. 1994 wurde Markus Vogel als zukünftig zuständiger Mann für Mitarbeiterschulungen vorgestellt. Was daran so pikant ist? Das werden Sie erfahren, wenn Sie das Kapitel 5 in diesem Buch lesen. Dort treffen Sie Markus Vogel wieder.

Manfred Nüssle hat gewechselt: von der Firma Garant zur Firma Markant.

2.2 Wir sind entdeckt!

Aufgrund der Berichte in lokalen und überregionalen Zeitungen war der »Spiegel« auf unsere Aktivitäten rund um die Firma und Scientology aufmerksam geworden. Ein Redakteur war bei uns gewesen, hatte sich informiert, und am 15. April 1991 erschien im »Spiegel« ein Bericht über »Robin direkt«, über die Methoden bei der Firma und die Schulungen von Zabel & Schmitt.[10] Tenor: Erstmals schließen sich Firmen-Mitarbeiter, die mit Scientology in Berührung gekommen sind, zu einem Schutzbund zusammen.

Es war ein lauer, sonniger Frühlingstag, und ich hätte an diesem Morgen, als ich aufstand, um als erstes die Katzen zu füttern, nie gedacht, daß es von diesem Moment an kein Zurück mehr geben würde.

Schon im Laufe des Vormittags riefen viele Betroffene an. Sie hatten den Artikel gelesen, waren angetan davon. Paul fuhr erst einmal zur Tankstelle, kaufte den »Spiegel«, und wir lasen nach, was der geschrieben hatte. Je später es wurde, um so mehr Leute riefen an. Die meisten kannte ich nicht, Leute aus der ganzen Bundesrepublik und sogar aus Österreich. Sie alle waren irgendwie mit Scientology in Berührung gekommen, fast immer auf Schulungen, zu denen ihre Firmen sie geschickt hatten.

Das Telefon stand an diesem Tag einfach nicht mehr still. Immer dichter wurden die Informationen, immer klarer wurde mir ein Gedanke: Scientology, das ist keine Religionsgemeinschaft, das ist etwas ganz anderes. Wie sonst lassen sich die wirtschaftlichen Verflechtungen in all die verschiedenen Branchen der Wirtschaft erklären, in denen all die Leute arbeiten, die heute bei mir anrufen?

Mir wurde klar, was ich zu tun hatte: Jetzt muß geklärt werden, was die von Scientology eigentlich vorhaben. Und um das zu klären, muß ich mich mit der Theorie und mit den Schriften von Scientology beschäftigen. Und das intensiv. Jeder Anruf, jedes Dokument, jedes Gespräch, das ich von da an erhielt oder führte, erschien mir jetzt wie ein kleines Stück eines riesigen Puzzles, das zu lösen ich mir vornahm.

Um 17.30 Uhr klingelte an diesem Tag das Telefon erneut. Wieder ein Anruf. Mit einem Unterschied: Der Anrufer meldet sich nicht mit seinem Namen, wünscht mir keinen guten Tag. Die dunkle, männliche Stimme sagt einfach nur: »Wenn du heute zu der Veranstaltung nach Ehingen gehst, werden deine Kinder zu Waisen.« Und legt wieder auf.

Ich starrte den Hörer in meiner Hand an. Ein Spinner? Was für eine Veranstaltung? Ich hatte wirklich keine Ahnung, was der Mann von mir wollte. Mein erster Gedanke richtete sich auf Zabel & Schmitt, die ja in Ehingen ansässig waren. Doch wir waren ja nicht mehr bei der Firma, warum sollten wir dann auf eine Schulung gehen? Nein, es mußte etwas anderes sein.

Ich rief bei der Lokalzeitung in Ehingen an. Ja, da sei tatsächlich eine Veranstaltung heute abend. »Es geht um diese Scientology-Sekte«, sagte mir ein Redakteur. Eine Veranstaltung der »Jungen

Union«, eine Podiumsdiskussion von Anhängern und Gegnern von Scientology.[11]

Ich rief bei der Kripo in Ulm an und berichtete von dem anonymen Anrufer. Der Beamte beruhigte mich, das sei »Psychoterror«, ganz normal, das sei ihm bekannt für die Art von Scientology. Da könne man nichts machen.

Ich war stinksauer. »Jetzt erst recht«, schoß es mir durch den Kopf. Paul und ich riefen Freunde an, die zu uns ins Haus kamen, damit die Kinder und das Haus nicht allein blieben.

Um kurz nach 20 Uhr waren wir dort, wo unser Kontakt mit Scientology begonnen hatte: in der Lindenhalle in Ehingen. Hier fand bezeichnenderweise die Veranstaltung statt. Für uns schloß sich ein Kreis. Seitdem war unser Haus nie mehr unbewacht. Die Dimension hatte sich verschoben. Unser anfangs naives Engagement hatte uns an einen Ort geführt, an den wir gar nicht hinwollten: ins Fadenkreuz von Scientology. Über Nacht waren wir zu ernst zu nehmenden Gegnern für Scientology geworden.

Die Lindenhalle war überfüllt. Paul blieb hinten stehen, es gab nur noch einen Sitzplatz in der ersten Reihe. Ich ging nach vorne, setzte mich dorthin und bemerkte, daß etwa ein Viertel der Zuhörer offensichtlich Scientologen waren. Sie applaudierten, wenn etwas Positives über Scientology gesagt wurde, die restlichen drei Viertel der Zuhörer applaudierten, wenn etwas gegen Scientology gesagt wurde. Zwei Reihen hinter mir saßen Dieter Schmitt und Wolfgang Zabel. Zabel hatte ein Blatt Papier in der Hand: meinen »Erfolgsbericht«! Er deutete mit dem Finger drauf, wollte mir wohl drohen: Wenn du hier was sagst, mach ich dich fertig.

Als die Diskussion für das Plenum eröffnet wurde, ergriff ich das Wort. Ich schilderte, wie ich hier in der Lindenhalle meinen Kurs bei Zabel & Schmitt gemacht hatte, wie wir auf Kurs gebracht worden waren und wie wichtig es für die Kursleitung gewesen sei, uns die Werte Hubbards beizubringen. Abermals forderte ich Dieter Schmitt auf, mir zu erklären, warum ich Macht über andere Menschen haben müsse. Ich erhielt wieder keine Antwort. Die Wortmeldung ging unter in dem allgemeinen Aufruhr in der Halle. Die Diskussion war überaus heftig.

Ein Jahr später wußte ich, warum: In einem Brief an Scientologen in ganz Deutschland hatte Sabine Haible vom »OT-Komitee« in

»Liefern Sie die Ware – so könnte man es grob ausdrücken. Aber wenn Sie eine neue und bessere Zivilisation wollen, werden Sie sie nicht durch Zeitungsanzeigen bekommen oder dadurch, daß Sie sich darüber Gedanken machen, was die Leute über Sie denken. Sie werden die bessere Zivilisation nur dadurch bekommen, daß Sie Leute zu Releases und Clears machen und sie in die Gesellschaft hinaussenden, um in allen Bereichen menschlicher Tätigkeit, einschließlich der Scientology, die Dinge zum Laufen zu bringen.«

aus: HCO Policy-Brief vom 26. Mai 1961, wiederherausgegeben am 30. August 1980, »Eine Mitteilung an die Führungssekretäre und alle Mitarbeiter von Organisationen, Qualität zählt«

Ulm[12] um Unterstützung für die Ulmer Scientology-Mission gebeten und dazu aufgefordert, zu der Veranstaltung nach Ehingen zu kommen. »Wenn wir als Gruppe auftreten, können wir einen sehr positiven Effekt kreieren beim Publikum. Falsche Daten können durch wahre Daten widerlegt werden. Vakuums mit Wissen gefüllt werden, gemäß Ron's HCO PL vom 21. 11. 72 I, PR-Serie Nr. 18, Wie man schwarze Propaganda handhabt«. Viele Scientologen waren diesem Aufruf gefolgt und füllten die Ehinger Lindenhalle.

Sabine Haible ist Ehefrau des Vorsitzenden des OT-Komitees Ulm, Ernst Haible, der als Immobilien- und Finanzberater arbeitet. Sie selbst ist Lizenznehmerin der Firma SN Color, Farb- und Stilberatung, die man heute nach einem Gerichtsurteil als »Scientologische Tarnorganisation« bezeichnen darf. Sabine Haible versprach am Ende ihres Briefs an die Scientologen für die nächsten Tage einen »telefonischen Kontakt«.

Bei mir ist ein telefonischer Kontakt angekommen, doch nicht von Sabine Haible. Der feige anonyme Anrufer, der mich so nachdrücklich auf die Veranstaltung in Ehingen hinwies, hat wohl genau das Gegenteil von dem bewirkt, was er wollte. Dieser »telefonische Kontakt« hat mich veranlaßt, mein Leben dem Kampf gegen Scientology zu widmen.

---

[1] Die Staubsaugerfirma ist lt. »taz« v. 13.4.1991 »eine 100prozentige Tochter der Scott Fetzer Company, die insgesamt 18 000 Menschen beschäftigt [...] Die Scott Fetzer Company gehört wiederum dem Milliardär Warren Buffett, der 36 Prozent an Coca Cola und 40 Prozent an Gillette halten soll und Eigentümer der ›Washington Post‹ ist.«

[2] HCOB 20. April 1972.

3 Briefe vom 21. 8. 1990 an Vertragshändler Barthel und vom 26. 8. 1990 an alle Kirby-Vertrags-
   und Gebietshändler.

4 Die Kündigung vom 28. 8. 1990 wurde von Helmut Hurle unterschrieben.

5 Impact, 29, 1990, S. 38ff. Die »Kriegskasse« (war chest) dient Scientology dazu, Angriffe auf
   Scientology abzuwehren. Aussage von Rechtsanwalt Ulrich Bräunig in der Sendung »Heute
   in . . .«, SWF, 6. 11 1991.

6 In einer Broschüre über Garant Immobilien, die ebenfalls »Der Immobilienspezialist im
   Ländle« betitelt ist, heißt es: »Um diesen wirklich umfassenden Service rund um alle Immobi-
   lienfragen bieten zu können, wird bei der GARANT Immobilien GmbH Aus- und Weiterbildung groß geschrieben [. . .].«

7 Brief vom 6. 2. 1990.

8 Zum Haghof-Seminar schreibt Hans Moser in einem Brief vom 31. 8. 1990: »Das traditionelle
   Haghof-Seminar wird uns allen helfen, die letzten Monate voll durchzupowern.«

9 Seminarunterlagen Statistik-Schulung, Februar 1990/K.N.

10 »Ordentlicher Stromschlag«, in: Der Spiegel, Nr. 16, 15. 4. 1991.

11 Vergl. Bericht über die Veranstaltung im »Ehinger Tagblatt« v. 17. 4. 1991.

12 OT: Operierender Thetan.

Exkurs

Die Ziele der Scientology

Wer ist eigentlich dieser L. Ron Hubbard, dessen Name auf Tausenden scientologischer Schriften auftaucht – immer als Träger des Copyrights?

Eigentlich wissen wir über die Biographie von L. Ron Hubbard so gut wie gar nichts Gesichertes. Fest steht nur sein Geburtsdatum: 13. März 1911 in Tilden, Nebraska/USA. Im Februar 1980 verschwand er aus der Öffentlichkeit; sein Tod wurde offiziell am 27. Januar 1986 bekanntgegeben.

L. Ron Hubbard war Science-fiction-Autor in den USA. Er trat etwa Ende 1945 der kalifornischen Gruppe des Neo-Satanischen Ordens »O.T.O.« (Ordo Templi Orientis), des Orientalischen Templerordens, bei. »Tue, was du willst« war der Leitspruch dieses Ordens. 1950 erschien Hubbards Buch »Dianetics: The Modern Science of Mental Health«.[1]

Mit der Herausgabe dieses Buches begann für L. Ron Hubbard eine neue Zeitrechnung, jedenfalls zeichnete er künftig zahlreiche seiner Briefe und Publikationen im Sinne dieser neuen Zeitrechnung. Das Jahr 1960 entspricht deshalb in der Zeitrech-

L. Ron Hubbard, Gründer der Scientology, trat auch als Science-fiction-Autor hervor.

Mit seinem Buch »Dianetik: Der Leitfaden für den menschlichen Verstand«
begann für L. Ron Hubbard eine neue Zeitrechnung. Er versprach in dem
1950 erstmals erschienenen Werk seinen Lesern eine neuartige Heilmethode,
die angeblich zu vollkommener geistiger Gesundheit führen solle. Mit Hilfe
der Dianetik sollte es möglich sein, sich selbst zu heilen. Diesen Anspruch löst
das Buch jedoch nicht ein.

nung L. Ron Hubbards dem Jahr A.D. (anno domini) 10.

Mit dem Dianetik-Buch (»Die moderne Wissenschaft der geistigen Gesundheit«) wollte L. Ron Hubbard der neuen Psychologie etwas entgegensetzen. Hubbard haßte nach eigenen Aussagen Psychiater, fühlte sich von ihnen verfolgt. Das Dianetik-Buch (Werbung in einem anderen Hubbard-Buch: »Dieses Werk wird als das wirksamste Selbsthilfebuch gepriesen, das jemals erschienen ist«[2]) stellte sich als einen entscheidenden Durchbruch in der Psychotherapie dar. Es ermögliche jedermann, die Wurzeln aller psychosomatischen und einiger rein körperlicher Leiden aufzudecken und zu heilen, und dies bei weitem kompetenter als durch gelernte Psychologen. Jeder könne die Methode, die Wurzeln dieser Leiden zu entdecken, innerhalb kurzer Zeit erlernen. Hubbard sprach von einer funktionierenden Technologie im Bereich der geistigen Gesundheit, die von nun an jeder selbst betreiben und an sich selbst anwenden könne.

Vom Ende der vierziger Jahre wird von L. Ron Hubbard der denkwürdige Satz kolportiert: »Wenn man wirklich Millionen machen will, dann ist der schnellste Weg der, deine eigene Religion zu starten.« Folgerichtig ließ er die Begriffe Dianetik und Scientology, die er als Sammelbegriffe für die sich bald entwickelnde Organisation verwandte, als Markenzeichen eintragen. Wie vieles aus der gesamten Lehre von L. Ron Hubbard, so ist auch der Name Scientology nicht ursprünglich von ihm geprägt worden. Er wurde erstmals von dem deutsch-argentinischen Autor Dr. A. Nordenholz verwendet, der 1934 eine Publikation unter dem Titel »Scientologie, Wissenschaft von der Beschaffenheit und Tauglichkeit des Wissens« veröffentlicht hatte.

Führungs-Serie Nr. 15RA

Die absolute Notwendigkeit von Hatting

Hatting=Kontrolle

Der entscheidende Punkt ist Kontrolle. Kontrolle ist die Fähigkeit zu starten, zu verändern und zu stoppen.

Die grundlegende Reihenfolge von Hatting:

1. Rekrutiert oder eingestellt. Unterschreibt einen Vertrag.
2. Temporär als HCO-Expediter auf Posten gesetzt, mit tatsächlichen Pflichten auf einem Posten in der Org.
3. Instant-Hatting für den zugewiesenen Posten.
4. Personal-Status Null.
5. Mini-Hat, wenn die zugewiesene Arbeit als Expeditor eine länger dauernde Aufgabe und nicht bloß eine kurzfristige Aufgabe ist. (Vgl. HCO Pl 2. Nov. 80 I, Organisierungsserie Nr. 58, Hatting auf richtige Weise, und HCO Pl 23. Sept. 80 I, Mini-Hatting)
6. Personal-Status I.
7. Personal-Status II.
8. Qualifiziert für Studieren oder Auditing (oder für Mitarbeiter-Services oder -Studium)
9. Er erhält einen anderen Posten als den eines HCO-Expediters.
10. Vollständiges Hatting mit einem Checksheet und einem Pack, vollständig gemacht mit Wortklären Methode 6, der Methode 7, Methode 9, Methode 3 und Methode 4.
11. Muß eine Statistik haben und demonstriert haben, daß er auf Posten produziert hat.
12. Reinigungs-Rundown
13. Objektive Prozesse, CCHs, 8-C, S-C-S, Havingness, usw.
14. Scientology-Drogenrundown (wenn erforderlich).
15. Methode-1-Wortklären, Studenten-Hat.
16. Verwaltungs- oder technische Ausbildung (OEC oder Auditing).

Niemand sollte irgendeine andere Ausbildung erhalten und schon gar nicht Vollzeitausbildung erhalten, bevor er Schritt 13 oben erreicht hat.

Rekrutieren und Einstellen:

Man rekrutiert niemals mit dem Versprechen für kostenlose Kurse oder kostenloses Auditing.

Offene Tür:

Wenn man zuläßt, daß es irgendeine Meinung oder Selektierung hinsichtlich dessen gibt, wer als Mitarbeiter zugelassen wird, dann wird jegliches Rekrutieren und Einstellen fehlschlagen.

Die Antwort ist Hatting. Eine Org, die nicht gehattet ist, wird schwach und kriminell.

Eine vollständige aufgebaute Org in einer dicht bevölkerten Umgebung würde Hunderte von Mitarbeitern benötigen. Und sie würde Einnahmen von Hunderttausenden haben.

HCO Policy-Brief vom 23. Juli 1972 RA, revidiert am 20. November 1978, erneut revidiert am 24. November 1985, Führungsserie Nr. 23 RA

1. Kunstsprache als Methode

Schaut man in das »Dianetik-Buch« hinein, bleibt es für den Laien zunächst einmal unverständlich. Hubbard arbeitete mit einer Kunst- und Kultursprache, die er durch Neudefinitionen und Neuschöpfungen von Wörtern begründete. Hubbard hat diese Methode später, in seiner »Public Relations-Serie« genau beschrieben: Er zeigt im Brief 12 dieser Serie die »Propaganda der Umdefinierung der Wörter« auf.[3]

Da aufgrund dieser Kunstwörter das »Dianetik-Buch« für den Laien ein Buch mit sieben Siegeln ist, bleibt er auf Hilfe angewiesen. Die Hilfe wird ihm in allen Ausgaben des »Dianetik-Buches« im Anhang aufgezeigt. In Deutschland wie auch in aller Welt gibt es sogenannte »Dianetik-Informationszentren«, in denen Interessenten, wie es im Dianetik-Buch heißt, »mit einem erfahrenen, geschulten Dianetik-Auditor Kontakt aufnehmen können«.[4]

L. Ron Hubbard fand für sein Buch Tausende Abnehmer. »Bald entstanden die ersten Organisationen, und mit jedem Jahr stieg die Popularität der Dianetik und der Scientology«, heißt es in einer Zeitung der Scientologen über die Geschichte ihrer Organisation. Die »Orgs« gründeten sich wohl deshalb, weil ein Großteil der Leser, auf sich allein gestellt, das Versprechen des Buches, eine Selbsthilfe für Menschen zu liefern, nicht nachvollziehen und die Methode nicht anwenden konnte.

L. Ron Hubbard hatte eine Marktlücke entdeckt. Offensichtlich gab es Millionen Menschen, die das Bedürfnis hatten, ihre Probleme selbst zu heilen. Hubbard schulte Hilfspersonal. Es sollte den Ratsuchenden helfen, das Dianetik-Buch besser zu verstehen und anwenden zu können. Daraus entwickelte sich eine Organisation, die 1954 als »Church of Scientology« (»Scientology-Kirche«) gegründet wurde.

Dieser juristisch geschickte

> »Ein Buch ist ein Test dafür, ob jemand aktiv nach etwas verlangen kann. Damit schalten wir sofort jene aus, die überhaupt kein Verlangen zeigen können und ersparen uns somit ihre Schwierigkeiten, bis wir groß genug sind, um richtige Anstalten und Kliniken für sie führen zu können. Alles Geld der Welt wäre es nicht wert, daß wir von einem so schwerfälligen ‚Hilfmir‘-Mob zum Stillstand gebracht würden.«
>
> *aus: FSM Newsletter 3/92 der Scientology-Organisation München*

Kunstgriff, eine wirtschaftlich orientierte Organisation, die im psychologischen Bereich arbeitete, als Kirche zu definieren, brachte ihm zahlreiche Steuervorteile ein, da Kirchen in vielen Ländern einen anderen Status haben als normale Wirtschaftsunternehmen. Die »Church of Scientology« entwickelte sich schnell und zählt heute schätzungsweise 8 Millionen Mitglieder weltweit, allein in Deutschland etwa 300 000.

2. Heilung von Krankheiten?

Was fasziniert Menschen an Hubbards Buch »Dianetik«? Die Dianetik, so beschrieb es Hubbard in seinem Werk, umschließt das Problem der psychosomatischen Krankheiten vollständig. Mit ihrer Hilfe »sind solche Krankheiten ausnahmslos und vollständig beseitigt worden«, berichtete Hubbard von den angeblichen Erfolgen der Dianetik. Selbständig und schnell, so vermittelte er den Eindruck, könne man diese Krankheiten heilen.

Schnell jedoch merkt der Leser, daß er ohne fremde Hilfe nicht weiterkommt. Schon bald wird er an den sogenannten »Auditor« verwie-

Die »Selbstanalyse« erschöpft sich in einem Frage-und-Antwort-Spiel.

Hubbards »Heimkurs der Dianetik«: Wirrwarr der Begriffe.

sen, also jemanden, der in der Ausübung der dianetischen »Therapie« geschult ist. Hubbard hatte gemerkt, daß die Leute an mehr Angeboten seiner »Kirche« interessiert waren. Erst Hunderte, dann Tausende Menschen besuchten die Auditing-Kurse der »Scientology-Church«. Hubbard hatte Sinn fürs Geschäft; er entwickelte die Auditing-Kurse weiter. Durch langes Auditing könne man, so Hubbard, eine weitere Stufe der Selbsterkenntnis erklimmen. Die freiwilligen Mitarbeiter seiner Scientology-Church, die Auditoren, erarbeiteten sich ebenfalls diese zweite Stufe, und zwar in der Hierarchie der Auditoren.

Hubbard versuchte, seine Organisation fester in den Griff zu bekommen. Bereits 1953 hatte er die ersten von dann Tausenden sogenannter »Richtlinien« herausgegeben. Diese Richtlinien begründen das Gehorsamsprinzip innerhalb der Scientology und wurden zu den »Gesetzen« von Scientology. Die Organisation wurde weiter durchstrukturiert und in verschiedene Untergruppen aufgeteilt.

Hubbard kündigte 1957 an, daß er eine Methode entwickelt hätte, mit der man, unter Anwendung des Auditings, bis zur Bewußtseinsstufe »Clear« gelangen könne. Der »Clear«, so hatte er, Hubbard, im Dianetik-Buch beschrieben, sei der »optimale Mensch«.[5] Der Weg zum »Clear« führe über ein Kurssystem, das es angeblich ermöglichte, daß 1966 erstmals ein Mensch »Clear« wurde. Zum Kursprogramm gehören seit den fünfziger Jahren bereits sogenannte »Kommunikationskurse«, später kamen »Rundowns«, »Life Repairs« mit verschiedenen Stufen und eine Vielzahl anderer Kurse hinzu. Betrachtet man heute das Kursprogramm der Scientology, ist man verleitet zu sagen, daß Hubbard für jeden Bereich menschlichen Lebens ein entsprechendes Angebot entwickelt hat.

3. Kontrollsystem überwacht Scientologen

Der Weg zum »Clear« wurde immer schwieriger. Immer mehr Kurse, die man durchlaufen mußte, wurden von Scientology verpflichtend gemacht. Diese Verzögerungen im Kursablauf scheinen dem Gründer von Scientology allerdings nicht genügt zu haben. Er entwickelte ein Kontrollsystem. »Fallüberwacher« kontrollierten die Auditoren und entschieden letztendlich darüber, ob derjenige, der das Kurssystem durchlief, weiter zum Nachfolgekurs aufsteigen durfte oder nicht.

Die REINIGUNGS-RUNDOWN-SERIE

L. RON HUBBARD

NEW ERA®Publications International ApS
(September 1987)

1957 verkündete Hubbard, daß er eine Methode gefunden habe, die zur höchsten dem Menschen möglichen Bewußtseinsstufe führe. In »Kommunikationskursen« und sogenannten »Rundowns« und einer Vielzahl weiterer raffiniert aufeinander abgestimmter Kurse sollte dieser Zustand des »Clear« erworben werden können. Dabei wird von Hubbard für jeden Bereich des Lebens ein entsprechendes Kursangebot präsentiert.

BULLETIN DES INTERNATIONALEN MANAGEMENTS - NR. 7

Church of Scientology® International
Management der Scientology-Kirche
Oberste Zentrale für Aktivitäten von Dianetik™ und Scientology

AN: ALLE ORGS   2. Februar 1983
    POLOs
    FLAG

VON: CO CMO INT

DRINGEND - WICHTIG

STRATEGIE FÜR SERVICE UND LIEFERUNG AUF ORG-EBENE

Vgl.: HCO PL 31. Jan. 1983   DER GRUND, AUS DEM ES ORGS GIBT
       HCO PL 10. Sept. 1982   AUSTAUSCH, EINNAHMEN DER ORG
                               UND BEZAHLUNG DER MITARBEITER

Der einzige Grund, warum LRH die Kirche gründete und mit ihr
arbeitete, bestand darin, den Leuten dieses Planeten direkt on-
policy und in-tech Dianetik und Scientology zu verkaufen und zu liefern, da er es allein nicht schaffen konnte, 2,5 Milliarden Leute
auszubilden und zu auditieren. Das ist der einzige Grund, warum es
die Kirche gibt. Und das ist der einzige Grund, warum wir sie managen.

Einige Orgs haben eine armselige Reaktion auf einen einzigen
Punkt gezeigt:

DIESER PUNKT IST: DAS VERKAUFEN UND LIEFERN VON MATERIAL UND
DIENSTLEISTUNGEN AN KUNDEN.

Wenn sich eine Org nicht auf das Verkaufen und Liefern von
Material und Dienstleistungen an Kunden konzentriert, wird sie es
schwer haben. Daß dies von allen Orgs getan wird, ist das Hauptin-
teresse des Managements. In der Scientology sind unsere Kunden alle
bestehenden und potentiellen Gemeindemitglieder. Das bedeutet jede
Person aus der Öffentlichkeit.

Jeder Posten auf dem Org-Board spielt eine Rolle dabei, das zu
erreichen.

Jeder, der dies unterstützt und daran arbeitet, ist vollkommen
sicher auf seinem Posten und wird Unterstützung erhalten.

Niemandem, von dem festgestellt wird, daß er dies nicht aktiv
unterstützt oder tut, wird Gnade gewährt werden.

Die Statistiken von Posten und Orgs sind der direkte Maßstab
dafür, ob es getan wird oder nicht. Und wenn die Statistiken einer

*Management-Philosophie der »Scientology Kirche«: Der weltweite Verkauf
von Materialien und Dienstleistungen, die die Dianetik-Lehre von
L. Ron Hubbard verbreiten helfen. Entsprechend werden die Menschen, die
für Scientology geworben werden sollen, als »Kunden« bezeichnet. Sciento-
logy-Ortsgruppen, die sogenannten »Orgs«, werden auf dieses oberste Ziel
verpflichtet.*

»Was ist das denn? Glauben die wirklich, daß eine Gesellschaft wie unsere heutige Scientology durch Anerkennung stark machen wird? Natürlich nicht! Und diese Gesellschaft kann uns mal. Wie machen eine neue. Verzichten Sie daher auf die Anerkennung von einem Haufen Nicht-Scientologen und machen wir uns lieber an die Arbeit, um neue und bessere Leute hervorzubringen.«

aus: HCO PL, 26.5.61

»Aber wir werden es nicht für immer tragen müssen. Je größer wir werden, um so mehr wirtschaftliche Mittel und um so mehr Zeit werden wir haben, um unsere Aufgaben zu erfüllen.

Daher ist das Ungeheuer, das uns auffressen könnte, nicht die Regierung oder die Hohenpriester. Es ist unser mögliches Versagen.

Wir spielen nicht irgendein unbedeutendes Spiel in der Scientology. Es ist nicht nett oder etwas, was man in Ermangelung eines Besseren tut.«

aus: Ergänzungsstudierpack für das Executive-Status-Eins Kurs, HCO Policy-Brief, 7.2.1965, Korr. und wiederhrsg. 12.10.1985

Hubbard perfektionierte dieses Kurskontrollsystem und gab 1968 die »Einführung in die Ethik der Scientology« als Buch heraus. Ethik ist für Hubbard, wie er in diesem Buch schrieb, »diejenige Sektion der Organisation, deren Funktion darin besteht, Gegenabsichten aus der Umgebung zu entfernen«.[6] Aufgrund dieser bedenkenswerten Definition, die man niemals aus dem Auge lassen darf, wenn man das System verstehen will, entwickelte sich innerhalb der Scientology eine Art Geheimpolizei. Hubbard veröffentlichte »Ethik-Anweisungen«, die innerhalb der Scientology einen verbindlichen Rechtscharakter haben. Daraus entstand eine eigene scientologische Justiz. Ethik-Offiziere, die man wohl als Geheimpolizisten der Scientology bezeichnen kann, überwachen die Einhaltung dieser Anweisungen. Eine eigene Scientology-Rechtsprechung ahndet jegliche Verstöße gegen die Rechtsordnung von Scientology. Über Vergehen werden Ethik-Akten angelegt. Bei einer Verurteilung aufgrund von Verstößen gegen die Scientology-Rechtsordnung kann schlimmstenfalls Freiheitsentzug in Scientology-eigenen Straflagern angeordnet werden, die von Scientology als »Rehabilitationsprojekte« bezeichnet werden.

Scientology entwickelte sich zu einem gigantischen Konzern. Es entstand eine bruderschaftsähnliche Führungselite, zu der die Basis keinen Zugang und Kontakt mehr hat. Die Basis muß sich in einem

DIANETIK POST

Magazin der Scientology Kirche Dianetic Stuttgart e.V.   Ausgabe No. 79

Machen Sie sich auf, den Weg zu klarem Denken zu gehen!

WIE DER REINIGUNGSRUNDOWN FUNKTIONIERT

von L. Ron Hubbard

J emand, der Drogen genommen hat, behält abgesehen von den physischen Faktoren, die eine Rolle spielen, geistige Eindrucksbilder von diesen Drogen und deren Wirkungen zurück.

Geistige Eindrucksbilder sind dreidimensionale Farbbilder mit Geräusch, Geruch und allen anderen Wahrnehmungen sowie den Schlußfolgerungen und Überlegungen des Individuums.
Sie sind geistige Kopien der eigenen Wahrnehmungen, irgendwann aus der Vergangenheit.

Jemand, der beispielsweise LSD genommen hat, würde "Bilder" dieser Erfahrung in seinem Verstand behalten, komplett mit Aufzeichnungen der Sehwahrnehmungen, körperlichen Empfindungen, Gerüchen, Geräuschen, usw., die sich zu dem Zeitpunkt ereigneten, als er unter dem Einfluß von LSD stand.

Sagen wir einmal, jemand nahm eines Tages LSD, als er sich mit einigen Freunden auf einem Vergnügungsplatz befand und die Erfahrungen des Tages schlossen ein Gefühl von Übelkeit und Schwindel ein, er geriet...   >

komplizierten Kursprogramm »nach oben« arbeiten. Dadurch erreicht Scientology, daß die Teilnehmer an den Kursen sich immer mehr an die Organisation binden und letztendlich kein Leben mehr »neben Scientology« führen können.

4. Lebensbeichte ablegen

Hubbard ging davon aus, daß sogenannte »Engramme« im Gehirn existieren, die Vorstellungsbilder von früher passierten Leiden oder Schmerzen seien. Diese »Engramme« seien die Ursachen von psychosomatischen Krankheiten und Aberrationen (dieses scientologische Kunstwort bezeichnet die Abweichung von vernünftigem Denken und Verhalten). Die Ursachenforschung für diese Aberrationen geschieht im »Auditing«.

Obwohl Hubbard Psychologen verabscheute, werden im Auditing psychologische Methoden angewendet. Auditing ist eine Art Lebensbeichte, die auch zu tranceartigen Zuständen führen kann. Über die Aussagen im Auditing wird vom Auditor Protokoll geführt. Parallel zum Auditing werden andere Kurse durchgeführt, so zum Beispiel der »Reinigungsrundown«, bei dem die Teilnehmer stundenlang in einer Sauna sitzen müssen und mit Vitaminpräparaten überfüttert werden. Die Kurse bauen teilweise aufeinander auf und müssen bestanden werden, um auf dem Weg zum »Clear« weiterzukommen. Für die Kurse werden von Scientology Gebühren erhoben, die bei mehreren tausend Mark pro Kurs liegen können.

Nur ein minimaler Prozentsatz aller Scientologen erreicht jedoch den erstrebten Zustand des »Clear«, mit dem man »operierender Thetan« (OT) wird. Alles bei Scientology zielt darauf hin, eine OT-Stufe zu erreichen. Meines Wissens ist derzeit die OT-Stufe VIII freigegeben, also erreichbar. Mit OT VIII hat man allerdings noch nicht die »völlige Freiheit« erlangt, welche die »Brücke zur völligen Freiheit«

◁ *Auf dem Weg zum klaren Denken? Was als verheißungsvolle Orientierungshilfe für Suchende aussieht, entpuppt sich bei genauerem Hinsehen als geschickter Werbeaufruf für kostspielige Kursangebote. So bietet die »Dianetik-Post« einen »Reinigungs-Rundown« an, das angeblich »erste wirksame Programm ..., um den Körper von den Wirkungen der Gifte, Drogen und Strahlungen zu befreien«.*

DIE BRÜCKE ZUR VÖLLIGEN FREIHEIT

KLASSIFIZIERUNGS-, GRADIERUNGS-, UND BEWUSSTSEINSKARTE
DER STUFEN UND ZERTIFIKATE

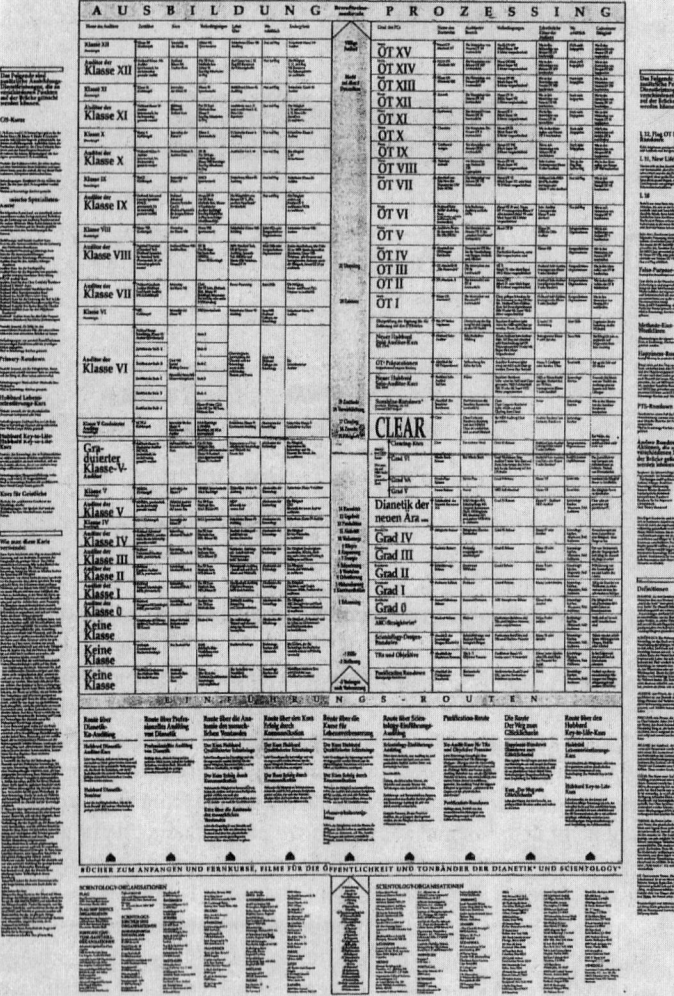

The Hubbard College of Scientology

Qualifications Division, Department of Certifications and Awards

Does Hereby Certify That

████████████████████████████████

Has Attained

THE STATE OF CLEAR

Attested Marina Bernardi

Director of Certifications and Awards
Clear No. ████ *Date* ████
Attested Fraossett Tiziano

Keeper of the Seals and Signature

Founder

vorsieht, die Hubbard auf der letzten Seite seines Dianetik-Buches angekündigt hatte. Die derzeit vorliegende »Klassifizierungs-, Gradierungs- und Bewußtseinskarte der Stufen und Zertifikate von Scientology« listet OT-Stufen bis zur Stufe XV auf. Aber ich wiederhole: Derzeit sind nur die OT-Stufen bis OT-Stufe VIII freigegeben. Nur der Führer der Bewegung, wie der Chef der Scientology heißt, kann eine weitere Stufe freigeben. Seit der Bekanntgabe des Todes von L. Ron Hubbard 1986 heißt dieser Führer David Miscavige.

Scientology geht davon aus, daß irgendwann einmal jeder Mensch auf unserer Erde zu Scientology zu gehören hat. Dies sei, so wird argumentiert, schon deshalb lebensnotwendig, weil die Lebensbedingungen dies erforderten: »Ausschließlich Clears und OTs werden diesen Planeten überleben«, heißt es in einem HCO Policy-Brief vom 15. April 1982 über die »planetarische Verbreitung«.[7] Es ist auch klar, daß nur Scientology dies leisten kann, denn: »Wir sind die einzigen, die Clears und OTs hervorbringen können.«[8]

Scientology will die planetarische Verbreitung ihrer Lehre über die Erde. Das Wort »clear«, das ja eigentlich in der Scientology-Sprache den Bewußtseinszustand der Freiheit bezeichnet, wird in diesem Zusammenhang neu gedeutet und bekommt eine fast apokalyptisch zu nennende Zielrichtung. Der Planet soll gecleart, also geklärt werden. Clear ist demnach ein Codewort und bedeutet nichts anderes als Machtergreifung durch Scientology. In der künftigen Gesellschaft, die Scientology aufbauen will, werden Personen, die nicht den Zustand Clear erreicht haben, nichts mehr zu sagen haben. Vielleicht werden in ferner Zukunft nur den Nicht-Aberrierten (Clears) die Bürgerrechte verliehen, schrieb L. Ron Hubbard bereits 1950 in seinem Dianetik-Buch. »Vielleicht ist das Ziel irgendwann in der Zukunft erreicht, wenn nur der Nicht-Aberrierte die Staatsbürgerschaft erlangen und davon profitieren kann. Dies sind erstrebenswerte Ziele, deren Erreichung die Überlebensfähigkeit und das Glück der Menschheit erheblich zu steigern vermöchten.«[9]

5. Unterwanderung der Gesellschaft

Aus diesem Grund versucht Scientology, Einfluß auf alle Bereiche unserer heutigen Gesellschaft zu erlangen. Für alle Schichten und Ebenen unserer Gesellschaft hat Scientology bereits Methoden und Taktiken entwickelt, um sie mit Scientology-Ideologie zu unterwandern.

Und dies geschieht bereits. Dies passiert vor allem über Tarnorganisationen, die in diesem Buch noch eingehend behandelt werden. Der Plan, den Planeten zu »clearen«, ist strukturell bereits umgesetzt worden. Die Infrastruktur hat Scientology bereits aufgebaut. Ein Strategieplan mit dem Titel »Clear Deutschland« veranschaulicht, wie durch Einfluß Macht auf Politik, Wirtschaft, Verwaltung, Polizei und Presse gewonnen werden soll. Durch die Verbreitung der Ideologie soll die Bevölkerung auf die Seite von Scientology gezogen

»Wenn wir alle gemeinsam unsere Kraft und die Kraft aller Organisationen Schulter an Schulter einsetzen würden, so würden wir auf unserem heutigen Stand diesen Planeten übernehmen, und mit nicht mehr Wissen, als wie heute haben.«

HCO Policy-Letter, 19. März 1968, Service

Titelseite der Schweizer Scientology-Zeitschrift: »Activity – Magazin von und für aktive Scientologen« vom 10. Oktober 1992. Deutlich erkennbar ist, daß auf dem »Clear-Kongress 1992« in Biel auch Vertreter von WISE anwesend waren. Dieser Zusammenschluß von scientologisch geführten Unternehmen dürfte die wichtigste Einnahmequelle des Scientology-Konzerns sein.

Ziel

Die Schweiz ist das erste geklärte Land auf dem Planeten. Die Schweiz ist das Land, in welchem Scientology und die LRH-Technologie in allen Lebensbereichen ungehindert gedeihen und blühen kann. Die Schweiz ist das Land, wo jeder Einzelne seine Fähigkeiten voll entfalten und rasch OT werden kann.

Zwecke

1. Im Bereiche der **Scientology Kirchen**: Alle Organisationen werden von der Bevölkerung akzeptiert, haben Saint Hill Grösse und sind an Größe und an Anzahl expandierend.

2. Im Bereich der **Scientology Missionen**: Alle Missionen werden von der Bevölkerung akzeptiert, es hat mindestens 10 Missionen um jede Org. Sie sind an Größe und an Anzahl expandierend.

3. Im Bereich der **Feldauditoren**: Tausende von Auditoren aller Stufen (Dianetik bis Klass VIII) auditieren die Schweizer Bevölkerung und bringen sie auf die Brücke.

4. Im Bereich der **Öffentlichkeitsarbeit**: L. Ron Hubbard, Dianetik und Scientology sind bei der Bevölkerung beliebt und akzeptiert. Jeder Scientologe kann stolz darauf hinweisen, dass er dazu gehört.

5. Im Bereich der **Buchverkäufe**: Dianetik und weitere Bücher von L. Ron Hubbard sind konstant an der Spitze aller Schweizer Bestsellerlisten. 5 Prozent der Buchverkäufe in der Schweiz sind LRH-Bücher.

6. Im Bereich der Offices (**Flag, Flag Ship, AOs**): Die fortgeschrittenen Organisationen sind bei den verschiedenen Organisationen bekannt und die Dienstleistungen auf der Brücke werden in großem Ausmaß verlangt und bezogen.

7. Im Bereich der **Drogen-Rehabilitation**: Eine Schweiz ohne Drogen. Drogen- oder Medikamenten-Missbrauch ist verpönt. Die Anti-Drogen-Kampagnen und die Narconon-Drogen-Rehabilitation sind anerkannt, werden allgemein empfohlen und unterstützt.

8. Im Bereich der **mentalen Hygiene**: Es gibt keine Psychiater mehr. Die Psychiater haben sich den Regeln von CCHR gebeugt und suchen neue Beschäftigungen.

9. Im Bereich der **Rehabilitation von Kriminellen**: Die Technologie von LRH wird in den Gefängnissen angewandt. Die Criminon-Programme sind die anerkannten Programme in der Schweiz.

10. Im Bereich der **Erziehung und Ausbildung**: Jedes Kind darf sich voll entfalten. Die Erziehungs- und Schuldirektion wie die Lehrer anerkennen und empfehlen die LRH-Studiertechnologie. LRH-Technologie wird auf sämtlichen Stufen angewandt: Schulen, Berufsschulen, Gymnasien, Lehrerseminaren, Universitäten, Fortbildungsstätten (firmenintern und firmenextern).

11. Im Bereich der **Künste**: Die Schweiz hat weltbekannte und anerkannte Künstler auf allen Gebieten. Künstler und künstlerische Fähigkeiten werden anhand der LRH-Empfehlungen gefördert und anerkannt. Künstler sind dank der LRH-Technologie erfolgreich und schreiben ihren Erfolg LRH zu.

12. Im Bereich der **Geschäftswelt**: Die LRH-Technologie ist die Management-Technologie der erfolgreichen Geschäftsleute. WISE ist die stärkste Schutzorganisation für Ethik und Geschäftsexpansion geworden.

14. Im Bereich des **Rechts**: Richtlinien und Justizanordnungen von LRH sind anerkannt und angewandt. Rechtsstreit wird durch die Anwendung der LRH-Policies unter WISE geregelt.

15. Im Bereich der **Finanzen**: Die Schweiz ist das erste Land ohne Einkommenssteuer. Die Verkaufssteuer ist eingeführt. Gute Produktion wird vom Staat belohnt. Die LRH-Richtlinien über Finanzen werden auf allen Ebenen anerkannt und angewandt.

16. Im Bereich der **Moral**: Der Weg zum Glücklichsein ist der anerkannte Moralkodex der Schweiz. Firmen, Institutionen, Verbände, Vereine, Parteien etc. empfehlen und verteilen den Weg zum Glücklichsein.

(Im nächsten Activity / Clear Schweiz-News veröffentlichen wir die Richtlinien, Pläne usw. der Admin Scale der Clear Schweiz.)

Version August 1992

Seite 8 des Activity-Magazins vom Oktober 1992, auf der der Plan »Clear Switzerland« vorgestellt wird. Danach soll die Schweiz das erste Land werden, das »geklärt« ist. Das bedeutet: Die Ideologie von L. Ron Hubbard ist vollständig in der Bevölkerung akzeptiert. Alle Bereiche der Gesellschaft sind mit seiner Technologie durchsetzt. Lehrer und Künstler etwa sind auf Hubbard eingeschworen. Opposition? – Ein Fremdwort!

werden. Ziel ist die Errichtung einer neuen Regierung, die direkt der Zentrale von Scientology in Los Angeles unterstehen wird. Von dort aus soll, nach einem genauen Plan, der mir als Kopie des Originals vorliegt, die Welt regiert werden: »Das jedenfalls ist das Ziel von Scientology«.

In einem Plan »Clear Switzerland« wurden beispielsweise im August 1992 Ziele für die Schweiz angekündigt. »Die Schweiz ist das Land, in welchem Scientology und LRH-Technologie in allen Lebensbereichen ungehindert gedeihen und blühen kann«, heißt es in dem Papier[10]. Für den Bereich der Erziehung und Ausbildung beispielsweise wurde angekündigt, daß in allen Schulen und Universitäten die Technologie von L. Ron Hubbard angewandt werde. Die Justiz soll durch die Anwendung der Scientology-Polices geregelt werden. Künste, Geschäftswelt, Finanzen und Öffentlichkeitsarbeit sollen unter Richtlinien der Scientologen abgewickelt werden.

Desgleichen gibt es die Idee von »Clear Deutschland«. Dabei wird die ideale Szene für Scientology gezeichnet: Deutschland sei dann ein aktives und expandierendes Scientology-Land.

Gehen wir davon aus, daß alle Kurse gemäß der Anlage des »Konzerns Scientology« Geld kosten, so muß man davon ausgehen, daß diese künftige Gesellschaft, die Scientology anstrebt, eine Drei-Klassen-Gesellschaft sein wird. Unterste Klasse sind diejenigen, die kei-

»Allein die Behauptung und das Selbstverständnis, eine Gemeinschaft bekenne sich zu einer Religion und sei eine Religionsgemeinschaft, kann für diese und ihre Mitglieder die Berufung auf die Freiheitsgewährleistung des Art. 4 Absatz 1 und 2 GG nicht rechtfertigen; vielmehr muß es sich auch tatsächlich, nach geistigem Gehalt und äußerem Erscheinungsbild, um eine Religion und Religionsgemeinschaft handeln. Dies im Streitfall zu prüfen und zu entscheiden, obliegt – als Anwendung einer Regelung der staatlichen Rechtsordnung – den staatlichen Organen, letztlich den Gerichten, die dabei freilich keine freie Bestimmungsmacht ausüben, sondern den von der Verfassung gemeinten oder vorausgesetzten, dem Sinn und Zweck der grundrechtlichen Verbürgung entsprechenden Begriff der Religion zugrunde zu legen haben.«

Feststellung des Bundesverfassungsgerichts.
Dieser Auffassung des Bundesverfassungsgerichts ist inzwischen in einer veröffentlichten Entscheidung der Verwaltungsgerichtshof Mannheim gefolgt.

OT-COMMITTEE STUTTGART
ADMIN SKALA

POWER zu POWER

ZIELE

Gemeinsam mit der Stuttgarter Org, den Missionen und Feldgruppen erreichen,
daß LRH, Scientology und Dianetics, sowie jeder einzelne Scientologe im Feld,
respektiert und unterstützt wird. Stärkstes OT-Committee der Welt in Verbindung
mit der größten CL.IV Org der Welt.

ZWECKE

Eine sichere Umgebung zu schaffen, in der Dianetik & Scientology blühen und
gedeihen. Projekte durchzuführen, welche Dianetik & Scientology fördern und
verbreiten und die Zustände in der Gesellschaft verbessern.

RICHTLINIEN

LRH Policies wie: HCO PL „OT Central Committee"; HCO PL „OT Orgs"; HCO PL
„Safepoint"; HCO PL „OT Maxims"; HCO PL „Code of a Scientologist"; HCO PL
„Open Letter to all Clears"; HCO PL „Individuals vs. Groups";

PLÄNE

Clears und OTs untereinander in ARC und KRC zu bringen.
Den Fortschritt der Scientologen über die Brücke beschleunigen und verstärken.
8. und 4. Dynamik Projekte für Clears und OTs im Feld ausarbeiten, um das
stärkste OTC der Welt zu werden und um PR Gebietskontrolle zu erreichen.

PROGRAMME

Regelmäßiges Treffen aller OTC Mitglieder an jedem 1. Donnerstag im Monat um
20.00 in der Org, um ARC und KRC untereinander zu erhöhen.
Jeden Dienstag Treffen aller Vorstände zwecks Durchführung von Projekten.
Programm zur Expansion des OT-Committees, um stärkstes OTC der Welt zu
werden. Programme zur PR Gebietskontrolle.

PROJEKTE

Gruppen bilden für Erfolgsprojekte wie Newsletter, Promotion, Ausstellungen,
Filme, Konzerte, Seminare, Study-Tech, Handhabung von Opinion-Leaders, "Wer ist
Hier', Aktivitäten im Feld, Unterstützung der Org, Missions und Scientologen.

ANWEISUNGEN

Gemäß LRH Policy, gemäß CSW-genehmigter Projekte, gemäß Progress Board.

IDEALE SCENEN

Clears und OTs unterstützen LRH's Absicht. Der Großraum Stuttgart ist ein voll
aktives Feld und ein sicherer Ort für Scientology und Scientologen. In Verbindung
mit der Stuttgarter Org (größte CL.IV Org der Welt) ist das OTC das stärkste OTC
auf dem Planeten. Ein Netzwerk von Scientology-orientierten Aktivitäten, komplett
integriert in die Gesellschaft, z.B. Schulen, Kindergarten und Firmen, welche LRH
Tech anwenden.

STATISTIKEN

1. Anzahl von Neuen Leuten kontaktiert durch Veranstaltungen; Presse; etc.
2. Opinion Leader im Gebiet zu Verbündeten von Scientology gemacht.
3. Anzahl der abgeschlossenen Projekte.
4. Service-Starts von oder durch OTC-Mitglieder.
5. Debug Aktionen für Personen oder Gruppen.
6. Neue Mitglieder.
7. PR-Aktionen.

WERTVOLLES ENDPRODUKT

Eine sichere Umgebung, in der Scientologen auf allen Dynamiken expandieren
können (flourish and prosper).

nen Zugang zu Scientology haben, weil sie über keinerlei Geld verfügen. Die mittlere Stufe sind die Scientology-Mitglieder, die sich in endlosen Kursen an die Ebene »Clear« heranarbeiten und dafür bezahlen. Oberklasse sind jene Personen, die den Zustand »Clear« erreicht haben und zu den OTs gehören. Diese Klasse ist die herrschende Klasse.

Als Sozialstaat ist die Gesellschaft, die Scientology aufbauen möchte, wohl kaum geplant. Jedenfalls sieht Scientology Anstalten und Kliniken für jene vor, die unfähig sind, das Kursprogramm zu absolvieren. »Wenn wir – wie das einige unkluge Leute tun – uns die Unfähigen, die Hilflosen und die Zurückgebliebenen aufhalsen, werden wir nicht in der Lage sein, schnell genug, hoch genug voranzuschreiten«, wird L. Ron Hubbard im FSM-News Letter 3/92, einem Scientology-Faltblatt, zitiert.

Daß Scientology keine sozialen Ambitionen hat, zeigt sie auch im Deutschland der Gegenwart. Anders als die christlichen Kirchen, die das Subsidiaritätsprinzip in Deutschland mittragen und somit unseren Sozialstaat aufrechterhalten, macht die »Kirche« Scientology keinerlei Anstalten, sich am Subsidiaritätsprinzip zu beteiligen. Angesichts ihrer Schriften muß man davon ausgehen, daß dies auch der Ideologie diametral entgegenstehen würde.

Auch wenn sie sich am Sozialstaat nicht beteiligt, pocht Scientology jedoch auf die Rechte, wie sie einer Kirche in Deutschland zustehen.

Ich bin der Meinung, Scientology ist keine Kirche, sondern eine faschistoide Organisation, die ihre Fratze entlarvt, wenn man näher hinschaut. Scientology will die Demokratie in Deutschland von einer neuen Gesellschaft ablösen lassen. Denn »die Demokratie hat uns Inflation und Einkommensteuer gebracht«.

Das nämlich ist die Meinung von L. Ron Hubbard über unser Gesellschaftssystem, wie er sie am 7. Februar 1965 in einem Richt-

◁ *Administrationsplan des »OT-Committees Stuttgart«: Als Ziel-Szenario strebt die Organisation an, daß der »Großraum Stuttgart [...] ein voll aktives Feld und ein sicherer Ort für Scientology und Scientologen« wird. Scientologische Aktivitäten sollen »komplett integriert in die Gesellschaft« sein. Angestrebt wird auch, daß Schulen, Kindergärten und Wirtschaftsunternehmen Hubbards Technologie anwenden. – Alles »clear«?!*

linienbrief mit dem Titel »Die Funktionsfähigkeit der Scientology erhalten« verbreitete.

Jeder, der bei Scientology mitmacht (und das heißt: jeder, der direkt oder indirekt auch nur eine Mark an diese Organisation zahlt), macht sich schuldig, an diesem Plan zum Umsturz unserer Gesellschaftsordnung mitzuwirken, ihn zumindest zu finanzieren.

Jeder, der Scientology-Schriften und die Ideologie dieser Organisation verbreitet, ist meiner Ansicht nach willens, unseren Staat zu kippen.

Und jeder Richter, jeder Staatsanwalt, jeder Politiker, der angesichts dieser Beweise über die verfassungsfeindlichen Aktivitäten von Scientology noch zögert, alles zu tun, um diese Organisation zu verbieten, macht sich mitschuldig.

---

[1] Ausführliche biographische Hinweise zum Leben von L. Ron Hubbard in: Friedrich-W. Haag, Scientology – Magie des 20. Jahrhunderts, München 2.Auflage 1991.

[2] L. Ron Hubbard, Einführung in die Ethik der Scientology, Kopenhagen 1968, S. 344.

[3] HCO Policy-Brief vom 5. Oktober 1971, PR-Serie Nr. 12, Propaganda durch Umdefinierung von Wörtern: »Der Trick ist folgendes – WÖRTER WERDEN UMDEFINIERT, UM ZUGUNSTEN DES PROPAGANDISTEN EINE ANDERE BEDEUTUNG ZU ERHALTEN.«

[4] L. Ron Hubbard, Dianetik, Dreieich 1990, S. 541.

[5] ebd.,S.21.

[6] L. Ron Hubbard, Einführung in die Ethik, a.a.O., S. 297.

[7] HCO-Policy-Brief vom 15.April 1982, Marketing-Serie Nr.18, »Planetarische Verbreitung«, S.3.

[8] ebd., S.3.

[9] L. Ron Hubbard, Dianetik, a.a.O., S.487.

[10] aus Activity: Admin Scale-Clear Switzerland, Version August 1992.

Kapitel 3

Wie der Terror praktisch funktioniert

Robin direkt veränderte sich: von einer bloßen Schutzorganisation für Außendienstmitarbeiter hin zu einer echten Bürgerinitiative gegen Scientology. Wir haben diese veränderten Ziele in einer Satzungsänderung unseres Vereins 1992 nachvollzogen. Unser Engagement gegen Scientology hatte für mich und für meine Familie weitreichende Konsequenzen. Fortan waren wir, wie man so schön sagt, nicht mehr allein. Aus allen Bereichen Deutschlands und aus allen Gesellschaftsschichten suchten Opfer und Betroffene von Scientology bei uns Rat, Hilfe und Unterstützung. Das ging so weit, daß wir bei uns Leute, die auf der Flucht vor Scientology waren, versteckt haben. Gerichtsprozesse, die Scientology gegen uns anstrengte, wurden für uns alltäglich. Unterlassungserklärungen, einstweilige Verfügungsanträge und Gerichtsverfahren gehörten auf einmal zu unserem Tagesgeschäft.

Es ist unmöglich, in diesem Buch alle Fälle, mit denen wir uns in den letzten Jahren beschäftigt haben, zu schildern. Dennoch möchte ich hier versuchen, einen beispielhaften Querschnitt zu geben. Ich werde Menschen schildern, die in die Fänge von Scientology gerieten. Ich werde das typische Vorgehen von Scientology verdeutlichen. Damit werde ich auch den Beweis führen, daß Scientology den Horror aus den theoretischen Schriften von L. Ron Hubbard tatsächlich in die Realität umzusetzen versucht. Ich werde aufzeigen, wie Scientology die Richtlinien des L. Ron Hubbard anwendet, was sie bedeutet für das Schicksal des einzelnen Menschen, für den Lebensraum seiner Familie und welchen volkswirtschaftlichen Schaden Scientology anrichtet.

Ich werde die Konsequenzen für unsere Gesellschaft aufzeigen, wenn wir das Ding nicht stoppen.

3.1 Auditing macht glücklich

Karl B. kam im Herbst 1991 zu mir. Vom Typ her pflichtbewußt, ehrlich und strebsam, der freundliche Beamte von nebenan, zu dem man normalerweise Vertrauen hat. Ich war kurz zuvor im Fernsehen, im Rahmen einer Diskussion über Scientology aufgetreten, und Karl B. hatte mich dort erlebt: Karl B. packte aus. In einer Zeitschrift hatte er eine Annonce entdeckt: »Wir nutzen nur 10% unseres geistigen Potentials«, flankiert von einem Portrait Albert Einsteins und dem Hinweis auf ein Buch, mit dessen Hilfe man sein geistiges Potential voll ausnutzen könne. Die Anzeige machte Karl B. neugierig. Er wollte wissen, wie man mit der Methode von L. Ron Hubbard mehr und mehr unserer enormen geistigen Reserven freisetzen könne. Das Dianetik-Buch, so versprach die Anzeige, »solle Kenntnisse Hubbards« uns allen zugänglich machen.

Was Karl B. sich eigentlich erhoffte, war Heilung. Er litt unter einem unerklärlichen Händezittern, das kein Arzt ihm bisher hatte nehmen können. Von L. Ron Hubbard und seinem Buch versprach er sich Hilfe für sein somatisches Leiden.

Wenig später hatte Karl B. das Buch »Dianetik« auf seinem Tisch. Tatsächlich: L. Ron Hubbard versprach, daß mit seiner Hilfe organische und psychosomatische Leiden geheilt werden könnten. Dennoch war Karl B. irgendwie enttäuscht, die vielen Fachwörter in dem Buch verwirrten ihn. Deshalb war es ihm angenehm, daß ein paar Monate später die Mission der Scientologen in Nymphenburg bei ihm anrief. Sie sprachen ihn auf das Dianetik-Buch an und luden ihn zu einem unverbindlichen Gespräch in die Mission nach Nymphenburg ein.

Karl B. nahm die Einladung an. Damit begann für ihn das typische Scientologische Kurskarussell. Bei seinem ersten Besuch in der Mission hatte er einen kostenlosen Persönlichkeitstest auszufüllen. 200 Fragen, die gleich vor Ort ausgewertet wurden. Eine Mitarbeiterin machte ihm Hoffnung. Scientology habe durchaus die Möglichkeit, ihm zu helfen. Sein Händezittern könne höchstwahrscheinlich durch Auditing behoben werden. Dies wirkte auf ihn wie ein Versprechen auf Heilung. Für Karl B. schien das Auditing die Hilfe in der Not zu sein.

Bis er allerdings dorthin gelangte, mußte er etliche Vorstufen erklimmen: Zuerst mußte er ein Kommunikationsseminar absolvieren

(Kosten: 380 DM). Dazu gehörte der sogenannte Komm-Kurs-Pack, die entsprechenden Bücher zum Kommunikationskurs (Kosten: 160 DM). Eine Woche später war Karl B. wieder in der Mission der Scientology in Nymphenburg. Ihm wurde nahegelegt, einen Kurs über eine sogenannte Einführung in Lebensreparatur zu belegen (Kosten: 4286 DM). Karl B. zögerte, die Kosten erschienen ihm zu hoch. Es folgten lange Verkaufsgespräche. Hatte er jetzt nicht die Möglichkeit, für sich und sein Leiden etwas zu tun? Und warum sollte er sein Geld nicht einmal für sich selbst investieren? Am Ende des Gesprächs unterschrieb Karl B. einen zusätzlichen Vertrag über ein Reinigungsprogramm (Kosten 2650 DM). In der nächsten Woche folgten weitere Kosten für Bücher, ausnahmslos Werke von L. Ron Hubbard. Kosten: 231 DM. Am gleichen Tag, es ist Nikolaus, belegte er einen weiteren Kurs: Life Repair – der Titel des Kurses, Kosten: 5330 DM. Fachbücher zu diesem Kurs »Wie man mit anderen besser zurecht kommt« (Kosten: 200 DM) vervollständigten das Programm. In der folgenden Woche waren weitere Kurse fällig: »Price for one« (Kosten: 9000 DM) und eine sogenannte Restspende von 1500 DM belasteten das Konto von Karl B. Bis zum Ende des Jahres mußte er weitere 3330 DM für Life-Repair-Kurse bezahlen, die von der Nymphenburger Scientology als »geistliche Beratung« bezeichnet wurden. Binnen eines Monats hat Karl B. fast 27 000 DM an Scientology Nymphenburg gezahlt. Auf jeder Rechnung, die fast alle der Kassierer Volker Rainer unterschrieben hat, dankt die Mission für »Ihren Beitrag zur Verbreitung und Expansion von Scientology«.

Was hat Karl B. veranlaßt, immer weiter in diese Kurse zu investieren? In einem langen Gespräch versuchte er, es mir zu erklären. Die Kursprogramme von Scientology bauen aufeinander auf. Niemals erscheint ein Kurs als abgeschlossen. Immer hat man das Gefühl: »... der nächste Kurs noch – und dann kommt der Durchbruch!« Privatleben findet praktisch nicht mehr statt. Auch Karl B. hatte sein vorheriges Privatleben im Grunde aufgegeben. Fast täglich war er in der Mission gewesen, hatte an Kursen teilgenommen, um an das von ihm gewünschte Auditing zu gelangen. In einem sogenannten Reinigungs-Rundown ging er täglich mehrere Stunden in die Sauna. Vitaminpräparate, besonders ›Niacin‹, ein Vitamin-B Präparat, sollten den Erfolg dieses Reinigungs-Rundowns stützen. Karl B. hatte nur noch ein Ziel: Durch den erfolgreichen Besuch des Reinigungs-Rundowns zum

Auditing zu gelangen. Er brach den Kontakt zu seiner Familie nach und nach fast vollständig ab, ging nach der Arbeit gleich in die Scientology Mission. Dort wurde er Schritt für Schritt in die Schriften und Theorien von L. Ron Hubbard eingeführt. Sie beherrschten sein Denken. Noch heute, in den Gesprächen, die ich mit Karl B. über Scientology führe, merke ich, wie er sich noch immer im gespreizten Vokabular von Scientology mitzuteilen versucht oder wie er sich in den Denkkategorien der Hubbard-Jünger bewegt.

Menschen wie Karl B. kann ich heute verstehen. Immer wieder ist der Ablauf in den Missionen von Scientology der gleiche: Es werden Versprechungen gemacht, es werden Defizite bloßgelegt (wer hat die nicht?), und es werden angebliche Lösungsmöglichkeiten aufgezeigt durch die Kurse, die man bei Scientology belegen kann. Diese Defizite wurden durch das Kursprogramm aber nicht abgebaut. Nach den Gesprächen auch mit Karl B. war mir klar, daß vieles künstlich hochstilisiert wurde. Das, was vorher für ihn ein Problem war, aber nur ein Problem von vielen Problemen, die man hätte lösen können, wurde jetzt zum Dreh- und Angelpunkt seines Lebens. Sein ganzes Denken und Handeln hat sich nur noch auf diesen Punkt, diese zittrigen Hände, konzentriert. Er war morgens aufgestanden, und er war nachts eingeschlafen nur mit dem Gedanken, ich muß den nächsten Kurs machen, ich muß das Buch kaufen, ich muß den nächsten Reinigungs-Rundown noch einmal machen, ich muß noch einmal in die Sauna, dann muß ich zum Auditing. Alles andere in seinem Leben wurde zur Nebensächlichkeit, und die Hauptsächlichkeit war eigentlich nur noch: Kurse, Programm, Scientology, Nymphenburg. Der wichtigste Weg in seinem Leben führte von seiner Arbeitsstelle sofort in die Mission.

Karl B. belegte immer neue Kurse.

Im Januar 1990 war es endlich soweit: Er durfte am ersten Intensiv-Auditing teilnehmen (Kosten: 4500 DM). Das nächste Auditing, eine Woche später, kostete wiederum 4500 DM, ebenso wie das in der darauffolgenden Woche. Drei Wochen später stiegen die Kosten für das Intensiv-Auditing auf 5985 DM – alles in allem verschlang das im Januar 1990 weitere 30 000 DM. Aufzuhören, jetzt, wo er soviel Geld investiert hatte, erschien ihm als eine undenkbare Lösung. Seine Ersparnisse hatte Karl B. längst aufgebraucht, seinen Dispo-Kredit längst ausgereizt.

Ein Gespräch mit der Bank führte zu einem ersten Kredit. Damit konnte er die nächsten Kurse finanzieren. In der Mission schilderte er beim Auditing seine Finanzprobleme. Die Mission bot ihm an, abends, neben seinem Beruf, in der Mission zu arbeiten. Das Geld bekam Karl B. allerdings nie zu sehen. Was er verdiente, wurde mit den Kosten für die Kurse verrechnet. Aber auch das reichte nicht aus, um die Kurse bezahlen zu können, die ihm die Mitarbeiter der Mission als notwendig schilderten, um seine Probleme lösen zu können.

Karl B. nahm einen weiteren Kredit auf, über 30 000 DM. Mit Hilfe dieses Kredits konnte er weitere Auditings belegen. Für ihn existierte zu dieser Zeit kein anderes Leben mehr als das bei Scientology. Sein Alltag war für ihn nebensächlich geworden, sein ganzes Streben ging dahin, bei Scientology seine Probleme zu lösen. Er wollte das erreichen, was L. Ron Hubbard in dem Dianetik-Buch versprochen hatte. Als er im April von der Bank einen erneuten Kredit haben wollte, wurde dieser ihm nicht gewährt. Ein Kredit bei einer anderen Bank half über diese Problemzeit hinweg, doch auch dieses Geld (7500 DM) hielt nicht lange vor. Die Mission in Nymphenburg riet ihm, seinen Vater um Geld anzugehen. Der Bettelgang wurde in der Mission eingehend geübt. Ein Scientologe übernahm die Rolle des Vaters, den er davon überzeugen mußte, daß er noch weiteres Geld benötigte.

Daß in der Mission diese Bettelgänge geübt werden, kannte ich bereits aus anderen Erzählungen von Opfern, die bei Scientology auszusteigen versuchten oder bereits ausgestiegen waren. Vielen war geraten worden, auch andere Verwandte oder Kollegen um Geld anzugehen. Karl B. wähnte sich kurz vor dem Ziel. In der Mission war ihm suggeriert worden, daß ihn sein Auditing Training bis kurz vor sein ersehntes Ziel gebracht hätte: nur noch wenige Schulungen – so machte man ihn glauben – und er wäre soweit. Alle Probleme überwunden, Herr seiner selbst, auf dem Weg zu dem, was L. Ron Hubbard über die Scientologen sagt: jemand, der Personen, Umgebungen und Situationen kontrolliert, also Wissen im vollsten Sinne des Wortes zu »handhaben« versteht.

Dazu brauchte Karl B. allerdings noch weitere Geldmittel. Er selbst sah keine Möglichkeit, weiteres Geld zu beschaffen. Verwandte und Freunde hatten es abgelehnt, ihm etwas vorzustrecken. Seine eigene Bank hatte schon lange zuvor weitere Kredite verweigert. Aus diesem

Der Auditoren-Kodex

Dieser Kodex muß von den Inhabern von Zertifikaten oder vor der Ausstellung von Zertifikaten unterschrieben werden, damit die Zertifikate gültig sind.

Hiermit verspreche ich, als Auditor dem Auditoren-Kodex zu folgen:

1. Ich verspreche, in der Session nicht für den Preclear zu bewerten oder ihm zu sagen, was er über seinen Fall denken soll.

6. Ich verspreche, keinen Preclear zu auditieren, der unzureichend ernährt oder hungrig ist.

8. Ich verspreche, mit einem Preclear kein Mitleid zu haben, sondern wirksam zu sein.

19. Ich verspreche, einen Preclear keine falsch verstandene Anweisung ausführen zu lassen.

25. Ich verspreche, die Dianetik oder die Scientology nicht nur zur Heilung von Krankheiten oder zur Behandlung der Geisteskranken zu empfehlen, da ich mir vollständig bewußt bin, daß die Dianetik und die Scientology für geistigen Gewinn bestimmt sind.

29. Ich verspreche, es nicht zuzulassen, daß ein geisteskrankes Wesen in die Reihen der Praktizierenden aufgenommen wird.

Auszüge aus: Hubbard-Kommunikationsbüro, HCO Bulletin vom 19. Juni 1980 (auch HCO Policy-Letter vom 14. Oktober 1968 RA, rev. am 19. Juni 1980)

Handhabung mit Auditing

Es gibt keinen Grund und keine Entschuldigung, den Wunsch oder die Beschwerde eines PCs nicht wirklich mit Auditing zu HANDHABEN. Mit handhaben ist gemeint: zu Ende bringen, abschließen, den Zyklus von etwas beenden. (. . .)

Ein Mädchen mit Migräne hat nach 15 Stunden Dianetik-Auditing noch immer Migräne. In Ordnung. Wir schieben sie also nicht einfach beiseite. Wir bringen sie dazu, ein gutes, langes Scientology-Intensiv zu kaufen.. . .

aus: HCO Bulletin vom 15. Januar 1970, Ausgabe II, Nr. 17 der Serie »Die Funktionsfähigkeit der Scientology erhalten«

»Ein Auditor, der eine nicht-standardgemäße, sehr armselige Sitzung gibt, mag feststellen, daß der PC gelegentlich innerhalb der nächsten drei oder vier Tage krank wird. Der Auditor und andere geben dem Auditing die Schuld.

Irgendein Auditing ist besser als kein Auditing. [...]

Ein Verständnis dieses Phänomens ist wichtig. Es ist ein nützliches Datum. Auditieren Sie einen PC schlecht, auditieren Sie ihn zu oft bei Locks nur bis F/N, geben Sie einem PC zu viele Berührungshilfen, und Sie werden hin und wieder feststellen, daß dieser gelegentliche PC physisch krank wird, Fieber bekommt usw. Bevor Sie sich selbst zu viele Vorwürfe machen, führen Sie sich vor Augen, daß der PC in der Vergangenheit oft krank war, daß die geistige Ursache der Krankheit losgelöst wurde, sich nun bemerkbar macht und physisch ausläuft. Das schadet nicht. Diese Krankheit wird nicht wiederkommen, wie es in der Vergangenheit geschah.«

aus: HCO Bulletin, 14. Mai 1969, »Krankheit«

»Weil der Patient [...], braucht er die Hilfe des Therapeuten, Auditor genannt, dessen spezielle Technik heisst Auditieren. Die Routinetechnik beginnt damit, dass der Patient in ‚Reverie‘ versetzt wird, d.h. in einen Zustand eingeengten und leicht gesenkten Bewusstseins. [...] Das entspricht der üblichen Definition eines hypnoiden Zustands. Hubbard behauptet allerdings, seine Reverie habe nichts mit Hypnose zu tun. Eingeleitet wird die Reverie beispielsweise durch monotones Zählen. Zahlreiche weitere Techniken als Einleitung des Auditings werden erwähnt [...]. Der Patient wird z.B. aufgefordert, Bewegungen des Auditors stereotyp genau nachzuahmen, deren Sinn er nicht versteht und wobei er auf diesbezügliche Fragen keine Antwort, sondern immer nur wieder die gleiche Aufforderung erhält. Er soll sich ohne Kritik der Führung des Auditors überlassen. Obwohl L.R. Hubbard immer wieder behauptet, Dianetik habe nichts mit Suggestion und Hypnose zu tun, benutzt er doch die gleichen Techniken der Einleitung und auch der Beendigung, indem ausdrücklich alle möglichen Suggestionen des Auditors wieder gelöscht werden sollen.«

Gutachten von Prof. Dr. med. Hans Kind, Direktor der Psychiatrischen Poliklinik im Universitätsspital Zürich, vom 3. März 1989

Grund hatte die Mission Kontakt aufgenommen mit der Münchner Steuerberaterin Ursula Schnabel. Diese bestätigte in einem Schreiben vom Juni 1990 Karl B. (ohne ihn jemals gesehen oder gesprochen zu haben), daß er bei ihr einer geringfügigen Beschäftigung mit einem Monatshonorar von 470 DM nachgehe. Mit Hilfe dieses Schreibens versuchte Karl B. einen weiteren Kredit bei einer anderen Bank zu bekommen.

Um die Ausbildung bei Scientology, die »Brücke zur völligen Freiheit«, absolvieren zu können, brauchte Karl B. weiteres Geld. Die Mission brachte ihn mit einem Kreditvermittler in Kontakt. Über EUCARESA Repräsentanz Deutschland in Meinborn bekam er, bei der Österreichischen Länderbank, ein Darlehen von 65 000 DM bewilligt. In der Mission war ihm gesagt worden, daß dieses Darlehen nicht bei der Schufa, der zentralen Erfassungsstelle für Kreditwesen, Deutschland, gemeldet würde. EUCARESA bestätigte ihm in einem Schreiben vom 23. 8. 1990, daß der Darlehnsantrag positiv entschieden worden sei. Für die Darlehnstilgung benötige EUCARESA eine Lebensversicherung von Karl B., die sie gleich beifügte.

Eine Aufforderung seiner Hausbank, sie zu besuchen, brachte Karl B. auf den Boden der Tatsachen zurück. Seine Hausbank nämlich wußte von dem Kredit, der sehr wohl in Deutschland registriert und gemeldet worden war. Irritiert suchte Karl B. die Scientology Mission in Nymphenburg auf. Er war entsetzt. Bisher hatte er stets ehrlich gelebt, mit Kreditbetrug wollte er nichts zu tun haben.

Die Mission bot ihm auch in dieser Situation einen Ausweg an: Claudia Fendt, zu diesem Zeitpunkt Mitarbeiterin bei Scientology in Nymphenburg, stellte ihm eine Bestätigung zur Vorlage bei seiner Bank aus, daß er »für mich und meinen Mann einen Kredit von 23 000 DM bei der Österreichischen Länderbank aufgenommen habe«. Als Grund nannte Frau Fendt den Umstand, daß Karl B. Beamter sei und deshalb an sehr zinsgünstige Darlehen herankäme. »Wir bezahlen die Zinsen und die Tilgung für dieses Darlehen«, versicherte Claudia Fendt in dem Schreiben.

Von dem Geld bekam Karl B. nur einen minimalen Teil zu sehen; die Mission hatte schon zu Beginn seiner »Karriere« bei Scientology von ihm ausgefüllte Überweisungsträger seines Kontos erhalten. Karl B. untersagte im Dezember 1990, weitere Überweisungsträger bei der Bank einzulösen. Er wollte den letzten Rest an Guthaben auf seinem

Konto, den ihm der Vertrag mit einer anderen Bank ermöglicht hatte, als Notgroschen behalten. Er hatte nie im Überfluß gelebt, niemals sein Geld verpraßt. Obwohl er in der Mission deutlich gesagt hatte, daß die Mission von seinem Geld nichts mehr abbuchen dürfe, zog Scientology von seinem Konto weiterhin Gelder ab. Karl B. war außer sich. Dies war der Tropfen, der das Faß zum Überlaufen brachte. Seine Finanzen waren ruiniert, sein Leiden, das ihn ursprünglich zu Scientology gebracht hatte, das Zittern der Finger, war nicht behoben. Wütend rief Karl B. in der Münchner Mission an. Das letzte Geld erhielt er zwar aufgrund seines Anrufs zurück, doch insgesamt hat er an Scientology München rund 140 000 DM gezahlt.

Im November 1991 kam er zu uns nach Pfaffenhofen. In einem langen Gespräch berichtete er von der Odyssee, die er nach seiner Trennung von Scientology absolviert hatte. Weil er sich von Scientology getrennt hatte, hat seine Familie einen der Kredite ausgelöst und dafür gesorgt, daß er weiter als Beamter arbeiten kann. Bei Sektenbeauftragten und Anwälten suchte Karl B. Hilfestellung. Ein Münchner Anwalt versuchte, mit Scientology einen finanziellen Vergleich zu erreichen. Ohne Erfolg. Die Sektenbeauftragten ließen sich von ihm informieren, konnten ihm aber wiederum keine Möglichkeiten nennen, gegen Scientology vorzugehen.

Am Beispiel von Karl B. lassen sich Vorgehensweisen von Scientology deutlich machen. So mußte er zum Beispiel als »Schadenswiedergutmachung«, weil er nicht richtlinienmäßig gehandelt hatte, an den Westdeutschen Rundfunk in Köln einen Brief schreiben mit dem Zweck, den Sendetermin der Reportage »Gesucht wird: Gehirnwäsche« am 26. 4. 1991 um 20.15 Uhr zu vereiteln. Karl B. war zu diesem Zeitpunkt bereits Mitarbeiter der Mission und hatte eine Richtlinie für Mitarbeiter nicht ordnungsgemäß befolgt.

Karl B. belegte uns bei Robin direkt durch die Unterlagen, die er uns vorlegte, daß Mitarbeiter der Scientology Mission in München-Nymphenburg direkte Anweisungen von Scientology aus Amerika erhalten. Bezug nahm er dabei auf eine »Flag Order 1467« der SEA-Organization.[1]

Karl B. legte uns auch sogenannte »Ethik-Zettel« vor, auf denen handschriftlich vermerkt worden war, wann er zu spät zum Kurs gekommen war, ohne sich telefonisch zu entschuldigen. Des weiteren wurde ihm in einer Order verboten, mit bestimmten Mitgliedern der

Mission Kontakt aufzunehmen, da sie unter die »Richtlinien über Schwierigkeitsquellen« fielen.

Aus diesen Anordnungen und Ordern geht die Befehlsstruktur von Scientology deutlich hervor. Das, was L. Ron Hubbard in der Theorie beschrieben hatte, wurde in der Mission in Nymphenburg wortgetreu umgesetzt.

Karl B. ist heute ein aktives Mitglied von Robin direkt. Er hilft Betroffenen durch seine eigenen Erfahrungen, den Weg in die Gesellschaft zurückzufinden. Auf Jahre hinaus ist er noch damit beschäftigt, seine Kredite zu bezahlen. Die somatische Krankheit des Fingerzitterns, die Scientology zu seinem Hauptproblem erklärt hatte, ist heute für ihn zur Nebensache geworden. Er kann damit leben.

Scientology hatte bisher, in den Kontakten mit Karl B.s bisherigen Anwälten, betont, daß er Erfolgsberichte über die Kurse verfaßt und ein Einschreibeformular unterschrieben hatte, in dem ausdrücklich betont wird, daß Scientology eine Kirche sei und sich nicht damit befasse, körperliche Gebrechen und seelische Krankheiten zu behandeln oder zu diagnostizieren. Mit seiner Unterschrift, die Karl B. unter mehrere Papiere der Scientology, wie zum Beispiel das Einschreibeformular, den »Antrag auf Verleihung der Mitgliedschaft in der kirchlichen Ordensgemeinschaft« oder den »Antrag auf Verleihung des Status eines aktiven Mitglieds der kirchlichen Ordensgemeinschaft« setzte, ging er Verpflichtungen gegenüber Scientology ein. So versicherte er, »noch nie ein Mitarbeiterversprechen bei einer Scientology- oder SEA-Organisation gebrochen zu haben, [...] sich der in der Scientology Kirche geübten Form der Beichte bei einem Kirchengeistlichen zu unterwerfen [...]« und über die Interna bei Scientology absolutes Stillschweigen zu bewahren. Im »Antrag auf Verleihung der Mitgliedschaft in der kirchlichen Ordensgemeinschaft« versicherte Karl B., er habe »keine großen Schulden, die es erforderlich machen würden, daß ich die aktive Mitgliedschaft wieder aufgeben müßte«. Er versicherte: »Ich bin nicht hier, um Geschichten für Zeitungen zu finden, noch beabsichtige ich, für irgendeine Organisation, Gruppe oder Person Informationen über Scientology einzuholen, zu sammeln oder weiterzugeben.« Mit diesen Versicherungen und den Unterschriften dazu hebelte sich Karl B. das Recht weg, gegen Scientology vorzugehen. Er beraubte sich sozusagen eines Teils seiner bürgerlichen Rechte.

Nach fünf Jahren Arbeit von Robin direkt haben wir genügend Zeugen und Unterlagen gesammelt, um gegen Scientology vorgehen zu können. Wir sind auch in diesem Fall Karl B. bei staatlichen Stellen aktiv geworden.

Geistliche Beratung?

Sabine S. ist eine einfache Frau. Sie hat keinen Schulabschluß, ist schon älter. Zu Scientology kam sie, als ihre Enkeltochter geboren wurde. »Ich hatte mich so auf die Kleine gefreut, sie sollte mir das Liebste auf der Welt sein«, schilderte sie in einem Gespräch bei uns ihre Empfindungen. »Um so enttäuschter und fassungsloser war ich, als sie als körperbehindertes Kind auf die Welt kam. Ich meinte, das wäre das Schlimmste, was passieren konnte und brach seelisch völlig zusammen.«

Sabine S. wurde auf der Straße von Scientologen zu einem Gespräch bei Scientology Bayern e.V. in München-Schwabing eingeladen. Dort versprach man ihr, ihre seelische Not zu lindern. Die Versprechungen blendeten sie. Zwischen November 1989 und Juli 1990 belegte sie etliche Kurse und zahlte für »geistliche Beratung« insgesamt 62 097,20 DM.

Die seelische Belastung aufgrund der Körperbehinderung ihrer Enkeltochter trat rasch in den Hintergrund. Die Scientologen diagnostizierten bei ihr einen »ARK-Bruch«, den zu beheben fortan für sie zum wichtigsten Lebensinhalt wurde. »Ich hatte nur den Wunsch, daß dieser ARK-Bruch in Ordnung kommt«, schrieb sie in einem Brief an ein Mitglied der Nürnberger Mission, nachdem sie erkannt hatte, daß sie ihr Vertrauen in und ihr Geld an Scientology verloren hatte. Der ARK-Bruch bezieht sich – laut scientologischer Definition – auf die Anfangsbuchstaben der Worte Affinität, Realität und Kommunikation, »die zusammen Verstehen ausmachen«.[2] ARK verliert man nicht – man erleidet einen sogenannten »ARK-Bruch«.

Dennoch dauerte es lange, bis Sabine S. sich innerlich wirklich von Scientology getrennt hatte. Zwar betonte sie bald, daß sie »mit dieser Tortur«, die ihr die Münchner Mission auferlegt habe, aufhören wolle, doch bezeichnete sie sich zur Zeit der Abfassung des Briefes noch als große Verehrerin L. Ron Hubbards und schrieb: »Ich bin stolz, eine Scientologin zu sein!«

Zwei Wochen später war sie bei uns. Sabine hatte den typischen Behandlungszyklus durchlaufen. Test, Körperreinigung, Lebensreparatur, Auditing. Anstatt Hilfe zu erlangen, wie sie mit der Situation in der Familie umgehen könnte, trennte sie sich innerlich immer weiter von ihr, obwohl sie sich selbst als »Familien-Glucke« bezeichnet. Als sie zwei Mitarbeiterinnen der Münchner Mission mit nach Hause brachte, tobte ihr Mann und verließ das Haus, weil die Frauen bei Sabine übernachten wollten.

Erst als sie kein Geld mehr auftreiben konnte, löste sie sich von Scientology. Heute urteilt sie distanzierter über Scientology: »In

Planetarische Verbreitung

Wir dürfen nicht darin fortfahren, den Bereich der planetarischen Verbreitung auszuklammern (...)
Es gibt eine richtige Reihenfolge – sie lautet: planetarische Verbreitung; Verbreitung von der Organisation aus, um Leute zu interessieren; viele Leute in der Organisation, Dienstleistung und das sich daraus ergebende Gesamteinkommen.

*HCO Policy-Brief vom 15. April 1982, Marketing-Serie Nr. 18
(Nur an Orgs und Management. Keine Ausgabe für die allgemeine Öffentlichkeit)*

der Scientology hatte ich das Gefühl, gefügig gemacht zu werden, um eine Art geldanschaffender Roboter zu werden«, schilderte sie mir. Als sie sich, nicht zuletzt auf familiären Druck hin, von Scientology löste, riefen Mitarbeiter der Münchner Mission bei ihr an und versuchten in mehreren Gesprächen, eins dauerte fast drei Stunden, sie wieder in die Mission zu holen. Dabei wurde ihr auch kostenloses Auditing versprochen.

Wir vermittelten sie an einen Anwalt unseres Vertrauens, der nun versucht, einen Teil der immensen Kosten, die Sabine S. für die »geistliche Beratung« zahlte, von Scientology wiederzubekommen.

Wie man Arme ärmer macht

Claudia K. war, wie sie es selbst ausdrückt, »fertig mit der Welt«, als sie ein Bekannter ansprach. Fritz Lutzenberger lud sie ein, mit zu einem

Gespräch in die Scientology-Mission nach München-Nymphenburg zu kommen. Claudia war nach acht Jahren harmonischer Partnerschaft von ihrem Freund verlassen worden, er hatte eine andere Frau kennengelernt und zog zu ihr. Claudia konnte ihre Wohnung von ihrem Gehalt allein nicht bezahlen und zog in ein kleineres Appartement.

Die Trennung von ihrem Freund fiel ihr schwer, zumal kurz zuvor ihr gemeinsames Kind im Alter von knapp zwei Jahren bei einem Verkehrsunfall ums Leben gekommen war.

Keine vier Monate war Claudia K. bei Scientology – doch diese vier Monate reichten aus, um sie in den finanziellen Ruin zu treiben. Und was bei ihr besonders schwer wiegt: Der finanzielle Ruin – so meint Claudia – war nur durch bedenkenlose Täuschung durch Scientology-Mitarbeiter möglich.

11 591 DM zahlte Claudia zwischen September und Dezember 1989 an Scientology für das Kursprogramm. Sie war arbeitslos, bekam monatlich 720 DM Arbeitslosenhilfe und verfügte eigentlich über nur wenige Reserven. Die waren schnell aufgebraucht.

Am 23. November 1989 fuhr deshalb Silvia Fischer von der Scientology-Mission Nymphenburg mit ihr zum Arbeitsamt in Amberg. Zweck des Besuches: eine Bestätigung für ihre Bank, daß in Kürze ein Abschlag von 1200 DM vom Arbeitsamt gezahlt werde. Der Beamte stellte die Bescheinigung aus. Silvia Fischer fuhr mit Claudia K. zu ihrer Hausbank in Amberg, doch der Schalterbeamte wollte einen Kredit nicht bewilligen, hatte Claudia K. doch keinerlei Rücklagen.

Silvia Fischer verlangte den Direktor der Bank zu sprechen. In dem Gespräch, das sie mit dem Direktor führten, ergriff nur Silvia Fischer das Wort. »Sie log, was das Zeug hält«, urteilte Claudia später über das Gespräch mit dem Bankdirektor.

Immerhin schafften sie es, die 1200 DM ausgezahlt zu bekommen – mit dem Hinweis, das Arbeitsamt werde das Geld ja demnächst überweisen. Anschließend fuhren die beiden Frauen ins Krankenhaus. Dort lag die Mutter von Claudia K. auf der Pflegestation. Silvia Fischer redete auf Claudia K. ein, sie möge ihre Mutter um mehrere tausend Mark anbetteln, um weitere Kurse bezahlen zu können. Claudia sagte ihrer Mutter nichts; sie schämte sich, brachte es nicht übers Herz.

Die Frauen fuhren zurück nach München. Silvia Fischer war sauer. Sie bedrängte Claudia, für die 1200 DM sofort einen weiteren Auditingkurs zu belegen. Tatsächlich ließ sich Claudia erneut darauf ein.

Bald war weiteres Geld notwendig, um das Kursprogramm fortzusetzen. Detlev Herrmann von der Mission ging mit Claudia K. zur
LBS-Bausparkasse, um eine Zwischenfinanzierung für einen Kredit
zu erreichen, doch sie hatten keinen Erfolg. Auch der Besuch bei der
Dresdner Bank, den sie in Begleitung von Scientology-Mitarbeiter
Volker Rainer machte, brachte keinen Kredit. Man traute der arbeits-
losen Frau nicht zu, den Kredit abzahlen zu können.

Zurück in der Mission, beriet sich Claudia K. mit Silvia Fischer.
Die bedrängte sie, alle Bekannten und Verwandten anzurufen und
diese um Geld anzugehen. Sie benötige 12 000 DM, um den »Life-Repair«-Kurs belegen zu können. Und der sei notwendig, um aus
ihrer Krise herauszukommen.

Ihre Probleme hatte Claudia K. eigentlich längst vergessen. »Es
war der Wahnsinn«, schilderte sie mir später ihre Empfindungen.
»Immer wieder Druck. Du brauchst Geld . . . «

Tatsächlich rief Claudia K. alle Freunde, Verwandten und Bekannten an und bettelte um Geld. Sie hatte keinen Erfolg – längst
hatte sich herumgesprochen, daß sie »bei der Sekte« sei. Schließlich
fiel ihr eine Bekannte ein, mit der sie einmal zusammengearbeitet
hatte. Sie rief sie an, redete fast eine Stunde mit ihr am Telefon.
Schließlich nahm ihr Silvia Fischer den Hörer aus der Hand und
redete auf die Bekannte am Telefon ein. Silvia Fischer sprach von
»Kosten für die Wohnungsrenovierung« – und bekam eine Zusage
über 4000 DM. Silvia Fischer fuhr dann auch (alleine) zu der Frau,
um das Geld abzuholen.

In der Woche darauf bekam Claudia K. wieder einen Arbeitsplatz.
Als Verkäuferin in einer Metzgerei. Silvia Fischer drängte sie zwei
Tage später, eine Lohnbescheinigung vom Arbeitgeber zu holen. In
einem Schreibwarengeschäft kauften die beiden Frauen einen entsprechenden Vordruck. Der Grund dafür wurde Claudia K. erst später
klar: Der Lohnvertrag diente als Nachweis zur Glaubwürdigkeit beim
Kreditantrag bei der Bank.

Am 5. Dezember 1989 waren Claudia K. und Silvia Fischer erneut
bei der Dresdner Bank, bei einer Filiale in Pullach, zu der man ihr bei
Scientology geraten hatte. Frau Fischer führte erneut das Verhandlungsgespräch, legte den Arbeitsvertrag und eine Lebensversicherung
vor – und Claudia K. bekam den Kredit. Damit konnte sie erst einmal
ihre 4000 DM Schulden bei ihrer Bekannten bezahlen. Der Rest ging

noch am gleichen Tag auf das Konto der Nymphenburger Sciento-logy-Mission – als »Spende« für das Kursprogramm »Life-Repair«.

Ein Anwalt, zu dem Claudia K. ging, nachdem sie sich schließlich hochverschuldet von Scientology getrennt hatte, verlor einen Prozeß gegen Scientology, in dem es um eine Rückzahlung der Beträge ging, die sich Scientology auf so unfeine Art besorgt hatte. Scientology wurde in diesem Prozeß vom Münchner Rechtsanwalt Wilhelm Blümel vertreten, der in diesem Buch noch öfters genannt werden wird.

Claudia K. hofft nun auf Hilfe von Robin direkt. Als erstes haben wir nach Sichtung der Unterlagen die Banken informiert, bei denen sie unter Druck von Scientology-Mitarbeitern Kredite erschwindelt hatte. So haben wir beispielsweise der Dresdner Bank die Namen der Scientology-Mitarbeiter mitgeteilt, die mit Claudia K. in der Filiale der Dresdner Bank in Pullach waren, damit das, was Claudia K. passierte, nicht mehr vorkommt. Die Dresdner Bank war übrigens für die Scientologen zu einer Art »Lieblingsbank« geworden, wie mir ausgestiegene Scientologen mehrfach berichteten.

Mit dem Zentralen Inkasso Büro der Dresdner Bank gibt es inzwischen einen erfreulich intensiven Kontakt. Es ist daran interessiert aufzuklären, ob, und wenn ja, wie weit Scientologen Einfluß auf Geschäfte der Bank haben.

Claudia K. hat von uns einen Anwalt unseres Vertrauens vermittelt bekommen, um endlich zu ihrem Recht zu kommen.

3.2 Wir werden bespitzelt

In den ersten Monaten des Jahres 1991 rückte Scientology uns auf die Pelle. Seit Beginn des Jahres war meine Mutter zum Pflegefall geworden. Sie wohnte bei uns, jeder von uns sorgte sich um sie. Daneben lief die Geschichte mit Zabel & Schmitt und der Staubsaugerfirma ab.

Wir hatten Robin direkt gegründet, und die Opfer von Scientology gaben sich die Klinke unserer Haustür in die Hand. Nach meinem Auftritt in der Ehinger Lindenhalle begann der Telefonterror. Nachts klingelte das Telefon. Wenn wir abnahmen, legte am anderen Ende der Telefonleitung jemand den Hörer wieder auf. Andere Male hörte man nur jemanden am anderen Ende der Leitung rülpsen oder stöhnen. Vor allen Dingen für meine Tochter, die damals zwanzig Jahre alt war, war es erschreckend, wenn sie, mitten in der Nacht, obszöne Anrufe bekam. »Paß auf, wir kriegen dich«, »Du dumme Sau, gib auf!«, »Die ganze Familie wird ausgerottet«, die Liste der Ausführungen, die wir am Telefon entgegennehmen mußten, ließe sich hier noch länger weiterführen. Der Telefonterror hat seitdem eigentlich nicht mehr abgenommen.

Am 14. Juli 1991 starb meine Mutter. Ihre Beerdigung mußten wir allerdings um einen Tag verschieben – wegen Scientology.

Am 23. April 1991 hatte ich bereits vom Münchner Rechtsanwalt Blümel im Auftrag von Zabel & Schmitt eine Unterlassungsaufforderung erhalten, in der man mich aufforderte, angebliche Behauptungen über Zabel & Schmitt zurückzunehmen. Das Ehinger Tageblatt hatte am 13. 4. über unsere Erfahrungen mit Dieter Schmitt als Kursleiter berichtet. Am 6. Mai legten unsere Anwälte beim Landgericht in Ulm und beim Landgericht in Memmingen Schutzschriften nieder, um eine eventuelle einstweilige Verfügung ohne mündliche Verhandlung abzuwehren. Diese mündliche Verhandlung fand dann just am 17. Juli statt – dem Tag, an dem wir eigentlich meine Mutter zu Grabe tragen wollten. Die Beerdigung mußten wir um einen Tag verschieben. Und zwar, weil vom Gericht unser persönliches Erscheinen angeordnet worden war. Während wir die Beerdigung meiner Mutter verschoben hatten, um am Prozeßtag anwesend zu sein, wie es angeordnet worden war, ließen sich Zabel & Schmitt, trotz Order des Gerichtes auf Anwesenheit, entschuldigen. Sie hätten wichtige Seminare zu leiten, und es wäre leider nicht möglich, sich dort vertreten zu lassen. Wären sie mal besser gekommen – Zabel & Schmitt verloren die Klage auf Unterlassung: Das Landgericht Memmingen entschied zugunsten von Renate und Paul Hartwig.[3]

In diesen Sommerferien hatten wir Besuch aus Tschechien. Ein junges Mädchen, Tochter von Freunden, verbrachte seine Sommerferien bei uns. Im August kamen die Eltern des Mädchens, um sie nach drei Wochen wieder abzuholen. Sie parkten ihr Auto vor der Einfahrt unseres Hauses. Ich hatte auf der Terrasse den Kaffeetisch gedeckt und beobachtete plötzlich meinen Nachbarn, den wir eigentlich gar nicht kennen, weil wir nie Kontakt zu ihm bekommen hatten. Er trat aus dem Haus, und alle, die wir auf der Terrasse saßen, konnten laut und deutlich hören, wie er vor seiner Haustür rief: »Scheiß Ausländer!« Ich fragte unseren Bekannten, wo er sein Auto geparkt habe. Er antwortete: »Auf der Straße vor eurem Haus.« Ich bat ihn, sein Auto vor die Einfahrt unserer Garage zu stellen, was er sofort tat.

Eine knappe Viertelstunde später klingelte es an der Haustür. Zwei Polizisten aus Weißenhorn wollten den Fahrer des Wagens mit der tschechischen Zulassungsnummer sprechen. Ich trat zu ihnen vor die Tür und fragte, worum es denn gehe, der Fahrer des Wagens spreche nämlich kaum Deutsch. Sie, in barschem Ton: Das tue nichts zur Sache, der Fahrer möge jetzt erscheinen.

Ich gehe wieder ins Haus und hole meinen Bekannten. Mit seiner Familie und mit meinem Ehemann treten wir zu den Polizisten vor das Haus.

Ich: »Was ist denn nun?«

Einer der Polizisten: »Frau Hartwig...«

Ich fahre dazwischen: »Wie ist denn Ihr Name?«

Sie stellten sich vor – Hupfau und Pöllmann. Hupfau sagte, es gehe um eine Ordnungswidrigkeit, unser tschechischer Freund hätte sein Auto für andere Verkehrsteilnehmer behindernd auf der Straße geparkt.

Ich frage, wie das denn angehe, er habe sein Auto doch nur kurz zum Ausladen direkt an der Hecke geparkt, und es sei noch Platz genug gewesen.

Hupfau daraufhin: Mein Nachbar habe sich behindert gefühlt und habe mit seinem Wagen (er fährt ein Wohnmobil) die Stelle nicht passieren können.

Ich: »Das können Sie doch gar nicht sagen, Sie haben es doch gar nicht gesehen. Der Wagen steht doch vor der Garage.«

Hupfau: »Das haben wir auf einer Videoaufzeichnung bei Ihrem Nachbarn gesehen.«

Unser Freund mußte 50 DM Strafe bezahlen, die ich ihm vorstreckte, da er kein deutsches Geld hatte. Eine Anzeige unsererseits gegen unseren Nachbarn wegen Beleidigung oder Volksverhetzung, weil er »Scheiß Ausländer« gerufen hatte, lehnten die Beamten ab aufzunehmen.

Der Name meines Nachbarn ist Helmut Randolf. Er arbeitet als Niederlassungsleiter bei MAN in Neu-Ulm. Er ist das, was man in Pfaffenhofen als anständigen Bürger bezeichnet. Er ist bei der freiwilligen Feuerwehr, hat ein Eigenheim, eine Ehefrau und ein Kind.

Und dieser gutbürgerliche Helmut Randolf wurde später für uns zu einer Schlüsselfigur. Was er gegen uns noch alles anzetteln würde, konnten wir zu diesem Zeitpunkt noch nicht ahnen.

Ich war aufmerksam geworden. Wenn jemand mit einer Videokamera das aufnimmt, was rund um unser Haus passiert, macht mich das stutzig. Mir fiel jetzt auf, daß öfters Leute auf der Straße vor unserem Haus standen und uns beobachteten. Wir bemerkten, daß uns Autos folgten, wenn mein Mann und ich zu Vorträgen fuhren.

Wir verfolgten damals gerade eine neue Taktik: Auf Autobahnraststätten trafen wir uns mit Menschen, die bei Scientology ausgestiegen waren. Dort, auf den Parkplätzen, führten wir lange Gespräche und bekamen wichtige, »heiße« Unterlagen. Einer unserer Informanten, mit dem wir uns bei einer Autobahnraststätte getroffen hatten, rief mich eines Abends an. Er wollte diesmal bei uns in Pfaffenhofen vorbeikommen, weil er noch einen ganzen Kofferraum voll Unterlagen über die Stuttgarter Scientology-Mission habe. Er wolle der Öffentlichkeit jetzt endgültig Klarheit verschaffen, »was hier so läuft«, meinte er.

Am entsprechenden Abend warteten wir zunächst vergeblich auf ihn. Dann schellte das Telefon, unser Informant. »Ich stehe in einer Telefonzelle«, meinte er. »Ihr Haus wird bewacht, ich kann nicht vorbeikommen.«

Ich: »Das kann doch nicht sein, das ist doch wohl nicht wahr.«

Er forderte mich auf, aus dem Fenster zu schauen. Dort stehe ein VW-Golf mit Stuttgarter Kennzeichen, der einem gewissen Toni Egert gehöre. Dies hat sich später als richtig erwiesen.

Paul ging aus dem Haus. Dort stand wirklich ein VW Golf, beigefarben, mit dem polizeilichen Kennzeichen S-CN 200. Paul wollte den Mann, der im Auto saß, ansprechen, doch der startete abrupt seinen Wagen, gab Gas und fuhr weg. Ihm folgte mit quietschenden Reifen ein roter PKW, Marke Audi, dessen Fahrer sich wohl ebenfalls erwischt fühlte.

Wir gaben einem Journalisten bei der Südwest-Presse Ulm einen Tip. Der Redakteur hielt engen Kontakt zu uns und konnte bald über diese und andere offenkundige Observierungen, wie sie in den folgenden Tagen zu beobachten waren, berichten. Überdies rief er kurzerhand bei »Observator« Anton Egert an, der hauptamtlich beim Stuttgarter Dianetik-Zentrum arbeitete, und unterhielt sich mit ihm über die Observierungen unseres Hauses.

Warum er das getan habe, fragte ihn unser couragierter Journalist auf den Kopf zu. Ich weiß nicht, warum ihm Egert überhaupt antwortete; vielleicht kam er sich einfach gut dabei vor. »Mal sehen, ob man etwas herausfinden kann«, sagte der Scientologe[4], der in mir vorliegenden Unterlagen als Dianetik-Berater in verschiedenen Briefen des Dianetik- und Scientologyinformationszentrums Stuttgart firmiert. Der »Observator« Toni Egert hat übrigens eine ausgezeichnete Ausbildung. Vor seiner Scientology-Karriere war er Kriminalpolizist – Beamter beim Landeskriminalamt in Stuttgart. Ein ehemaliger Scientologe berichtete, er sei im Bereich allgemeine Kriminalität als Dezernatsleiter eingesetzt gewesen. Was machte er nun bei Scientology? Einem unserer Informanten gegenüber beschrieb Egert selbst seinen Tätigkeitsbereich als in der Öffentlichkeitsarbeit für Scientology angesiedelt. Im Sicherheitsbereich sei er nur dann tätig, »wenn es nicht mehr anders geht«. Egert habe, so unser Informant, auch Mitarbeiter für den Sicherheitsbereich bei Scientology angeworben. Diese seien dazu angeworben worden, Informationsquellen zu ermitteln, also »zu klären, wer die Personen sind, die Negativberichte über Scientology herausgeben«.

In dieser Woche hatten wir auch erste Flugblätter in die Hand bekommen, die als »Aufklärungsschrift der Scientology Kirche über Renate Hartwig aus Pfaffenhofen« in Umlauf gebracht wurden. Dort wurde die Frage gestellt, ob »Frau Hartwig Politik und Gesellschaft bereits unterwandert« habe. Weiterhin erfuhr ich über mich, daß ich mich »in den letzten Monaten zu Äußerungen und Aktionen gegen die Scientology Kirche« habe hinreißen lassen, »die mit einem demokratischen Meinungskampf nicht mehr das Geringste zu tun haben, ohne daß die Kirche ihr einen Anlaß dazu geboten hat«. Erstmals waren ich und Robin direkt Ziel der sogenannten »schwarzen Propaganda« geworden, zu der es ja an passenden Richtlinien von L. Ron Hubbard nicht fehlt.

Ich kam aber auch in den Genuß positiver Werbung. Im Oktober 1991 war ich auf Einladung der CDU Baden-Württemberg zu einer Podiumsdiskussion in den Landtag nach Stuttgart eingeladen. Dort wurde über Scientology diskutiert; auch Scientologen waren vertreten, u.a. die Pressesprecherin von Scientology in München, Claudia Kauer. Ich rief auf der Podiumsveranstaltung zu einer »Aktion Herbst '91« auf, die Solidarität mit Scientology-Geschädigten und

Scientology-Opfern bringen sollte. Die landesweiten Presseberichte über diese Veranstaltung und die bundesweiten Berichte über den Aufruf zur »Aktion Herbst '91« brachten ein ungeahntes Echo. Kurz darauf war ich erstmals zu einer Talkshow ins Fernsehen eingeladen. Ich wurde im Gespräch mit dem Rechtsanwalt Ulrich Bräunig konfrontiert, ein Scientologe der sogenannten OT-Stufe VII. Es wurde ein Fight der besonderen Art, aus dem Herr Bräunig nicht unbedingt als Sieger hervorging.

Diese öffentliche Fernsehdiskussion im November 1991 im Südwestfunk[5] bewirkte eine Welle von Solidarisierungen. Wir bekamen viele Sympathiebekundungen, vor allem aber – noch mehr Kontakt zu Menschen, die mit Scientology lebensgeschichtlich zusammengeprallt waren.

Unser Telefon stand nicht mehr still. Fünfzig bis sechzig Anrufe am Tag, unser Postfach voll, Besucher fast stündlich. Uns verschüttete eine wahre Lawine von Informationen über Scientology. In Nachtarbeit haben Paul und ich zu dieser Zeit Unterlagen sortiert. Es kamen Leute zu uns, die schon vor Jahren bei Scientology ausgestiegen waren und die uns jetzt ihre internen, hochbrisanten Unterlagen zum »Geschenk« machten. Als ich in diese Unterlagen Einsicht erhielt, erschien es mir, als ob ich Einblick erhielt in ein Horrorkabinett.

Spätestens damals stand uns glasklar vor Augen: Scientology ist nicht nur keine »Jugendsekte«; Scientology ist sogar weit mehr, als landauf, landab verkündet wird, nämlich ein wirtschaftliches Unternehmen. Nein, Scientology, das machten uns diese internen Dokumente klar, will nicht mehr und nicht weniger als die Strukturen unserer Gesellschaft auf den Kopf stellen. Scientology will Politik machen – eine faschistoide, antidemokratische Politik! Eine Politik, die sich ausnimmt, als bezöge sie ihre Patentrezepte aus Orwells »1984«.

Das Puzzle, das sich mir zwei Jahre zuvor in ersten Umrissen angedeutet hatte, nahm mehr und mehr Gestalt an. Briefe aus ganz Deutschland, aus Österreich und aus der Schweiz erreichten mich. Viele Belege aus der Wirtschaft, aber auch aus Behörden und sogar aus der Politik zeigten mir, wie sehr Scientology bereits Einfluß auf unsere Gesellschaft gewonnen hat. Das Puzzle, zu dem ich Teil um Teil zusammenfügte, nahm eine angsterregende Gestalt an.

3.3 Selbstmord

Einer der zahlreichen Anrufe, die mich im Herbst 1991 täglich erreichten, kam von einer Frau, die am Telefon sehr aufgeregt klang. Ihr Mann, ein erfolgreicher Geschäftsmann, Leiter einer mittelständischen Firma in Süddeutschland, sei wie im Fieberrausch. Er besuche fast täglich irgendwelche Kurse – wie sie seit kurzem wisse, bei der Scientology-Mission in Ulm. Er lasse sich davon nicht abbringen.

Im Laufe des Gespräches, das sich vorrangig um ihren Mann drehte, bat mich die Frau, auch ein älteres Ehepaar anzurufen, dessen Telefonnummer sie mir gab. Der Sohn des Ehepaares habe Selbstmord begangen. Ihr Mann und dieser Sohn seien befreundet gewesen, und ihr Mann sei auch auf der Beerdigung des Jungen gewesen.

Ich rief das Ehepaar R. an. Nach einem kurzen Gespräch vereinbarten wir, daß ich bei ihnen zu Hause vorbeikommen sollte. Der Besuch erschütterte mich. Die Ehepartner waren beide bereits älter als siebzig Jahre, und das Vertrauen, die Hoffnung, die sie mir entgegenbrachten, erstaunten und verwirrten mich. An diesem Tag erkannte ich meine Grenzen. Diese Menschen erwarteten von mir die Hilfen, die sie von den öffentlichen und staatlichen Stellen nicht bekommen hatten. Aber ich konnte ihnen keine konkreten Lösungen geben, sondern nur Hilfestellung und Ermutigung. Vorerst zumindest. Die beiden erzählten mir die Geschichte ihres Sohnes, der stets ein stiller, zurückgezogener Mensch gewesen war. Ein Einzelgänger, der sich lieber hinter sein Funkgerät verkrochen hatte, als in die Disco zu gehen.

Seine Eltern fragten nie, wohin er gehe, wenn er nach Ulm oder München fuhr, und das geschah immer öfter. War er nicht in Ulm oder München, bekam er häufig Anrufe, bei denen die Eltern dann mitbekamen, daß am anderen Ende der Leitung geredet wurde, ihr Sohn aber kaum etwas sagte. Sein seelischer Zustand, so schilderten es die Eltern, habe sich ab einem gewissen Zeitpunkt von Tag zu Tag verschlechtert. Franz habe Angst vor dem Telefon gehabt, meinte seine Mutter. Er habe die Telefonschnur durchgeschnitten, habe auf der Matratze im Flur geschlafen, um das Läuten des Apparates nicht mehr zu hören. Die Eltern konnten sich keinen Reim darauf machen, wer da am anderen Ende der Leitung war. Franz sprach nicht darüber. Das Wort Scientology fiel in diesem Zusammenhang nie. Dem Vater fiel nur ein Gewehr auf, das sich der Sohn gekauft hatte.

Ein Auszug aus Rons Journal 35, VON CLEAR ZUR EWIGKEIT

Und wohin steigt man denn nun eigentlich auf?
Man steigt auf zur Ewigkeit.
Sie denken, die Zeit liegt hinter Ihnen?
Denken Sie etwas anders.
Schauen Sie NACH VORN.
Dort liegt die Ewigkeit!
Und Sie werden darin sein.
Sie werden darin sein - in einem guten, oder einem
schlechtem Zustand.
Es tut mir wirklich leid, Ihnen dies sagen zu müssen,
aber es gibt keine andere Wahl.
Man könnte vielleicht von diesem Planeten aussteigen,
aber man wird nicht aus dem Leben aussteigen.
Zu dieser Zeit und an diesem Ort -
vielleicht nur für eine kurze Zeit -
haben wir diese Chance, frei zu werden und es zu schaffen.
Planeten und Kulturen sind zerbrechliche Dinge.
Sie sind nicht beständig.
Ich kann Ihnen nicht versprechen,
daß Sie es schaffen werden.
Ich kann nur das Wissen zur Verfügung stellen
und Ihnen Ihre Chance geben.
Der Rest hängt von Ihnen ab.
Ich lege Ihnen wirklich ans Herz, hart daran zu arbeiten -
verschwenden Sie nicht diesen kurzen Moment der Ewigkeit.
Denn das ist Ihre Zukunft -
die EWIGKEIT.
Sie wird für Sie gut sein, oder schlecht.
Und ich habe für Sie, mein teuerster Freund, alles getan,
was ich tun konnte,
um für Sie die Ewigkeit gut zu machen.

L. RON HUBBARD, GRÜNDER
von LRH ED 342 INT, 9. Mai 1982, RONS JOURNAL 35,
VON CLEAR ZUR EWIGKEIT

Angesichts des Selbstmords von Franz R., der sich nur durch den Tod glaubte aus den Schlingen seelischer Verzweiflung befreien zu können, klingen die salbungsvollen Verheißungen von L. Ron Hubbard geradezu zynisch:»Und wohin steigt man denn nun eigentlich auf?« fragt der einstige Science-fiction-Autor. »Man steigt auf zur Ewigkeit.« Franz R. hat sich sicherlich eine andere Art von Hilfe versprochen, als Scientology ihm gegeben hat.

Die Eltern rieten Franz, sich in ärztliche Behandlung zu begeben, der er sich dann auch unterzog. Scheinbar normalisierte sich daraufhin sein Zustand. Eines Tages hörten die Eltern aus dem Zimmer ihres Sohnes einen peitschenden Knall. Der Knall entstammte dem Gewehr, das die Eltern kurz zuvor bei ihrem Sohn gesehen hatten. Die alten Leute stürzten nach oben; ihnen bot sich ein Bild des Grauens. Franz, ihr einziger Sohn, hatte sich ermordet. Von unten hatte er das Gewehr an sein Kinn gesetzt und sich die Kugel durch den Kiefer in das Gehirn geschossen. Es war der 14. Januar 1989.

> »Wir hängen Leute nicht auf, nur weil wir nun einmal damit angefangen hätten und es machen müssen.
> Wir beginnen Leute aufzuhängen und bleiben dabei, die Schlinge in einer fachmännischen Art und Weise zu knoten, genau bis zu dem Moment, wo wir die Tech reinbekommen können --- was wahrhaftig die Schlinge überflüssig macht.
> Wenn aber die Tech überhaupt nicht reingeht, dann hängen wir die Leute vollständig.
> Reiss ihre Wurzeln aus dem Boden.«
>
> *HCO Policy-Letter, vom 16. Mai 1965, Unterabteilung II, Ethikabteilung*

Erst nach dem Tod ihres Sohnes, als die Eltern zum ersten Mal die Post ihres Sohnes öffneten, erfuhren sie, daß er Kontakte zu Scientology hatte. Noch mehr als zwei Jahre lang kamen Forderungsbriefe von Scientology an, obwohl ich beweisen kann, daß jemand von Scientology auf der Beerdigung von Franz anwesend war. Noch am 27. August 1992, zweieinhalb Jahre nach seinem Tod, schrieb z. B. Adolf Elmautaler, Treasure Secretary der Scientology Bayern: »Sehr geehrter Herr R., [...] Ich schreibe Ihnen, da Ihr Versprechen den Kontostand auszugleichen, bis heute nicht erfüllt ist. [...] Ich erwarte, daß Sie Ihre Schuld jetzt bezahlen.« Erst als die Eltern die Sterbeurkunde an Scientology Bayern schickten und versicherten, daß sie wirklich nicht bereit seien, irgendwelche Summen an Scientology zu zahlen, schickte man ihnen von dort am 3. September 1991 eine »Gutschrift« über 13 242,97 DM. Allerdings erhielten sie kein Geld, sondern für die Scientology bedeutete die »Gutschrift« lediglich den Verzicht auf »uneinbringliche Forderungen, da Kontoinhaber verstorben ist«.

Ich war fassungslos, von den Eltern hatte ich Fotos erhalten, der junge Mann schaute mich von den Bildern her an. Ich habe diesen jungen Mann nie gekannt. Und doch haben sich sein Gesicht und seine traurige Geschichte tief in mein Gedächtnis eingeprägt. Meine Empfindungen pendeln noch heute zwischen Entsetzen, Mitleid mit diesen alten, gebrochenen Eltern und einer Wut, die mich – das weiß ich – mein Leben lang nicht mehr loslassen wird.

Warum mußte er sterben? In den Unterlagen, die mir die Eltern von Franz R. gegeben hatten, fand ich ein Schreiben, das L. Ron Hubbard über das »Eintreiben von Schulden« verfaßt hatte. »Mein lieber Freund«, ist dort zu lesen. »Das Leben von Scientology steht nicht auf dem Spiel – sondern Ihres.« Hatte Franz R. Angst vor Scientology gehabt? War er von der Organisation unter Druck gesetzt worden? Liegt hier der Grund für seinen Freitod? Ich werde ihn nie danach fragen können.

Mich selbst befrage ich ständig. Warum darf bis heute, so frage ich mich – und zwar ganz unabhängig vom rätselhaften Freitod von Franz R. – warum darf Scientology unbehindert Menschen unter unerträglichen Druck setzen? Was war mit Franz R. passiert? Bis heute ist von staatlicher Seite nie untersucht worden, was bei Auditing, Reinigungs-Rundown und Repair-Programmen mit Menschen passiert. Was sind die Auswirkungen dieser »Kurse«?

Ich bin im Besitz von ärztlichen Gutachten, die aussagen, was mit den Menschen passiert, die das Kursprogramm bei Scientology durchlaufen.[6] Aus dem Gutachten des Schweizer Medizinprofessors Kind geht u.a. hervor, daß der Prozeß des Auditierens den Patienten in bezug auf seine Ängste und Konflikte allein läßt, weil er keine Interpretationen, kein Mitgefühl oder emotionale Stützung erhalten soll. Dieses Verfahren sei höchstens für sehr robuste, selbstsichere, innerlich widerstandsfähige Personen ohne Risiko. »Für seelisch leidende, selbstunsichere, labile, an inneren und äußeren Konflikten Leidende, bringt es erhebliche Gefahren wie Angstzustände, Depressionen, Krisen bis zu psychotischen Zusammenbrüchen«, heißt es im Gutachten von Prof. Kind. Aufmerksame Lektüre des Lehrbuchs der Dianetik von L. Ron Hubbard, auf das das Kursprogramm der Scientologen sich bezieht, mache klar, »daß diese sogenannte Therapie eine völlig unpersönliche, ja unmenschliche« Prozedur ist, in dem Sinn, daß der Therapeut gar nicht darauf bedacht ist, auf die persönlichen Probleme und Anliegen des Patienten einzugehen, sondern nur stur darauf aus ist, ihn zu sogenannten Rückrufen anzuhalten und frühere Ereignisse solange erzählen zu lassen, bis das E-Meter keine emotionalen Reak-

tionen mehr anzeigt«, heißt es im Gutachten von Prof. Kind.[7] »Weil
der Patient in der Regel keine Reaktionen erhält, weiß er in der Regel
nicht, was gespielt wird.«

3.4 Ehen im Visier

Daß auch ein Ehepartner nach L. Ron Hubbard Ärgernisverursacher
des A-Typs sein kann, hat Hubbard beschrieben. Er nennt als Beispiel
»eine Person, die sehr eng mit Personen verbunden ist (wie z. B. eine
eheliche oder Familienbindung), von denen bekannt ist, daß sie gegen
mentale oder geistige Behandlung oder gegen Scientology eingestellt
sind«. Solche, gegen Scientology eingestellten Familienmitglieder
seien Ärgernisverursacher.[8]

Ein solcher Ärgernisverursacher Typ A wird für Scientology sicherlich Regine W. sein. Von ihr erhielt ich einen Brief, in dem sie
mir mitteilte, sie möchte sich Robin direkt anschließen. Sie habe sich
von ihrem Mann bereits getrennt, er sei bei Scientology in Stuttgart
und gebe das gesamte Geld der Familie aus. Ihr Mann sei ein »su-
chender« Typ, habe sich mit allem, was Psychologie und Religion angehe, auseinandergesetzt. Eines Tages merkte sie, daß ihr Mann die
Miete für ihre Wohnung nicht mehr bezahlte. Sie forschte nach und
fand in ihrer Wohnung Rechnungen für Material und Kurse bei Scientology, die ihr Mann belegt hatte.

Ihre Ehe, wie sie mir in einem späteren persönlichen Gespräch
schilderte, war eine Liebesheirat gewesen. Jetzt war die Ehe inhaltslos
geworden, hatte all das verloren, was sie vorher ausgemacht hatte. Regine W. bot ihrem Mann an, gemeinsam einen Ehetherapeuten zu besuchen. Sie wollte herausfinden, was mit ihrer Ehe los war. Ihr Mann
lehnte diese Therapie ab.

In der Folgezeit vernachlässigte er mehr und mehr seine selbständige Tätigkeit, das Geld wurde knapper, und Regine W. sorgte sich
täglich mehr um die Zukunft ihrer drei Kinder und ihrer selbst.

Eines Tages bat ihr Mann sie, doch einmal zur Scientology Mission
mitzugehen, sich die Mission einfach einmal anzuschauen. Sie wil-
ligte ein. In der Stuttgarter Mission, in die sie ihr Mann mitnahm, bekam sie den Eindruck vermittelt, man hielte zu ihr: Ihr Ehemann
wurde mit Vorwürfen überschüttet, sie selbst baute für kurze Zeit Ver-

trauen zu dem Mitarbeiter von Scientology auf, der mit ihnen sprach. Am Ende des Gespräches in der Mission stellte der Mitarbeiter in der Mission fest, daß die Ehe nur noch durch ein sogenanntes »Ehe-Auditing« zu retten sei. Regine W., die von den Belegen und Rechnungen ihres Mannes her die Kosten für solche Kurse wohl ahnte, fragte sofort, was ein solches »Ehe-Auditing« denn koste. Der Mitarbeiter von Scientology nannte eine Summe von etwa 6000 DM. »Dafür haben wir kein Geld«, meinte Regine W. Schließlich müsse sie an ihre drei Kinder und an die nicht bezahlte Miete denken.

In den nächsten Wochen meldeten sich Mitarbeiter der Mission mehrfach bei Regine W., um, so empfand sie es im nachhinein, sie »nachzubearbeiten« und sie zu überreden, gemeinsam mit ihrem Ehemann das Ehe-Auditing zu buchen. Man lud sie sogar ein, als Mitarbeiterin bei Scientology einzusteigen. Auf ihre Frage, was mit den Kindern geschehen solle, antwortete ein Mitarbeiter bei Scientology in Stuttgart, die Mission habe doch die »Nursery«, einen Kindergarten.

Regine W. wurde stutzig. Die Scientology sollte einen Kindergarten in Stuttgart haben? Davon hatte sie noch nie etwas gehört. Regine W. suchte Hilfe bei uns von Robin direkt. Ich konnte Regine W. bestätigen, daß es tatsächlich einen Kindergarten von Scientology in Stuttgart gibt: Wir haben in unserem Besitz einen Brief von Dianetik Scientology Stuttgart an eine Person, deren Kinder zur Betreuung angeworben werden sollten. In diesem Brief bestätigt Scientology, daß es einen »Dianetik-Scientology-Kindergarten« in Stuttgart gibt mit insgesamt 26 Kindern und fünf Betreuern. Als Ziele des Kindergartens werden Aussagen von Mary Sue Hubbard, einer Ehefrau von L. Ron Hubbard, angeführt.

Wir haben auch noch andere Hinweise auf diesen Kindergarten, aus denen sich bei uns der Eindruck herausbildete, daß die Kinder dort eher verwahrt als betreut werden. So sollen nach Aussagen einer Betroffenen Kinder aus diesem »Kindergarten« abends abgeholt worden sein, um sie ins Dianetik-Zentrum zu ihren Eltern zu bringen. Dort haben sie dann spätnachts in den Gängen auf ihre Eltern gewartet, bis diese mit ihren Kursen fertig waren.

Die Situation von Regine W. in ihrer Ehe verschlechterte sich. Regine W. verbot der Scientology-Mission in Stuttgart, mit ihr Kontakt aufzunehmen und war auch nicht mehr bereit, von sich aus Kontakt zu

Scientology aufzunehmen. Ihr Mann schob ihr die Schuld am Scheitern der Ehe zu. Die beiden trennten sich. Es kann nicht ausgeschlossen werden, daß Scientology ihren Mann mit einem »Trennungsbefehl« belegte, wie er in anderen, uns bekannten Fällen bereits ausgesprochen wurde.

Zum Beispiel verbot Scientology in Düsseldorf einem Ehepaar den Kontakt miteinander. Solange die Ehefrau ihr Auditingprogramm nicht abgeschlossen habe, so hieß es in der entsprechenden Ethik-Order, »dürfen beide keinen Kontakt miteinander haben«.

Für Regine W. begann der Kampf ums wirtschaftliche Überleben. Vom Sozialamt bekam sie »Hilfe zum Lebensunterhalt«, aber anstatt den Mann zur Unterhaltszahlung zu verpflichten (er belegte in dieser Zeit weitere Kurse bei Scientology in Stuttgart), forderte das Sozialamt die Eltern von Regine W. auf, ihre Vermögensverhältnisse darzulegen. Das Sozialamt forschte nach, ob die Eltern, die beide Rentner waren, zum Unterhalt ihrer Tochter beitragen könnten.[9] Die Scheidung von ihrem Mann wurde am 22. Januar 1993 vollzogen. Jetzt kämpft Regine W. um das Sorgerecht für ihre Kinder und die Unterhaltszahlungen.

Als wir von Robin direkt mit einem Fernsehteam beim zuständigen Sozialamt in Stuttgart nachfragten, war niemand dort bereit, vor laufender Kamera auszusagen – aus Angst vor Repressalien von Scientology. Dabei war genug Wissen um den Hintergrund dieser Tragödie gegeben, aber niemand war bereit zu einer öffentlichen Stellungnahme.

Der Fall von Regine W. steht für etliche Scheidungen von Ehen, bei denen ein Ehepartner Mitglied von Scientology ist. Das Ärgerliche dabei ist, daß die Behörden meist gar nicht erst versuchen, von den Ehepartnern, die bei Scientology ihre Kurse belegt haben und dort regelmäßig große Summen bezahlen, Geld für den Unterhalt des Ehepartners und der Kinder einzufordern. Statt dessen trägt fast immer der Steuerzahler die Kosten für den privaten und wirtschaftlichen Ruin dieser Familien.

Die Folgen für die Kinder sind oftmals nur sehr schwer abschätzbar. Regine W.s ältester Sohn beispielsweise war vom Vater bereits (wenn nicht in Scientology hineingezogen worden, so doch mindestens) mit in die Mission genommen worden. Der Mutter hatte er von einem seltsamen Verfahren erzählt, das man mit ihm angestellt habe.

Er mußte sich auf einen Stuhl setzen, die Augen schließen und bekam Angst dabei. Kinder-Auditing?

Regine W. hatte ihren Mann gebeten, die Kinder nicht mehr zur Mission mitzunehmen. Dies hatte sie auch ihrem Anwalt und dem Jugendamt mitgeteilt. Das Jugendamt jedoch erkannte die Gefahr nicht, die von der Mitgliedschaft des Vaters bei Scientology ausging. Der Vater behielt bis zur Scheidung das Umgangsrecht mit den Kindern, obwohl die Mutter bat, es zu verbieten.

Erst bei der Scheidung einigten sich die Ehepartner entsprechend dem Vorschlag des Scheidungsrichters auf folgende Regelung: »Der Antragsgegner verpflichtet sich, die Kinder von sämtlichen Veranstaltungen, Trainingsmöglichkeiten und andersgearteten Unterbringungen in Zusammenhang mit der Scientologischen Kirche fernzuhalten und enthält sich auch einer Einflußnahme insoweit.«[10]

3.5 Scientology und Kinder

Daß Scientology keine Jugendsekte ist, habe ich in diesem Buch bereits dargestellt. Daß sie aber auch Kinder und Jugendliche mit ihren Machenschaften im Auge hat, beweisen Dutzende Fälle, die uns vorliegen.

Das Interesse der Scientologen am Menschen beginnt bereits vor der Geburt. Im »Handbuch für den ehrenamtlichen Geistlichen« von L. Ron Hubbard heißt es über das Auditing, daß es »in Verbindung mit richtiger Ernährung und Pflege angewandt, zu einer leichten Geburt und einer wunderbar schnellen Genesung von Mutter und Kind geführt hat. Möge es noch viele weitere geben.«[11] Im Klartext: Schwangere Frauen dürfen sich dem Auditing unterziehen. Etwa auch dem kräftezehrenden Reinigungs-Rundown?

L. Ron Hubbard bietet auch für die ersten Monate nach der Geburt des Kindes gleich seine scientologischen Ratschläge an. So rät er davon ab, Kinder zu stillen: »Das Baby zu stillen, hat vielleicht einen nostalgischen Hintergrund, besonders für einen an Freud orientierten Arzt, aber auch die Muttermilch ist gewöhnlich eine armselige Ra-

Geburtshelfer Frédéric Leboyer und die Dianetik von L. Ron Hubbard: Bestätigt die moderne Wissenschaft die Scientology? ▷

Achtung Baby hört mit. Entdeckung der DIANETIK von Wissenschaftlern bestätigt.

In der Zeitschrift "Hör zu" stand in einem Beitrag über Medizin: "Viel früher, als wir bisher geglaubt haben, nimmt das ungeborene Kind Verbindung mit der Aussenwelt auf. Wie wichtig dabei die Mutter ist, beweisen neueste Erkenntnisse der Wissenschaft."

Dies ist nur einer von vielen Artikeln, die zeigen, dass die Wissenschaft heute langsam erkennt, welch grossen Einfluss die vorgeburtliche Lebensphase auf das spätere Leben einer Person hat.

L. Ron Hubbard beschrieb bereits vor 38 Jahren in seinem Buch DIANETIK ausführlich die vorgeburtliche Lebensphase und die Wahrnehmungen des Babies in dieser Zeit. Er zeigte auf, dass das Verhalten der Mutter in dieser Zeit die Zukunft des Kindes in grossem Masse beeinflusst. Fast ein ganzes Kapitel im Buch DIANETIK beinhaltet Ratschläge an werdende Mütter - wie dem ungeborenen Baby in dieser Lebensphase am besten geholfen werden kann. Aufbauend auf diese Entdeckungen gab Hubbard 1951 auch Ratschläge für die Geburt. Er empfahl, dass im Gebärsaal Ruhe herrschen sollte, und dass man das Neugeborene der Mutter auf den Bauch legen sollte, bevor man die Nabelschnur durchtrennt, um einem Kind Schocks zu ersparen, die einen dauerhaften Schaden hinterlassen könnten.

Frederick Leboyer, einer der führenden Geburtshelfer, schrieb 1974: "Bezüglich des Hörens gibt es nicht einfacheres: Seien Sie still...Dieses Einhalten des Still-Seins - das für Mütter so unabkömmlich ist - ist für die, die bei der Entbindung helfen, ebenso wichtig, für die Geburtshelfer, die Anwesenden." Bei einer natürlichen Geburt, so sagte Leboyer, "... kommt das Baby.. und wir legen das Kind sofort auf den Bauch der Mutter. Welch besseren Ort könnte es geben? ...Die Nabelschnur zu durchtrennen, wenn das Kind gerade den Mutterleib verlassen hat, ist ein Akt der Grausamkeit, dessen Nachwirkungen unermesslich sind."

Als eine Dianetikerin, die ein Buch über Schwangerschaft und Geburt veröffentlichte, Leboyer fragte, ob sie ihn in ihrem Buch zitieren dürfe, antwortete Leboyer: "Ich werde mich höchst geehrt fühlen, zusammen mit Hubbard zitiert zu werden, dessen Arbeit ich auf das Grösste bewundere."

tion [...] Selbst ohne Trinken oder Rauchen sollte man vom Stillen absehen.«[12] An Stelle der Muttermilch empfiehlt Baby-Experte Hubbard eine Art Trank aus der Römerzeit, den er aus Gerstenwasser, pasteurisierter Milch und Maissirup herstellt. Ob Frédéric Leboyer, der »Guru« der sanften Geburt, solche Hubbardschen Erkenntnisse im Auge hatte, als er gegenüber einer Dianetikerin, die ein Buch über Schwangerschaft und Geburt veröffentlichen wollte, äußerte: »Ich werde mich höchst geehrt fühlen, zusammen mit Hubbard zitiert zu werden, dessen Arbeit ich auf das Größte bewundere.« Fühlen Sie sich geehrt, Herr Leboyer!

Je älter die Kinder werden, um so interessanter werden sie für Scientology. So gibt es scientologische Kindergärten, die in Baden-Württemberg als »Nursery«, in Hamburg unter »Happy Kids« firmieren. Scientology hat in Deutschland auch versucht, eigene Schulen einzurichten. Dies wurde ihnen bisher von staatlichen Stellen nicht genehmigt. Anders in Dänemark und Großbritannien: Die Saint Hill Schule in Sussex/England beherbergt etliche Kinder von Scientologen auch aus Deutschland. Diese Schulen werden von Ex-Scientologen als »interne Kadettenanstalten« bezeichnet.

Für Kinder hat Scientology eine spezielle »Kinder-Dianetik« entwickelt, Kinder werden mit Büchern, so zum Beispiel mit der »Kinder-Dianetik« von L. Ron Hubbard oder durch »Das grundlegende Dianetik-Bilderbuch« in die Scientology-Ideologie eingeführt.

Mit Tarnorganisationen versucht Scientology, an die Kinder heranzukommen. Die »Kommission für Menschenrechte gegen Psychiatrie e.V.« verschickt zum Beispiel an Kindergärten, die in öffentlicher Hand sind, Einladungen zu Vorträgen über hyperaktive Kinder. Dort werden Lösungswege aufgezeigt, die in Richtung Scientology weisen. Eltern nehmen diese Angebote an, ohne zu wissen, daß es sich um Scientology handelt.

Scientology versucht über eine Nachhilfeorganisation, beispielsweise den »ZIEL e.V.«, an Kinder heranzukommen. Scientology sucht dafür regelmäßig »Studiergruppenleiter«, die gemäß der Studier-Technologie von L. Ron Hubbard Kindern helfen sollen, ihre »Probleme zu handhaben«, wie es in der Scientology Terminologie heißt. Dafür gibt es eine eigene Institution, die Applied Scholastics Deutschland, die auch eine Zeitschrift herausbringt: Die »Deutsche Zeitschrift für besseres Lernen«. Niederlassungen dieser Applied Scholastics Deutsch-

Werden auch Sie
Studiergruppenleiter!

Helfen Sie gern Kindern?

Kennen Sie die Studier-Technologie von L. Ron Hubbard?

Möchten Sie gern Kurse liefern, die Kindern und Erwachsenen wirklich helfen (wie zum Beispiel der neue Grundlegende Studierleitfaden von Applied Scholastics, der einzigartige Lesekurs mit dem Kinder und Erwachsene endlich lernen zu lesen, der gediegene Grammatikkurs, mit dem endlich die grundlegenden Grammatik-Probleme gehandhabt werden...)?

Studiergruppenleiter in Deutschland kümmern sich darum, die grundlegenden Probleme bei Schülern und Erwachsenen zu beheben, die mit dem Lernen, dem Lesen oder den Grundlagen allgemein verbunden sind. Sie bedienen sich dabei der Lerntechnologie L. Ron Hubbards, die so erfolgreich ist, weil sie *wirklich* hilft.

Eine kurze, aber gediegene Ausbildung verhilft Ihnen dazu, selbständig einen wertvollen Beitrag in der und für die Gesellschaft zu leisten. Sie können sich eine zweite oder eine neue Existenz aufbauen, die große Freude macht, weil Eltern, Lehrer und Sie selbst den sichtbaren Fortschritt genießen können und weil Sie tatsächlich helfen!

Werden auch Sie
Studiergruppenleiter!

Applied Scholastics Deutschland

Renate Riederer – Aidlingen – Tel. 07034/5523

Werbeaufruf für Nachhilfe-Lehrer: Auch auf dem Gebiet des Unterrichtens wird L. Ron Hubbard als der Fachmann gepriesen, der Schwierigkeiten zuverlässig aus der Welt schafft. Eine eigene Institution, die »Applied Scholastics Deutschland«, organisiert die Studiergruppen. Niederlassungen gibt es unter anderem in Köln, Leverkusen, München, Starnberg, Velbert und Wiehl.

land gibt es in Köln, Eisingen, Euskirchen, Leverkusen, München, Starnberg, Velbert und Wiehl. Bei Applied Scholastics Deutschland kann man auch Englisch lernen mit der LRH-Studier-Technologie, die von L. Ron Hubbard entwickelt worden sein soll.

Scientology bietet Kinderfreizeiten in Deutschland an, so z. B. ein »Kunstkurslager« in der Schweiz. Ein Journalist, der eines dieser Lager besuchte, beschrieb die Kinder als verstört und kontaktscheu.

In Wien hat Scientology ein »Kreativ-College« eingerichtet, eine »fröhliche, sichere Umgebung mit den Schwerpunkten auf Verstehen, Kreativität und der

Dianetik-Lehrbuch für Kinder. Die wichtigste Scientology-Schule ist wohl die Saint Hill School in Großbritannien.

Förderung von persönlichen Fähigkeiten«. Beim Kreativ-College handelt es sich um einen Kindergarten, bei dem, so eine Werbung von Scientology, »Kinder ab dem 2. Lebensjahr die Möglichkeit« haben, »das Beste aus ihren Fähigkeiten zu machen und Dinge zu lernen«.

Wichtigste Schule der Scientology-Bewegung in Europa ist wohl die Saint Hill School in Großbritannien. Dort werden Kinder zu Auditoren ausgebildet, also zu Menschen, die Auditings in Scientology Missionen durchführen. In einer Zeitschrift der Scientology Stuttgart wurde als eine der jüngsten angehenden Auditoren Katrin Behringer gefeiert, die mit zwölf Jahren bereits einen »Methode-1-KO-Audit-Kurs« abgeschlossen hat und die Technik des Auditings bereits kenne.

◁ *Problemlos Englisch lernen mit der LRH-Studier-Technologie? In einem Werbeaufruf der »Applied Scholastics Aidlingen« wird Hubbards Lerntechnik als »die erfolgreichste Sprachen-Lernmethode der Welt« gelobt. Ob Manager, Verkäufer, Sachbearbeiter, Sekretärin, Assistentin, Techniker, Jurist oder Freiberufler: Applied Scholastics hilft jedem ohne Ansehen der Person – schnell und dauerhaft!*

Auch über andere Kinder, die zu Auditoren ausgebildet werden (oder wurden), liegen uns Unterlagen vor.

Für Kinder gibt es bei Scientology spezielle »Theta-Junior-Packs«, die für die Reinigungs-Rundowns benötigt werden. Diese werden den Eltern verkauft – oftmals für immense Summen.

Daß Scientology darauf aus ist, Kinder zu Scientologen auszubilden und bewußt von der übrigen Familie zu trennen, zeigt das Beispiel der Kinder von Marianne Meid. Eines Tages standen die Eltern von Marianne Meid, Richard und Charlotte Henning, vor meiner Haustür. Seit Jahren kämpfen sie um ihre Enkelkinder. Als sie zu uns nach Pfaffenhofen kamen, hatten sie bereits mehrere Gerichtsverfahren vergeblich ausgefochten, um das Sorgerecht für ihre Enkelkinder zu erlangen. Sie waren bei staatlichen Stellen gewesen, bei Sektenbeauftragten und verschiedenen Initiativen – ohne Erfolg. Charlotte Henning hatte sogar öffentlich über ihre Familie berichtet, um die Gefahr für die Kinder plausibel zu machen. Politiker stellten sich in einer Pressekonferenz an ihre Seite, profilierten sich, aber als die Pressekampagne gelaufen war, erfuhr Charlotte Henning keine weitere Hilfe. Sie war, nachdem sich die staatlichen Stellen »positioniert« hatten, uninteressant geworden.

Charlotte Henning erzählte mir die Geschichte ihrer Familie. Ihr Schwiegersohn, ein selbständiger Berater, war bei Scientology eingestiegen und durchlief die »übliche Karriere« in den Kursen. Seine Ehefrau Marianne machte, so schilderten es die Großeltern, wohl zeitweise bei den Kursen mit, versuchte aber dann ihren Mann zu überreden, bei Scientology auszusteigen. Was in der Ehe genau ablief, ist selbst für die Großeltern unverständlich. Marianne Meid jedenfalls mußte eines Tages binnen Stunden ihr Haus verlassen und lebt jetzt, inzwischen seit Jahren, in einem Zimmer, besser gesagt einer Behausung, die, wie ihr Vater Richard Henning es sieht, »einem Loch« gleiche. Ein Sozialkontakt zur Außenwelt existiert nicht mehr. Die Eltern sehen sie noch manchmal durch ein kleines Kippfenster, sprechen sie an, bekommen jedoch von ihr keine Antwort mehr.

Bis Ende 1992 waren für die Großeltern noch Kontakte zu ihren Enkeln möglich. Nachdem die elfjährige Dorothea erzählt hatte, daß sie in der Scientology Mission bei einem der Saunagänge im Reinigungs-Rundown umgekippt sei, schalteten die Großeltern, aus

Sorge um das Kind und mittlerweile mit den Scientology-Machenschaften vertraut, einen Arzt ein. Dieser untersuchte das Kind.

Der Bericht des Kinderarztes liest sich wie ein Folterszenario. Das elfjährige Mädchen, so der Bericht des Arztes, »sprach dabei von Auditing, einer Frage-Antwort-Problemsuche, und dem Reinigungskurs, bei dem sie täglich 3–5 Stunden Sauna absolviere. Vor dem Saunagang bekomme sie Medikamente (›Niacin‹) verabreicht, damit ›ihr Körper entgiftet wird‹. Während des Saunagangs gebe es Getränke (›Kalmak‹) zur weiteren ›Giftentfernung‹. Als Ziel dieser Behandlung bezeichnete sie einen Zustand von ›Clear‹-sein. Auf die Bemerkung hin, daß so ein langer Saunabesuch doch anstrengend sei, erzählte sie, daß sie am Vortag aus dem Saunaraum herausgetragen werden mußte; sie habe geschrien und sei nicht ›Herr über ihren Körper gewesen‹. Dabei habe sie sich ›von oben gesehen‹, das sei so, wie ›wenn man gestorben ist‹. Sie sei ›außerkörperlich gewesen‹. Dies empfand das Mädchen offenbar als große Belastung [...] Meines Erachtens ist das Mädchen in einer dem Alter völlig inadäquaten Weise körperlich und geistig überfordert, was auf Dauer immer einen schädlichen Einfluß hat.« Soweit der Bericht des Facharztes für Kinderheilkunde.

Aufgrund dieses Arztberichtes und der Tatsache, daß beide Kinder den Großeltern bestätigten, daß sie von sich aus nicht diese Kurse beenden könnten, entschieden sich die Großeltern, beim Gericht darauf zu klagen, den Eltern das Sorgerecht zu entziehen. Sie selbst boten sich zur Pflegschaft an. Wir von Robin direkt stellten aufgrund der Unterlagen, die uns die Großeltern zur Verfügung gestellt hatten, Strafantrag gegen den Vater wegen Kindesmißhandlung bei der Staatsanwaltschaft in Karlsruhe.

Er startete daraufhin schriftlich und telefonisch eine Aktion gegen die Großeltern. In einem Brief an Richard und Charlotte Henning bezichtigte ihr Schwiegersohn sie »teuflischer Taten«, die seine hilflosen Kinder ruiniert hätten. »Im Interesse der Kinder erhoffe ich von Euch eine finanzielle Unterstützung, damit die Kinder nicht des Hungers sterben müssen«, schrieb der Vater an die Großeltern. Er ist bei WISE, der wirtschaftlichen Dachorganisation der Scientologen, Lizenznehmer. Damit er im Namen der Hubbard Technologie Produkte oder Tätigkeiten verkaufen kann, mußte er Tausende US-Dollar an WISE zahlen. In der Zeit, als er von den Großeltern Geld für die finan-

zielle Unterstützung der Kinder anforderte, belegte er gleichzeitig ko-
stenträchtige Kurse bei Scientology. Anstatt auf die Kinder zu achten,
drohte er den Großeltern mit dem Hungertod seines Sohnes und seiner
Tochter. Auf dem Höhepunkt dieser Kampagne schickte er die Kinder
in die Schule nach Saint Hill in Großbritannien.

Am 7. Dezember 1992 kam es vor dem Amtsgericht Karlsruhe zur
Verhandlung über das Sorgerecht für Christian und Dorothea Meid.
Der Richter am Amtsgericht lud zu einer Anhörung die Kinder und
das Jugendamt der Stadt Karlsruhe vor. Dem Jugendamt der Stadt
Karlsruhe hatten die Großeltern bereits mehrfach versucht zu schil-
dern, welche Gefahren von Scientology für Kinder ausgehen. Das
Amtsgericht Karlsruhe lehnte einen Entzug der elterlichen Sorge ab.
Vormundschaftsgerichtliche Einzelmaßnahmen zur Abwendung der
Gefahren des Kindeswohls seien nicht zu veranlassen, urteilte das
Amtsgericht Karlsruhe am 7. 12. 1992.[13] In der Begründung gibt der
Richter an, daß sich aus dem Bericht des Jugendamtes ergebe, daß
eine konkrete Gefährdung der Kinder nicht ersichtlich sei. Anordnungen etwa, die Kinder von bestimmten Aktionen oder Personen der
Scientology-Church fernzuhalten, gingen ins Leere. Sie wären unkon-
trollierbar und würden auch zu einer Verunsicherung der Kinder führen. Unerklärlich bleibt bis heute, warum das Attest, in dem der Kin-
derfacharzt sein Urteil darlegte, im Jugendamt dreimal verschwand –
und Oma Henning es stets erneut einreichen mußte.

Die Großeltern waren verzweifelt. Sie stellten beim Amtsgericht
Karlsruhe einen Antrag auf Betreuung ihrer Tochter Marianne Meid.
Dafür legten sie ein ärztliches Attest vor, in dem bescheinigt wird:
»Frau Meid leidet seit Jahren unter einer Nervenkrankheit, die in
Schüben auftritt und eine Beeinträchtigung der psychischen Funktion
dahingehend bewirkt, daß dadurch Einsicht und Fähigkeit, bei einigen
der üblichen Lebensanforderungen zu entsprechen, oder der Realitäts-
bezug erheblich gestört sind.«

Aufgrund ihrer Aktivitäten in der Öffentlichkeit wird Charlotte
Henning, wie bei Scientology üblich, von ihrem Schwiegersohn mit
Unterlassungsanträgen, einstweiligen Verfügungen und Gerichtsverfahren überschwemmt. Dieser wird in seinen Rechtssachen vertreten
von der Münchner Rechtsanwaltskanzlei Wilhelm Blümel.

Einen Zwischenerfolg kann Charlotte Henning am 18. Juni 1993
verbuchen: Der Antrag ihres Schwiegersohnes, es künftig in der Öf-

fentlichkeit zu unterlassen, zu behaupten, er sei Mitglied bei Scientology, wird vom Landgericht Karlsruhe zurückgewiesen.[14]

Die Lage hat sich jedoch bis heute nicht verändert. Bis heute warten die Großeltern auf eine endgültige richterliche Entscheidung in ihrem Fall.

Verwandte hatten versucht, bei der Frau des Bundeskanzlers, Hannelore Kohl, die sie persönlich kennen, auf den Fall hinzuweisen. Sie hofften auf Hilfe, da es in der Justiz nicht weitergehe: »Die Sorge um unsere Nichte und ihre Kinder hat uns veranlaßt, uns hoffnungsvoll an Sie zu wenden, da meine Nichte suizidgefährdet ist«, schrieb die Verwandte an Hannelore Kohl.

Vom Bundeskanzleramt bekamen die Verwandten am 28. September 1993 einen Brief, der von einem Sachbearbeiter unterschrieben war, mit dem Hinweis, daß Frau Kohl allein aus zeitlichen Gründen nicht in der Lage sei, die Anfrage persönlich zu beantworten. Man habe das Schreiben an das Bundesministerium für Frauen und Jugend mit der Bitte um Überprüfung weitergesandt, ob und inwieweit der Nichte geholfen werden könne. Von dort ist bis heute noch keine Nachricht bei den Verwandten eingegangen.

Daß Jugendliche durchaus auch als finanzielle Ressourcen von Scientology erkannt werden, zeigt ein weiterer Fall aus München. Zwei minderjährige Jugendliche hatten dort von dem Münchner Scientologen Detlef Herrmann jeweils ein »E-Meter« für 10 000 DM erstanden. Das E-Meter ist nach scientologischen Auskünften ein »elektronisches Instrument, um den geistigen Zustand und die Veränderung des Zustands von Individuen zu messen – als Hilfe für die Präzision und Geschwindigkeit beim Auditieren«.[15]

Aus einem »Wissensbericht«[16] an Kristina Eckstein, Ethik-Officer bei der Münchner Org der Scientology, geht hervor, daß die Erziehungsberechtigten über den Kauf des E-Meters ihrer Kinder nicht informiert waren.

Zudem war der Preis weit überzogen: E-Meter haben laut Beschluß des Amtsgerichts Ulm vom 5.2.1993, bei dem es um Rückforderungen eines Ex-Scientologen ging, einen maximalen Marktwert von 300 bis 500 DM.[17] Den Jugendlichen wurde also etwas ohne die Zustimmung ihrer Erziehungsberechtigten verkauft, das weit überteuert und zudem fragwürdig ist. 1976 konnte das psychologische Institut der Universität Tübingen sogar feststellen: »Das E-Meter verstößt aus mehrfachen

Gründen in eklatanter Weise gegen die Sicherheitsbestimmungen (z. B. Unfallverhütungsvorschriften der Berufsgenossenschaft der Feinmechanik und Elektrotechnik: 4.0 elektrische Anlagen und Betriebsmittel).« Nach dem Urteil des Gutachters kann u. a. »bei Anwendung des Gerätes mit angeschlossenem Ladekabel für den Probanden Lebensgefahr bestehen.« Die Gebrauchsanweisung der Scientologen weist mit keinem Wort darauf hin, »daß das Gerät nicht mit angeschlossenem Ladekabel verwendet werden darf. Aber auch wenn der Netzstecker herausgezogen ist, ist das Gerät noch gefährlich.«

[1] Die SEA Organization ist eine Unterorganisation des sogenannten »Watch Dog Komitees«, des Wachhund-Komitees, das der Internationalen Scientology vorsteht. Das SEA-Org Büro ist dazu da, Programme für Personal aufzustellen, Personal zu beschaffen und zu versetzen.

[2] LRH-Definitionsnotizen, zit. nach »Erweitertes Verwaltungsglossar«, L.Ron Hubbard, New Era Publications, Kopenhagen, 1980.

[3] Aktenzeichen Landgericht Memmingen 2 -0 1066/91.

[4] Südwest Presse, 29. Oktober 1991: »Drohungen gegen Sektengegnerin«.

[5] Sendung vom 6. 11. »Heute aus Esslingen«.

[6] Gutachten von Prof. Dr. med Hans Kind, Direktor der Psychiatrischen Poliklinik im Universitätsspital Zürich, vom 3. 3. 1989.

[7] Gutachten, ders., S. 12.

[8] HCO PL vom 5. April 1972 Ausgabe I »Die Handhabung von PTS Typ A«.

[9] Schreiben des Bezirksamts Bad Cannstatt.

[10] Aus dem Protokoll der nicht-öffentlichen Sitzung des Amtsgerichts Stuttgart-Bad Cannstatt.

[11] Das Handbuch für den ehrenamtlichen Geistlichen, S. 454.

[12] ebd., S. 455.

[13] AZ (B) AR 98/92.

[14] AZ 8 0 493/92.

[15] Verwaltungsglossar, S. 26.

[16] Ein »Wissensbericht« ist »ein Bericht, der von jemandem geschrieben wird, der vor irgendeiner unethischen, von den Richtlinien abweichenden oder destruktiven Handlung oder Unterlassung Kenntnis hat. Wissensberichte werden an die Ethik geschickt, so daß von dorther eine Ermittlung und Handhabung stattfinden kann.« Zit. aus L. Ron Hubbard, Einführung in die Ethik der Scientology, New Era Publ., Kopenhagen, 1968, S. 183.

[17] AZ Landgericht Ulm 4 0 313/92.

Kapitel 4

Staatlich bezahlte Schweiger

Wenn man Politiker auf Scientology anspricht, hört man immer wieder den Satz: »Dafür gibt es immerhin Sektenbeauftragte!« Immerhin derer drei, möchte man hinzufügen. In der Bundesrepublik Deutschland gibt es nämlich tatsächlich drei staatliche Stellen, die sich mit den sogenannten »Jugendsekten« und ihren Aktivitäten beschäftigen. Die erste dieser Stellen wurde am 22. Juni 1987 in Baden-Württemberg eingerichtet. Man plazierte sie in Stuttgart – na, wo schon? Richtig! – im Kirchenreferat des Kultusministeriums.

Warum nicht im Innenministerium oder im Wirtschaftsministerium? Rüttelt Scientology etwa nicht an einer ganzen Reihe von Verfassungs-Essentials? Weiß man in Politikerkreisen nichts vom Ausmaß des volkswirtschaftlichen Schadens, der von Scientology ausgeht? Bis heute jedenfalls hat sich der Blickwinkel vieler Politiker auf Scientology nicht verändert: Für sie ist Scientology noch immer eine »Sekte«, die ähnlich einer Kirche eine Religion verbreitet. So was kann man vertagen oder ans Kirchenreferat weiterdelegieren. Ich behaupte: Diese Politiker haben auch darum von der Sache keine Ahnung, weil ihre öffentlichen Alibis, die Sektenbeauftragten, so miserabel arbeiten.

4.1 Der Sektenbeauftragte, der keiner war

Hartmut Hauser war die erste dieser »Planstellen«. Er stellte sich bei mir in Pfaffenhofen als der erste staatlich angestellte Sektenbeauftragte in Deutschland vor und erzählte, er sei von Haus aus evangelischer Pfarrer. Ich war positiv überrascht und hoffte, daß er, der ja an mich herantrat, mir Hilfestellung bei unserer Arbeit geben könne – schließlich kannte er die »Szene« länger als ich, nämlich bereits seit mehr als vier Jahren. »Endlich haben die mal was begriffen«, war mein erster Gedanke, als ich von Hauser erfuhr, daß er seit 1987 Hinweise und Informationen über die sogenannten Jugendsekten in Baden-Württemberg sammelt. Mir erschien er als jener Männertyp, den man als »hart, aber herzlich« bezeichnet.

Hartmut Hauser war froh über die Informationen, die wir bereits vorliegen hatten. Einen Teil der Akten nahm er sofort mit, und ich dachte: Er archiviert sie in seinem Büro, um sie dann an die entsprechenden Stellen weiterzuleiten. In derselben Annahme floß in der Folge eine Fülle von Material von mir zu Hauser nach Stuttgart.

In den folgenden Wochen gab es etliche Telefonate zwischen Hartmut Hauser und mir. Er vermittelte mich u. a. als Referentin an die Konrad-Adenauer-Stiftung, die am 26. September 1991 in Leipzig eine Informationstagung zum Thema »Invasion der Seelenfänger? – Jugendsekten in den neuen Ländern« durchführte. Hartmut Hauser wird auf der Referentenliste der Veranstaltung als »Landesbeauftragter für sog. Jugendsekten, Ministerium für Kultus und Sport Baden-Württemberg, Stuttgart« bezeichnet. Auf der Tagung der Konrad-Adenauer-Stiftung traten etliche Experten zum Thema Scientology auf. Zu Beginn der Veranstaltung nahm mich Hartmut Hauser an die Seite. Er warnte mich vor verschiedenen Referenten, die nicht glaubwürdig seien. Das machte mich stutzig. Wollte Hauser einen Keil in die Kritiker-Szene treiben?

Mit einem der Referenten, Ralf Dietmar Mucha aus Düsseldorf, hatte ich einen intensiven Gedankenaustausch. Für mich ist Mucha ein glaubhafter Kämpfer gegen Scientology. Mucha sagte mir am Rande der Veranstaltung in Leipzig, Hauser habe ihn gewarnt, man »möge ihm nicht die Hartwig wegnehmen«.

Am 6. November 1991 trat ich gemeinsam mit Hartmut Hauser in einer Fernsehveranstaltung auf. Ich war irritiert, daß er am Rande der Veranstaltung sich intensiv mit Scientologen unterhielt – ganz, als ob sie sich gut kennen würden, fast freundschaftlich.

Ebenfalls im November forderte ich Hauser auf, zum Justizministerium zu gehen. Ich hatte zu diesem Zeitpunkt genug Einzelfälle dokumentiert, um eine Klage gegen Scientology anzustrengen. Aus dem Gespräch mit Hauser entnahm ich, daß ein Gespräch mit der Staatsanwaltschaft nur über ihn zu erreichen sei. Damit er aber einen Termin beschaffen könne, müsse er von mir Akten von Betroffenen haben. Ich stellte sie ihm in Kopie zur Verfügung. In den folgenden Wochen rief ich an und fragte nach dem Termin im Justizministerium, den er mit Hinweis auf eine schlampige Arbeitsweise der Behörde nicht nennen konnte. Erst Ende November 1991 bekamen Hauser und ich einen Termin im Justizministerium Stuttgart mit dem Oberstaatsanwalt Mayer und Ministerialrat Schayrer. Ich erfuhr, daß Oberstaatsanwalt Mayer bisher keine der Akten, die ich Hauser übergeben hatte, zugegangen waren. Ich wollte an diesem Tag Hauser nicht blamieren und schwieg daher über die bisherigen Vorgänge. Hauser erklärte mir später, daß die Akten auf dem Dienstweg zum Ministerium gehen müßten und daß dies Zeit in Anspruch nehme. Mir erschien das seltsam: Warum mußte zwischen zwei eigenständigen Ministerien ein Dienstweg eingehalten werden? Warum konnte ich nicht selbst meine Akten an den Oberstaatsanwalt schicken?

Eines Tages, im Dezember 1991, rief Hauser wieder an. Er wollte innerhalb Stunden alle Akten überreicht bekommen, um sie dem Generalstaatsanwalt zu übergeben. Ich lehnte dies ab mit dem Hinweis, in so kurzer Zeit könne ich nicht alle Akten kopieren. Er sagte, daß seine Behörde die Akten kopieren würde, die Originale kämen dann an uns zurück. Ich wurde mißtrauisch, zumal viele Betroffene, die zu uns gekommen waren, zuvor bei Hauser gewesen waren und Akten in Kopie bereits bei ihm abgegeben hatten. Wieso benötigte Hauser alle unsere Akten, wo er doch eigentlich bergeweise Unterlagen vorliegen haben mußte? Wieso benötigte er noch mehr Akten, um einen Prozeß anzustrengen? Von der Eltern- und Betroffenen-Initiative EBIS in Stuttgart wußte ich z. B., daß sie Akten und Unterlagen mit Reisetaschen zu Hauser gebracht hatten.

Ich rief Staatsanwalt Mayer an und fragte ihn, warum ich ihm nur über Hauser Akten zukommen lassen könne. Siehe da – die Hauser-Information war eine »Ente«. Staatsanwalt Mayer versicherte mir, ich könne ihm Akten selbstverständlich auch direkt zugehen lassen. Robin direkt stellte deshalb am 10. 1. 1992 beim Justizministerium Stuttgart Strafantrag gegen Scientology wegen aller in Frage kommender Straftatbestände. Wir gaben dem Staatsanwalt unser Beweismaterial direkt in die Hand und stellten den Strafantrag auch gleich beim Generalbundesanwalt, da wir der Überzeugung waren und sind, daß Scientology eine bundesweit operierende kriminelle Vereinigung ist.

Oberstaatsanwalt Mayer sprach daraufhin mit Betroffenen, die ich ihm vermittelte. Drei Monate lang forderte der Staatsanwalt Hauser auf, ihm Unterlagen zu übergeben, die Hauser über diese Betroffenen in seiner Hand haben mußte. Erst im März 1992 erreichte Oberstaatsanwalt Mayer durch massiven Druck, daß Hauser das Material an das Justizministerium weiterleitete.

Dann kam der Clou: Unter den Akten, die Hauser schließlich an Mayer lieferte, war gar kein Material von Robin direkt! Das, was bei Mayer ankam, war meiner Meinung nach wenig aussagekräftig. Damit konnte kein Verfahren gewonnen werden.

Als Hauser erfuhr, daß ich direkt mit dem Justizministerium in Kontakt getreten war, war er sauer. Als es im Rahmen des Landtagswahlkampfs am 17. 1. 1992 bei einer öffentlichen Podiumsdiskussion zu Tumulten im Saal kam, ließ Hauser seine Solidarität mit den Opfern vermissen. Geschehen war folgendes: Bei der Veranstaltung in Bad Waldsee, bei der Hauser und ich mit Scientologen gemeinsam auf dem Podium gesessen hatten, waren Opfer im Saal aufgestanden und hatten die Scientologen mit ihren Taten konfrontiert. Es kam zu tumultartigen Szenen im Saal. Ich weigerte mich, angesichts der schwachen Gesprächsführung weiter an der Podiumsdiskussion teilzunehmen und solidarisierte mich mit den Opfern. Hauser selbst nahm keinerlei Stellung zur Sache.

Für mich persönlich kam's noch dicker: Vor dem Saal fragten mich einige Betroffene, was aus den Unterlagen geworden sei, die ich bekommen habe. Sie waren aufgrund dieser mit äußerster Diskretion zu behandelnden Unterlagen durch anonyme Anrufer bedrängt worden. Es waren just jene Unterlagen gewesen, die ich zwar an Hauser weitergeleitet hatte, die aber nie beim Staatsanwalt angekommen waren.

Noch stutziger über den »Sektenbeauftragten« des Landes Baden-Württemberg wurde ich, als mir von jungen Leuten Zitate von Hauser gebracht wurden, die dieser am 1. Februar 1992 in Neuhausen bei Fildern im Rahmen einer JU-Veranstaltung von sich gegeben hatte. »Scientology tut nichts Verbotenes«, soll Herr Hauser damals gesagt haben. Und weitere Zitate: »Scientology bietet Dinge an, die jeden ansprechen« – »Aufklärung und Bekämpfung gehören in die Hände von Politikern und Behörden, denn nur die können was bewegen, Eigeninitiative bringt nichts« – »Manche Zeitungen springen in letzter Zeit auf den ›Hartwig-Zug‹ auf: Es werden tragische Einzelschicksale von Menschen mit großem Trara geschildert, die ihre Ziele bei Scientology – vielleicht sogar wegen dritter Personen und Angehöriger – nicht erreichten.«

Bei uns liefen immer widersprüchlichere Aussagen über Hartmut Hauser ein. Viele Betroffene wurden unruhig und wollten, daß Robin direkt Druck auf das Kultusministerium ausübe. Am 9. Mai 1992 stellte Robin direkt beim Ministerium für Kultus und Sport des Landes Baden-Württemberg eine Dienstaufsichtsbeschwerde gegen den Landesbeauftragten für das Sektenwesen (Sektenbeauftragten) Hartmut Hauser. Wir begründeten diese Beschwerde damit, daß Hauser Unterlagen von Betroffenen, die sich unmittelbar an ihn gewandt hatten, nicht an den Oberstaatsanwalt weitergeleitet habe.

Wochenlang hörten wir nichts mehr von der Sache. Wir fragten beim Ministerium nach, bekamen jedoch nur unzureichend Antwort.

Am 9. Juli 1992 erstatteten wir deshalb Anzeige gegen Hartmut Hauser wegen Strafvereitelung im Amt. Unserer Ansicht nach hätte er als Beamter umgehend darauf hinwirken müssen, daß die offensichtlichen Straftatbestände an die zuständigen Strafverfolgungsbehörden weitergeleitet wurden.

Die Dienstaufsichtsbeschwerde gegen Hartmut Hauser wurde am 27. August 1992 abgelehnt. Dabei teilte uns der zuständige Referent mit, daß Hartmut Hauser gar nicht »Landesbeauftragter für das Sektenwesen« sei, sondern »er ist Mitarbeiter in der zentralen Stelle für die Beobachtung sog. Jugendsekten beim Kultusministerium«. Seltsam. Jahrelang hatte sich die Regierung des Landes Baden-Württemberg damit gebrüstet, den bundesweit ersten eigenen Sektenbeauftragten zu haben. Nun sollte Hauser gar nicht Sektenbeauftragter sein? Die Ablehnung der Dienstaufsichtsbeschwerde jedenfalls führte aus: »Es liegen keinerlei Anhaltspunkte dafür vor, daß Herr Hauser strafrechtlich relevante Fälle bewußt zurückgehalten hätte. Im Gegenteil ist Herr Hauser entsprechenden Vorwürfen immer mit großem Engagement nachgegangen. Am 11. 3. 1992 hat die zentrale Stelle des Kultusministeriums eine Liste mit 17 Fällen, die in Zusammenhang mit Aktionen der Scientology Kirche standen und möglicherweise strafrechtlich relevant sind, dem Justizministerium übersandt.« Daß man nach fünf Jahren hauptamtlicher Tätigkeit endlich einmal 17 Fälle, die in Zusammenhang mit der Scientology Kirche stehen, an den Staatsanwalt übermittelt, ist meiner Ansicht nach kein Zeichen von »großem Engagement«, sondern ein Armutszeugnis. Jahrelang hatte Hauser nichts unternommen, um Aktivitäten der Scientologen auf dem Rechtswege zu unterbinden. Erst als Robin direkt auf den Plan trat, wurde er aktiv.

Übrigens wurde auch die Anzeige wegen Strafvereitelung im Amt am 16. 10. 1992 von der Staatsanwaltschaft Stuttgart abgewiesen.[1] Der Staatsanwalt erkannte darauf, daß »eine besondere Dienstpflicht von Regierungsschuldirektor Hauser, strafrechtlich relevante Sachverhalte unverzüglich den Strafverfolgungsbehörden mitzuteilen, vorliegend nicht erkennbar« sei. Seine Aufgabe sei nur gewesen, eine umfangreiche Materialsammlung über Jugendsekten aufzubauen sowie Hinweise und Informationen weiterzuleiten. Eine eigene Ermittlungsbefugnis stehe ihm nicht zu.

Im Klartext heißt dies: Hauser sammelte über Jahre hinweg Akten. Geschehen ist damit nichts. Hauser hielt über Jahre hinweg Referate auf politischen Veranstaltungen, bei Vereinen und Initiativen. Rechtliche Schritte erwuchsen daraus nicht. Was soll man von einer staatlichen Stelle halten, die seit vielen Jahren Materialien über kriminelle Machenschaften anhäuft und als einziges Ergebnis, und dies nur unter Druck, 17 Fälle an die Staatsanwaltschaft weiterleitet. Und dies nur mangelhaft. Hartmut Hauser trat übrigens im Januar 1993 von seinem Amt zurück.

Hauser kehrte im Herbst 1993 in den Schuldienst zurück – als Religionslehrer und Fachberater am Graf-Eberhard-Gymnasium in Bad Urach. Hauser gab Frustration als Grund für seinen Rücktritt an. Er fühlte sich überfordert, weil seine Dienststelle nicht personell aufgestockt worden war. Hauser erklärte im Januar 1993, er habe immer wieder gefordert, die Psychotechniken der Scientologen auf ihre Gefährlichkeit hin zu untersuchen, habe dafür aber kein Geld erhalten. Als dann das Wissenschaftsministerium andeutete, es wolle Geld für diese Untersuchung bereitstellen, fand er keinen Wissenschaftler mehr, der sich an das heiße Eisen herantraute.[2]

Wenn Hauser schon während seiner Amtszeit so gut wie nichts bewegte, so führte sein Rücktritt doch zu einer gewissen Einsicht in Stuttgarter Regierungskreisen. Ab 1. Juli 1993 gibt es nämlich unter Federführung des Kultusministeriums eine »interministerielle Arbeitsgruppe gegen Sekten in Baden-Württemberg«, in der neben dem Kultusministerium auch Sozial-, Justiz-, Wirtschafts-, Innen- und (in Einzelfällen auch das) Finanzministerium mitwirken.

4.2 Verlust einer Freundschaft

Im Frühjahr 1992 rief mich Ursula Caberta an. Sie war damals SPD-Abgeordnete in der Bürgerschaft der Hansestadt Hamburg. Sie sagte, ein Journalist habe sie auf mich und Robin direkt aufmerksam gemacht. In ihrer politischen Arbeit würde sie gegen Scientology vorgehen.

Ich wußte, daß Ursula Caberta bei der Staatsanwaltschaft Hamburg Strafantrag gegen Scientology gestellt hatte – genauso wie wir von Robin direkt. Der einzige Unterschied: Ich hatte die Unterlagen, Ursula Caberta hatte nichts in der Hand. Sie wußte allerdings von dem Material, das bei uns in Pfaffenhofen liegt.

Mit einer Pressekonferenz wollte sie in Hamburg auf die von Scientology ausgehende Gefahr aufmerksam machen. Sie schlug vor, daß wir diese Pressekonferenz gemeinsam halten sollten und daß ich Betroffene und Material mitbringen sollte.

Ich war fasziniert: Ursula Caberta vermittelte mir den Eindruck, daß endlich mal eine Politikerin wirklichen Handlungsbedarf in Sachen Scientology sah. Tatsächlich organisierte sie innerhalb kurzer Zeit die abgesprochene Pressekonferenz – allerdings unter dem Titel »Frauen-Power gegen Scientology«. Die Pressekonferenz, zu der ich mit zwei Mitgliedern von Robin direkt – beides Ex-Scientologen – gekommen war, wurde zum Erfolg. Aus diesem ersten Kontakt entwikkelte sich zwischen Ursula Caberta und mir eine intensive freundschaftliche Beziehung. Ich versorgte in der Folgezeit Ursula Caberta mit Material über Scientology. Es folgten noch mehrere Konferenzen über Scientology in Hamburg, und vor der Staatsanwaltschaft Hamburg sagten Mitglieder von Robin direkt, die zuvor bei Scientology ausgestiegen waren, aus.

Ursula Caberta wurde in der Hansestadt Hamburg und darüber hinaus zur Top-Expertin für Scientology. In dieser Zeit auch trat sie bei Robin direkt als Mitglied ein.

Es entstand damals in Hamburg ein derart starker innenpolitischer Druck, daß Innensenator Hackmann im Oktober 1992 den Arbeitskreis gegen Scientology in Hamburg sogar beim Innensenat der Hansestadt ansiedelte. Hauptamtliche Leiterin des Arbeitskreises wurde Ursula Caberta, die daraufhin aus der Bürgerschaft ausschied. Personell wurde der Arbeitskreis vernünftig ausgestattet: Ein Kripobeam-

Jetzt Frauenpower gegen die Scientologen

Zweiter Strafantrag in Stuttgart gestellt
Bürgerschafts-Anhörung zum Sekten-Problem

In Zukunft wollen die Hamburger SPD-Bürgerschaftsabgeordnete Ursula Caberta und die kämpferische, bundesweit aktive Scientology-Gegnerin Renate Hartwig aus Pfaffenhofen gemeinsam gegen die berüchtigte, sich selbst „Kirche" nennende Organisation vorgehen. So wie Frau Caberta in Hamburg hat Frau Hartwig in Stuttgart Strafanzeige gegen die Scientologen erstattet. Unter anderem wegen „Gefährdung des demokratischen Rechtsstaates und Beteiligung an einer kriminellen Vereinigung", Betrug und Körperverletzung – „Frauenpower gegen Scientology".

„Kiloweise Beweise" habe sie ihrer Anzeige beigefügt, sagt Renate Hartwig: „In 14 Tagen habe ich 114 Fälle für den Staatsanwalt gefunden."

Nach Auskunft des baden-württembergischen Justizministeriums wird das „umfangreiche Material" zur Zeit vom zuständigen Oberstaatsanwalt überprüft.

Das schon seit fast einem Jahr laufende Hamburger Ermittlungsverfahren gegen die Scientology-Church (SC) wird voraussichtlich im April abgeschlossen. Ob Anklage erhoben wird, scheint nach Informationen der MORGENPOST eher ungewiß. So reiches Material wie ihren Stuttgarter Kollegen – etwa zahlreiche eidesstattliche Erklärungen von Ex-Scientologen – stand den Hamburger Staatsanwälten nicht zur Verfügung.

Das könnte sich bald ändern. Morgen und übermorgen startet der Rechtsausschuß der Bürgerschaft eine Scientology-Anhörung. Juristen, Ärzte und Theologen sollen Stellung nehmen zu Fragen wie: Verstößt die „Dianetik"-Lehre des Scientology-Gründers L. Ron Hubbard gegen das Grundrecht der Menschenwürde? Gibt es Anzeichen, daß die SC eigentlich ein Wirtschaftsunternehmen ist, das sich nur Kirche nennen will, „um Steuergesetze zu umgehen"?

1991 wies das internationale Verzeichnis des „World Institute of Scientology Enterprises" (WISE) allein für Hamburg und Umgebung 17 Mitgliedsunternehmen auf, von B wie Brase K.G. über O wie „On Top Manager Training" und S wie „Studio für Farb- und Stilberatung" bis W wie „Wohnen Mitwert Immobilien".

Besonders die Art, wie die Scientologen Immobiliengeschäfte betreiben, sei Renate Hartwig, sei „organisiertes Verbrechen": Da würden Wohnungsuchenden Rhetorik-Kurse vermittelt, nur um sie zum Wohnungskauf zu verleiten und in finanzielle Abhängigkeit zu bringen.

Noch schlimmer sei die geistige und psychische Abhängigkeit, schildert die Ex-Scientologin Angelika Steiner: Die teuer bezahlten Schulungsstunden seien Gehirnwäsche. Sie habe nach ihrem Ausstieg regelrecht unter Entzugserscheinungen gelitten. So unter Druck gesetzt, bleibe den Scientologen oft nur die Flucht in den Tod, sagt Regine Hartwig: „Die Polizei müßte bei jedem Selbstmörder erst einmal nachsehen, ob die Dianetik-Bücher im Regal stehen."

FDP: Brase-Ausschluß nicht vergessen

Der lange Schatten von „Scientology" lastet immer noch auf Hamburgs FDP: Gestern abend beriet die Führungsspitze der Freidemokraten, wie sie sich möglichst schnell vom stadtbekannten Scientologen und Immobilienhändler Götz Brase trennen kann. Diese Bemühung dauert immerhin schon knapp ein Jahr.

Geschäfte Brases mit den FDP-Spitzenfunktionären Frank-Michael Wiegand und Kai Wünsche hatten 1991 zu erheblichen internen und öffentlichen Debatten über eine vermutete Unterwanderung der FDP durch Scientology geführt. Die Partei beschloß die Unvereinbarkeit mit einer Mitgliedschaft in der Sekte; Brase werde die FDP verlassen, hieß es danach. Doch bereits kurz nach der Bürgerschaftswahl soll der FDP-Parteigericht den Landesvorstand vor Verzögerungen gewarnt haben.

Sein Vorstand habe den Brase-Ausschluß „nicht vergessen", sagte FDP-Chef Robert Vogel. Das Verfahren gegen den „Sekten-Patron" sei noch anhängig, weil es rechtlich einwandfrei abgewickelt werden müsse: „Wir werden den Rechtsweg selbstverständlich einhalten und uns von Herrn Brase trennen."

bel

Berichterstattung in der »Hamburger Morgenpost« über den Kampf gegen Scientology: Ursula Caberta gehört zu den wenigen Politikerinnen, die sich mit Energie der Organisation entgegenstellen. Sie und Renate Hartwig erstatteten Strafanzeige gegen Scientologen unter anderem wegen »Gefährdung des demokratischen Rechtsstaates und Beteiligung an einer kriminellen Vereinigung«.

104

ter, ein Richter sowie eine Schreibkraft wurden Ursula Caberta zuge-ordnet. Für mich war das so was wie ein Hoffnungsschimmer in Deutschland: Endlich reagierte einmal ein Bundesland vernünftig auf die Machenschaften von Scientology. Der Arbeitskreis war auf Effizienz ausgerichtet, und das im richtigen Ministerium, im Innensenat. Es fehlte ihm allerdings ein Archiv. Unterlagen waren kaum vorhanden, es fehlten Insidermaterialien. Ich versorgte Ursula Caberta mit Informationen. Für Hunderte Mark gingen Faxe aus Pfaffenhofen nach Hamburg: Große Teile ihrer Informationen bezog die staatliche Stelle aus unserer privaten Initiative.

Ursula Caberta war in dieser Zeit oft bei uns in Pfaffenhofen. Es war zwischen uns eine Freundschaft entstanden; und auch wir nutzten jede Möglichkeit, sie in Hamburg zu besuchen.

Zu ersten Verstimmungen kam es, als es – wie so oft – ums Geld ging. Ein Mitglied von Robin direkt, Mike G., der früher bei Scientology in der Schweiz gewesen war, hatte dem »Arbeitskreis gegen Scientology« seine scientologische Bibliothek zur Verfügung gestellt, die einen Einkaufswert von ca. 20 000 DM hatte. Ursula Caberta hatte ihm 800 Schweizer Franken zugesagt. Mike G. hätte das Geld umgehend gebraucht, war er doch in schwieriger finanzieller Lage, weil ihn Scientology an den Rand des finanziellen Ruins gebracht hatte.

Bei einem Informationsgespräch am 4. Januar 1993, zu dem ich als Vorsitzende von Robin direkt eine offizielle Einladung nach Hamburg erhalten hatte, erinnerte ich Ursula Caberta an ihre Zusage, Mike G. die 800 Franken zu überweisen. Gleichzeitig drückte ich ihr meine Verwunderung aus, daß im Flur des Arbeitskreises Kalender und Photos von Scientology-Einrichtungen hingen. Mir war gesagt worden, daß dies ein Neujahrsgeschenk von Scientologen gewesen sei. Noch mehr erstaunte es mich, als ich erfuhr, daß Mitglieder der Scientology Organisation »M.U.T« den Arbeitskreis gegen Scientology zu einem Gespräch besucht hatten und dabei mit Kaffee bewirtet worden waren, die Scientologen durften den Kuchen mitbringen. Alles in mir sträubte sich gegen die Vorstellung, daß diese Leute von einer staatlichen Stelle zum gemütlichen Kaffeeplausch eingeladen worden waren. Selbst die kleinste Geste, so dachte ich, ist angesichts der Opfer, die Scientology in den Ruin getrieben hat, zuviel.

Im März rief mich Ursula Caberta erneut an. »Stell dir vor«, sagte sie am Telefon, »ich habe einen Edel-Aussteiger.«

Ich: »Wer ist das?«

Sie: »Gunter Träger.«

Ich: »Halt, Uschi, halt, stop! Paß bloß auf!«

Ich erklärte ihr, daß Gunter Träger über zwanzig Jahre bei Scientology gewesen ist. Nach meinem Empfinden kann jemand, der so lange Zeit bei einer Organisation Mitglied war, die Richtlinien, die bisher für ihn galten, nicht wie einen Lichtschalter von einem Moment auf den anderen ausknipsen. Zudem kam mir auch gerade an diesem Tag die Warnung vieler Ex-Scientologen in den Sinn: Viele hatten mir erzählt, daß einer der Schritte, wie man Kritiker in der Öffentlichkeit fertigmachen könne, das Einschleusen von Scientology-Schein-Aussteigern in Kritiker-Organisationen sei, also das Einschleusen von Spitzeln. Meine Worte stießen bei Ursula Caberta auf taube Ohren.

Sie: »Lern' ihn doch erst mal kennen, dann wirst du schon sehen.«

Zu diesem Zeitpunkt hatte Ursula Caberta mit Gunter Träger nur telefoniert; erst später hatte sie, im Beisein von Richter Steinmetz, der im Arbeitskreis gegen Scientology Hamburg arbeitet, ein persönliches Treffen mit Gunter Träger.

In der Nacht nach dem Treffen von Ursula Caberta und Richter Steinmetz mit Gunter Träger klingelte bei mir das Telefon. Caberta war am anderen Ende der Leitung. Völlig begeistert von Träger. Sie hatte im Anschluß an das Treffen, an dem Richter Steinmetz teilgenommen hatte, noch den ganzen Abend mit Gunter Träger unter vier Augen geredet. Sie war begeistert von ihm, nicht zuletzt weil er den gleichen Wein und den gleichen Champagner wie sie auf der Speisekarte des Restaurants wählte, in dem sie sich getroffen hatten.

Ich: »Hast du ihn eigentlich gefragt, ob seine Frau auch bei Scientology ausgestiegen ist?«

Seine Frau, so wußte ich, war zu diesem Zeitpunkt im siebten Monat schwanger und ebenfalls seit Jahren Mitglied bei Scientology.

Trägers Frau schien Ursula Caberta weniger zu interessieren, jedenfalls hat sie dieses Thema weder in jener Nacht noch später gegenüber mir wieder angesprochen. Ursula Caberta meinte statt dessen, Träger sei ja nicht erst jetzt, sondern bereits 1991 aus Scientology ausgestiegen.

Meine Recherchen in den folgenden Tagen führten zu ziemlich anderen Ergebnissen. Träger hatte bereits in den siebziger Jahren einmal erklärt, er sei bei Scientology ausgestiegen, hatte dies aber dann doch nicht getan. Zuerst war er beim ZDF tätig, dann unter anderem in der Pressemannschaft von Helmut Kohl zu dessen Zeiten als Ministerpräsident in Rheinland-Pfalz. Jetzt arbeitet er unter anderem für NUR-Reisen, eine Nekkermann-Tochter. Mir schien damals, als hätte er sich von Scientology nicht völlig gelöst oder als wollte er nicht alles enthüllen, was er wußte. Jedenfalls entnahm ich einem Interview, das im »Spiegel« erschien, nur Aussagen Trägers, die jeder hätte tätigen können, der nur kurze Zeit bei

»Ich fühle es immer wieder. Alle meine Träume und Hoffnungen wurden bei Scientology zerschlagen. Ich habe doch daran geglaubt. An die bessere Welt, an die Zukunft. Und wer von sich behauptet, mit dem Austritt von Scientology wäre alles vorbei, der lügt sich selber an. Denn es war für mich nicht nur herb, sondern ich kämpfe heute noch damit, dieses Gedankengut aus dem Kopf zu bekommen.«

Aussage eines Ex-Scientologen.

Scientology gewesen wäre und sich dann abgewendet hätte.[3] Der »Spiegel« jedenfalls bezweifelte in dem Interview, daß Träger wirklich bei Scientology ausgestiegen sei. Unseren letzten Kenntnisstand zu Gunter Träger können Sie den Kapiteln 5.9 und 10.3 entnehmen.

So oder ähnlich muß auch die Staatsanwaltschaft Hamburg gedacht haben. Ursula Caberta nämlich wollte Personenschutz für Träger beantragen, doch die Staatsanwaltschaft und das Landeskriminalamt Hamburg lehnten dieses Ansinnen ab.

Als Ursula Caberta kurz darauf wieder einmal bei uns zu Besuch war, platzte ihre Wut über diese Verweigerungshaltung der Staatsanwaltschaft in einem Ausbruch von Zorn aus ihr heraus. Darüber gerieten wir beide in ein heftiges Streitgespräch über die Arbeit der Staatsanwaltschaft. Der damals ermittelnde Staatsanwalt Stauder ist für mich und für Aussteiger der Scientology einer der ganz wenigen Staatsanwälte in Deutschland, die den Ernst der Lage erkannt haben und sachlich und mit juristischem Fachverstand an die Sache herangehen. In der Art und Weise jedoch, wie Ursula Caberta mit mir über Landeskriminalamt und Staatsanwaltschaft sprach, war plötzlich von Hochschätzung bei ihr nichts mehr zu spüren.

Nebenbei bemerkt: Am 3. Mai 1993 erhielt ich zwischen 10.00 Uhr und 10.50 Uhr drei anonyme Anrufe; u. a.: »Stauder kann dir nicht mehr helfen.« Am gleichen Tag bestätigte mir Herr Hesse vom

AK Scientology Hamburg, daß man ab dem heutigen Tag Staatsanwalt Stauder »Scientology« entzogen habe.

In der Nacht vom 25. März auf den 26. März 1993 führte ich ein stundenlanges Gespräch mit Ursula Caberta am Telefon. Sie hatte mich angerufen, denn sie berichtete mir über ein geplantes Gespräch zwischen Träger, ihr und dem Verfassungsschutz, das am 26. März in einem Frankfurter Hotel stattfinden sollte. Am darauffolgenden 27. März wollte sie zu uns nach Pfaffenhofen kommen, da wir an diesem Tag abends in Stuttgart unsere Mitgliederversammlung von Robin direkt durchführen wollten. Paul holte sie am 27. März am Hauptbahnhof in Ulm ab. Sie wollte mir über das Gespräch mit Träger berichten, doch war, da unser Haus aufgrund der Mitgliederversammlung am gleichen Tag mit Bekannten und Mitgliedern von Robin direkt überfüllt war, kein Vier-Augen-Gespräch zwischen Ursula Caberta und mir möglich. Ich hielt das dennoch für notwendig, denn sie hatte mir den Vorschlag gemacht, das komplette Archiv von Robin direkt nach Hamburg zu transportieren, um dort Kopien sämtlicher Unterlagen zu ziehen.

Wieder fiel der Name Gunter Träger. Sie wollte ihm einige Robin-direkt-Unterlagen vorlegen. Das konnte ich nicht zugestehen. Dann schlug sie vor, zumindest einige Ordner zunächst selbst mitzunehmen, unter anderem die Ordner über das dubiose Unternehmen »Akademie für Management und Kommunikation« (AMK) in Heidelberg. Auch das mußte ich rundweg ablehnen, konnte Ursula Caberta mir doch nicht einsichtig machen, was die brisanten Robin-direkt-Unterlagen über eine Heidelberger Firma ausgerechnet in Hamburg zu suchen hatten.

Ich schlug deshalb vor, am Abend, nach der Mitgliederversammlung, in Ruhe über die Themen zu reden. Doch das ging nicht; sie mußte bereits am Nachmittag wieder weg. Paul nahm sie mit zum Hauptbahnhof nach Stuttgart, die Mitgliederversammlung in Stuttgart fand ohne sie statt.

Viel später erst erfuhr ich, daß zu diesem Zeitpunkt bereits aufgrund eines Strafantrages, den Robin direkt bei der Staatsanwaltschaft Heidelberg gestellt hatte, die Räume der Firma AMK durchsucht worden waren. Die Staatsanwaltschaft hatte die Ermittlungen gegen die Firma aufgenommen. AMK ist als WISE-Lizenznehmer eine selbständig arbeitende scientologische Tarnorganisation.

SCHUTZGEMEINSCHAFT
ROBIN DIREKT e.V.

Neue PLZ 89262

...14 Pfaffenhofen - Postfach 44 - Telefon: 07302-4019, Fax: 6363

EINSCHREIBEN
MIT
RÜCKSCHEIN

Frau
Ursula Caberta
Mechelnbusch 56

22559 Hamburg   Pfaffenhofen, den 22.07.1993

Sehr geehrte Frau Caberta,

hiermit teilen wir Ihnen mit, daß durch Beschluß des Vorstandes,
Ihre Mitgliedschaft in unserem Verein "Robin Direkt", mit Wirkung
vom 22.07.93, beendet ist.
Ihre verleumderischen Äußerungen über den Verein und deren Vorstands-
mitgliedern gegenüber Presseorganen und anderen Institutionen zwängen
uns zu diesem unwiderruflichen Beschluß.
Wir betrachten Ihre infamen Agitationen uns gegenüber als äußerst
schädlich, was unsere Arbeit gegen Scientology angeht.
Ihr vereinsschädigendes Verhalten beobachten wir seit über einem
halben Jahr und wir sind nicht mehr bereit das länger hinzunehmen.
Der Vorstand verurteilt Ihre Handlungen aufs Schärfste und kann an
einer weiteren Mitgliedschaft Ihrer Person, bei "Robin Direkt" nicht
weiter festhalten.
Selbstverständlich kann eine Zusammenarbeit nach diesem Vertrauens-
bruch mit Ihnen als Leiterin des Arbeitskreises Scientology, aus
Sicherheitsgründen, nicht mehr gewährleistet werden.
Wir wünschen Ihnen für Ihre Zukunft alles Gute und verbleiben

mit freundlichen Grüßen
(gez. für den Vorstand)

P. Hartwig

Diese Kündigung wurde am 24.7.1993 einstimmig von allen
anwesenden Mitgliedern, während der außerordentlichen
Mitgliederversammlung, bei Punkt 3 der Tagesordnung,
bestätigt.

*Schreiben von Robin direkt an Ursula Caberta, Sektenbeauftragte der
Hamburger Bürgerschaft, vom 22. Juli 1993, in dem der Vereinsvorstand die
Mitgliedschaft der SPD-Politikerin aufkündigt. Damit war das Ende einer
Freundschaft, die dem gemeinsamen Kampf gegen Scientology diente, be-
siegelt. Ursula Caberta war für Robin direkt zum »Sicherheitsrisiko«
geworden.*

Das Verhältnis zwischen Ursula Caberta und mir kühlte nach diesem Wochenende blitzartig ab. Ich bekam Informationen, daß sie begann, negativ über Robin direkt zu reden und zwar gegenüber Opfern, Mitgliedern unserer Schutzinitiative und gegenüber der Presse. Nachdem sich diese Informationen gehäuft hatten, beschloß der Vorstand von Robin direkt einstimmig den Ausschluß von Ursula Caberta. Die Mitgliederversammlung bestätigte später nach Aussprache und im Beisein von Ursula Caberta einstimmig den Ausschluß aus Robin direkt.

Als Scientology-Opfer mußte Mike G. fast drei Jahre warten, bis die Behörde für Inneres nach mehreren Mahnungen endlich die Abmachung einlöste. Der Betrag von 800 SFr. für die Unterlagen von Mike G. für das Archiv des Arbeitskreises gegen Scientology, Hamburg, wurde am 20. Juni 1995 gutgeschrieben. Bereits in einem Schreiben vom 23. 9. 1993 an Robin direkt wurden wir um Geduld gebeten – der Vorgang werde, so heißt es in dem Schreiben, zur weiteren Bearbeitung und Prüfung in die entsprechende Abteilung weitergeleitet.[4] Wie heißt es oft in politischen Kreisen – Probleme sitzt man aus. In diesem Fall ging das »Aussitzen« wieder einmal zu Lasten eines Opfers. Meiner Erfahrung nach wird auch versucht, daß aktive Bürgerarbeit in der Aufklärung gegen Scientology lieber »ausgesessen« als unterstützt wird

In einem Telefonat mit einem Informanten erfuhr ein Mitglied von Robin direkt, daß ich mich mit meiner Arbeit »bald erledigt hätte«; »der Rest«, so meinte der Informant in dem Telefonat, »das, was Renate nicht selbst dazu beiträgt, wird wohl die Caberta dazu beitragen.« So werde Ursula Caberta Verbindungen von Robin direkt zu Politikern und Journalisten abschneiden, dies habe die Renate ja sicherlich schon gemerkt.

Der »Arbeitskreis gegen Scientology« beim Innensenat der Hansestadt Hamburg war die zweite staatliche Stelle im Kampf gegen Scientology, die ich kennenlernte. So sehr mich seine Leiterin, Ursula Caberta, anfangs begeisterte, so sehr hat mich diese Frau dann enttäuscht. Nicht nur sachliche Enttäuschung ist es, die mich heute traurig macht. Hinzu kam, daß ich diesmal auch menschlich enttäuscht wurde. Im Kampf gegen Scientology habe ich eine Freundin verloren.

1 AZ Staatsanwaltschaft Stuttgart, 5 j s 63608/92.

2 Südwest Presse Ulm, 29. Januar 1993, »Sektenbeauftragter fühlt sich von Politikern allein gelassen«.

3 Der Spiegel, 10/1993, S. 84ff.

4 Brief der Behörde für Inneres, Freie und Hansestadt Hamburg, vom 23. September 1993, Vorgang Nr.: 5436.

Kapitel 5

Scientology und Wirtschaft

5.1 Unterwanderung der Wirtschaft

Bereits im letzten Kapitel habe ich versucht darzulegen, daß und wie Scientology unsere Gesellschaft in den Griff bekommen will. Dabei ist die Wirtschaft für Scientology zu einem der wichtigsten Bereiche geworden. Bereits seit Jahren gelingt es Scientology auch in Deutschland, in einer rasanten Geschwindigkeit ganze Wirtschaftszweige zu unterwandern und sie in Abhängigkeit von Scientology zu bringen. Ziel dieser Aktionen ist, wie Scientology schon im Strategiekonzept »Clear Deutschland« beschrieben hat, die völlige Kontrolle der Wirtschaft. Zur Unterwanderung der Wirtschaft hat Scientology für jeden einzelnen Wirtschaftsbereich eigene Tarnorganisationen entwickelt. Weltweit sind sie alle dem WISE-Komitee zugeordnet. WISE bedeutet: World Institute of Scientology Enterprises. WISE ist das wirtschaftliche Standbein von Scientology; denn mit WISE wird nicht nur versucht, Unternehmen zu unterwandern, sondern mit WISE verdient Scientology eine Menge Geld. WISE vergibt nämlich Lizenzen, damit die scien-

Mit dem »World Institute of Scientology Enterprises«, kurz WISE, unterwandern Scientologen Wirtschaftsunternehmen.

Saint Hill Manor, East Grinstead, Sussex

HCO-POLICYBRIEF VOM 24. FEBRUAR 1982

(Veröffentlicht am 10. November 1986)

Wiederver-
vielfältigen

ORIGINAL COLOR FLASH GREEN ON WHITE

WIRTSCHAFTSSYSTEME

Als das industrielle System aufkam, vor kaum erst 150 Jahren, trugen die Riesenhirne, die uns weismachen wollen, daß sie die Staatsgeschäfte lenken, noch immer gehörnte Helme — und auch heute sind sie nicht weniger primitiv.

Es war einmal eine Zeit, als die Wirtschaft einfacher war: Wenn das Dorf hungerte, so lag es daran, daß die Dörfler nicht gescheit genug waren, um das Wild zu hegen oder genug Getreide anzubauen. Man produzierte entweder, oder man verhungerte — ein klarer Fall.

Dann erfand jemand — wahrscheinlich ein Kerl namens Ürrgh — ein System namens Regierung, das auf dem Prinzip fußt: „Wenn ihr nicht genug zu futtern habt, dann reiße ich es mir unter den Nagel, damit ich nicht verhungere." Und er führte einen Hauptgrundsatz ein, der heute „Besteuerung" heißt.

Doch während die Jahre zu Jahrhunderten voranrollten, wurden die Menschen schließlich unruhig. Und die Regierungsoberhäupter, von Angst gepeinigt wie immer, erfanden die sogenannte „Wohlfahrt". Wohlfahrt ist ein von Robin Hood erfundenes System: man nehme es von den Reichen und gebe es an die Armen (nur daß man freilich bis zum zweiten Schritt nie gekommen ist). Und somit kriegten wir dann die „Einkommenssteuer". Bloß daß sie's nicht von den Reichen nehmen; sie nehmen es von den Produktiven.

Ein Grundprinzip des Regierungswesens heutzutage ist: „Belohne den Downstat (den mit niedrigen, sinkenden Statistiken)." Wenn jemand nicht arbeiten oder produzieren will, na ja, dann schnappt man einfach dem Mann, der arbeiten und produzieren kann und will, Geld weg und händigt es dem anderen aus, der nicht kann und nicht will.

Doch da die Machthaber in den Regierungen gedrillt und wieder gedrillt werden müßten, um auch nur bei einem Baby-IQ-Test die Stufe „Schwachsinn" zu erreichen, können sie ein Prinzip nicht erfassen, das wirklich lebenswichtig ist, wenn man sich für die Vergabe von Almosen einsetzt: Man kann nicht auf wirtschaftliche Art Wohlfahrt betreiben, ohne zur gleichen Zeit den wirklichen Wert der Zivilisation zu erhöhen — soweit das nicht getan wird, kommt Inflation dabei heraus.

Wenn man Geld ohne Gegenleistung verteilt, schafft man Kaufkraft, ohne die Waren zu erzeugen, die damit gekauft werden könnten. Die existierenden Waren werden daher knapper und teurer werden. Und das ist Inflation.

Da sie auf diese idiotischen Prinzipien gegründet sind, bringen einen die Richtlinien der Regierung in Schwierigkeiten. Schließlich kann sich selbst der arbeitende Mensch kein Brot mehr leisten.

Pamphlet vom 24. Februar 1982 aus dem Hubbard-Kommunikationsbüro Saint Hill Manor, Sussex, in deutscher Sprache. Die Schrift wendet sich gegen das System der Marktwirtschaft. Eines der ins Feld geführten Argumente: Die moderne Wirtschaft führe geradewegs in die Inflation. Die staatliche Einkommenssteuer, ein wichtiges Element dieses Systems, wird verworfen, da nicht die Reichen, sondern die Produktiven zu zahlen hätten.

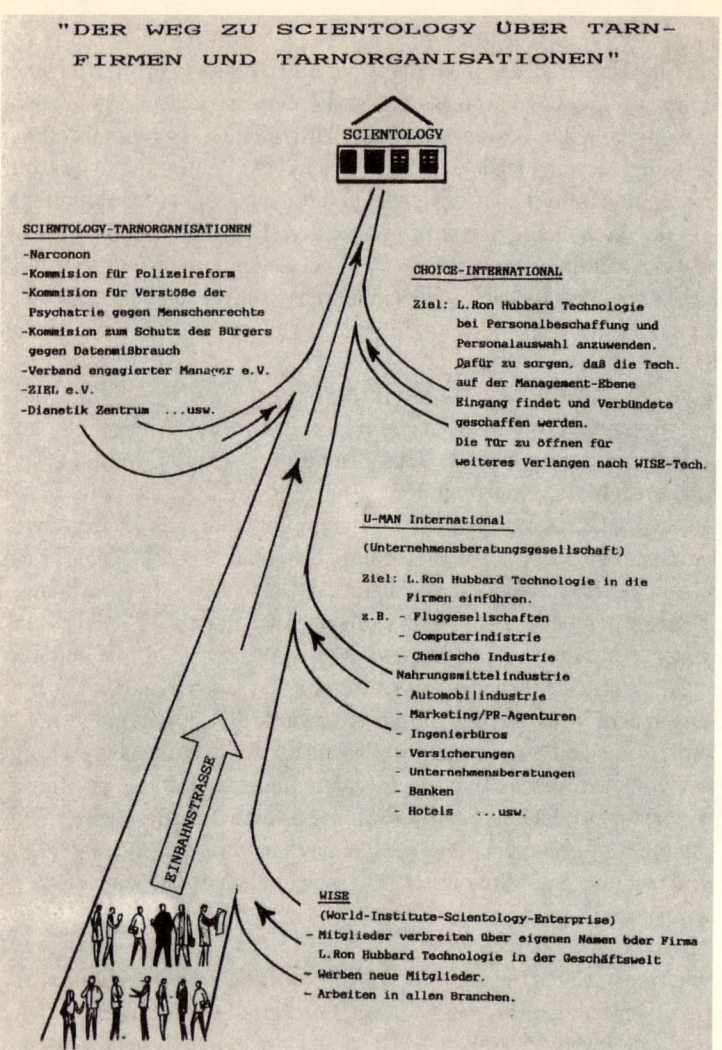

"DER WEG ZU SCIENTOLOGY ÜBER TARN-FIRMEN UND TARNORGANISATIONEN"

SCIENTOLOGY

SCIENTOLOGY-TARNORGANISATIONEN

-Narconon
-Kommision für Polizeireform
-Kommision für Verstöße der
 Psychatrie gegen Menschenrechte
-Kommision zum Schutz des Bürgers
 gegen Datenmißbrauch
-Verband engagierter Manager e.V.
-ZIEL e.V.
-Dianetik Zentrum ...usw.

CHOICE-INTERNATIONAL

Ziel: L.Ron Hubbard Technologie
      bei Personalbeschaffung und
      Personalauswahl anzuwenden.
      Dafür zu sorgen, daß die Tech.
      auf der Management-Ebene
      Eingang findet und Verbündete
      geschaffen werden.
      Die Tür zu öffnen für
      weiteres Verlangen nach WISE-Tech.

U-MAN International

(Unternehmensberatungsgesellschaft)

Ziel: L.Ron Hubbard Technologie in die
      Firmen einführen.
z.B. - Fluggesellschaften
     - Computerindustrie
     - Chemische Industrie
    Nahrungsmittelindustrie
     - Automobilindustrie
     - Marketing/PR-Agenturen
     - Ingenierbüros
     - Versicherungen
     - Unternehmensberatungen
     - Banken
     - Hotels ...usw.

EINBAHNSTRASSE

WISE

(World-Institute-Scientology-Enterprise)
- Mitglieder verbreiten über eigenen Namen oder Firma
  L.Ron Hubbard Technologie in der Geschäftswelt
- Werben neue Mitglieder.
- Arbeiten in allen Branchen.

»Alle Wege führen zu Scientology«: Tarnfirmen und Tarnorganisationen aus Wirtschaft und Gesellschaft dienen der Mitgliederrekrutierung. Unternehmensberatungsgesellschaften bieten sich mittelständischen Betrieben ebenso an wie der Großindustrie. Vereine, die humanistische Ziele auf ihren Bannern führen, sollen ebenfalls die Empfänglichkeit für Hubbards Technologie-Lehre fördern.

114

Wie die Unterwanderung funktioniert

» ... Eine Hausfrau, die Scientology bereits erfolgreich in ihrem eigenen Heim anwendet und professionell ausgebildet ist, übernimmt in einem Frauenverein den Posten einer Sekretärin oder eine Schlüsselstellung. Sie bringt die Angelegenheiten des Vereins in Ordnung, indem sie Kommunikationsfertigkeiten anwendet und sodann parallel zur Hauptfunktion des Vereins die Scientology zu einem Bereich besonderen Interesses im Verein macht – Kinderfürsorge, Eheberatung – was sich auch immer anbietet; sie kann sogar Gebühren dafür verlangen. Daneben ist sie natürlich weiterhin eine erfolgreiche und zur Ehe beitragende Gattin.

Ein weiteres Beispiel: Ein Scientologe, ein mittlerer Angestellter oder sogar ein Büroangestellter, läßt sich als professioneller Auditor ausbilden, er sieht, wohin es mit der Firma geht und beginnt, deren unabgeschlossenen Angelegenheiten aufzugreifen, indem er die Kommunikationslinien oder das personalmäßige Potential verstärkt. Ohne irgend jemandem Scientology zu »verkaufen«, untersucht er einfach die Schwierigkeiten und behebt sie. Wenn vielleicht auch nur als »fähige Person«, würde er auf diese Weise rasch einen Bereich der Kontrolle aufbauen und diesen ausdehnen, ganz zu schweigen von seiner persönlichen Stellung in der Firma. Auf der ganzen Welt wurde dies bereits gemacht und wird auch ständig weitergeführt. Nachdem wir nun über Pre-Session-Prozesse verfügen, ist es einfach, andere Leute in Ordnung zu bringen. Wir verfügen über eine unerhörte Menge an nicht veröffentlichter Technologie für Firmen über die Handhabung von Situationen auf der Dritten Dynamik. Sie wären überrascht, wie einfach es ist: Vorgesetzte zu auditieren

Noch ein weiteres Beispiel: Eine Nation oder ein Staat funktioniert aufgrund der Fähigkeit seiner Minister, Gouverneure oder irgendwelcher anderer Führungspersonen. Es ist leicht, in so einem Bereich Posten zu erhalten, es sei denn, man leidet an Größenwahn oder fürchtet sich vor einem solchen Posten. Machen Sie sich nicht die Mühe, gewählt zu werden. Verschaffen Sie sich einen Posten als Mitarbeiter des Sekretariats oder als Leibwächter: nutzen sie jegliche Ihnen zur Verfügung stehenden Talente, um eine Stellung in der Nähe solcher Personen zu bekommen, machen Sie sich daran, an der betreffenden Umgebung zu arbeiten und sie besser zum Funktionieren zu bringen. Gelegentlich muß man vielleicht Verluste einstecken, doch in der Mehrzahl der Fälle werden sich Beförderungen, bessere Kontakte und eine sich ausdehnende Zone einstellen, wenn man eine gute Arbeit leistet und die Umgebung zum Funktionieren bringt.

Hier gilt folgender Hinweis: Seien Sie nicht auf die Mitarbeit der Gruppen aus. Fragen Sie sie nicht um Erlaubnis. Treten Sie einfach in die Gruppen ein, und beginnen Sie mit der Arbeit, um der Gruppe durch Wirksamkeit und geistige Gesundheit Erfolge zu verschaffen.

... Das ist der Spezialbereichsplan. Mehrere Hunderttausend Leute sind für die ersten Schritte bereit. Jene, die noch keine professionelle HPA- und HCA-Ausbildung haben, könnten bald damit beginnen. Es gibt nun besondere Arten, auf einer Akademie ausgebildet zu werden, und sogar während sie auf diese Ausbildung warten und auf das Clearing hinarbeiten, könnten diese Scientologen die Ziele für ihren Bereich bestimmen und beginnen, daran zu arbeiten.

Wir besitzen bereits einen gewichtigen Einfluß in der Gesellschaft. Mit Spezialbereichsplänen könnten wir diese Wirkung um x-tausend Mal verstärken und in unserem jetzigen Leben unsere Ziele zumindest teilweise erreichen und eine anständige Welt schaffen, zu der wir zurückkommen können.

Was halten Sie davon? Schreiben Sie mir zuhänden des HCOs der Zentralen Organisation in Ihrem Gebiet, und teilen Sie mir mit, was Sie vom Spezialbereichsplan denken.

Wenn Sie mir schreiben, informieren Sie bitten über folgendes: Ob Ihnen diese Vorstellung gefällt oder nicht. Falls sie Ihnen gefällt, in welchem Bereich Sie sich jetzt befinden oder sein möchten (welchem Bereich möchten Sie helfen?). Aber was immer Sie dazu auch meinen, bitte schreiben Sie mir, da Ihr Brief als Stimme gezählt werden wird. Wir sind nun an einem Scheideweg angelangt, an dem unser Vorgehen sehr wohl die zukünftige Geschichte dieses Planeten beeinflussen könnte.

aus: HCO Bulletin vom 23. Juni AD10, Spezialbereichsplan »Die Rolle des Scientologen im Leben«

Berang & Partner Consulting
Hubert & Luise Berrang
Consulting
Schwanthalerstr. 60
Munich 2 8000 Germany
089-531-6630 or 089-315-4152

Ulrich Braunig ← *Rechtsanwalt*
Rain Weg R. 2
Seeteld D-8031 Germany
08152-70293

Peter Brendel
Consulting, seminars
Kruner Strasse 69
Munich 8000 Germany
089-760-4467

Dr. Hans-Ulrich Buhler
Seminars
Rechtsanwalt Theresienstrasse 40
Munich 2, 8000 Germany
089-283055

Burkli & Partner
Gerhard Burkli
Consultants-sales, management, phone
marketing/coin trading
Windblosenstr. 6
Neuenkirch, CH-6206 Germany
041-982567/8 FAX: 041-982776

Business Contact Service
Ulrich Mayer
Tirolerstr 101, 6000
Frankfurt M70, Germany
08141 42051

CCI Institut-Admin Tech Division
Reinhold Stricker
Consultation, seminars, courses
Schloss Philippsreich
D-6072 Dreirch S, Germany
FAX 06103-87726/6103-85001

Choice International
M. Ostertag & Partner
Business, personnel tests, workshops, sales
training & seminars -
Stuttgarter Str 60
Metzingen 7430 Germany
07123-14233

Choice International
Remshalden & Elvira Baikei
Remshalden Hebsack 7064 Germany
0778744750

Choice International-Dusseldorf
Gerhard Benneck
Dusseldorf 30, 4000 Germany
0211326240

Choice International-Eckstrasse
Schwindt & Beissel
Eckstrasse 11
Rodau D-6101 Germany
06166 342

Choice International-Koeln
Dr. Fred Heuwing
Koeln 5000 Germany
0049221371008

Choice International-Metzingen
Thomas Grassle & Manuela
Ostertag
Metzingen 7430 B, Germany
07123-1259 FAX 07123-14233

Choice International-Munich
Sepp Schiller
Kidlerstrasse 14, D-8000
Munich 70, Germany
0897912473

Choice International-Nersingen
Rupert Schwabbaner
Ottostrasse 18
Nersingen D-7916 Germany
07308-2425

Choice International-Nuernberg
Gerhard Bohm
Nuernberg 1 D-8500 Germany
0911-208995

Choice International-Wiesbaden
Jukka Manninen
Goebenstrasse 8
Wiesbaden D-6200 Germany
0621-444550

Choice Management-Metzingen
Martin Ostertag
D-7430 Germany
7123-41190

DCS Computer Service Und
Handels GMBH
Klaus Peter Spiel
Computer
51A Peutestrasse
2000 Hamburg 26, Germany

Dental Technik
Horst Muller
Hamburg 2000 Germany
04017328116 or 7328000

Felix Fisher
Konigsalle 60 F
Dusseldorf 1 Germany
0211 8903247

Thomas Ganz
Sethweg 41A
Hamburg 61 2000 Germany
040-555-3399

Ulrike Ganz
Poststrasse 12
Dusseldorf 1 4000 Germany
021-113-4324

Gerhard Haag
Stahlbautechnik Neckar
Industriestr. 12, D-7305
Altbach, Germany

Gotz Brase K.G.
Gotz Brase
Management Consultant
118 Mittelweg
2000 Hamburg, 13 Germany
40 44 90 51

Sabine Griesenbeck
Dulkener Str. 113
Viersen 1 D-4060 Germany
49-216212509

Donald, Elfiede Habel
Kielbarg 3
Hamburg 65 2000 Germany
11-40-16082950

Hansen, Service By
Sabjornsvard 2880 Germany
4298 2917

Karl Erich Hellig
Butzowerstrasse 61, D-02625
Schwaarm Germany

Kurt Heilscher
Niederedaer Lanstrasse 58
Frankfurt 71 D-6000 Germany
0696702777

Immobilien Gmbh, Kempe
Adreubach Strasse 23
Dusseldorf 4000 Germany
0211-683388

Institut Scholzel
Ruppertshainer Strasse 1
Kelkheim-Fischbach 6233 Germany
0619-6891-93

Barbel Jacimovic
Eppendorfer Baum 24 Hamburg 20
Hamburg 2000 Germany
040/48 71 06

Klaus
Kempe Perimag
Achenbachstr 23
Dusseldorf D-4000 Germany
0211-683388

Jupp Kroesen
Brentanostrasse 28
Munich 40 D-8000 Germany
5300668

Kunz & Partner
Joseph Kunz
Ringelsstrasse 4
Munich 2 D-8000 Germany
011 4989536830

Learntec
Norbert Miller
Consulting & seminars to businesses
Weisengrand 5
Bad Boll 7325 Germany
07164-6688

---

*Auszug aus einer Liste von deutschen WISE-Unternehmen. WISE ist das
wirtschaftliche Standbein von Scientology. Über Lizenzvergaben, die dazu
berechtigen, die Technologie L. Ron Hubbards zu vertreiben, verdient die
Organisation große Geldsummen. Aus bekannt gewordenen Abrechnungsbele-
gen geht hervor, daß WISE-Lizenznehmer Provisionsgebühren für ihre
erfolgreichen Abschlüsse abführen müssen.*

tologischen Tarnorganisationen, die in Deutschland als eigenständige und seriöse Firmen auftreten, die Technologie von L. Ron Hubbard in der Geschäftswelt verbreiten können. Gleichzeitig müssen WISE-Lizenznehmer – so geht es aus mir vorliegenden Abrechnungen hervor – Provisionsgebühren für ihre erfolgreichen Abschlüsse an WISE zahlen.

Dieses System scheint gut zu funktionieren. Denn Scientology-Boss David Miscavige lobte anläßlich einer Veranstaltung des IAS (International Association of Scientology, die internationale Vereinigung der Scientologen) den weltweiten Verband des Scientology-Unternehmens WISE: »Die Anwendung dieser Technologie (die Technologie von L. Ron Hubbard, Anm. d. Verf.) auf weltlicher Ebene war in den vergangenen Jahren unglaublich«. Auf der Veranstaltung des IAS wurde darauf hingewiesen, daß die Gesamtzahl der Unternehmen, die allein 1989 Managementtraining aufgrund der Technologie von L. Ron Hubbard erhielten, die Anzahl von 75 000 überstieg. Dazu gehörten unter anderem folgende Firmen: 3 M Corporation, American Express, Avis Rent-A-Car, Chrysler, Elf Oil Company, Bosch Electrical Equipment, General Motors, Ford, Renault, Rothschild Bank, Toyota, Volvo, Volkswagen, Saab, Shell Oil Company, Hertz Rent-A-Car und Visa, wie ein Redner auf dem IAS-Kongreß ausführte.

Aufgabe der WISE-Lizenznehmer ist es, so eine Anweisung des »WISE-Charter Komitees« vom 04. Mai 1991, die L. Ron

Jeder, der eine Scheckunterzeichnungsautorität besitzt, steckt sowieso schon seinen Kopf ziemlich weit in die Schlinge hinein. Achten Sie auf die obigen Punkte und ihre Einhaltung also mit großer Sorgfalt.

Die Kunst und das Können der Handhabung von Geld, um eine Org (Organisation) zahlungsfähig zu machen und ihr guten Kredit zu schaffen, wird in Policybriefen des Jahres 1965 behandelt. Jeder, der Schecks unterzeichnet, sollte diese Policybriefe kennen. Diese Policies über Zahlgrenzbezahlung und wie man Vermögen schafft sind sehr wichtig.

Geld ist ein Symbol. Es repräsentiert Erfolg, wenn Sie es haben und Niederlage, wenn Sie es nicht haben, ganz gleich, wer sich hinstellt und Propaganda für das Gegenteil macht.

Hubbard Kommunikationsbüro, HCO Policy-Brief v. 30. Januar 1966, Ausgabe IV, Buchhaltung »Scheckunterzeichner«

Der Zustand Machtwechsel

Durch die korrekte Anwendung des Zustandes Machtwechsel kann jemand eine Stellung, die sein Vorgänger hinterlassen hat, erfolgreich übernehmen.

Es gibt nur zwei Umstände, die eine Postenumbesetzung erforderlich machen; entweder war jemand sehr erfolgreich, oder er war sehr erfolglos.

Welch ein Gedicht[28] ist es, ein Paar erfolgreiche Stiefel zu erben! Da ist nichts dabei; steigen Sie einfach in die Stiefel hinein und kümmern Sie sich nicht ums Marschieren. Wenn der Posten sich in einem normalen Arbeitszustand befand, worin er normalerweise gewesen sein müßte, damit jemand von ihm befördert werden konnte, dann ändern Sie einfach gar nichts.

Wenn also irgend jemand etwas von Ihnen unterzeichnet haben will, was Ihr Vorgänger nicht unterzeichnet hat, dann unterzeichnen Sie es nicht. Halten Sie die Augen offen, arbeiten Sie sich ein[29], und nach einer gewissen Zeit, je nachdem, wie groß die Organisation ist, schauen Sie halt, wie sie läuft, und führen Sie sie im Zustand des normalen Arbeitens, wenn sie sich in keinem anderen Zustand als eben diesem befindet.

Durchlaufen Sie genau dieselbe tägliche Routine wie Ihr Vorgänger; unterzeichnen Sie nichts, was er nicht unterzeichnet hätte; ändern Sie keine einzige Anweisung. Sehen Sie die Papiere durch, die in jener Zeitspanne herausgegeben wurden — das sind die immer noch gültigen Anweisungen. Werden Sie höllisch geschäftig darin, einfach nur diese Anordnungen durchzusetzen, und Ihre Unternehmung wird sich immer mehr vergrößern.

---

28. **Gedicht:** (hier in übertragener Bedeutung) eine sichere und leichte Sache.

Auszug aus L. Ron Hubbards »Einführung in die Ethik«. Hubbard gibt in dem Kapitel »Der Zustand Machtwechsel« Tips, wie man sich zu verhalten hat, wenn man eine neue berufliche Position bekleidet.

DER ZUSTAND MACHTWECHSEL

Durch die korrekte Anwendung des Zustandes Machtwechsel kann jemand eine Stellung, die sein Vorgänger hinterlassen hat, erfolgreich übernehmen.

Es gibt nur zwei Umstände, die eine Postenumbesetzung erforderlich machen; entweder war jemand sehr erfolgreich, oder er war sehr erfolglos.

Welch ein Gedicht ist es, ein Paar erfolgreiche Stiefel zu erben! Da ist nichts dabei; steigen Sie einfach in die Stiefel hinein und kümmern Sie sich nicht ums Marschieren. Wenn der Posten sich in einem normalen Arbeitszustand befand, worin er normalerweise gewesen sein müßte, damit jemand von ihm befördert werden konnte, dann ändern Sie einfach gar nichts.

Wenn also irgend jemand etwas von Ihnen unterzeichnet haben will, was Ihr Vorgänger nicht unterzeichnet hat, dann unterzeichnen Sie es nicht. Halten Sie die Augen offen, arbeiten Sie sich ein, und nach einer gewissen Zeit, je nachdem, wie groß die Organisation ist, schauen Sie halt, wie sie läuft, und führen Sie sie im Zustand des normalen Arbeitens, wenn sie sich in keinem anderen Zustand als eben diesem befindet.

Durchlaufen Sie genau dieselbe tägliche Routine wie Ihr Vorgänger; unterzeichnen Sie nichts, was er nicht unterzeichnet hätte; ändern Sie keine einzige Anweisung. Sehen Sie die Papiere durch, die in jener Zeitspanne herausgegeben wurden - das sind die immer noch gültigen Anweisungen. Werden Sie höllisch geschäftig darin, einfach nur diese Anordnungen durchzusetzen, und Ihre Unternehmung wird sich immer mehr vergrößern.

Wer in jemandes Stiefel steigt, der in Ungnade seines Weges gezogen ist, sollte lieber die Formel für den Notlage-Zustand auf den Posten anwenden, was bedeutet sofort Werbung zu betreiben.

Zabel & Schmitt Business-Training. Lizenz by Wise International

Auszug aus dem »Business-Training« des WISE-Lizenzunternehmens »Zabel & Schmitt«. Nahezu wörtlich werden die Anweisungen von L. Ron Hubbard den Trainingsteilnehmern vermittelt.

Hubbard-Technologie in der Geschäftswelt zu verbreiten und dafür zu sorgen, daß es »ethische Geschäftsleute« gibt. Geht man von der Bedeutung des Wortes »Ethik« im Sinne L. Ron Hubbards aus, bedeutet dies, daß sich die Geschäftsleute so verhalten müssen, wie ich es im Exkurs beschrieben habe. Also heißt »Ethik«: völlige Unterwerfung unter die hierarchisch strukturierten Anweisungen von Scientology. WISE-Mitglieder sollen, so heißt es in dem Papier, ein »gutes Beispiel korrekter Anwendung« dieser Technologie, also auch der Ethik, geben.

WISE hat weltweit nur deshalb solchen Erfolg, weil sich die scientologisch gebundenen WISE-Lizenznehmer perfekt tarnen und als seriöse Geschäftspartner auftreten, die sich in ihrem Erscheinungsbild von einer normalen Firma nicht unterscheiden. Das ist gleichzeitig die Antwort auf die Frage: Wie kommen WISE-Lizenznehmer überhaupt in deutsche Firmen hinein? Ganz einfach – sie treten als honorige Unternehmens- und Personalberater auf, als ideale Problemlöser, als berufene Trainer, die den Erfolg herbeizaubern, herbeizwingen können. An euphorischen Empfehlungen und mannigfachen Kompetenzbeweisen lassen sie es in ihren Werbeschriften nicht fehlen. Geht man die Liste der WISE-Lizenznehmer in Deutschland durch, gewinnt man den Eindruck, daß dies die wichtigste Einbruchschneise ist: der Versuch, mit Hilfe von Unternehmens- und Personalberatern Einfluß auf die Wirtschaftsunternehmen und ihre Entscheidungsebenen zu gewinnen. Denn hier kommt die L. Ron Hubbard Technologie am schnellsten zum Tragen. Vieles, was Unternehmens- oder Personalberater an teuren Kursen zur Weiterbildung von Mitarbeitern verkaufen, ist deckungsgleich mit dem, was Scientologen auf ihrem Weg zum Zustand »Clear« absolvieren müssen. Dabei verwenden diese Kurse, oberflächlich betrachtet, die gleiche Terminologie wie Kurse, die andere Personalberatungsfirmen oder Unternehmensberater verwenden. Hier jedoch zeigt sich das Diabolische der Kunstsprache, die L. Ron Hubbard erfunden hatte.

Ein Beispiel: Die Firma »Zabel & Schmitt Business-Training«, damals ansässig in Ehingen, bot ein »Seminar für effektiveres Führen« an, das sich oberflächlich durch nichts unterschied von dem, was andere Firmen anboten. Im Kursmaterial wurde z. B. im Kapitel »Der Zustand Machtwechsel« beschrieben, wie jemand eine Stellung, die sein Vorgänger hinterlassen hat, erfolgreich übernehmen kann. Dies

Wissensberichte

Helfen Sie, die Funktionsfähigkeit der Scientology zu erhalten

...Im RTC hat jeder Generalinspektor eine Reihe von Mitarbeitern unter sich, die für die Handhabung von Berichten verantwortlich sind, die von Scientologen, die Mitarbeiter oder Teil der Öffentlichkeit sind, geschickt werden. Diese Bericht-Verantwortlichen decken jeden der drei Bereiche Ethik, Tech und Admin ab.

...Die Bericht-Verantwortlichen empfangen, kategorisieren und analysieren Berichte, die dem RTC geschickt werden. Dann wird der zuständige Generalinspektor auf die Situation aufmerksam gemacht, die in seinen Verantwortungsbereich fallen und die der Handhabung bedürfen.

...Die in Berichten vermittelten Daten sind außerdem wichtig, um Internationale Strategien und Programme zu überwachen, und auch andere Posten im RTC oder im Internationalen Management können auf Situationen aufmerksam gemacht werden. Auf diese Art und Weise können Angelegenheiten, die dem Generalinspektor-Netzwerk mitgeteilt werden mit LRH-Richtlinien und Tech standardgemäß gehandhabt werden.

...Wenn Sie auf irgendeine nicht optimale Situation stoßen, die die Expansion der Scientology, die Lieferung der Technologie an andere oder gar Ihren eigenen, persönlichen Fortschritt Die Brücke (The Bridge) hinauf behindert, dann schreiben Sie bitte einen Wissensbericht an Ihren lokalen Ethik-Officer, und schicken Sie eine Kopie an das Generalinspektor-Netzwerk. Der Wissensbericht ist eines der Werkzeuge, die Ron uns gegeben hat, um sicherzustellen, daß nicht optimale Situationen entdeckt und gehandhabt werden, so daß Scientoloy und Scientologen weiterhin florieren und Erfolg haben können, und die Brücke zum OT hinaufgehen.

Aus KSW-NEWS (»Keeping Scientology Working«), Issue 24, Ausgabe 24 (Auszüge)
Herausgegeben vom RTC (Religious-Technology-Center)

ist an sich nichts Verdächtiges, könnte es doch in Kursen anderer Unternehmen ebenso auftauchen.

Ich habe dieses Kapitel aus dem Seminar für »effektiveres Führen« jedoch mit der »Einführung in die Ethik der Scientology« verglichen. Dort findet sich ebenfalls ein Kapitel »Der Zustand Machtwechsel«. Es ist wortgleich mit dem Kapitel aus dem Seminar von Zabel & Schmitt.

Im letzten Kapitel habe ich schon erwähnt, daß L. Ron Hubbard in seiner Einführung in die Ethik der Scientology darlegt, wie er einen neuen Staat schaffen will (Machtwechsel!). Im Fall des »Machtwechsels« bei Zabel & Schmitt sieht man, wie das stückchenweise eingeübt wird.

Man könnte jetzt sagen, dies sei ja nur ein kleiner Fall, eine unwesentliche Randepisode. Doch ich habe die Unterlagen für Management-Seminare unzähliger WISE-Lizenznehmer durchgesehen. Sie alle sind deckungsgleich mit den Kursunterlagen, die bei Scientology selbst angewendet werden. Stützen sich also auf die Richtlinien und Anweisungen, auf das Ethik-Handbuch und die faschistoide Ideologie L. Ron Hubbards. Werden diese Managementkurse von den WISE-Lizenznehmern gemäß den Anweisungen von L. Ron Hubbard durchgeführt, müssen sie zwangsläufig mit einer völligen Kontrolle der jeweiligen Firma enden. Hubbard hatte bereits 1960 geschrieben: »Die Fabriken, die Zentren des Handels, die Wohnungen, die Gemeinden, das sind die Orte, wo wir ausgebildete Scientologen haben wollen. Nur auf diese Weise haben wir teil an den geschäftigen, noch immer gesunden Kommunikationslinien der Welt.«[1] Und Hubbard betont: »[...] ein professioneller Scientologe ist jemand, der die Scientology an jedem Bereich und jeder Stufe der Gesellschaft fachmännisch anwendet.«[2]

Dabei ist es für Scientology erst einmal egal, wen oder wie viele Scientologen sie in einem Unternehmen auf ihre Seite ziehen. Hauptsache, ihre Zahl steigt und sie gewinnen an Einfluß. Denn jeder Mensch, so heißt es in einer »Spezial-Bereichsplan-Ausführung« der Scientology aus dem Jahre 1960 als Beispiel: »Ein mittlerer Angestellter oder sogar nur ein Büroangestellter läßt sich als professioneller Auditor ausbilden [...] ohne irgend jemandem Scientology zu ›verkaufen‹, untersucht er einfach die Schwierigkeiten und behebt sie. Wenn vielleicht auch nur als fähige Person, würde er auf diese Weise rasch einen Bereich der Kontrolle aufbauen und diesen ausdehnen, ganz zu schweigen von seiner persönlichen Stellung in der Firma. Auf der ganzen Welt wurde dies bereits gemacht und wird auch ständig weitergeführt.«

5.2 Das »richtige« Personal für Ihre Firma ...

Choice International ist ebenfalls ein WISE-Lizenznehmer und macht nach eigenen Angaben »Management- und Personalberatung für mittelständische Unternehmen«. Choice hat europaweit Beratungsbüros, allein im deutschsprachigen Raum über zwanzig.

Choice International geht in seiner Taktik anders vor als die übrigen WISE-Lizenznehmer, die ich zuvor beschrieben habe. Choice meldet sich überwiegend bei Firmen, die per Anzeige in Zeitungen oder Fachzeitschriften Personal suchen. Dabei stellen sie sich als Dienstleister bei der Personalsuche vor: »Wir haben ein neuartiges Suchkonzept entwickelt, mit dem wir sehr erfolgreich eine gute Resonanz auf Anzeigen erhalten«, wirbt eine Niederlassung von Choice International in einer Selbstdarstellung.

Ein Beispiel dafür: In einem mir vorliegenden Fall aus dem Land Baden-Württemberg suchte eine Firma Projektleiter als Assistenten für die Geschäftsführung. Nach einem Verhandlungsgespräch schloß diese Firma einen Dienstvertrag mit Choice International in Kirchheim-Jesingen ab, in dem vereinbart wurde, daß Choice die künftigen Projektleiter akquirieren solle. Dabei wurde ein Beratungshonorar von 10 000 DM netto pro Stellenbesetzung vereinbart. Verhandlungspartner bei Choice International für dieses Projekt war die selbständige Franchise-Nehmerin Doris Heinzel-Rodenhauser. Frau Heinzel-Rodenhauser informierte sich bei der Firma über deren bisherige Arbeit, Vorgehensweise, Ziele und Methoden. Nach intensivem Studium des Arbeitsfeldes schaltete sie, im Auftrag und auf Kosten der Firma, in mehreren Zeitungen Stellenanzeigen mit dem Logo von Choice International.

Fachleute, die sich aufgrund der Anzeige bei Choice International meldeten, wurden von Doris Heinzel-Rodenhauser nach bestimmten Kriterien ausgewählt. Von anderen Choice-Unternehmen weiß ich, daß Bewerber, die sich auf Anzeigen von Choice International gemeldet hatten, teilweise mit dem 200-Fragen-Test konfrontiert wurden, und ihnen wurde ein Schulungsprogramm angeboten, um sie angeblich besser vermitteln zu können.

Ein verantwortlicher Mitarbeiter jener Firma in Baden-Württemberg, die mit Choice International diesen Vertrag abgeschlossen hat, fand wenige Wochen später in einer Zeitschrift einen Artikel, der sich mit Choice International und seiner Verbindung zu Scientology beschäftigte. Die Firma meldete sich bei mir. Ich konnte ihr belegen, daß Choice International wirklich die Ziele von L. Ron Hubbard in Firmen integrieren will.

Aus den internen Richtlinien von Choice International konnte ich dieser Firma – und etlichen anderen, die sich ebenfalls aufgrund von Kontakten mit Choice International bei mir meldeten – beweisen, daß Choice International Hubbard pur liefert. So legte ich ihnen eine Richtlinie vor, in der es über Vorgehensweisen von Choice heißt: »Anwenden der LRH-Tech (Technologie von L. Ron Hubbard, Anm. d. Verf.) wie zum Beispiel die zuverlässigen Personaltests (OCA/Leadership), Einschätzungstechniken wie die Tonskala, [...] die Hubbard-Karte der menschlichen Einschätzung, das Buch ›Wissenschaft des Überlebens‹, die PTS/SB Tech und PR-Policies [...].«

Ich zeigte der Firma, was Choice als Zielsetzung für die Personalberater vorgab: »Durch aktive Mithilfe dafür zu sorgen, daß die Schlüsselstellen in der Wirtschaft von Gewinnern (Leute mit hohen Statistiken) besetzt werden und Verlierer (Leute mit niederen Statistiken) draußen bleiben.« Damit sollte das System der Ausgrenzung, das L. Ron Hubbard mit seiner Ideologie vorgegeben hat, umgesetzt werden. Gott sei Dank konnte dies in den Firmen, die sich bei mir meldeten, abgewendet werden. Ich gehe aber davon aus, daß es heute in Deutschland bereits Tausende Firmen gibt, die von Choice International und anderen scientologischen Tarnfirmen im Sinne von L. Ron Hubbard geschult und umstrukturiert wurden und immer noch werden.

STUTTGARTER ZEITUNG

222ᵗᵉ / 38. W. / 49. Jahrgang   E 4029 A   Samstag, 25. September 1993   Preis 1,30 DM

Seite 6

2 5. SEP. 1993

„Eine ungeheuere Organisation"

CDU: Scientology verstärkt in Schulen und Kindergärten aktiv

STUTTGART (lsw). Vor der kriminellen Energie und Gefährlichkeit der sogenannten Scientology-Kirche haben die sektenpolitischen Sprecher der Unionsfraktionen in Bund und Ländern nachdrücklich gewarnt. Bei einer Tagung im baden-württembergischen Landtag forderten sie koordinierte staatliche Maßnahmen gegen die Vereinigung. Der Sektenbeauftragte der baden-württembergischen Landesregierung, Hans-Werner Carlhoff, nannte die Scientology-Kirche eine „ungeheuere Organisation", die europaweit von Kopenhagen aus gesteuert werde. Carlhoff berichtete, daß beispielsweise ein unveröffentlichtes Papier der Länder-Justizminister, das sich mit der strafrechtlichen Verfolgung der Scientologen befaßt, in die Hände der Vereinigung geraten und von dieser auch benutzt worden sei. Zur Bekämpfung der Organisation werde in Baden-Württemberg auch mit Verfassungsschutz und Landeskriminalamt zusammengearbeitet.

Der sektenpolitische Sprecher der baden-württembergischen CDU-Landtagsfraktion, Paul-Stefan Mauz, wies darauf hin, daß Scientology in Baden-Württemberg versuche, „in die Kindergärten reinzukommen". In Stuttgart hätten die Scientologen sogar einen eigenen Kindergarten beantragt. Aktiv seien die Scientologen ferner auf dem Immobilienmarkt und in der Personalberatung: „Manche Firmen wissen gar nicht, daß sie ihre Mitarbeiter bei Scientology schulen lassen." Hamburg ist nach Darstellung der sektenpolitischen Sprecherin der CDU-Bürgerschaftsfraktion, Antje Blumenthal, eine „Hochburg für Scientologen". Auf dem Immobilienmarkt würden sie sich immer weiter ausdehnen. Aus Bremen berichtete Jens Eckhoss von verstärkten Aktivitäten der Scientologen an den Schulen. Es würden auch verstärkt türkische Mitbürger angesprochen.

Mauz betonte, daß die Scientology-Church eine Struktur „wie die Mafia" habe. Bislang seien die Parlamente die treibenden Kräfte zur Bekämpfung der „kriminellen Organisation". Die bundesweit einzigartige Stelle des Sektenbeauftragten und Vorsitzenden einer interministeriellen Arbeitsgruppe in Baden-Württemberg sei auch erst auf Druck des Parlaments gegen das Staatsministerium durchgesetzt worden. Die Ministerialbürokratie sei noch zu zurückhaltend, weil Scientology „ein unangenehmes Thema" sei. Die Vereinigung überziehe ihre Kritiker mit Prozessen.

In der Ausgabe vom 25. September 1993 berichtet die Stuttgarter Zeitung auf Seite 6 über die »ungeheuere Organisation« Scientology. In dem Artikel ist die Rede von »krimineller Energie«, »Gefährlickeit«, »Strukturen wie die Mafia«. Der sektenpolitische Sprecher der baden-württembergischen CDU-Landtagsfraktion, Paul-Stefan Mauz, wird mit dem Satz zitiert: »Manche Firmen wissen gar nicht, daß sie ihre Mitarbeiter bei Scientology schulen

126

STUTTGARTER ZEITUNG

er 222 **/ 38. W. / 49. Jahrgang   E 4029 A   Samstag, 25. September 1993   Preis 1,30 DM

*lassen.« Offenbar zählt die Stuttgarter Zeitung selber zu den Ahnungslosen.
Denn wie ist es sonst zu erklären, daß die Anzeigenabteilung des Blattes in
der gleichen Ausgabe vom 25. September 1993 auf Seite 57 ein von Choice
International in Auftrag gegebenes Inserat abdruckte; ein Beispiel mehr,
wie Scientology – trotz warnender Stimmen – klammheimlich in unsere
Gesellschaft vordringt.*

127

»Gewinner« sind im Sinne der Kunstsprache von L. Ron Hubbard allerdings – und das muß man wissen – nur Scientologen. Verlierer sind in diesem Sinne immer Nicht-Scientologen. Wenn Choice International als Zweck der Arbeit feststellt, daß sie »sicherstellen, daß Verlierer von den Linien unserer Kunden fernbleiben«, dann ist klar, daß mit Hilfe der Personalsuche und Personalberatung durch Choice International künftig nur noch Scientologen Führungspositionen in der Wirtschaft besetzen sollen.

Nicht alle Menschen, die sich auf Stellenanzeigen von Choice International bewerben, können allerdings Scientologen sein. Bewerber laufen aber Gefahr, zu Scientologen gemacht zu werden. Aus Österreich habe ich Unterlagen vorliegen, aus denen hervorgeht, daß Choice International dort »emotionsgeladene Interviews, Selbsteinschätzungs- und Führungskräftetests, Einschätzung der charakterlichen Eignung und eine Bestimmung des Verhaltens- und Emotionsniveaus« bei Bewerbern durchgeführt hat. Dies ist meiner Ansicht nach der typische Einstieg in das Kurskarussell, das alle scientologischen Organisationen anstreben. So heißt es in der »Verwaltungsskala für die Franchise«, einem internen Papier bei Choice International, unter dem Punkt »Programme«: In der Phase zwei seien Mitarbeiter einzustellen und zu trainieren. So könnten durch die Inanspruchnahme der Hilfe von Choice Management Schwachpunkte in der Firma beseitigt werden. Das Personalprojekt werde so vollständig durchgeführt.

Geplant ist auch »Kundenaustausch mit andern Choice-Franchise-Nehmern bei überregionalen Beschaffungsproblemen«, heißt es in der internen »Verwaltungsskala«. Auf gut deutsch heißt das: Choice-Firmen teilen anderen Choice-Franchise-Nehmern mit, welches Personal in welchen Firmen gebraucht wird. Daß dafür Datenaustausch über interne Firmenvorgänge unerläßlich ist, scheint mir sonnenklar. Ich würde zu gerne wissen, was die Datenbeauftragten der jeweiligen Firmen dazu sagen.

In einem Brief des Choice-Franchise-Nehmers Fred Heuwing »an alle Choiceler« zum Beispiel werden Fachleute der verschiedensten Bereiche für insgesamt sieben Firmen gesucht. Für den Posten eines Public-Relation-Managers, den eines Akademieleiters und den Posten eines Managementberaters sucht Heuwing »möglichst Scientologen«. Für die gleiche Firma braucht er sogar einen »Ethik-Officer«, also jemanden, der in der Firma kontrollieren soll, ob dort die Richtlinien der Scientologen umgesetzt werden.

Anzeigen in Zeitungen und Zeitschriften schaltet Choice International übrigens über die »Delta«-Werbeagentur in Metzingen, die der Familie Ostertag gehört. Die Familie Ostertag in Metzingen ist ebenfalls WISE-Lizenznehmer und fungiert als Franchise-Nehmerin von Choice International in Metzingen. Die »Delta«-Werbeagentur, so heißt es in einem Werbebrief an Choice International, »besitzt viel Erfahrung in der Gestaltung und Bearbeitung von Personalanzeigen und ist mit unserer Vorgehensweise bestens vertraut«.

Jeder Choice-Lizenznehmer zahlt 10% seines Umsatzes Gebühr an Choice Management Deutschland, die vertreten werden durch Ostertag & Weckstein in Metzingen. Zusätzlich muß jeder Franchise-Nehmer 6% des Umsatzes als Gebühr an WISE Europa zahlen. Denn schließlich, so heißt es in einem Organisationsplan von Choice International, arbeite Choice Management nach den Erkenntnissen von L. Ron Hubbard. Und das muß eben bezahlt werden.

Wertvolles Endprodukt, so der Organisationsplan, sei es demnach, Gewinner zu vermitteln, die die Power der Unternehmen stärken. Und dafür müssen die Franchise-Nehmer eben 10% ihres Umsatzes nach Metzingen überweisen – auf ein Konto der Deutschen Bank, die mit der Verwaltung dieses Kontos sicherlich einen dicken Batzen Geld verdient. Pecunia non olet – Geld stinkt nicht – sagten die alten Römer.

In letzter Zeit ist mir aufgefallen, daß in den Gebieten, wo regionale Zeitungen aufgrund unserer Hinweise vor den Machenschaften von Choice-Firmen gewarnt haben, diese ihre Namen geändert haben. Unter anderem nennen sie sich jetzt »Advance Management«. Also Vorsicht: Manchmal ist Choice drin, wo Choice gar nicht drauf steht!

5.3 200 Fragen, die immer wieder auftauchen

Silvio Markus Vogel besitzt einen gutgehenden »Unternehmer-Service« in Göppingen. Er ist Lizenznehmer der scientologischen Tarnorganisation WISE, die die Technologie von L. Ron Hubbard verbreitet.

Das Geschäft von Silvio Markus Vogel blüht. Sein Vorgehen: Er bietet Unternehmen einen »Personal-Test« an, der per computergestützter Auswertung binnen 24 Stunden, per Fax sogar in 60 Minuten, ein Persönlichkeits-Schaubild und eine ausführliche Bewertungs-analyse des jeweiligen Mitarbeiters oder Bewerbers um einen Posten liefern können soll.

Wie wohl etlichen Firmen, so ging auch der Firma Hebel in Fürstenfeldbruck ein Prospekt des »Unternehmer-Service« Vogels zu. Hebel ist ein bekanntes Unternehmen, das sich seit Jahren gut entwikkelt und vor kurzem den Sprung von einem mittelständischen Unternehmen zu einem Großunternehmen hinter sich gebracht hat. Hebel (Jahresumsatz 1991: 728 Millionen Mark) hatte sich in eine Aktiengesellschaft umgewandelt und wollte neue Methoden der Personalakquisition ausprobieren. Das Unternehmen, das Baustoffe und Bauleistungen liefert (Werbeslogan: »Bauen mit Verstand«), schloß also einen Vertrag mit Vogels »Unternehmer-Service« ab.

Wenn sich also bei Hebel Personalbedarf ergab, testete Vogel. In dem Auswahlverfahren, das Vogel anwendete und über dessen Ergebnisse Hebel den Stellensuchenden absolute Vertraulichkeit zusicherte, wurden den Kandidaten 200 Fragen gestellt. Ich gehe davon aus, daß Vogel der Firma Hebel den marktüblichen Preis von 400 bis 700 DM pro Test berechnet hat.

Just der gleiche Test wird täglich Tausenden von Menschen in aller Welt angeboten. Unterschied: Er wird ihnen gratis vorgelegt, nennt sich anders, und die Wortwahl und die Anordnung der Fragen differieren manchmal etwas. Mit dem Test wollen Scientologen auch in Deutschland Menschen in ihre Organisation locken. Er wird unter den vielversprechenden Titeln »Wie wird Ihre Zukunft?«, »Wie wirke ich auf andere?« oder »Wir nutzen nur 10 Prozent unseres geistigen Potentials« angeboten. Wie gesagt: Die Fragen sind stets die gleichen, wenn sie auch in Anordnung und Wortwahl teilweise anders aufbereitet sind.

Die Hebel-Leute wußten natürlich nicht, daß Silvio Markus Vogel Scientologe und WISE-Lizenznehmer ist.[3] Ebenso war der Firma nicht bekannt, daß Vogel für gutes Geld Massenware verkaufte. Denn anders kann man ja einen Test, der tausendfach für die unterschiedlichsten Zwecke angeboten wird, nicht bezeichnen.

Hauptzweck dieses Tests ist es, scientologischen Einfluß auf Menschen zu bekommen. Denn in Celebrity-Centers (mehr dazu in Kapitel 9.4), in Scientology-Missionen und Scientology-Organisationen wird dieser Test dazu benutzt, Menschen den Eindruck zu vermitteln, sie hätten Defizite oder Persönlichkeitsmängel, um sie dann – sozusagen im Sinne einer probaten Konfliktlösung – in ein kostspieliges Kursprogramm zu drängen.

Als WISE-Lizenznehmer und als Scientologe hat auch Vogel versucht, getreu dem »Kodex eines Scientologen«, Einfluß zu nehmen. Dort wird gefordert, daß Scientologen »[...] ihren Teil der Verantwortung dafür zu übernehmen haben, daß Scientology in der Welt an spürbarem Einfluß gewinnt«[4].

Mit dem Test, der einst von L. Ron Hubbard entwickelt wurde, hatte die Firma Hebel bereits den ersten Schritt zum Einstieg in den Hubbardismus getan. Denn Vogel ist als Scientologe dazu verpflichtet, über alles, was er tut, an Scientology Berichte zu liefern. Mir ist aus zahlreichen Fällen bekannt, daß Betriebsgeheimnisse dabei nicht mehr gewahrt bleiben.

Bewerber, die den Test bei der Firma Hebel absolvieren mußten, meldeten sich bei mir in Pfaffenhofen. Ich erkannte, um welchen Test es sich handelte, und die Firma Hebel wurde informiert. Sie löste daraufhin sofort den Vertrag mit Vogel. Für mich war dies ein weiterer Beweis dafür, daß Aufklärung über Scientology not tut.

Wie wäre Vogel vorgegangen, wenn Hebel den Vertrag nicht gelöst hätte? Nehmen wir einmal den typischen Ablauf, wie ich ihn von den Opfern anderer WISE-Lizenznehmer kenne. Dann hätte sich vielleicht folgendes abgespielt im Hause Hebel: Es wäre zu Einstellungen gekommen. Möglicherweise hätten dann schon bald Tests nicht nur bei Neueinstellungen stattgefunden, sondern auch bei Mitarbeitern, die schon längere Zeit dem Unternehmen angehören. Ich vermute, daß die Ergebnisse dieser Personaltests recht negativ ausgefallen wären, so daß die Firma Angebote Vogels, die betreffenden Mitarbeiter in Schulungen fortzubilden, zumindest aufgeschlossen geprüft hätte. Vogel hätte weiterhin wohl hauseigene Schulungen für das Personal der Firma angeboten – so wie es in anderen Fällen geschah. In anderen Fällen, so ist mir bekannt, hatten WISE-Lizenznehmer wie Vogel den Firmen sogar ausgesuchtes Personal zur Einstellung angeboten; Personal, das sich aus ausgebildeten Scientologen rekrutierte. Als letzte Stufe würde wohl den Chefs der Firma ein Kurs angeboten werden, damit sie in Zukunft nicht mehr derart schlechtes Personal anstellen. Das Ganze wäre ein kompletter Personalentwicklungsplan.

»Unternehmer-Service S. Markus Vogel« hat unter anderem auch

INFODIENST
Materialliste 1

THEMA: Renate Hartwig und Robin Direkt

( ) Strafanzeige gegen Renate Hartwig wegen Verleumdung vom 14.11.91.
    (3 Seiten, Gebühr DM 2,50)

( ) Nachtrag zur Strafanzeige gegen Renate Hartwig vom 25.11.92
    (Anmerkung bezgl. Schulden und Offenbarungseid von Frau Hartwig).
    (3 Seiten, Gebühr DM 2,50)

( ) Zeitungsanzeige in der Schwäbischen Zeitung, Ravensburg vom 18.01.92:
    "Bernd Kollmus & Partner informiert".
    (1 Seite, Gebühr DM 1,50)

( ) Zeitungsartikel in der Schwäbischen Zeitung, Ravensburg vom 23.01.92:
    "Staatsanwaltschaft ermittelt gegen früheren Mitarbeiter der Immobi-
    lienfirma Kollmus".
    (1 Seite, Gebühr DM 1,50)

( ) Zeitungsartikel in der Schwäbischen Zeitung, Ravensburg vom 29.01.92:
    Bernd Kollmus zieht juristische Konsequenzen -Strafantrag an den SDR".
    (1 Seite, Gebühr DM 1,50)

( ) Beschluß des Landgerichts Ellwangen wegen einstweiliger Verfügung gegen
    Sven Mayer vom 17.12.91.
    (2 Seiten, Gebühr DM 2,-)

( ) Leserbrief von Willi Horlacher, Heidenheimer Zeitung vom 24.12.91:
    "Von wem gesteuert?".
    (1 Seite, Gebühr DM 1,50)

( ) Leserbrief von Maja Nüesch, SWP Ulm vom 15.02.92: "Und wer befragt
    die zufriedenen Scientologen?".
    (1 Seite, Gebühr DM 1,50)

( ) Presse-Info der SK München wegen der einstweiligen Verfügung gegen SAT 1.
    (2 Seiten, Gebühr DM 2,-)

THEMA: CDU

( ) Flugblatt: Bonzen, Pleiten, Bankrotteure (Ausgabe wurde leicht abgeändert
    gemäß einstweiliger Verfügung).
    (1 Seite, Gebühr DM 1,50)

( ) Zeitungsartikel, NWZ Göppingen vom 12.2.92: "Scientology Church sieht sich
    von der CDU diffamiert - 300 000 Flugblätter in Baden Württemberg verteilt".
    (1 Seite, Gebühr DM 1,50)

( ) Zeitungsartikel, Pforzheimer Zeitung vom 14.12.91: "Scientology Kirche
    gegen CDU Beschluß - Mitglied wehrt sich gegen Unvereinbarkeit."
    (1 Seite, Gebühr DM 1,50)

*»Infodienst-Materialliste« des Silvio Markus Vogel zum Thema »Renate
Hartwig und Robin direkt«. Offensichtlich gefiel es ihm nicht, daß seine
Firma und ihre Unterwanderungs-Methoden ins Visier genommen wurden.
Gleichfalls im Info-Angebot: die Strafanzeige gegen Renate Hartwig. Vogel
arbeitet heute unter dem Namen »Silvio Markus Vogel PR & Werbung« in
Göppingen.*

Dann haben wir noch eine Bestelliste für schon vorhandenes Material beigelegt. Es ist für eine geringe Schutzgebühr bei uns zu beziehen. Am besten die Liste kopieren, ankreuzen bzw. Stückzahl eintragen und an uns zurücksenden. Diese Bestelliste bietet auch mal einen ersten Überblick über die Art von Unterlagen, die es dann per Infodienst regelmäßig gibt.

Ich freue mich sehr über eine Antwort.

Mit freundlichen Grüßen

Gaby Tscherne

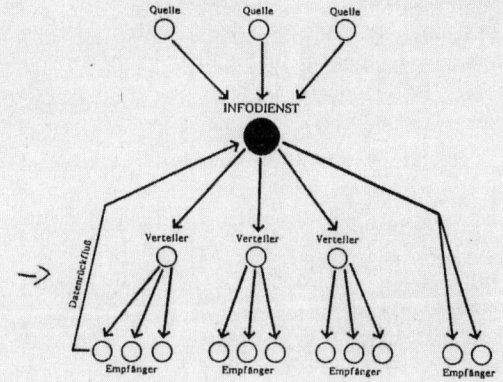

Verschickt wurde der Infodienst des Silvio Markus Vogel von Gaby Tscherne, die empfehlend auf die Materialsammlung hinweist.

Mitarbeiter der Immobilienfirma Bernd Kollmus + Partner GmbH & Co KG nach diesem Schema getestet. Das Unternehmen in Ravensburg (Eigenwerbung: »Wir setzen Maßstäbe«) hat Vogel dazu, »wie gewünscht«, die Adressen der Mitarbeiter gesandt. Der offene Umgang mit diesen vertraulichen Daten hat einen Grund: Auch Bernd Kollmus ist Scientologe, er wurde in der Scientology-Zeitschrift »The Auditor« als »Clear Nr. 42191«[5] gefeiert. Kollmus muß als

Scientologe daran interessiert sein, daß die Organisation so viele Informationen über seine Firma erhält wie möglich.

Vogel führte für Mitarbeiter der Firma Kollmus Seminare durch – die die Mitarbeiter aus eigener Tasche zahlen mußten. Es liegen mir mehrere eidesstattliche Erklärungen vor, aus denen hervorgeht, daß diese Kurse von Kollmus zur Voraussetzung für eine Einstellung in seiner Firma gemacht wurden. Pflicht für diese Einsteiger in die Immobilienfirma war außerdem ein Kommunikationsseminar, das Silvio Markus Vogel leitete. Teile der Schulungsmethode beim Seminar stammten von wem wohl – natürlich: von L. Ron Hubbard. Vogel hatte darauf hingewiesen, daß diese Kurse Persönlichkeitsmängel bei den Teilnehmern beheben könnten.

Silvio Markus Vogel gefiel es offensichtlich nicht, daß ich seine Firma und die Methoden, die dort verwendet wurden, ins Visier genommen hatte. Es machte ihn wohl auch nicht glücklicher, daß ich seine Verbindungen zu Bernd Kollmus öffentlich gemacht hatte. Denn er veröffentlichte eine »Infodienst-Checkliste«, in der Materialien zum Thema »Renate Hartwig und Robin Direkt« angefordert werden konnten. Vogel arbeitet übrigens auch unter dem Namen »Silvio Markus Vogel PR & Werbung« in Göppingen. Über seinen Infodienst konnten Interessenten z. B. Materialien zu einem Verfahren anfordern, das zum Zeitpunkt des Erscheinens dieses »Infodienstes« bereits eingestellt war. Kosten für drei Seiten: DM 2,50. Gleichfalls im günstigen Info-Angebot: Die Strafanzeige zu einem Ermittlungsverfahren gegen mich, das zum damaligen Zeitpunkt noch lief [6] und inzwischen eingestellt wurde. Ein Scientologe hatte es gegen mich angestrengt, um mich mundtot und unglaubwürdig zu machen.

Die Anzeige war von dem Münchner Rechtsanwalt Blümel gestellt worden. Sie muß auf irgendwelchen unergründlichen Wegen (ich werde mich hüten zu behaupten, sie wäre aus der Kanzlei Blümel direkt oder im Auftrag an Vogel gegangen) zu Vogel gelangt sein. Vogel jedenfalls hat den Text der Anzeige angeboten, obwohl das Verfahren noch lief.

5.4 U-MAN und die großen Konzerne

Ich hatte dargestellt, daß sich Choice International vor allem an mittelständische Unternehmen wendet. Es gibt jedoch auch WISE-Lizenznehmer, also scientologische Tarnorganisationen, die ihr »Dienstleistungsangebot« speziell auf die Großindustrie ausgerichtet haben. Die wichtigste dieser Tarnorganisationen ist »U-MAN International«. U-MAN bezeichnet sich selbst als »internationale Unternehmensberatungsgesellschaft« und ist in mindestens 19 Ländern tätig. U-MAN arbeitet laut einer Selbstdarstellung für Fluggesellschaften, Computerindustrie, chemische Industrie, Automobilindustrie, Banken, Hotels, Versicherungen und andere Branchen. Zu den Großkunden von U-MAN gehören laut Eigenaussage Volvo, Saab, VW, 3 M, Air France; in Deutschland wird mit Kontakten zu Edeka, Karstadt, den Hauni-Werken und zur Nürnberger Versicherung geworben.[7]

Wie Choice arbeitet auch U-MAN nach dem Franchise-System. Das bedeutet, daß selbständige Unternehmer im Namen und Auftrag von U-MAN Kunden akquirieren und die Dienstleistungen U-MANs anbieten.

U-MAN bietet Großunternehmen ein Personaltestsystem an, das die Firma als »U-Test« verkauft. Dies ist nichts anderes als der 200-Fragen-Test, der in diesem Buch schon mehrmals aufgetaucht ist. Anders als Choice International testet U-MAN allerdings nicht nur neu einzustellende Arbeitskräfte, sondern bietet Unternehmen auch an, bereits vorhandenes Personal zu testen, wenn im Unternehmen »Beförderungen, personelle Veränderungen bzw. Umbesetzungen vorzunehmen«[8] seien, wie es in einer Selbstdarstellung von U-MAN heißt.

In einem internen Papier von U-MAN Hamburg wird betont, daß dabei die Technologie von L. Ron Hubbard benutzt werde. »Die Kunden sind sehr zufrieden, da sie erkennen, daß es eine funktionierende Technologie ist und sie verlangen nach mehr« heißt es in diesem internen Papier. Im Klartext heißt es das: Die Firmen versuchen, das Kurssystem von L. Ron Hubbard in den Konzernen zu installieren. U-MAN-Franchise-Nehmern wird geraten, eine Seminarlinie »einzurichten«, damit Firmen mehr Kurse verlangen und erhalten. Wichtig ist U-MAN ebenfalls, daß die Franchise-Nehmer nie zulassen, daß »jemand kritisch gegenüber U-MAN spricht«. Und auch der Austausch zu WISE muß immer aufrechterhalten werden. Damit wird die Kontrolle von Scientology über U-MAN sichtbar – sie wird durch den ständigen Kontakt zur WISE-Zentrale gewährleistet.

Nach Aussage eines Mitarbeiters von U-MAN ist es das Ziel der Organisation, vor allem Meinungsführer und V.I.P.s anzusprechen, um U-MAN schnell in ganz Deutschland zu etablieren. Mir liegen mehrere Original-Testmappen vor, die U-MAN International Firmen in Deutschland verkauft hat. In einem der Fälle kam eine Mitarbeiterin von U-MAN in München, Elisabeth Kochsiek, zu einer mehrere hundert Personen zählenden Firma in Süddeutschland. Sie bot ein »Servicepaket« mit U-MAN-Tests für bereits angestellte Mitarbeiter inklusive Ausbildung an. In einem Angebot, das Frau Kochsiek der Firma vorlegte, schrieb sie: »Wir sind nun auch begierig, für Sie bald in Aktion zu treten.«

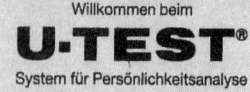

Willkommen beim

U·TEST®
System für Persönlichkeitsanalyse

Unser System für Ihre Sicherheit:

Ihr Name wird **nicht** zur Identifikation des Tests verwendet. Die einzige Information, die U-MAN zur Identifikation des Tests erhält, ist die auf der vorletzten Seite stehende Testnummer, sodaß Ihre vollständige Sicherheit und Anonymität garantiert ist.

Ihr Name scheint niemals in unseren Unterlagen auf.

Mit Sicherheit für die Firmen wirbt U-MAN in Prospekten. Doch zur Sicherheit der Daten habe ich so meine Zweifel ...

Ihre Vorgehensweise beschrieb Frau Kochsiek wie folgt: Mitarbeiter sollten einen Fragebogen ausfüllen, der Chef solle dann die Funktions- oder Stellenbeschreibung des entsprechenden Mitarbeiters ausfüllen. Danach sollten die Unterlagen zu U-MAN International nach Gilching bei München oder aber zu U-MAN Hamburg geschickt werden. Vor dort sollte dann schriftlich oder mündlich die Auswertung der Fragebogen erfolgen und, davon ausgehend, eine Beratung mit dem verantwortlichen Chef über die einzelnen Angestellten.

Das süddeutsche Unternehmen zahlte für fünf Einzelanalysen an U-MAN insgesamt 3600 DM. Die Tests, die U-MAN München in der Firma durchführte, liegen mir vor, ebenfalls die Auswertungen dazu. Der Test war – muß ich es noch extra erwähnen? - der 200-Fragen-Test, wie er in allen scientologischen Organisationen verwandt wird. Der jeweilige Vorgesetzte gab in der Stellenbeschreibung der fünf befragten Mitarbeiter an, wie hoch die Stufe der Selbständigkeit war, ob diese Aufgabe mit einer Teamarbeit verbunden war, welche wichtigen persönlichen Eigenschaften diese Position haben müsse und in welchem Bereich das Unternehmen angesiedelt sei. Die Stellenbeschreibung ging so weit, daß die täglichen Aufgaben beschrieben

BESCHREIBUNG DER EIGENSCHAFTEN		(-)			(+)	
		100	50	0	50	100
STABIL – ZERSTREUT Beharrlichkeit und Ordentlichkeit.	+95					
GLÜCKLICH – UNGLÜCKLICH Wie gut werden die Ziele erreicht.	+48					
GELASSEN – NERVÖS Ruhe und Gelassenheit.	+60					
SICHER – UNSICHER Wie gefestigt und vorhersagbar die Person ist.	+76					
AKTIV – INAKTIV Initiative und Aktivitätsniveau.	+80					
ENERGISCH – GEHEMMT Entschlossenheit und Effektivität.	+74					
URSÄCHLICHE VERANTWORTUNG Selbstinitiierte Verantwortung.	+20					
KORREKTE EINSCHÄTZUNG Tolerieren der Wirklichkeit.	+40					
VERSTÄNDNISVOLL Zuneigung und Verständnis für andere.	+32					
KOMMUNIKATIONSNIVEAU Wie effektiv die Person kommuniziert.	+22					

Binnen 24 Stunden legt U-MAN den Unternehmen die Auswertung der Persönlichkeitstest vor. Die Daten werden als Schaubild (oben) und als detaillierte Testergebnisse geliefert (unten) – notfalls auch per Fax. Dem »Test« liegt der Scientology-200-Fragen-Bogen zugrunde.

Schlußempfehlung

Dies ist ein sehr selbstbewußter Herr, der weiß was er will, sich seiner sehr gewiß ist und sicherlich mit seiner angenehmen distanzierten Art einen sehr guten Endruck bei Ihnen hinterlassen hat.

Er mag es aktiv zu sein und Eigeninitiative in seinem Bereich zu entwickeln. Seine Ziele und Ziele anderer weiß er um- und durchzusetzen.

Auf eine ausgeglichene und ruhige Art vermag er auf seine Umgebung und auf andere Kontrolle auszuüben.

Normalerweiss übernimmt er für seinen Bereich Verantwortung. Da er jedoch mitunter seine eigenen festen Ideen hat und auf diese fixiert ist, kann es vorkommen, daß er eine Situation nicht richtig einschätzt und dann die Schuld bei anderen sucht, statt sich selbst als Verursacher zu erkennen.

Mitunter zieht er sich etwas zurück und vermeidet es mit anderen Kontakt aufzunehmen und zu kommunizieren. Es ist für andere nicht einfach mit ihm ein herzliches Verhältnis aufzubauen. Nicht immer ist er höflich und zuvorkommend, sondern es kann sein, daß er manchmal in seine eigenen Gedanken versunken ist und sich mit seinem gegenwärtigen Problem (der Graph zeigt, daß er eines hat) beschäftigt.

Aus diesem Grund empfehlen wir Ihnen diesen Herrn mit Einschränkung, da sich dies auf die Teamarbeit als störend auswirken kann.

Zweifelsohne hat er ein hohes Potential und er wird sich als loyaler und verschwiegener Mitarbeiter zeigen, der Fleiß und Ehrgeiz zu seinen Grundsätzen zählt.

und in eine Verantwortungsstufe eingegliedert werden mußten. Zusätzlich sollte ausgeführt werden, zu welchen Kunden der Mitarbeiter Kontakt unterhalte.

In einem anderen Personaltest, der sich »Fragen und Antworten« nannte, konnte der Chef des süddeutschen Unternehmens lesen, daß der Test von einem gewissen L. Ron Hubbard stammt. Hätte unser Unternehmer mehr Informationen über Scientology und L. Ron Hubbard gehabt, wäre ihm damals schon aufgefallen, daß dieser L. Ron Hubbard der Gründer von Scientology war. Dann wäre ihm vielleicht auch aufgefallen, warum im Test auf die Frage: »Welche Ausbildung wird von Testauswertern von U-MAN verlangt?« betont wird: »Keiner der Mitarbeiter von U-MAN in irgendeinem Land hat ein Studium der traditionellen Psychologie oder einer ähnlichen Wissenschaft des menschlichen Verhaltens gemacht.« Die Testauswerter, davon muß man wohl ausgehen, sind ausgebildete Scientologen und vertreten das Weltbild des L. Ron Hubbard. Deshalb haben sie auch keine traditionelle psychologische Ausbildung. Die Qualifikation, die sie vorweisen können, ist das Kurssystem der Scientologen, das sie durchlaufen haben.

Der 200-Fragen-Test, mit dem U-MAN Bewerber für Personal etlicher Firmen testete, stellte sich als der Persönlichkeitstest heraus, mit dem Scientology potentielle neue Mitglieder für die Organisation interessieren will.

Mit diesem Prospekt wirbt U-MAN für seine Personaltests.

In der Testmappe antwortet U-MAN vorsorglich auf die Frage, wie Bewerber teilweise auf den U-Test reagierten. »Die klare Mehrheit reagiert positiv und findet ihn interessant«, heißt es in den Unterlagen, die uns vorliegen. »Natürlich gibt es einige, die gegen einen Persönlichkeitstest protestieren. Das kann in sich selbst als ›Testresultat‹ betrachtet werden und zeigt, daß man bei Einstellungen vorsichtig sein sollte.«

Der Datenschutzbeauftragte der Hansestadt Hamburg, Dr. Hans Hermann Schrader, beurteilte die Bewerbertests von U-MAN als unzulässig. Sie griffen in rechtswidriger Weise in das Grundrecht auf Datenschutz ein. Schrader wies auf den 200-Fragen-Test hin und meinte: »Mit Fragen wie ›Grübeln Sie oft über Krankheit, Tod oder Schmerz nach?‹ oder ›Sind Sie für Rassentrennung und Klassenunterschiede?‹ soll der geeignete Kandidat gefunden werden«.[9] Schrader betonte in einer Presseerklärung, daß solche Fragen darum unzulässig seien, weil sie keinen Bezug zum (zukünftigen) Arbeitsplatz erkennen ließen. Auch eine Einwilligung der Bewerber ändere an der Unzulässigkeit ausforschender Psychotests nichts, weil dies eine Umgehung des Verbots arbeitsrechtlich unzulässiger Fragen wäre.

Nachdem der Hamburger Datenschutzbeauftragte die Firma U-MAN mehrfach auf die Rechtswidrigkeit ihres Tests hingewiesen und den Verzicht auf den Test gefordert hatte, war die Firma in Hamburg nicht mehr erreichbar. Die Telefonanschlüsse waren abgemeldet, ein Schreiben des Datenschutzbeauftragten kam mit dem Vermerk »unbekannt verzogen« zurück. Im Handelsregister war die Firma allerdings noch eingetragen.

Ein paar Wochen, nachdem U-MAN in Hamburg abgetaucht war, bekam ich aus Berlin Unterlagen einer großen Firma. Ein »W & K-

139

Unternehmerservice GbR« bot dieser Firma Seminare und Trainingskurse an. In einem Brief an die Geschäftsleitung der Berliner Firma, die sich an Robin direkt gewandt hatte, schrieb Peter Krebs von der W & K Unternehmerservice GbR, daß er, gemeinsam mit Frau Marion Wagner, eine neue Gesellschaft gegründet habe, die »als Ihr Berater in Sachen Personalfragen« Seminare und Mitarbeitertrainings anbieten wolle. Dummerweise schickten Marion Wagner und Peter Krebs der Firma nicht nur das Angebot für Seminare und Trainingskurse, sondern auch noch, mit getrennter Post, einen Hinweis auf Namens- und Gesellschaftsänderung ihrer Firma. Darin wiesen Wagner und Krebs darauf hin, daß sie künftig unter dem Firmennamen »W & K Unternehmerservice GbR« fungieren würden. »Die Generalvertretung der U-MAN-Tests behalten wir natürlich bei und werden Sie auch in Zukunft mit diesem Personalauswahlverfahren nach bestem Wissen weiterhin betreuen«, schrieben Wagner und Krebs an die Berliner Firma.

Als ich die Mappe durchblätterte, die W & K Unternehmerservice zusammengestellt hatte, fiel mir ein Satz auf, der mich an mein Seminar bei Zabel & Schmitt erinnerte: »Eine unglaubliche Menge von Erfolgsberichten zeigt, daß die Mehrzahl unserer Seminarteilnehmer sich für weitere Trainings und Seminare entscheidet«, hieß es dort. Erfolgsberichte mußte ich damals bei Zabel & Schmitt ja auch schreiben. Und alle ausgestiegenen Scientologen, die sich bei mir meldeten, berichteten, daß sie nach jedem Kurs bei Scientology Erfolgsberichte schreiben mußten. Einige dieser prächtigen Erfolgsberichte, von denen Peter Krebs in seinem Brief schrieb, lagen der Werbemappe gleich bei.

Marion Wagner und Peter Krebs von der W & K Unternehmerservice in Berlin boten Unternehmern jedoch nicht nur die altbekannten Tests zur Auswahl geeigneten Personals an. Sie luden beispielsweise zu einer »Seminar- und Managertagung« am 14. August 1993 ins Hotel Steglitz International nach Berlin ein. Dort sprach über »die Grundlagen moderner Unternehmensführung« Bernd Conradi. Der als Buchautor, Verkaufs- und Motivationstrainer vorgestellte Gastredner aus Frankfurt/Main sprach über »Wachsen in einem schrumpfenden Markt«. Ethik im Unternehmen sowie Ethik in der Unternehmensführung waren weitere Inhalte der Managertagung, die im Rahmen einer sogenannten »Aktion Unternehmer treffen Unternehmer« stattfand.

Bernd Conradi ist – unnötig zu sagen – natürlich Scientologe, ein hochrangiger zudem. Conradi ist nämlich »operierender Thetan« (OT); er wurde bereits 1990 von seiner zuständigen deutschen Organisation in Frankfurt dafür geehrt, daß er Scientology neue Mitglieder zugeführt habe.

5.5 »On Top« zielt auf die Führungsspitze

Nach den Opfern von Scientology, die in den Scientology-Missionen oder Celebrity-Centers geschult worden waren und deren Lebensgeschichte oft genug in einer menschlichen Trägodie gemündet war, kamen nun zu uns nach Pfaffenhofen immer mehr Vertreter der Wirtschaft, die in ihrem Wirkungskreis auf Scientology gestoßen waren. Anfangs waren es Vertreter kleinerer Unternehmen, selbständige Unternehmer und Handelsvertreter gewesen. Später kamen dann Angestellte, die von Choice International oder U-MAN ausgewählt oder weitergebildet worden waren.

Ende 1991 wandte sich der Chef einer großen Firma an mich. Er hatte ein Seminar bei »On Top – Managertraining individuell« besucht. Im Hotel Vitalis in München hatte er zwei Tage die »5 grundlegenden Management-Werkzeuge« erlernen sollen. Diese 5 Management-Werkzeuge, so ging es aus den Seminarunterlagen hervor, seien Effizienztraining, Kommunikation, Ziel-Management, Organisations-Strukturierung und Ethik. Der Unternehmer stieß in den Seminarunterlagen auf ein Zitat von L. Ron Hubbard. Er schaltete und kam mit den Unterlagen zu mir. In meinem Arbeitszimmer gingen wir die Papiere durch. Vieles kam mir bekannt vor. Da war zum einen der Erfolgsbericht, der am Ende des Seminars von Teilnehmern erstellt werden sollte. Zum anderen erinnerte mich die gesamte Wortwahl des Kurses an Hubbards typische Ausdrucksweise. Worte wie Ethik, Kontrolle, Aktionszyklen und das sogenannte »ARK-Dreieck« wiesen mich deutlich genug auf die Lehre Hubbards hin. Zusätzlich fand ich in den Seminarunterlagen eine »Emotionsskala«, die alle mir bekannten WISE-Lizenznehmer in ihren Seminaren verwenden.

Ich fragte den Unternehmer, was On Top sei. Er meinte, On Top verkaufe sich als eine der größten und anerkanntesten Unternehmensberatungen und führe Trainings und Seminare für Top-Manager durch. Auf dem Seminar, an dem er teilgenommen habe, habe er nur Manager aus der Spitze der Wirtschaft angetroffen.

Ich vermutete gleich, daß auch On Top WISE-Lizenznehmer sei, und tatsächlich fand ich das Unternehmen auf der entsprechenden Liste der WISE-Lizenzen.

Mir wurde blitzartig klar, daß Scientology über den WISE-Lizenznehmer On Top die Spitze der Unternehmen im Visier hatte. Die Manager mußten also im Grunde das gleiche Programm, die gleiche Ideologie lernen wie auch ihre Angestellten. Die nämlich hatten wahrscheinlich bei anderen WISE-Lizenznehmern entsprechende Trainings zu absolvieren.

Wir lasen weiter in den Unterlagen des Unternehmers. Unter dem Stichwort Ethik lehrt On Top die Manager beispielsweise, daß Kontrolle und gesicherte Expansion möglich seien, wenn »alle Mitarbeiter aus Selbstüberzeugung über das gemeinsame Wohl des Unternehmens« agieren. Ethik, zusammen mit Expansionsmanagement, sei die Krönung unternehmerischen Handelns. Das Ergebnis – diesen Eindruck vermittelte On Top – sei ein dauerhaftes Unternehmen, ein Juwel in der Menge von Firmen,

Die grundlegenden Management-Werkzeuge

1. Verwaltungsskala
2. Planziel
3. Strategischer Pläne
4. Programme
5. Projekte
6. Befehle
7. Erfolgsberichte
8. Terminale
9. Linien
10. Org-Boards
11. Hats
12. Telexe
13. Mitteilungszettel
14. Statistiken
15. Kurven
16. Zustände
17. Personalakten
18. Ethikakten
19. Ablagen
20. Daten-Serie

Die Zielsetzung dieses Policy-Briefes besteht einfach darin, die Führungskraft darüber zu informieren, daß dies ihre Werkzeuge sind – die fundamentalsten und grundlegendsten Management-Werkzeuge; um ihr zu zeigen, daß sie für die Verwendung bestimmt sind und es höchst wichtig ist, daß sie sie verwendet.

HCO Policy- Letter vom 31. Juli 1983, Ausgabe 1/ Führungsserie Nr. 36, Serie über Admin-Know-how Nr. 48

das nur durch Risikobereitschaft oder immense Anstrengungen erhalten werden könne. In einem Hinweis am Ende des Kapitels »Ethik« wird ausgesagt, daß Teile der Seminarunterlagen den Werken von L. Ron Hubbard entnommen seien, insbesondere seinem Buch »Einführung in die Ethik der Scientology«.

Schon früher hatten mir Ex-Scientologen erklärt, daß an zahlreichen Seminaren, die WISE-Lizenznehmer durchführten, Scientologen teilnehmen, die aufgrund ihrer Ausbildung eigentlich bereits wissen müßten, was in diesen Seminaren gelehrt wird. Sie vermuteten folgende Gründe: Erstens, daß die Scientologen kontrollieren sollten, ob der scientologische Trainer des WISE-Lizenznehmers gemäß den Richtlinien von L. Ron Hubbard vorging. Zweitens sei es oft so gewesen, daß die scientologischen Teilnehmer an dem Seminar die übrigen Seminarteilnehmer zu weiteren Kursen bei WISE-Lizenznehmern animiert hätten. Diese hätten nämlich von außerordentlichen Erfolgen berichtet, die in ihrer Firma mit Kursen dieser WISE-Lizenznehmer erzielt worden seien.

Die Glaubwürdigkeit dieser Aussagen erhärtete sich, als ich Seminarunterlagen von WISE-Lizenznehmern durchschaute. Dort fand ich auf den Teilnehmerlisten, beispielsweise bei On Top, bekannte Scientologen wie Luise Berrang aus Oberschleißheim oder Lothar Leitenberger, Managertrainer in Böblingen. Auf Teilnehmerlisten von Zabel & Schmitt, WISE-Lizenznehmern in Ehingen, fand ich sogar den hochrangigen Scientologen und operierenden Thetan (OT) Ernst Haible.

Der Chef von On Top ist Dr. Ing. Axel Fehling. Ich kannte ihn bereits aus einem Buch, das mir Informanten übergeben hatten, die von WISE-Lizenznehmern geschult worden waren. In »Selfmademen und Millionäre« von A. Mehler (Moewe Verlag, Hünstetten) wird Axel Fehling vorgestellt. Er sei ein »Unternehmensberater besonderer Güte«, heißt es dort. Fehling besitze eine exklusive Klientel; seine Kunden ständen fast ausnahmslos an der Spitze von Unternehmen. Im Gegensatz zu den meisten anderen Unternehmensberatern setze er konsequent oben an. Er besitze längst eine gewisse Publicity; deshalb sei er bereits in einer WiSo-Sendung des ZDF zu sehen gewesen. Zu Fehlings Kunden zählten unter anderem renommierte Unternehmen wie Henkel, Siemens, Daimler Benz, Philip Morris und Kodak.

5.6 »Der Weg zum Glücklichsein«

Scientology versucht, mit Hilfe der WISE-Lizenznehmer alle Schichten in den Unternehmen mit der Ideologie von L. Ron Hubbard zu versorgen. Seminare, Schulungen und Auswahlkriterien sind speziell auf die jeweiligen Anforderungen von Unternehmen zugeschnitten worden; vermitteln jedoch immer die gleiche Botschaft. Ziel ist es, die Ethik der Scientology nahtlos in die jeweilige Unternehmensphilosophie einfließen zu lassen.

Dennoch hat Scientology nicht bei allen Firmen Erfolg mit diesen Kurs-Angeboten. Vielleicht deshalb gründeten WISE-Lizenznehmer Vereine, die sie zu Treffpunkten für Unternehmer hochstilisierten. Zu diesen Vereinen gehört der »Verband verantwortungsbewußter Geschäftsleute e.V«, der seinen Sitz in Senden bei Ulm hat und bundesweit operiert.

Dieser Verband sandte am 5. Februar 1988 ein Päckchen an Unternehmer und Politiker in ganz Deutschland. Inhalt: das Büchlein »Der Weg zum Glücklichsein« von L. Ron Hubbard[10] sowie ein Begleitschreiben. Sabine Steimle, die den Brief unterzeichnete, bezeichnete darin L. Ron Hubbard als bekannten zeitgenössischen Humanisten. Er habe dieses Buch vor dem Hintergrund einer Gesellschaft geschrieben, die sich immer mehr von Bindungen an die geistigen Werte überkommener Lebensanschauungen löst.

Anlaß der Rundsendung, so war im Begleitbrief zu lesen, war die Affäre um Uwe Barschel in Schleswig-Holstein. Amtsträger auf allen Ebenen, so schrieb Sabine Steimle, hätten sich vom Verlassen ethischer und moralischer Leitlinien in der Demokratie getroffen gefühlt. Der Wunsch des »Verbandes verantwortungsbewußter Geschäftsleute e.V.« sei es nun, dazu beizutragen, »daß abirrende Denk- und Verhaltensweisen nicht weiterhin die Redlichkeit in der Politik gefährden können«. Mit dem Büchlein von L. Ron Hubbard wolle der Verband »breite Schichten der Gesellschaft den Wert und Sinn moralischen

Die Broschüre »Der Weg zum Glücklichsein« (rechte Seite: Abbildung des ▷
Titelblatts der deutschen Ausgabe) wurde in den vergangenen Jahren weltweit von Scientologen verteilt. Die Kosten trugen Mitglieder der Scientology.
Mit der Broschüre sollen Ideen aus Hubbards Lehre unter einem harmlos
wirkenden Deckmäntelchen verbreitet werden.

Der Weg zum Glücklichsein

für _____

von _____

Handelns wieder bewußt machen, ohne die Gedanken- und Meinungsfreiheit anzutasten«. Der »Verband verantwortungsbewußter Geschäftsleute e.V.« bat die Adressaten des Briefes um eine Stellungnahme zu Büchlein und Brief.

Das Büchlein »Der Weg zum Glücklichsein« ist so etwas wie die »Light-Ausgabe« von L. Ron Hubbards »Einführung in die Ethik der Scientology«. Im »Weg zum Glücklichsein« heißt es unter anderem: »Ein Geisteskranker kann nicht lernen, er wird von bösen Absichten getrieben ... er ist die Verkörperung falscher Informationen ...«[11] Oder: »Mit faulen Menschen läßt es sich schwer auskommen. Sie wirken nicht nur deprimierend, sie können auch eine gewisse Gefahr darstellen.«[12] Oder: »Eine Regierung kann nicht bluten – sie kann nicht einmal lächeln. Sie ist nur eine Vorstellung, die die Menschen haben.«[13] Dem Heft liegt eine Bestellkarte für Schriften der New Era Publications in Kopenhagen bei. In diesem Verlag erscheint der Großteil der deutschsprachigen Schriften L. Ron Hubbards, so u. a. die »Ethik der Scientology« und das Dianetik-Buch.

Das Heft »Der Weg zum Glücklichsein« entwickelte sich in den letzten Jahren zur vielleicht meistgedruckten Publikation in Deutschland. Scientologen kaufen es bis heute in größeren Stückzahlen in den Missionen, um es in ganz Deutschland an Entscheidungsträger zu senden. Dazu gehören Politiker, Schuldirektoren, Lehrer, Verantwortliche in Vereinen und Verbänden, eben Menschen, die eine Multiplikatorfunktion in unserer Gesellschaft innehaben.

Der »Verband verantwortungsbewußter Geschäftsleute e.V.« verschickte also in seinem Päckchen scientologisches Schriftgut. Niemanden wird es also verwundern, daß zu den Gründungsmitgliedern des Verbandes, der beim Amtsgericht in Neu-Ulm eingetragen wurde, Scientologen wie Roswitha Hollas und der WISE-Lizenznehmer Norbert Miller gehörten. Auf dem Brief des »Verbandes für verantwortungsbewußte Geschäftsleute e.V.« vom 05. Februar 1988 sind, sozusagen als Empfehlung für die Adressaten, die Mitglieder des Beirates des Verbandes aufgelistet. Dazu gehörten so interessante Zeitgenossen wie der Regisseur Wolf Rademacher, der Rennfahrer und Designer Philippe de Henning, Elisabeth Fürstin von Bismarck, der Dozent für Kunst der Universität München, Waki Zöllner, und Bernhard Paul, Direktor des Zirkus Roncalli.

Daneben führt der Verband »ein sogenanntes Künstlerkomitee«

an, zu dem die Sängerin und Schauspielerin Julia Migenes, der Sänger und Schauspieler John Travolta, der Jazzpianist Chick Corea und der Kunstmaler Gottfried Helnwein gehörten.

Einem Bericht des »Spiegel« konnte ich später entnehmen, wie viele Politiker und Unternehmer dem Aufruf des »Verbandes verantwortungsbewußter Geschäftsleute« zu einer Stellungnahme gefolgt waren. Zahlreiche Politiker hatten sich gar herzlich für die Zusendung der informativen Broschüre bedankt. Ein besonders feines Schreiben kam aus Bonn; das Büro des damaligen Außenministers Hans Dietrich Genscher ließ den Verband in der Tonlage resignativ-seufzender Einstimmung in die fromme Absicht wissen: »In der Tat wäre die Welt ein schönerer Ort, wenn die in der Broschüre formulierten Grundsätze eines von Vernunft und Verantwortung geprägten Lebens breiter beachtet würden.«[14] Woran ich gewisse Zweifel habe.

5.7 Scientology kommt durch den Computer

Mir fiel auf, daß in den Kurslisten von Scientology überdurchschnittlich viele Ingenieure, Angestellte in technischen Berufen und Computerspezialisten auftauchen. Auffallend war auch, daß Computerspezialisten und technische Ingenieure – im Vergleich zu anderen Scientologen – sehr rasch die Stufenleiter der scientologischen Kurse emporzukommen schienen. Aus den internationalen WISE-Listen geht hervor, daß in den letzten Jahren zahlreiche WISE-Firmen gegründet wurden, die im Bereich Software-Entwicklung, Computer und Datenverarbeitung arbeiten.

Eine der wichtigsten Firmen, die unter WISE-Lizenz im Computerbereich arbeiten, ist die US-amerikanische Firma Executive Software. Die Rechner des Computerriesen Digital Equipment (DEC) zum Beispiel werden oftmals mit der Software von Executive bestückt. DEC-Rechner stehen in Deutschland unter anderem bei VW und Bosch, bei BMW und der Telekom, bei der Westdeutschen Landesbank, der Deutschen Bundesbahn und im Bundesumweltministerium.

Auf der 6. Jahresfeier der internationalen Vereinigung der Scientologen (IAS) 1990 in Lausanne/Schweiz wurde betont, daß die Firma Executive Software ausschließlich mit der Technologie von L. Ron Hubbard geführt werde. Die Firma sei WISE-Mitglied und gehöre zu den am schnellsten wachsenden privaten Unternehmen in den Vereinigten Staaten.

Aus meinen Erfahrungen mit scientologischen Organisationen im Bereich Seminare und Schulungen weiß ich, wie wichtig es für WISE-Lizenznehmer ist, an die Daten der Firmen heranzukommen, für die sie tätig werden. Auch in den Organisationen der Scientology selbst wird penibel Wert darauf gelegt, alles zu erfassen, was an Daten und Fakten über die Mitglieder von Scientology greifbar ist. Ziel dieser Datensammlung, die inzwischen kaum vorstellbare Ausmaße angenommen haben dürfte, wird es wohl sein, systematischen Einblick in möglichst viele Wirtschaftsunternehmen, ihre Austauschprozesse, gegenseitigen Abhängigkeiten und internationalen Vernetzungen zu bekommen. Und schließlich möchte man damit – getreu der Hubbardschen Vision – die Kontrolle über die Wirtschaft erlangen.

Ich empfehle es der Nachdenklichkeit der Zeitgenossen, sich einmal vor Augen zu führen, was das bedeutet: eine Volkswirtschaft als gläserne Welt. »Ein Auge gibt's, das alles sieht ...«, hieß es einmal vom lieben Gott. Wer mit Computern zu tun hat, weiß: Es geht hier um ein gigantisches, zugleich hochbrisantes Datenpotential. Information ist Macht. Nicht auszudenken, wenn es hier eine illegale Informationsschlüsselstelle gäbe. Bedenken Sie bitte: Firmen speichern heutzutage in Computern den Gesamtbestand ihrer Daten ab. Der Chaos-Computerclub hat ja nun nachgewiesen, daß es möglich ist, bei der Produktion einer Software einen versteckten Befehl mit einzuprogrammieren, der es dem Programmentwickler möglich macht, über diese Software jederzeit Zugriff auf die Daten des Computers zu erlangen. Angesichts der Vernetzung der Großrechner in den Betrieben Deutschlands bedeutet dies eine denkbar schöne Herausforderung für fortgeschrittene Hacker.

In einer Anzeige in der internationalen WISE-Liste von 1991 wirbt Executive Software (Sitz: Glendal/California) damit, daß sie die Managementtechnologie von L. Ron Hubbard benützen. Dies bedeutet: Executive Software ist nach der Ethik von L. Ron Hubbard verpflichtet, Wissens- und Ethikberichte zu verfassen und sie an die Scientology-Führungsebene weiterzuleiten.

Denn Mitglieder von Scientology müssen laut der Ethik von L. Ron Hubbard Wissensberichte schreiben. »Jede Person, die von einem Vorfall wußte, der mit Faulenzen zu tun hatte, oder von einer Handlung Kenntnis hatte, die destruktiv, im Widerspruch zu den Richtlinien stehend oder unethisch wäre und keinen Wissensbericht einreichte, wird dadurch in jedem später unternommenen Rechtsverfahren zum Mitschuldigen«[15] heißt es bei L. Ron Hubbard in der »Einführung in die Ethik der Scientology«.

Bei mir häuften sich Anfragen von Großunternehmen, ob bestimmte Software-Experten Verbindungen zu Scientology hätten. Immer wieder tauchen in den Anfragen die Namen Gerd Tjarks und Klaus Peter Spiel auf. Beide waren mir bekannt: Sie sind aktive Scientologen. Gerd Tjarks war nachweislich im Auftrag einer Software-Firma bei der Deutschen Bank und bei VW tätig. Klaus Peter Spiel war Inhaber der Hamburger Computerfirma DCS Computerservice und arbeitete unter anderem für Mannesmann, Thyssen, Daimler Benz und AEG.

Aus der Impaclist 45 geht hervor, daß Gerd Tjarks »Patron« der Scientology ist (also in die Kriegskasse gespendet hat) und zum OT-Komitee Frankfurt gehört. Ein OT-Komitee hat die Aufgabe, das Gedankengut L. Ron Hubbards in allen Bereichen unserer Gesellschaft zu verbreiten. Im OT-Komitee versammeln sich die hochrangigen Scientologen eines Ortes. In einem Organisationsplan, den das OT-Komitee Frankfurt im November 1990 veröffentlichte, wird als »wertvolles Endprodukt« der Organisaton genannt: »Sichere Umgebung für Dianetik und Scientology«.

Inzwischen wenden die Computerspezialisten unter den Scientologen auch andere Strategien an, um Zugang zu großen Firmen zu erlangen. WISE-Lizenznehmer »M.L.R. GmbH«, Eigentum von Moritz und Corinna Weich, bot sich der AEG zum Kauf an. Der Vertrag, den die in der Computersparte tätige Firma der AEG vorlegte, sah vor, daß die Geschäftsführung der Firma nach dem Kauf in den Händen des Ehepaars Weich bleibe. Moritz und Corinna Weich hatten der AEG zu verstehen gegeben, daß sie bereit seien, schwerpunktmäßig in den neuen Bundesländern für den Elektro-Konzern tätig zu werden.

Kurz zuvor hatte Robin direkt eine Liste mit Firmen, von denen wir wußten, daß sie WISE-Lizenznehmer sind, an Industrielle und Konzerne verschickt. Es dauerte nicht lange, bis Herren von der AEG bei uns zu Gast waren, um sich über die »M.L.R. GmbH« zu informieren.

Dieser Vorgang zeigte mir einmal mehr, wie immens wichtig unsere Öffentlichkeitsarbeit von Robin direkt ist. Manchmal jedoch, so werden Fälle in diesem Buch zeigen, lesen Verantwortliche, und darunter vor allem Politiker, wohl kaum die Zeitung. Denn da wird ausführlich über Scientology berichtet. Oder aber sie verschließen die Augen vor der Krake Scientology, die mit ihren Fangarmen bereits in den verschiedensten Bereichen unserer Gesellschaft drin ist.

Bereits in den siebziger Jahren war bekanntgeworden, daß Helmut Karl, Scientologe und Spezialist auf dem Gebiet von Computer-Systemen, ein Daten-Übertragungs-Netzwerk für die Lufthansa entwickelt hatte. Helmut Karl hatte in einer scientologischen Zeitschrift erklärt, er wolle seine »Fachkenntnisse in den Dienst einer guten Sache« stellen.[16] Karl wechselte, nachdem er seine Aufgabe für die Lufthansa erfüllt hatte, in die scientologische »Delphian Foundation«, die in Oregon/USA nach eigenen Angaben versucht, das Ausbildungswesen unter Anwendung der Technologie L. Ron Hubbards zu reformieren.

Ob Helmut Karl den Scientologen Daten aus dem Netzwerk der Lufthansa übermitteln konnte (über das Netzwerk werden sämtliche Buchungen der Lufthansa und vieler Fluggesellschaften abgewickelt), ist unklar.

5.8 Kein Unternehmen ist davor gefeit

Ich meine sagen und belegen zu können, daß Scientologen seit Jahren mit raffinierten Strategien und einer unwahrscheinlichen Raffinesse alle Spektren unserer Gesellschaft und vor allem der Wirtschaft mit ihrer Ideologie infiltrieren. Das, was sie seit Jahren an Schrifttum, Seminaren, Kursen, Trainings- und Schulungsangeboten auf Menschen loslassen, kann man, angesichts der Fülle des Materials sowie Art und Stil der versuchten Einflußnahme, wohl als »Breitseite« auf unser freiheitlich-demokratisches Gesellschaftssystem bezeichnen. Diese »Breitseite« dokumentiert sich in den Aktenordnern, die ich anlegte und die jetzt meterweise meine Regale füllen.

Aufgrund der Öffentlichkeitsarbeit von Robin direkt und der zahlreichen Medienberichte über das Thema wurden natürlich auch die deutschen Unternehmen auf dieses Problem Scientology gestoßen. Im

Hinter den verschiedensten Titeln versstecken scientologisch orientierte Firmen die Hubbardsche Lehre. Da wird zum »Effizienztraining« eingeladen, und was die Teilnehmer dort lernen, ist die reine Lehre des Scientology-Gründers L. Ron Hubbard. Ein Erkennen der scientologischen Firmen ist jedoch schwierig, da sie in letzter Zeit häufig den Namen wechseln. An bestimmten Inhalten der Seminare lassen sich jedoch die scientologisch geprägten Tendenzen erkennen. So wird oft mit dem Titel »WISE Int.« geworben.

Gegensatz zu den Politikern in Deutschland reagierten die Unternehmen und sandten ihre verantwortlichen Sicherheitsbeauftragten zu uns nach Pfaffenhofen, um sich über die Vorgehensweise von Scientology zu informieren.

Das Faxgerät bei uns in Pfaffenhofen faßt eine Rolle Faxpapier, die 30 Meter lang ist. Es gibt Tage, an denen reichen diese 30 Meter nicht aus. Immer häufiger kommen in letzter Zeit Anfragen von Firmen an uns, ob die Seminare, zu denen sie ihre Mitarbeiter schicken wollen, von Scientology gesteuert sind. Manchmal frage ich mich angesichts dieser Fülle von Seminaren, zu denen ich um Informationen angefragt werde, allerdings auch, wer in Deutschland denn überhaupt noch arbeitet. Anscheinend ist jeder zweite Arbeitnehmer ständig bei irgendeinem Seminar zu Gast.

Ich betone an dieser Stelle: Jedes Unternehmen in Deutschland ist ein potentielles Ziel für scientologische Infiltration. Kaum ein Unternehmer meint jedoch, er sei bereits Opfer dieser Wühlarbeit. Vermutungen in dieser Richtung weist man weit von sich. Bei einem Vortrag, den ich vor Unternehmern hielt, hatte ich einmal die Namen der WISE-Lizenznehmer bewußt nicht genannt. Am Ende des Vortrages fragte ich in die Runde, ob sich hier jemand vorstellen könne, daß Scientology in seiner Firma Fuß fassen könne. Keiner der über 200 Teilnehmer konnte sich dies vorstellen. Als ich die Namen der WISE-Lizenznehmer Choice International, U-MAN, On Top und anderer nannte, stellte sich jedoch heraus, daß 111 der 200 anwesenden Unternehmer bereits Kontakt mit diesen Firmen gehabt hatten oder immer noch hatten.

Niemand ist gefeit davor, von Scientology angegangen zu werden. Die Strategien sind sehr differenziert und oftmals schwer zu erkennen. Sicherlich bedarf es einiger Übung, um bereits zu Beginn zu erkennen, daß es sich um Tarnorganisationen von Scientology handelt.

5.9 Von Altbach nach Albanien – oder: Die Machenschaften des Herrn Haag

Die Geschichte, die nun folgt, wäre eigentlich einen Roman wert, oder einen abendfüllenden Kinofilm. Ich werde mich hier auf das Wichtigste beschränken. Sie ist so unglaublich, daß man meint, die Story sei dem Hirn eines oskarverdächtigen Drehbuchautors entsprungen. In ihr kommen Unternehmer, Scientologen, der Geheimdienst der Scientologen, Anwälte, große Schweiger, Helfer, zwei Bundesminister und jede Menge Staatsanwälte vor.

Gerhard Haag ist Geschäftsmann aus Baden-Württemberg und Mitglied bei Scientology. Fleißig zahlte er in den vergangenen Jahren bei der IAS, der Internationalen Vereinigung der Scientologen ein. Er ist »patron meritorious« und hat 250 000 $ in die Kriegskasse gezahlt. Eines seiner Ziele ist, nach der Lehre von L. Ron Hubbard zu leben und zu arbeiten. Dies spürten nämlich die Mitarbeiter seiner ehemaligen Firma (etwa 150 Mitarbeiter, Stahlbranche), die sogar in der Mitarbeiterzeitschrift der Firma mit der Lehre L. Ron Hubbards konfrontiert wurden. Er leistete sich in dieser Firma auch einen eigenen Ethik-Offizier. Alles, was bei Scientology unter dem Stichwort »Religion« abgehandelt wird, wurde in der Firma von Gerhard Haag zum (schrecklichen) Alltag – für alle Mitarbeiter.

Gerhard Haag ließ eigene »Ethik-Akten« über einzelne Mitarbeiter führen. Es gab Erfolgsberichte, Wissensberichte, Anhörungen vor der scientologischen Justiz. Kontrolle über die Firma hatte mit Hilfe von Ethik-Ordern vor allem der Vorsitzende des WISE Charter-Komitees Frankfurt, Reinhold Stricker. Der Zugriff der Scientologen auf die Firma ging sogar so weit, daß gegen mehrere Mitarbeiter der Firma scientologische »Justiz«-Verfahren bei der SEA Org Europa, in der die höchsten Scientologen Europas vertreten sind, durchgeführt wurden.

Kurz gesagt: L. Ron Hubbard hätte Gerhard Haag sicher einen Orden verliehen, angesichts der Konsequenz, mit der er die Anweisungen des Gründers der Scientology in seiner Firma umgesetzt hatte. Und dies alles geschah rechtswidrig, gegen geltende Gesetze in unserem Land.

Im April 1991 wurde die Firma von der Kriminalpolizei durchsucht. Es mutet wie eine Posse an, daß die von der Kriminalpolizei damals sichergestellten hochbrisanten Unterlagen, so z.B. sämtliche Ethik-Anordnungen, Wissensberichte (statistisches Material, Mitarbeiterbeurteilungen), Befehle von außerbetrieblichen Scientology-Kontrollstellen – welche Einfalt und Ahnungslosigkeit bei den zuständigen Stellen noch im Jahr 1991! – nach einiger Zeit wieder an Gerhard Haag zurückgesandt wurden. Und zwar per Polizeiwagen.

Die Durchsuchung in den Räumen der Firma von Gerhard Haag hatte stattgefunden, weil man auf der Suche nach illegal beschäftigten Ausländern gewesen war (die man auch antraf und anschließend abschob).

Gerhard Haag wurde zur Zahlung von 200 Tagessätzen verurteilt. Festgenommen wurde vorübergehend ein Subunternehmer, der für Haag die Lohnlisten der illegal beschäftigten Ausländer geführt hatte. Er war von Haag genötigt worden, diese Aufgabe zu übernehmen. Ansonsten hätte er keine Aufträge mehr von Haags Firma bekommen. Haag hat bis heute nicht alle offenstehenden Rechnungen bei dem Subunternehmer bezahlt. Statt dessen wurde dieser vom Finanzamt gepfändet und steht heute vor dem finanziellen Ruin.

Einer der illegal beschäftigten Ausländer, den Haag anschliessend wieder nach Deutschland hineinholte, wurde erneut aufgegriffen und, weil er unter falschem Namen bei Haag arbeitete, in Stuttgart-Stammheim inhaftiert.

Aufgrund der Ermittlungen

Vermerk auf einer Ethik-Akte

»Diese derzeit im Besitz der örtlichen Scientology Kirche befindlichen seelsorgerischen Aufzeichnungen sind Eigentum der CSI. Diese Aufzeichnungen unterliegen dem Beichtgeheimnis und dem Datenschutz. Zugang zu diesen haben nur die zuständigen Geistlichen und deren Hilfspersonen. Wer ohne Befugnis Kenntnis nimmt oder deren Inhalt Dritten zugänglich macht, handelt rechtswidrig und wird rechtlich zur Verantwortung gezogen.«

153

wegen illegaler Beschäftigung von Mitarbeitern bekam Haag im September 1991 Rechtsbeistand – nein, diesmal nicht von Herrn Rechtsanwalt Blümel, der in diesem Buch aber noch andere Rollen spielen wird, sondern von Herrn Rechtsanwalt Dr. Frieder Schäuble aus Stuttgart. Die illegal Beschäftigten sollten unter Ausnutzung des EG-Rechts legalisiert werden. Schäuble beriet Haag insbesondere dort, wo es um das Arbeitnehmerüberlassungs-Gesetz ging.

Haag prahlte bei Mitarbeitern und bei Scientology ja unablässig über seine »guten Kontakte«. Und zu einer Aktion wie der der illegalen Mitarbeiter brauchte er wirklich gute Anwälte; denn immerhin mußte man den hiesigen Behörden klarmachen, daß es Rechtens sei, bei einer deutschen Firma Mitarbeiter zu beschäftigen, die in Luxemburg gemeldet sind (was im Fall Haag zutraf).

Daß die Firma des Herrn Haag in Luxemburg nach meinen vorliegenden Beweisen nicht mehr als eine Briefkastenfirma war und daß Rechtsanwalt Dr. Frieder Schäuble rein zufällig auch noch der Bruder des jetzigen Justizministers in Baden-Württemberg Dr. Thomas Schäuble sowie der Bruder des CDU-Fraktionschefs Dr. Wolfgang Schäuble ist – das spielt im Krimi Haag sicherlich nur eine nebensächliche Rolle.

Gerhard Haag dürfte in einem handfesten Konflikt stehen: Auf der einen Seite die Justiz des Rechtsstaates, auf der anderen Seite die Justiz der Scientology, die mit einer anderen Meßlatte mißt. Was in unserem Rechtsstaat »kriminell« ist, läßt sich im Strafgesetzbuch nachlesen. Was bei Scientology ein schweres Verbrechen ist, muß man den Ethikanweisungen entnehmen, die für die Scientologen Gesetzescharakter haben. So heißt es in einer dieser Anweisungen, nämlich in dem HCO-Richtlinienbrief vom 23. Dezember 1965 (revidiert am 10. September 1983) unter »Ethik – Unterdrückerische Handlungen – Unterdrückungen von Scientology und Scientologen«: »Unterdrückerische Handlungen sind definiert als Handlungen oder Unterlassungen, die unternommen werden, um Scientology und Scientologen wissentlich zu unterdrücken, einzuschränken oder zu behindern.« Man kann es so umschreiben: Es gibt eine Zwei-Klassen-Gesellschaft von Scientologen und Nicht-Scientologen. Wenn jemand Scientology und Scientologen kritisiert oder angreift, ist das nach den internen Ethikbestimmungen ein Angriff auf Scientology und wird im Range eines Schwerverbrechens beurteilt. Wer nun als Scientologe gegen diese

»Schwerverbrecher« vorgeht, macht sich im Sinne der Ethik-(Rechts-)Bestimmungen nicht strafbar, sondern beschützt im Gegenteil die Organisation. Im Ehrenkodex steht, man solle »die Größe und Stärke der Scientology überall in der ganzen Welt« mehren, und in einem weiteren Punkt des Ehrenkodex heißt es: »Mache nie Zugeständnisse, die deine eigene Realität verletzen.«[17] Wurde der Staat, indem er gegen Gerhard Haag vorging, für ihn und Scientology zum »Ärgernisverursacher« (PTS)? Gerhard Haag jedenfalls handelte so, als ob dies der Fall wäre.

Gerhard Haag bekam bald darauf – statt Ärger – von der Treuhand eine Stahlbaufirma Riesa bei Dresden angeboten, die er am 1. Juli 1992 auch kaufte. Am 8. Juli waren mein Mann Paul und ich zusammen mit einer ehemaligen führenden Mitarbeiterin von Gerhard Haag bei der Treuhand und legten die uns vorliegenden Akten über ihn auf den Tisch. Die Treuhand stoppte daraufhin die Verhandlungen mit Haag und legte den Vertrag auf Eis, und zwar mit der Begründung, daß gegen Haag ein Ermittlungsverfahren laufe. In der Folge schalteten sich die Rechtsanwälte von Gerhard Haag ein.

Haag wurde vertreten von der Anwaltskanzlei Scheele, Warnke, Zielcke & Kirschner. Zu dieser Kanzlei in München gehörte damals der ehemalige Bundesminister für wirtschaftliche Zusammenarbeit und ehemalige Verkehrsminister Dr. Jürgen Warnke, der zu diesem Zeitpunkt seine Ministerämter nicht mehr innehatte, aber immer noch Mitglied des Deutschen Bundestages war. Die prominente Anwaltskanzlei erreichte, daß die Treuhand Gerhard Haag für seine »Aufwendungen« beim Versuch, die Firma Riesa zu erwerben, eine Summe in 7stelliger Höhe erstattet.

Gerhard Haag prahlte zu dieser Zeit mit seinen guten politischen

Kontakten. Er zeigte sich gerne im Umfeld von Ministern, Staatssekretären und Abgeordneten. Schon früher hatte er versucht, gute Kontakte zu den Politikern am Standort seiner Firma zu halten. Unterstützung erhielt er dabei – gegen Honorar – von Luise Berrang, die in Oberschleißheim eine Public Relation-Agentur hatte. Luise Berrang kennt die politische Szene; sie selbst ist Mitglied der FDP und heute in Unterschleißheim politisch in der FDP aktiv. Für Gerhard Haag nahm sie – gegen einen Tagessatz von 1500 DM – an einem Gespräch mit dem Bundestagsabgeordneten Elmar Müller von der CDU teil.

Was der Leser wohl schon längst vermutete: Luise Berrang ist aktives Scientology-Mitglied, Mitglied der IAS, und hat, zusammen mit ihrem Mann, die OT-Stufe erreicht. Sie ist eine Verfechterin der Lehre von L. Ron Hubbard.

Die Firma von Gerhard Haag geriet immer mehr in finanzielle Schwierigkeiten. Ob nun die teilweise sechsstelligen Spenden von Gerhard Haag an Scientology, für die er in Schriften der Organisation ausdrücklich gelobt wird, am Niedergang der Firma schuld waren, oder ob es die Anweisungen von Rainer Weber von der Geheim-

»Ich bitte Dich deshalb doch mal selbst zu schauen, was da los ist und wie es begradigt werden kann. Es ist für uns momentan von hoher Wichtigkeit, da wir unsere gesamte Investstrategie umgestellt haben, um noch schneller an das von uns angestrebte Ziel zu gelangen. Wenn es bisher nur zwei Leute waren, die die Investarbeit gemacht haben und von Ort zu Ort gingen, und dort die entsprechenden Dinge unternahmen, stellen wir nun in jedem der Gebiete, wo wir Schlüsselpersonen zu beruhigen haben, eine komplette Invest-Unit hin, bestehend aus mindestens 5 Leuten.

Diese arbeiten 24 Stunden täglich für 4–12 Wochen auf der jeweiligen Schlüsselperson, bis genug Informationen zusammengetragen sind, um die Geisteshaltung der Person abschließend zu ändern.

Die ersten beiden UNITS werden nun in Stuttgart und Ulm hingesetzt, das Rekrutieren läuft auf vollen Touren und binnen ein bis zwei Wochen werden beide Units voll funktionsfähig sein.

Aus diesem Grund wäre eine schnelle Handhabung obiger Situation unbedingt erforderlich, bitte lasse mich schnell wissen wie es gehandhabt werden kann.

Mit den besten Grüßen Rainer Weber«

Aus einem Brief der OSA München an Gerhard Haag, vom 6. 1. 1992

polizei der Scientology (OSA) in München gewesen sind, mag dahingestellt bleiben.

Rainer Weber von der OSA hatte Haag angewiesen, Belege zu fälschen. Der Hamburger Scientologe und OSA-Mann Ralf Kleinicke habe mit der Sekretärin von Gerhard Haag, Frau Ballbach, geklärt, welche Belege in die Buchhaltung eingehen könnten und welche nicht, heißt es in einem Brief von Weber an Haag. Da sich herausgestellt habe, daß nur sehr wenige Belege geeignet wären, in die Buchhaltung einzugehen, sei die Lösung eine entsprechende Rechnung von Ralf Kleinicke an die Firma von Gerhard Haag gewesen, die in die Buchhaltung der Firma gepaßt habe und es andererseits Kleinicke ermöglicht habe, die Ausgabenbelege zum größten Teil von der Steuer abzusetzen, so daß der Fiskus nicht zu viel Geld bekomme. Reichlich vertrackt, aber so steht es im Brief. Und: Tatsächlich finden sich in den Unterlagen der Firma Rechnungen, die Kleinicke ausgestellt hat. Die Organisation, in diesem Fall Rainer Weber von der OSA München, hat also wirklich Einfluß auf die internen Firmenabläufe gehabt – ganz im Sinne der Lehre Hubbards.

Jedenfalls läßt sich der Niedergang der Firma nicht mehr aufhalten. Das sieht Gerhard Haag ein und schließt mit der Anwaltskanzlei Scheele, Warnke, Zielke & Kirschner einen Beratervertrag ab. Dieser sagt aus, daß die Rechtsanwaltskanzlei entsprechende Käufer für die Firma Haags suchen solle. Die Rechtsanwälte werden von Haag zusätzlich beauftragt, ihn zunächst für die Dauer von zwei Monaten in sämtlichen Presseangelegenheiten zu vertreten und zu beraten.

In der Honorarvereinbarung weist Haag die Rechtsanwälte darauf hin, daß er im Mai/Juni 1992 durch Veröffentlichungen über seine »Mitgliedschaft in der Scientology-Church« in die Schlagzeilen der Medien geraten war. Die Anwälte sollten nun überprüfen, ob die Presseveröffentlichungen unter rechtlichen Aspekten angegriffen werden könnten. Hatten die Leute vom scientologischen Geheimdienst OSA ganze Arbeit geleistet? Dem Interessenten jedenfalls erschien nach eingehender Prüfung die Lage der Firma als gesund. Anfang Oktober 1992 wurde der Kaufvertrag abgeschlossen.

Der neuen Geschäftsführung der bisherigen Firma von Haag fielen Mitte Oktober einige zum Teil dubiose Geldabflüsse auf, die von ihm nicht geklärt werden konnten. Diese Abbuchungen vom Konto der Firma, die in der Zeit nach dem Kauf vor sich gingen, waren von der

Geschäftsführung nämlich nicht veranlaßt worden. Insgesamt wurden von der Geschäftsführung nicht abgezeichnete Geldabflüsse in Höhe von 1 189 946,57 DM festgestellt. Die Gelder waren einfach abgebucht worden. Allein an die Ehefrau von Gerhard Haag, Sabine Haag, gingen nicht genehmigte Zahlungen in Höhe von mehr als 250 000 DM. Die Scientologen Klinger und Krebs wurden ebenfalls mit Zahlungen vom Konto der Firma bedacht. Offensichtlich nutzte Gerhard Haag das Konto, das ihm nicht mehr gehörte, um Überweisungen an Freunde, Familienangehörige und Partner zu tätigen, ohne daß er dazu berechtigt gewesen wäre.

Der neue Inhaber der Firma stand gleich vor mehreren Schwierigkeiten. Zum einen hat er die ungeheure Aufgabe, eine ökonomisch herabgewirtschaftete Firma zu sanieren. Diese Aufgabe ging er mit viel Elan und neuen Ideen an. Es fiel ihm jedoch auf, daß bei Versuchen, neue Kunden zu finden, ihm eine merkwürdige Distanz entgegenschlug. Er erfuhr, daß Gerüchte über ihn in Umlauf waren, er sei Scientologe. Zum anderen wurde die gesamte Geschäftsleitung der neuen Firma terrorisiert von anonymen Anrufen, die sie sowohl in der Firma als auch privat erhielten. Aber auch gegen Publikationen, die heute noch verbreitet werden, muß sich der neue Inhaber wehren. In diesen Publikationen wird er fälschlicherweise als »Strohmann« von Gerhard Haag tituliert.

Fast täglich tauchten neue Gläubiger auf, die mit Forderungen aus der Zeit vor der Übernahme der Firma an den neuen Chef herantraten, von denen er bei Kauf der Firma allerdings nichts gewußt hatte. So sollte er unter anderem eine Rechnung von 25 600 DM an eine Management- und Personalberatung überweisen – die im Briefkopf als Choice International firmierte. Fred Heuwing, WISE-Lizenznehmer, bezog sich in einem entsprechenden Schreiben an die neue Firma mit seinen Forderungen auf Gerhard Haag. Es scheint, als wäre die Firma unter dem neuen Inhaber zum »Selbstbedienungsladen« für Scientologen geworden.

Die im Oktober 1992 an den neuen Besitzer übergegangene Firma erhielt unter anderem auch Rechnungen, die die PR-Agentur von Gunter Träger ausgestellt hatte. Träger – man erinnert sich, siehe Kapitel 4.2 – stieg ja nach eigener Aussage 1991 bereits bei Scientology aus, was ihn aber offensichtlich nicht daran hinderte, mit dem 150prozentigen Scientologen Gerhard Haag profitable Geschäfte zu machen. Mit Datum vom 1. Oktober 1992 stellte Trägers Firma C&C Contact & Creation GmbH der Firma Gerhard Haags 5472 DM in Rechnung. Und zwar für eine PR-Beratung im Monat Oktober 1992! Bei der Rechnung berief sich Träger auf einen Vertrag mit Haag vom 29. März 1990. Der neue Inhaber weigerte sich, die Rechnung zu bezahlen. Gunter Träger zog vor Gericht und versuchte so, sein Geld einzutreiben.[18]

Der neue Inhaber der Firma konnte gegen die Forderungen, die ihn erreichten, nichts ausrichten. Als Rechtsnachfolger der Firma von Gerhard Haag, einer Gesellschaft mit beschränkter Haftung, war er verpflichtet, die Rechnungen zu bezahlen.

In dieser Zeit kamen zahlreiche Mitarbeiter der neuen Firma, Ex-Mitarbeiter von Gerhard Haag, Ex-Scientologen und Kunden der Firma von Gerhard Haag zu mir und übergaben mir Unterlagen über die Vorgehensweise und Strategie von Gerhard Haag, die die Akten und Beweise, die ich vorliegen hatte, zu einem wahrhaften »Archiv« über Gerhard Haag und seine Machenschaften anwachsen ließen.

Mich erreichten auch Informationen aus Ostdeutschland. Dort war am 20. Mai 1992 die »Bau- und Boden GmbH & Co.« in Rehberg gegründet worden. Gerhard Haag war als Kommanditist in diese Gesellschaft eingetreten, Kommanditist wurde neben Haag auch der Scientologe Michael Klinger, der später auch Gelder auf nicht genehmigte Weise von der Ex-Firma Haags überwiesen bekam. Zur Geschäftsführerin wurde Karla Kellermann bestimmt. Haag legte 125 000 DM als Haftungseinlage in die Gesellschaft ein, das gleiche zahlte Michael Klinger ein. Die Gesellschaft wurde kurz darauf in das Handelsregister Neu-Brandenburg eingetragen.

Schon vier Wochen später wurde der Gesellschaftervertrag der Bau- und Boden GmbH wieder verändert. Am 18. Juni 1992 wurde in Berlin vereinbart, daß Klinger und Haag künftig nicht mehr als Kommanditisten mit ihrer Einlage zeichneten. Was mit den 250 000 DM Einlage von Haag und Klinger geschehen ist, weiß ich nicht.

Sollte die »Bau- und Boden GmbH & Co.« zum Zeitpunkt des Ausscheidens Klingers und Haags verschuldet gewesen sein, hätten die beiden mit ihrem Einlagekapital dafür haften müssen. So schnell hatte die »Bau- und Boden GmbH« wohl kaum Gewinne erwirtschaften können; eine leichte Verschuldung ist, für die Zeit der ersten Monate, anzunehmen. Warum also traten sie als Kommanditisten aus der Gesellschaft aus?

Dazu muß man einen Blick in interne Papiere werfen, die mir inzwischen vorliegen. Gerhard Haag und Michael Klinger hatten in ihrer Beitrittserklärung zur »Bau- und Boden GmbH & Co.« in einer Ergänzung dargelegt, daß sie sich die Möglichkeit offenhalten wollten, mindestens einen Prokuristen in die Firma zu entsenden, um an den »Alltagsgeschäften« der »Bau- und Boden GmbH« teilhaben zu wollen. Dies vor allem in Hinblick darauf, daß Gerhard Haag in der Gemeinde Diesbar bei Dresden noch Bodenaktivitäten entwickeln wollte. In dieser Ergänzung zur Beitrittserklärung von Haag und Klinger wurde vereinbart, daß die »Bau- und Boden GmbH« sofort mit der Objektaufbereitung des Projekts von Gerhard Haag in Diesbar beginnen solle, damit Gerhard Haag bis zum Zeitpunkt 1. Juli 1992 mit den Bauarbeiten dort beginnen könne. Es handle sich um das Objekt Diesbar-Seußlitz. Im einzelnen wurde vereinbart, daß die »Bau- und Boden« die Grundstücksverträge zwischen dem Verkäufer (also der Gemeinde Diesbar) und Gerhard Haag zum Grundstückspreis von 10 DM pro Quadratmeter abschließen solle. Die Bau- und Boden solle alle erforderlichen Genehmigungen, um mit dem Bau beginnen zu können, einholen und einen Erschließungsvertrag zwischen der Gemeinde Diesbar und Gerhard Haag vorbereiten. Sie solle sämtliche Planungsaufträge einschließlich der Grundstücksvermessung und Bodenuntersuchung erteilen sowie den Grundbuchbestand überprüfen.

Wie schon dargelegt, hatte Gerhard Haag ja auch mit der Treuhand über ein anderes Objekt bei Diesbar verhandelt. Man erinnere sich: das Stahlwerk Riesa. Die Verhandlungen für diesen Vertrag liefen zeitgleich mit den Bemühungen Haags, in Diesbar ein Grundstück für andere Bauaktivitäten zu kaufen.

Die Bau- und Boden GmbH setzte sich mit dem Bürgermeister von Diesbar-Seußlitz in Verbindung und übersandte ihm unter anderem die beglaubigten Ablichtungen der erforderlichen Handelsregisterauszüge, die die Eigentumsverhältnisse der Bau- und Boden GmbH dokumentierten. Zu diesem Zeitpunkt war Gerhard Haag, der am 18. Juni aus der Bau- und Boden GmbH als Kommanditist ausgetreten war, bereits nicht mehr in den aktuellen Unterlagen über die Firma Bau- und Boden aktenkundig. Der Bürgermeister von Diesbar, der sie erhielt, konnte also nicht die Verbindungen zwischen Haag und der Bau- und Boden GmbH erkennen.

Im Gemeinderat von Diesbar war erklärt worden, daß die Bau- und Boden GmbH in Diesbar-Seußlitz Wohnungen für Führungspersonal der Stahlbau Riesa bauen wolle. Der Gemeinderat war zwar darauf hingewiesen worden, daß Haag Verbindungen zu den Scientologen unterhalte. In Gesprächen zwischen Vertretern der Bau- und Boden GmbH mit den Mitgliedern des Gemeinderates erklärten die Vertreter der Firma jedoch, daß sie mit Scientology nichts zu tun hätten und diese Angelegenheit im übrigen eine persönliche Sache des Herrn Haag sei. In einer außerordentlichen Gemeindevertretersitzung hatten sich deshalb die Gemeindevertreter mehrheitlich für die schnelle Finanzierung des Bauvorhabens entschieden.

Gerhard Haag schien meiner Meinung nach zu diesem Zeitpunkt eine zweigleisige Strategie zu verfolgen. Seine Verhandlungen mit der Treuhand über den Kauf der Stahlbau Riesa waren Ende Juli 1992 auf Eis gelegt worden. Dennoch betrieb er in Diesbar den Kauf der Grundstücke weiter, obwohl ihm nicht klar sein konnte, ob er jemals Führungspersonal für eine neue Firma würde anstellen können.

Warum wollte Gerhard Haag dennoch die Grundstücke in Diesbar bei Dresden kaufen? Mir ist bekannt, daß Scientology seit Öffnung der Mauer 1989 mit voller Kraft in den neuen deutschen Bundesländern versuchte, Fuß zu fassen. Paßt nicht, unter diesem Gesichtswinkel betrachtet, das Bauvorhaben des Scientologen Gerhard Haag in diese Vorgehensweise? Die Bau- und Boden GmbH, die inzwischen ihren Sitz nach Ostberlin verlegt hat, besaß jedenfalls im Oktober 1992 nachweislich Immobilien in Diesbar.

Die Aktenordner über die Machenschaften von Gerhard Haag füllten inzwischen nicht nur mein Regal. Sie vermehrten sich auch in den Büros mehrerer Staatsanwälte in ganz Deutschland. Zu diesem Zeitpunkt wurden Ermittlungsverfahren gegen Gerhard Haag eröffnet.

Dies schien den Patron meritorious der IAS und ideenfindigen Geschäftsmann nicht weiter zu stören. Gerhard Haag nämlich entwickelte neue Aktivitäten und lud am 4. Dezember 1992 dreißig WISE-Mitglieder zu einer Besprechung in das Tirana Congress Palace ein. Vom 26. bis 28. Dezember 1992 sollten dort die WISE-Mitglieder mit ihm über seine Projekte in Albanien reden.

Haag berichtete in der Einladung zum »Project A.«, daß er vor

Scientology. Streng nach den Vorschriften der umstrittenen Sekte führt Gerhard Haag die Stahlbautechnik Neckar GmbH – geradewegs in die Arme der Staatsanwaltschaft.

Bestechende Sekte

Mitglieder der Scientology-Organisation wittern im ehemal

Ehemaliger STN-Chef Vorreiter / Kontakte zu Bunde

Hubbard soll Albanien zu ei

Schutzgemeinschaft warnt: Sekte unterwandert Wirtschaft schnel

Staatsanwaltschaft erläßt Strafbefehl gegen Stahlunternehn

„Ein Schritt zurück ins S

Wie Scientology in die deutsche Wirtschaft einsteigt

Auch in Westberlin aktiv – Betriebsräte legen Protest ein

Sektenmitglied als
Treuhandpartner

SÜDWEST PRESSE
SCHWÄBISCHE DONAU ZEITUNG

Samstag, 7. November 1992

Esslinger Scientologe ist draußen
Gerhard Haag bei Stahlbau Neckar in Altbach ganz ausgeschieden
Von unserem Redaktionsmitglied Helmut Pusch

nren

zlei erstelle Gutachten

■■■ BERICHTE ■■■

Die illegalen Geschäfte des Unternehmers Haag:

Scientologe
flieht vor Justiz

Die Presse berichtete ausführlich über die Machenschaften des Gerhard Haag. Doch die einzelnen Artikel spiegelten nur kleine Aspekte eines Falles wider, der, in seiner ganzen Bandbreite betrachtet, ein Wirtschaftskrimi größten Ausmaßes ist. Die Konsequenz und Gewissenlosigkeit, mit der Haag seine kriminellen Schritte weiterging, sind die logische Konsequenz seiner abstrusen Gedankenwelt, die scientologisch geprägt ist.

ZIEL:

   HELFEN, DASS WESEN SICH BEFREIEN KÖNNEN

ZWECK:

   1.) Wirtschaftliche Expansion um Machtposition zu erreichen,
       um dadurch Ethik in Wirtschaft, Politik und Gesellschaft
       zu bringen.
   2.) Die wirtschaftliche Position nutzen um Scientology tat-
       kräftig zu unterstützen.

POLICY:
----
   * hart arbeiten
   * ehrlich sein .
   * Überzeugungskraft haben (entwickeln, sein Vertrauen auf-
      bauen)
   * ARC anwenden
   * Tech anwenden
   * lohnenswerte Ziele verwirklichen
   * Power - Formel einhalten
   * look dont listen
   * sich kümmern was vor sich geht
   * mit vielen in Komm sein (Kommlines pflegen)
   * auf allen Dynamiken sein
   * Sfären

PLÄNE:
------
    1. Brücke hochgehen und studieren
    2. STN expandieren (-Beirat, Flugzeug, CSFR)
    3. Nach Berlin übersiedeln
    4. Hbg-Org-Gebäude bauen
    5. Eine AG zum Erfolg führen, die das mechanische Parkhaus
       vertreibt und baut
    6. Immobilienfirma expandieren (Berlin)
    7. Eine Diplomatische Vertretung übernehmen
    8. Eine Bank gründen
    9. Flughafengesellschaft Werneuchen gründen und laufen
   10. Die rechtlichen Maßnahmen gegen die Attacken auf mich
       und die Firma zum Erfolg bringen
   11. Einen lohnenswerten Vergleich mit der Treuhand schließen.

PROGRAMM " WOHNSITZ BERLIN " (incl. Dipl. Vertretung)

     Ziel: einen Safepoint für mich und meine Familie, von dem aus
           ich ungestört operieren kann

                          - 2 -

*Das persönliche »Org-Board«, die »Organisierungstafel« des Gerhard
Haag, weist seine Strategien und Ziele aus. Detailgenau bringt er seine
scientologisch geprägten Ziele zu Papier: Nämlich wirtschaftlich zu ex-
pandieren, um dadurch Scientology tatkräftig zu unterstützen. Liest man die
»Organisierungstafel« und vergleicht sie mit dem Vorgehen von Gerhard
Haag, muß man diesem Mann zumindest Zielstrebigkeit zugestehen.*

PROGRAMM: EXPANSION BAU & BODEN
           (incl. Plan Flughafen Werneuchen)

    Ziel: **Erlangen von Einfluß und Kontrolle im Berliner**
           Immo - Markt
           Synergie - Effekte mit anderen Aktivitäten

        1.) **Ludwigsfelde verkaufen**
               Termin 20.10.92

                                           Kellermann/
                                           Wendig

        2.) **Schloß Werneuchen Konzeption und**
               Verkauf bis 15.12.92

                                           Kellermann/
                                           Wendig

        3.) **Büroturm in Berlin-City kaufen**
               bis 30.01.1993

                                           Kellermann/
                                           Wendig

   X   4.) **Flughafengesellschaft Werneuchen**
               mit Bürgermeister Grapsch gründen
               bis 30.03.1993
                                           _____

        5.) **Industriegelände Werneuchen (60 ha)**
               koordinieren und verkaufen
               bis 30.05.1993
                                           _____

PROGRAMM: RECHTSMASSNAHMEN

    Ziel: **Die Feinde vernichten**
           Finanzielle Verluste wieder hereinbringen

    Conditional Target:

        1.) **Gutachten einholen bis 09.10.92** _____
                             Blümer

        2.) **Strategie-Besprechung mit**
               RA Scheele Termin ca. 12.10.92   _____

*Im einzelnen umfaßt die »Organisierungstafel« von Gerhard Haag sechs
Seiten. Dort wird zum Beispiel unter dem Stichwort »Expansion Bau &
Boden« (was sich wohl auf die Firma bezieht, bei der Haag als Kommanditist
einstieg), das Projekt eines Flughafens angesprochen. Dabei baute er
offensichtlich auf Kontakte zu lokalen Politikern. Auch Rechtsanwalt Scheele
wurde mit einer »Strategie-Besprechung« angeführt.*

kurzem die Gelegenheit gehabt hatte, einen Besuch in Albanien abzustatten. Das Land eröffne neue Horizonte: »Wir können dort mit bemerkenswerten Vorteilen Investitionen vornehmen oder Produktionsstätten errichten«, schrieb Gerhard Haag. Er habe bereits die Gründung einer Bau- und Handelsgesellschaft vorbereitet. Diese würde in Kürze in Tirana eingetragen werden. Die Firma würde direkt im Zentrum von Tirana das Commercial Center mit Hotelkomplex erbauen. Eine der nächsten Zielsetzungen von Haag sei es, eine private Bank in der albanischen Hauptstadt zu gründen.

Diese Angelegenheiten, so schrieb Haag in dem Brief an die dreißig WISE-Mitglieder, würde er gerne mit ihnen besprechen.

Als Ansprechpartner für die Besprechung nannte Gerhard Haag in dem Brief Reinhold Stricker, der Vorsitzender des WISE Charter Komitees Frankfurt ist. Stricker hatte, wie ich geschildert habe, die Geschicke der ehemaligen Firma von Gerhard Haag in Altbach mit Richtlinien von Scientology indirekt geführt. Haag schreibt, daß

STATISTIKEN

- Erreichte Auditingstufen
- Erreichte Kursabschlüsse
  (Unterstatistik Studentenpunkte)
- Anzahl Kinder in gutem Zustand.↓
- GI
- Vermögen und Reserven
- Anzahl von wirtschaftl.,politisch und gesellschaftlich
  wichtigen Kommlines
X - Anzahl der von diesen Komm-Terminalen erhaltenen Unterstützung (für mich persönlich, meine Firmen und Scientology)
- Zahlungen an Scientology / *Unterschätzung*

WERTVOLLER ENDPRODUKTE

- Befreite Wesen
- Florierende Dynamiken
- Erreichte wirtschaftliche Power
X - Erreichte Einflüsse in Wirtschaft, Politik, Gesellschaft
  die zu Verbesserung der Zustände führen
X - Gelieferte materielle und immaterielle Unterstützung für
  Scientology
- eine glückliche Familie

Die »Organisierungstafel« Gerhard Haags weist als »wertvolle Endprodukte« unter anderem Einflüsse in Wirtschaft, Politik und Gesellschaft aus.

Stricker nun ein »Project-Office« in Schloß Phillippseich in Dreieich errichtet habe. Stricker sei dort im »CCI« Institut erreichbar.

Diese Einladung ging insgesamt dreißig Personen zu. Die uns vorliegenden Unterlagen zeigen, daß sich unter diesen dreißig Eingeladenen auch Gunter Träger befand, der ja seiner Aussage nach bereits 1991 bei Scientology ausgestiegen ist. Träger erhielt die deutsche Ausgabe Nr. 8 von 30 über das »Project A«. Was hatte der »Ärgernisverursacher« (denn das sind Aussteiger für Scientology immer!) Träger ausgerechnet auf einer WISE-Konferenz verloren?

Die Projektunterlagen führten aus, daß im nationalen Fernsehen von Albanien versprochen worden sei, »daß das Land mit Hilfe der LRH Admin-Tech« zu einer neuen Blüte geführt werden könne. »Dies muß nun geliefert werden.« Die »LRH Admin-Tech« ist nichts anderes als die Verwaltungsmethode von L. Ron Hubbard, des Gründers von Scientology. Weiter stand in den Unterlagen über das »Project A«: »Einige WISE-Mitglieder haben dann Ende November 1992 Albanien für einige Tage besucht, um herauszufinden, was dort gewünscht und gebraucht wird und in welchen Bereichen Kooperation und Geschäftstätigkeiten gebraucht werden. Einer der ersten Besucher war Gerhard Haag (CEOs Circel Member) und sein Partner Reinhold Stricker. Sie besuchten verschiedene Ministerien und fanden überall sofortige Kooperation.«

In den Unterlagen wird darauf hingewiesen, daß alle Teilnehmer an der Konferenz ebenfalls eigene Vorschläge für die Entwicklung von Albanien vortragen könnten. Es seien in Kürze auch Albanier verfügbar, die in der Management-Technologie von WISE ausgebildet seien. Teilnehmer an der Konferenz in Tirana vom 26. bis 28. Dezember 1992 könnten dort leitende Beamte und Meinungsführer aus Albanien treffen. Hinsichtlich der ersten privaten Bank, die Haag als mögliches Projekt in Aussicht stellte, wiesen die Unterlagen darauf hin, daß eine Lizenz von der Bank für Albanien leicht für WISE-Mitglieder zu erlangen sei. In einer Liste von elf Punkten zeigten die Unterlagen »Bereiche für mögliche Aktivitäten« in den Sektoren Transport, Touristik, Landwirtschaft, Presse, Bauwirtschaft, Telekommunikation, Computertechnologie, Bergbau und Handwerk auf.

Die Studie, die diese möglichen Aktivitäten anführte, war ausgearbeitet worden von Gerhard Haag und Reinhold Stricker. Sie führte auch einen Plan an, der ein Länderdreieck von Bulgarien, Griechenland, Jugoslawien und Albanien aufzeigte. Als Überschrift zu diesem Plan wurde das Wort »Bulgravia« gewählt.

Dieses Land »Bulgravia«, das bislang auf keiner Landkarte zu finden ist, findet sich freilich in Hubbards »Einführung in die Ethik der Scientology«. Dort steht auf der Seite 269: »Wenn Sie von einer Machtposition weggehen, begleichen Sie auf der Stelle all Ihre Verpflichtungen, geben Sie all Ihren Freunden all Ihre Macht, und entfernen Sie sich mit Ihren Taschen voll Artillerie – mit Erpressungsmöglichkeiten gegenüber einem jeden einstmaligen Rivalen, unbegrenzten Mitteln auf Ihrem Privatkonto und den Adressen erfahrener Killer –, ziehen Sie nach Bulgravien und bestechen Sie die Polizei.«

Gerhard Haag wird zu seinen Aktivitäten in Albanien von Scientology ausdrücklich gelobt. In einer Scientology-Broschüre, »Der Grundstein«, wird er als Beispiel vorgestellt. Sein gegenwärtiges Projekt, neben der Unterstützung des Super Power Expansions-Projektes, sei das Bauen eines neuen Handelszentrums, welches Scientology Verwaltungstechnologie in Albanien beherbergen und Scientology-Technologie in dieses Land bringen werde. Das »Super Power Expansions-Projekt«, das Gerhard Haag laut dieser Zeitschrift unterstützt, ist nach Angaben in dieser Broschüre das Mittel, das Scientologen in ein neues Reich der Fähigkeiten bringe, und das ihnen ermögliche, eine neue Welt zu kreieren. Es bringe Welt-Clearing in greifbarer Zukunft.[19]

In einem Flugblatt der »Church of Scientology« aus Großbritannien wurde erwähnt: »Gerade jetzt greifen Minister der höchsten Ebene in der albanischen Regierung nach LRHs Administrative Technology.« Das Flugblatt der »Church of Scientology« zitierte aus einer Regierungsmitteilung, die die Scientologen kürzlich erhalten haben wollen. Darin heißt es: »Die von uns geleiteten Ministerien sind daran interessiert, für LRHs Administrative Technology in unserer Gesellschaft zu werben und sie zu bekräftigen, um von dem Wert der Vorzüge dieser Richtlinien und Praktiken zu gewinnen.«[20]

Journalisten, die in Albanien recherchiert haben, berichteten, daß Gerhard Haag dort bevorzugt behandelt werde. Wenn er in Albanien sei, wohne er in einem gut bewachten Gebäudekomplex, der sonst nur Regierungsangehörigen vorbehalten sei.

Ende 1992 schrieb ich an die Stuttgarter Staatsanwaltschaft. Menschen, denen ich geholfen hatte, bei Scientology auszusteigen, hatten mich darüber informiert, daß die scientologische »Szene« der

Ansicht sei, daß Haag nicht mehr mit einer Verurteilung in Deutschland rechne. Er habe schon längst gute Verbindungen ins Ausland und könne sich jederzeit dorthin absetzen. Ich wies in meinem Schreiben die Staatsanwaltschaft Stuttgart darauf hin, daß meiner Ansicht nach Fluchtgefahr und die Gefahr der Verdunkelung von Verbrechen schon längst gegeben seien.

Ich listete der Staatsanwaltschaft auf, welche Informationen mir bis dahin vorlagen. Kurz darauf erhielt ich von der Kriminalpolizei Esslingen (!) einen Anruf. Ich möge doch zu meinem eigenen Schutz die Unterlagen über Herrn Haag, die ich im Schreiben an die Staatsanwaltschaft aufgelistet hatte, vernichten. Ich war verwundert. Auf meine Nachfrage erklärte mir der Kriminalbeamte Matuschek am Telefon, daß die Vermutung naheliege,

> „Wenn Sie von einer Machtposition weggehen, begleichen Sie auf der Stelle all Ihre Verpflichtungen, geben Sie all Ihren Freunden all Ihre Macht, und entfernen Sie sich mit Ihren Taschen voll Artillerie mit Erpressungsmöglichkeiten gegenüber einem jeden einstmaligen Rivalen, unbegrenzten Mitteln auf ihrem Privatkonto und den Adressen erfahrener Killer –, ziehen Sie nach Bulgravien und bestechen Sie die Polizei. Selbst dann werden Sie vielleicht nicht lange leben, wenn Sie auch nur einen Zipfel an Herrschaft in irgendeinem Bereich zurückbehalten haben, den Sie jetzt nicht mehr unter Kontrolle haben, oder wenn Sie auch nur sagen: ‚Ich bin für den Politker Hinz.' Das völlige Aufgeben von Macht ist in der Tat gefährlich."

aus L. Ron Hubbard,
Ethik der Scientology, S. 269

daß die entsprechenden Unterlagen und Informationen mir untergeschoben worden seien. Man wolle mich nur schützen, falschen Informanten aufzusitzen.

Ich war sehr verwundert. Hatte ich doch etliche Informationen aus unterschiedlichsten, voneinander unabhängigen Quellen vorliegen, die sämtlich in die gleiche Richtung wiesen und sich gegenseitig bestätigten und ergänzten. Seit Beginn meiner Arbeit schicke ich niemals Unterlagen heraus, die ich nicht drei- oder viermal durch voneinander unabhängige Quellen abgesichert habe. Ich nahm also die Unterlagen und – vernichtete sie nicht, sondern deponierte sie im sicheren Safe einer Bank.

1993 erfuhr ich von dem Personalchef der Firma, die Gerhard Haag

Anfang Oktober 1992 verkauft hatte, daß auch er Unterlagen an die Staatsanwaltschaft Stuttgart geschickt hatte, die er aus aufgefundenen Unterlagen von Gerhard Haag zusammengestellt hatte. Es handelte sich fast deckungsgleich um die Informationen, die ich an die Staatsanwaltschaft Stuttgart geschickt hatte. Nach heutiger Aktenlage wundert mich im Fall Haag gar nichts mehr. Denn Gerhard Haag vertraute in Hinblick auf Albanien nicht nur seinen Beziehungen über Scientology und WISE. Sein Rechtsanwalt, Dr. Michael Scheele, führte ihn zusätzlich beim »Kooperationsbüro der deutschen Wirtschaft« in Ostberlin ein. Am 9. Dezember nahmen Scheele und Haag dort an einem Wirtschaftsgespräch über Albanien teil. In einem Brief an das Kooperationsbüro der Deutschen Wirtschaft hatte Scheele Haag als seinen Mandanten vorgestellt, der ein größeres Investitionsprojekt in Tirana vorbereite.

Die Tagung in Berlin fand an nobler Adresse statt. Im Hotel »Unter den Linden« traf sich alles, was in Sachen Albanien in Deutschland Rang und Namen hat. So nahmen der Botschafter der Bundesrepublik Deutschland in Albanien und der Botschafter der Republik Albanien in Deutschland sowie zwei Vertreter des Bundesministeriums für Wirtschaft, Herr Tolksdorf aus Bonn und Frau Dr. Richter von der Außenstelle Berlin des Bundesministeriums für Wirtschaft, am Wirtschaftsgespräch teil. Des weiteren fanden sich auf der Teilnehmerliste hohe Vertreter der deutschen Wirtschaft. Durch Rechtsanwalt Scheele in den noblen Kreis eingeführt, wurde Gerhard Haag als Großinvestor in Albanien vorgestellt.

Ich klage Herrn Dr. Michael Scheele in diesem Buch an, Gerhard Haag eine Art »Persilschein« für Wirtschaft und Politik erteilt zu haben. Scheele mußte zu diesem Zeitpunkt längst wissen, was Scientology ist. Denn er hatte sich ja im Auftrag von Haag mit dessen Gegnern hinsichtlich Scientology auseinandersetzen müssen.

Die Kanzlei von Scheele erstellte in den folgenden Monaten für Gerhard Haag ein Gutachten über die rechtlichen Verhältnisse in Albanien. Auch Scheele selbst wurde in Albanien aktiv. Er knüpfte Kontakte zu Regierungskreisen in Albanien, und es begannen Diskussionen, ob Scheele Honorarkonsul der Republik Albanien in Deutschland werden solle.

Haag indessen hält sich genau an das, was L. Ron Hubbard in seinen Ethik-Anweisungen vorgeschrieben hatte: Er baut seine Macht aus. Für ihn scheinen die Regeln unseres Rechtsstaates nicht zu gel-

SCHEELE, SCHUDT, WARNKE & ZIELCKE

Rechtsanwälte

Frau
Anke Köhler
Kooperationsbüro der
Deutschen Wirtschaft
Schönholzerstraße 10 / 11

O - 1100 Berlin

per Telefax: 030 / 488 06 333

Rechtsanwälte

Dr. Michael Scheele
Dr. Helmut Schudt
Dr. Jürgen Warnke
Dr. Andreas Zielcke
Thomas H. Roy
Allan von Bassid
Thomas Hoffeake
Sidney van Hauven [1]
Dr. rer. pol. Miguel Gasto [2]

Prinzregentenplatz 15
8000 München 80
Tel.: 089/ 470 10 02
Fax.: 089/ 470 10 06

Zeichen: 71792-S-RAM
Datum: 7.12.1992   sta

Sehr geehrte Frau Köhler,

bezugnehmend auf das mit Ihnen geführte Telefongespräch bestätigte ich Ihnen hiermit der Ordnung halber auch schriftlich, daß ich an dem Wirtschaftsgespräch über Albanien am kommenden Mittwoch teilnehmen werde. Wenn ich bereits an dem Abendessen am Vorabend teilnehmen kann, werde ich schon morgen eintreffen, sonst erst im Laufe des Mittwochs. Desweiteren wird mein Mandant, Herrn Haag, am Mittwoch teilnehmen, der ein größeres Investitionsprojekt in Tirana vorbereitet.

Ich freue mich darauf, Sie auch persönlich kennenzulernen und verbleibe für heute

mit freundlichen Grüßen

Dr. Michael Scheele
Rechtsanwalt

Attorney at Law - zugelassen in New York/USA; [2] Abogado - zugelassen in Madrid/Spanien und Asuncion/Paraguay

Deutsche Bank, Konto-Nr. 6 568 788 , BLZ: 700 700 10
Bayerische Landesbank

Rechtsanwalt Dr. Michael Scheele nahm Gerhard Haag zu einem Wirtschaftsgespräch über Albanien nach Berlin mit. Scheele stellte Gerhard Haag den Teilnehmern, darunter Vertretern des Bundeswirtschaftsministeriums, als Großinvestor in Albanien vor. In einem Brief (Abb. oben) an das Kooperationsbüro der Deutschen Wirtschaft teilte Scheele dem Organisationsbüro mit, daß er seinen Mandanten Gerhard Haag mitbringen würde.

ten. Wegen Nötigung und Bedrohung ehemaliger Mitarbeiter steht Haag ab dem 10. Februar 1993 als Angeklagter vor dem Amtsgericht in Esslingen. Vom Richter zur Person befragt, gibt Gerhard Haag an, daß er arbeitslos sei, eine in Berlin von seiner Frau für 700 Mark monatlich angemietete Wohnung bewohne, einen PKW fahre und 10 Millionen DM Schulden habe. Auf Befragung des Staatsanwaltes, wie er das denn alles bezahlen und seinen Lebensunterhalt bestreiten könne, da er doch keine Sozialhilfe in Anspruch nehme, antwortet Haag: »Auf Kredit ...«

Nur einen Monat später, am 8. März 1993, schreibt Gerhard Haag einen Brief an die Außenstelle des Wirtschaftsministeriums in Berlin. In dem Brief, den er an Frau Zillikes vom Referat V2 des Wirtschaftsministeriums sendet, bedankt er sich für die Einladung zur Tagung in Berlin im Dezember 1992 und bittet um eine Bestätigung für sein Joint-venture-Projekt in Albanien.

Am 26. März 1993 erhält Gerhard Haag, der nach eigenen Aussagen ja arbeitslos ist und 10 Millionen DM Schulden hat, ein offizielles Schreiben vom Bundesministerium für Wirtschaft. In Vertretung unterschreibt Herr Tolksdorf, der ebenfalls an der Tagung in Berlin im Dezember teilgenommen hatte, die Bestätigung für Herrn Haag. Darin führt das Bundesministerium für Wirtschaft aus, »daß die deutsch-

Ablaufplan/Programm

Tagungsort: Berlin, Hotel "Unter den Linden"

09.30 - 10.00 Uhr   Registrierung
10.00 - 10.10   Begrüßung

Referate:

10.10 - 10.40   Politische Lage Albaniens aus deutscher Sicht
                Botschafter der Bundesrepublik Deutschlands in Albanien
                Herr Dr. Vollers

10.40 - 11.20   Politische Lage Albaniens
                Botschafter der Republik Albaniens in Deutschland
                Herr Dr. Xhexair Zaganjori

11.20 - 12.00   Wirtschaftliche Lage Albaniens
                Bundesministerium für Wirtschaft Bonn
                Herr Tolksdorf

12.00 - 12.30   Fragen/Diskussion

12.30 - 13.30   Mittagspause

13.30 - 14.00   Finanzierungsmöglichkeiten im Albaniengeschäft
                KfW Frankfurt/Main
                Herr Trede

14.00 - 15.00   Leistungsspektrum der Handelskammer Albaniens
                Präsident, Herr Dhamo
                GF f. Deutschland, Herr Vangjeli

15.00 - 16.00   Fragen/Diskussion
                Erfahrungen aus der Praxis

Die Tagesordnung des Wirtschaftsgesprächs in Berlin listet prominente Redner auf, so die Botschafter Albaniens und Deutschlands.

171

albanische Firma Albania Bau & Handel, deren deutscher Geschäftsführer Herr F. H. Gerhard Haag, ansässig in Lichtenwald, im Interesse der Vertiefung der Wirtschafts- und Kooperationsbeziehungen der Bundesrepublik Deutschland mit der Republik Albanien Aufbauarbeiten in der Infrastruktur und im Bauwesen dieses Landes leistet«. Das Ministerium bestätigt Haag auch gerne, daß es sinnvoll sei, einen deutschen Lehrer in das Projekt mitzuschicken: »Deutsche Firmenangehörige, die mit ihren Familien für längere Zeit in der Republik Albanien leben werden, lassen ihre Kinder auf eigene Initiative und auf privater Basis von Lehrkräften unterrichten, die sich hierfür bereit erklärt haben und sich beurlauben lassen. Der Realschullehrer Lothar Lehmann, derzeit im Staatsdienst an der Realschule in Haslach i.K. beschäftigt, hat sich diesem Projekt angeschlossen.«[21] Lothar Lehmann ist – wie zu erwarten – Scientologe. Gemeinsam mit der Frau von Gerhard Haag, Sabine Haag, wurde Lothar Lehmann im Magazin des Dianetik Stuttgart e.V. der »Scientology Kirche« aufgelistet. Sabine Haag, so steht dort zu lesen, habe den »Hubbard Methode 1 KO-Auditkurs« absolviert, Lothar Lehmann den »Studenten Hut Studierkurs«. Lothar Lehmann wurde aufgrund des Schreibens des Wirtschaftsministeriums freigestellt und ging nach Albanien. Dort unterrichtete er, privat finanziert, unter anderem die Kinder der Mitarbeiter von Gerhard Haag.

Wer Gerhard Haag und seine Biographie so kennt wie ich, weiß, daß er es niemals zulassen würde, daß die Richtlinien von Hubbard in der Erziehung keine Rolle spielen. Schon gar nicht in der Erziehung der Kinder seiner Mitarbeiter. Der Lehrer Lehmann wurde für seine Arbeit in Albanien freigestellt vom Oberschulamt in Freiburg, das dem Kultusministerium in Baden-Württemberg untersteht. Dieses Kultusministerium leistete sich zu diesem Zeitpunkt einen eigenen Sektenbeauftragten.

Es erscheint mir wie ein trauriger Treppenwitz, daß sich das Kultusministerium einen Sektenbeauftragten leistete, der, wie ich ja selbst erfahren mußte, hauptsächlich dazu da war, Informationen zu sammeln. Und dies seit vielen Jahren mit Steuermitteln. Entweder war diesem Sektenbeauftragten die Problematik von Scientologen im Schuldienst nicht untergekommen, oder die Dienstwege im Kultusministerium sind so lang, daß die Informationen, die der Sektenbeauftragte sammelte, bisher noch nicht bei den entsprechenden Stellen gelandet sind.

Am 28. Juni 1993 schrieb mir das Bundesministerium für Wirtschaft. Ministerialrat Albach bitte mich, ihm Informationen und Publikationen über »Scientology« zuzusenden. Das Ministerium beabsichtige, in dem von ihm herausgegebenen, periodisch erscheinenden »ZS-Info« etwas »über die Scientology-Church« zu schreiben. Die Publikation würde an circa 1600 Unternehmen versandt. Für »eventuelle Rückfragen ggfs. auch für ein Gespräch« stehe Albach jederzeit zur Verfügung, schrieb er mir.

Ich fühlte mich vom Bundesministerium für Wirtschaft, gelinde gesagt, auf den Arm genommen. Da forderten sie von mir, der Vorsitzenden einer privaten Schutzgemeinschaft, die ohne staatliche Mittel arbeitet, Materialien und Informationen über Scientology an. Gleichzeitig aber hofiert das Wirtschaftsministerium Gerhard Haag, bezeichnet ihn als förderlich für Wirtschaftsbeziehungen zwischen Deutschland und Albanien – will aber, unter anderem mit Hilfe meines Materials, 1600 Unternehmer vor den Machenschaften von Scientology warnen.

Ich war wirklich mehr als irritiert. Seit Monaten wurde über Haag in der Presse berichtet. Dies hatte das Wirtschaftsministerium, als es Haag die Bestätigung gab, offensichtlich nicht gelesen. Eine Bestätigung gibt das Ministerium wohl, so muß ich aus diesem Vorgang schließen, ohne Prüfung der Person heraus. Und der oberste Chef des Wirtschaftministeriums, Bundeswirtschaftsminister Günter Rexrodt, hätte eigentlich Herrn Haag kennen müssen. Schließlich arbeitete Rexrodt bei der Treuhand, als der Haag-Skandal um das Stahlwerk Riesa öffentlich wurde und die Treuhand das Projekt einfror.

Zu diesem Zeitpunkt war die Beweislage gegen Gerhard Haag wirklich erdrückend. Das, was allein der Staatsanwaltschaft Stuttgart vorlag, hätte ausgereicht, um Gerhard Haag mindestens dreimal anzuklagen. Zumal die Staatsanwaltschaft auch über eigene Unterlagen verfügen muß, da sie seit inzwischen drei Jahren ermittelt und Material zum Fall Haag sammelt. Die Wirtschaftskriminalität Haags, die meiner Ansicht nach eine fast scientologisch zu nennende Methode hat, bleibt bis heute ungeahndet.

Gegen Gerhard Haag und seine Ehefrau Sabine Haag wurde zwar am 9. August 1993 vor dem Landgericht Stuttgart verhandelt – jedoch wegen Nötigung und Drohung gegenüber Mitarbeitern. Haag hatte

DER BUNDESMINISTER FÜR WIRTSCHAFT
V c 1 - 900 518/4

Gesch.-Z.I

(Bei Antwort bitte angeben)

BONN, den   26.03.1993
Villemombler Str. 76
Postanschrift: Postfach 14 02 60 · 5300 Bonn 1

Telefon: (02 28)   6 15 -   3909
                 oder   6 15 - 1(Zentrale)

Telefax: (02 28)   6 15 - 44 36/44 37
Teletex: 228340=BMWi
Telex: 8 86 747

· Bundesminister für Wirtschaft · Postfach 140260 · 5300 Bonn 1 ·

Dipl.-Ing. FH Gerhard Haag
Seewiesenweg 19

7061 Lichtenwald 2

B e s t ä t i g u n g

Das Bundesministerium für Wirtschaft bestätigt, daß die deutsch-
albanische Firma Albania Bau & Handel, deren deutscher Geschäftsführer Herr F.H. Gerhard Haag, ansässig in Lichtenwald, im Interesse der Vertiefung der Wirtschafts- und Kooperationsbeziehungen
der Bundesrepublik Deutschland mit der Republik Albanien Aufbauarbeiten in der Infrastruktur und im Bauwesen dieses Landes
leistet.

Deutsche Firmenangehörige, die mit ihren Familien für längere
Zeit in der Republik Albanien leben werden, lassen ihre Kinder
auf eigene Initiative und auf privater Basis von Lehrkräften
unterrichten, die sich hierfür bereit erklärt haben und sich beurlauben lassen. Der Realschullehrer Lothar Lehmann, derzeit im
Staatsdienst an der Realschule in Haslach i.K. beschäftigt, hat
sich diesem Projekt angeschlossen.

Im Auftrag

i.V. Tollydaf

Heitland

*Obwohl verurteilt, und obwohl er vor Gericht ausgesagt hatte, er sei
arbeitslos, lebe in einer Wohnung, die seine Frau bezahle, habe kein Geld
und lebe auf Kredit, bestätigte das Bundesministerium für Wirtschaft am
26. März 1993 Gerhard Haag, daß dieser im Interesse der Wirtschafts- und
Kooperationsbeziehungen der Bundesrepublik Deutschland mit Albanien
tätig sei.*

gegen die Verurteilung vor dem Amtsgericht Esslingen vom 10. Februar 1993 Berufung eingelegt.

Gerhard Haag und seine Frau Sabine erschienen jedoch nicht zur Gerichtsverhandlung. Sabine Haag hielt sich zu der Zeit in Clearwater/Florida auf, wo sich das Hauptquartier der Scientologen befindet. Gerhard Haag ließ sich ebenfalls entschuldigen. Er befinde sich in Albanien und könne nicht zur Gerichtsverhandlung erscheinen, weil es ihm ummöglich sei, die Fahrtkosten zu bezahlen. Gerhard Haag wird in Abwesenheit zu 10 000 DM Strafe verurteilt.

Seit diesem Zeitpunkt wurde Haag in Deutschland nicht mehr gesehen.

Eine schriftliche Zusammenfassung dessen, was ich über Gerhard Haag, seine Verbindungen zu Scientology und seine kriminellen Machenschaften wußte, sandte ich an das Bundeswirtschaftsministerium. Unter anderem schrieb ich in dem Brief, den ich an Minister Dr. Rexrodt und Ministerialrat Albach richtete, über das Treffen im Dezember 1992 in Berlin, über die Bestätigung des Wirtschaftsministeriums für Gerhard Haag und die Rolle des Rechtsanwalts Dr. Michael Scheele.

Bis heute habe ich keine Antwort auf meinen Brief erhalten. Statt dessen flatterte mir eine einstweilige Verfügung ins Haus. Rechtsanwalt Dr. Michael Scheele und Rechtsanwalt Dr. Andreas Zielcke hatten, nur fünf Tage nachdem ich meinen Brief ans Wirtschaftsministerium abgesandt hatte, eine einstweilige Verfügung gegen mich erwirkt. Der Grund: Mein Brief an das Wirtschaftsministerium vom 10. Oktober, in dem die beiden Münchner Rechtsanwälte namentlich erwähnt sind. – Eine einstweilige Verfügung kann man aufgrund von eidesstattlichen Erklärungen ohne vorherige mündliche Verhandlung bei Gericht erwirken. Die Richter müssen bei einem Antrag auf einstweilige Verfügung den Wahrheitsgehalt der eidesstattlichen Versicherung nicht prüfen, wenn der Nachweis erbracht wird, daß die Dringlichkeit der einstweiligen Verfügung gegeben ist.

Der Bundestagsabgeordnete Dr. Jürgen Warnke ist inzwischen aus der Rechtsanwaltskanzlei Scheele & Partner ausgetreten.

Was bleibt als Fazit? Ein ehemaliger Bundesminister und jetziger Bundestagsabgeordneter trat aus einer Rechtsanwaltskanzlei aus, weil ihm plötzlich die Vorkommnisse in der Kanzlei im Zusammenhang mit Scientology-Mandaten dubios erschienen. Ein Unternehmer, der eine

BONN, den 28. Juni 1993
Villemombler Str. 76
Postanschrift: Postfach 14 02 60 · 5300 Bonn 1

Telefon:	(02 28)	6 15 3600
	oder	6 15 - 1(Zentrale)
		6 150
Telefax:	(02 28)	6 15 - 44 36/44 37
Teletex:	228340=BMWI	
Telex:	8 86 747	

· Bundesminister für Wirtschaft · Postfach 140260 · 5300 Bonn 1 ·

Robin Direkt e.V.
Renate Hartwig
Postfach 44

89282 Pfaffenhofen

Betr.: Scientology-Church

Sehr geehrte Damen und Herren,

ich beabsichtige im Rahmen der von mir herausgegebenen, periodisch
erscheinenden ZS-Info, einer Publikation, die an ca. 1.600
Unternehmen versandt wird, etwas über die Scientology-Church zu
bringen.

Hierfür benötige ich entsprechende Informationen und Publikationen.
Ich wäre Ihnen deshalb dankbar, wenn Sie mir möglichst umgehend
entsprechendes Material zur Verfügung stellen würden.

Für eventuelle Rückfragen ggfs. auch für ein Gespräch stehe ich
Ihnen jederzeit zur Verfügung.

Mit freundlichen Grüßen
Im Auftrag

Albach

Neue PLZ ab 01.07.1993: Briefe: BMWi, 53107 Bonn, Pakete: BMWi, Villemombler Str. 76, 53123 Bonn

3629bs02 29.06.1993 su

*Über einen Brief vom 28. Juni 1993 war ich irritiert: Da schrieb mir das
Bundesministerium für Wirtschaft. Ministerialrat Albach bat mich, ihm
Informationen und Publikationen über die »Scientology-Church« zuzu-
senden. Das Ministerium beabsichtige, in dem von ihm herausgegebenen,
periodisch erscheinenden »ZS-Info« etwas über Scientology zu schreiben. Die
Publikation werde an circa 1600 Unternehmen versandt.*

heruntergewirtschaftete Firma mit Ideenreichtum wieder aufbauen wollte und Arbeitsplätze rettete, mußte mit dem Vorwurf umgehen, selbst Scientologe zu sein, und muß noch heute für die Schulden, die sein Vorgänger gemacht hat, geradestehen. Die Firma mußte sogar 1,2 Millionen Mark Geldbuße zahlen, weil zur Zeit der Firmenleitung durch Gerhard Haag illegal Beschäftigte angetroffen wurden.

PROGRAMM: DIE BANK

    Ziel: **Finanzielle** Unabhängigkeit erreichen für unsere
          Gruppe (incl. Scient.)

         1.) **Notarielles** Kaufangebot Firmen-
            grundstück vollständig absichern
            bis 10.12.1992 _____

         2.) **Bankmantel** (NORSKE) in Lux.
            übernehmen/sichern
            bis Ende Januar '93 _____

X   3.) **Bankgesetze** mit Refinanzierungs-
            Regulierungen in Lux. studieren
            bis 30.05.93 _____

         4.) **Personalsuche** starten und ab-
            schließen für 4 Personen
            bis 30.09.1993 _____

         5.) **Räumlichkeiten** organisieren
            bis 30.05.1994 _____

         6.) **Firmengrundstück** verkaufen
            Termin Mitte '94 _____

X **IDEALE SZENE**

    Die abgeschlossenen Umstrukturierungen und neu durchgeführten
    Pläne haben in eine wirtschaftliche Machtposition geführt, die
    den Eingang in Wirtschafts-, Politik- und Gesellschaftskreise
    möglich gemacht haben, wodurch in diesen merkbare positive
    Veränderungen erzielt wurden.

    Scientology ist stark expandiert, wozu auch meine Beiträge
    mitgeholfen haben und wir bewegen uns unaufhaltsam auf eine
    Neue Zivilisation und einen geklärten Planeten zu.

Die »ideale Szene« für Gerhard Haag: Scientology ist stark expandiert, wozu auch seine Beiträge geholfen haben ... Ausriß aus dem persönlichen »Org-Board« des Herrn Haag.

Und was macht der Täter? Vielleicht sonnt er sich gerade an der albanischen Mittelmeerküste.

1 HCO-Bulletin vom 10. Juni 1960; wiederherausgegeben am 12. April 1983 als Teil der Serie »Die Funktionsfähigkeit der Scientology erhalten«, S. 2.

2 ebd., S. 1.

3 Vogel ist IAS-Mitglied, Life-time-member bei Scientology und hat die Scientology-Stufe »Clear« erreicht.

4 Kodex eines Scientologen, Punkt 17, Scientology-Kirche Zürich, 1989.

5 In: »The Auditor«, Nr. 264, Deutsche Ausgabe, S. 2.

6 Das Verfahren wurde am 8. 10. 1993 aufgrund § 170 StPO eingestellt. AZ 31 JS 21 O 64/93 bei der Staatsanwaltschaft Memmingen.

7 U-MAN INTERNATIONAL, Darstellung U-MAN, o.J.

8 Aus: Selbstdarstellung: »U-MAN – damit alles zusammenpaßt«.

9 Aus: Presseerklärung, Der Hamburgische Datenschutzbeauftragte: »Ergebnis der Datenschutzprüfung bei U-MAN über unzulässige Psychotests bei Bewerbungen«, 12. November 1992.

10 »Der Weg zum Glücklichsein«, New Era Publications, Kopenhagen, 1981.

11 ebd., S. 67.

12 ebd., S. 57.

13 ebd., S. 35.

14 »Der Spiegel«, Nr. 14/91, S. 33f.

15 L. Ron Hubbard, Einführung in die Ethik ..., a.a.O., S. 186.

16 In: realität, Zeitschrift des College für angewandte Philosophie e.v. Frankfurt, 21. Januar/ Februar 1976.

17 In: Das Handbuch für den ehrenamtlichen Geistlichen, S. 689f.

18 AZ 2/20 3080/92 sowie AZ 2/89 O 7/93.

19 In: Ron's Journal 30, »Der Grundstein«, 3. Ausgabe, Offizielles Rundschreiben des Super Power Expansions-Projektes.

20 In: Church of Scientology, Advances Organisation, Saint Hill, United Kingdom, »Albanien – Das Land des Adlers«.

21 Brief vom 26. 03. 1993, Gesch. Z. VCI – 900 518/4.

Kapitel 6

Scientologen als Berufsausbilder?

6.1 »Obnose« beim Cha-Cha-Cha

Der allgemeine deutsche Tanzlehrerverband (ADTV) ist eine angesehene Vereinigung. In ihm haben sich die meisten Tanzschulen in Deutschland zu einer Interessengemeinschaft zusammengeschlossen. Halbjährlich treffen sich die Tanzlehrer, um die neuesten Trends zu beschreiben und, unter anderem, »Benimmregeln« zu definieren, die in einer Pressemitteilung dann halbjährlich als Information an die deutschen Zeitungen verschickt werden. Ein nobler Verband, der allgemein Anerkennung findet. Mitglied in diesem ADTV ist auch die Augsburger Tanzschule Kurt Braunmüller. Hunderte Eltern schicken bis heute ihre Kinder zum Tanzkurs in diese Tanzschule, ohne zu wissen, daß ihre Kinder dort mit Scientology in Kontakt kommen.

Peter W. unterschrieb in dieser Tanzschule einen Ausbildungsvertrag, der den allgemeinen Richtlinien des allgemeinen deutschen Tanzlehrerverbandes entsprach. Die Tanzschule Kurt Braunmüller legte ihm allerdings auch eine »Zusatzvereinbarung« zu seinem Ausbildungsvertrag vor. Peter W. unterschrieb dort, zusätzlich zur Ausbildung einen sogenannten »Serienbrief« zu lesen und zu befolgen. Der Titel: »Die Funktionsfähigkeit der Scientology erhalten«[1]. Dieser Serienbrief sei ein wichtiger Bestandteil der Ausbildung, lautete die Zusatzvereinbarung. Die Kosten für diese notwendigen Unterlagen zur fachlich-theoretischen Ausbildung mußte der Auszubildende selbst übernehmen.

Der Serienbrief, das stellte Peter W. gleich zu Beginn fest, stammte vom »Hubbard Kommunikationsbüro« in Saint Hill Manor, East Grinstead, Sussex. Stutzig machten Peter W. die zahlreichen, für ihn unverständlichen Abkürzungen im Serienbrief sowie der Hinweis, daß der Brief als offizielle Richtlinie von der »Church of Scientology International« angenommen worden sei. Gründer dieser Organisation sei L. Ron Hubbard, las Peter W.

Als er im Rahmen seiner Unterlagen zur theoretischen Ausbildung vom Leiter der Tanzschule, Kurt Braunmüller, einen Vordruck bekam, den er sorgfältig lernen sollte, wurde er noch stutziger. Dort wurde von »Obnosis« im Zusammenhang mit dem Tanzen gesprochen. Und er solle beim Cha-Cha-Cha »obnosen«. Das Wort hatte er noch nie gehört. Peter W. vermutete, daß das Wort etwas mit den zahlreichen scientologischen Büchern zu tun habe, die Braunmüller in seinem Büro stehen hat.

Tatsächlich sagte Braunmüller ihm, er solle ihn doch einmal in das Celebrity-Center nach München begleiten, das könne ihm bei seiner Persönlichkeitsentwicklung helfen. Auf das Drängen von Kurt Braunmüller hin absolvierte Peter W. den 200-Fragen-Test und belegte für selbstbezahlte 380 DM einen »Kommunikationskurs« im Münchner Celebrity-Center. Braunmüller ging mit seinem Auszubildenden täglich die scientologische Lehre durch; Peter W. mußte Aussagen von L. Ron Hubbard auswendig lernen.

Als Peter W. zu uns nach Pfaffenhofen kam, konnten wir ihm helfen bei der Frage, was eigentlich Obnosis bedeutet. Es ist ein typisches Kunstwort von L. Ron Hubbard, das »Beobachtung des Offensichtlichen«[2] bedeutet. Als sich Peter W. bei uns meldete, hatte er bereits etliche Seiten der Serienbriefe L. Ron Hubbards erhalten, die laut seinem Ausbildungsvertrag ja verbindlich zur Ausbildung gehören sollten. Sie waren teilweise auf die Belange der Tanzschule umgeschrieben worden. So hieß es über die Obnosis: »Das folgende Dokument betrifft Tanzlehrer, die Auszubildenden und alle Personen, die mit der Tanzschule zusammenarbeiten und irgendeine Tätigkeit ausführen. Die Kunst, das Offensichtliche zu beobachten, wird in unserer Gesellschaft angestrengt vernachlässigt. [...] Für den Tanzlehrer ist es sehr wichtig zu obnosen, denn wenn er in einem Team arbeitet, wird er auf seiner Tanzkursliste eine Obnosespalte haben. In der Obnosespalte wird er eintragen, was er tatsächlich sieht«.

Für die Mitarbeiter seiner Tanzschule gab Kurt Braunmüller »Richtlinien« heraus, die ja von L. Ron Hubbard für alle Lebensbereiche vorgeschrieben wurden. Diese Richtlinien sprechen von »Mysterien«, mit denen jeder Tanzkurs enden solle, und die nur durch den darauffolgenden Tanzkurs gelöst werden könnten. Braunmüller verwendet also die »Tricks« der Scientology in seiner Tanzschule: Abhängigkeiten schaffen durch ein aufeinanderfolgendes Kurssystem.

Peter W. berichtete mir, daß in der Tanzschule auch Vorträge gehalten würden, die sich mit ganz anderen Themen als dem Tanzen beschäftigen. So würde z. B. Gerhard Spannbauer aus Vaterstetten darüber referieren, »wie man sicher und erfolgreich zu Gruppen spricht«. Spannbauer ist nach mir vorliegenden Unterlagen Scientology-Mitglied und hat 1990 den Zustand »Clear« erreicht[3]. Bei den Vorträgen Spannbauers gebe es dann Bücher zu kaufen, die aus Scientology-Verlagen stammten. Zusätzlich werde für das Celebrity-Center in München geworben.

Peter W. hatte im Rahmen seiner Ausbildung in der Tanzschule eine Umfrage unter 600 meist jungen Menschen durchführen müssen. »Ich mußte dabei die Emotionen anhand der Tonskala (Tonstufen) von Scientology aufschreiben«, berichtete Peter W. Doch nicht nur indirekt, also beispielsweise durch die Umfrage, kamen Tanzschüler in Kontakt mit scientologischen Maßnahmen. »Einige Tanzschüler sind durch Werbung von Herrn Braunmüller bei Scientology eingetreten«, sagte mir Peter W. Herr Braunmüller habe mit Vorliebe Tanzschüler, die sich in einer momentanen Hilfsbedürftigkeitsphase befanden, auf ihre Probleme angesprochen und als Lösung Scientology empfohlen.

Die gesamte Familie Braunmüller sei bei Scientology in München aktiv. Der Bruder von Frau Braunmüller arbeite seit einiger Zeit im Celebrity-Center in München. Dessen Freundin, die als Tanzlehrerin in der Tanzschule Braunmüller angestellte Brigit A., machte einen Reinigungs-Rundown. Ich sagte Peter W., er müsse sich entscheiden: »Wenn du deine Ausbildung bei Braunmüller weitermachen willst, wirst du weiterhin mit dieser Technologie konfrontiert und immer tiefer in das System hineingezogen. Wenn du es nicht willst, mußt du konsequent sein und bei Braunmüller aussteigen.« Kurze Zeit später hatte er einen neuen Ausbildungsplatz in einer Münchner Tanzschule bekommen.

Peter W. trat auch bei Scientology aus und brach seine Kurse im Münchner Celebrity-Center ab. Scientology versuchte jedoch, ihn mit Telefonaten dazu zu bewegen, weiterhin Kurse zu besuchen. Dies lehnte er ab. Bei Peter W. gingen anonyme Drohanrufe ein.

Peter W. hat über diese Vorgänge den ADTV informiert. In einem

Telefonat schilderte er dem zuständigen Bereichsleiter Ausbildung beim ADTV, Herrn Hesse aus Hamburg, die Vorkommnisse. Dieser tat die Sache als »nicht wichtig« ab. Peter W. berichtete mir, daß ihm Herr Braunmüller gesagt habe, es gebe insgesamt drei »Scientology-Tanzschulen« in Deutschland.

6.2 Entzug der Ausbildungserlaubnis

Daß kleinere und mittelständische Firmen und Unternehmen ihre Mitarbeiter verpflichten, nach Ideen und Richtlinien und Anweisungen von L. Ron Hubbard und Scientology zu arbeiten, ist keine Seltenheit. So sandte uns beispielsweise Carola K., die bei der Boutique Vanessa GmbH in Zweibrücken bei Saarbrücken arbeitete, ihren Arbeitsvertrag als Verkäuferin zu.

Die »Boutique Vanessa GmbH« ist eine Kette von Filialen, die unter der Bezeichnung Vanessa bundesweit geführt wird. Im Vertrag von Carola K. wurde vereinbart, daß sie eine Springertätigkeit in allen Filialen zu leisten habe. Ein einziger Satz, im § 21 des Arbeitsvertrages, wies unter dem Punkt »Sonstige Vereinbarungen« auf die Verbindung von Vanessa zu Scientology hin. »Wir verwenden die Management-Technologie von L. Ron Hubbard«, heißt es in dem Vertrag, der vom Personalchef der Vanessa Unternehmensgruppe unterschrieben wurde. In einem Anhang zum Arbeitsvertrag heißt es, daß bei der Firmengruppe Vanessa betriebsinterne Richtlinien verwendet würden, die dazu dienten, den Betriebsablauf optimal zu gestalten. Diese Richtlinien orientieren sich an der Management-Technologie von L. Ron Hubbard.

Gott sei Dank gibt es auch wachsame Zeitgenossen. Seine Ausbildungserlaubnis nämlich verloren hat aufgrund ähnlicher Arbeitsverhältnisse in seinem Betrieb der Düsseldorfer Makler Klaus Kempe. Kempe, Mitglied der Scientology, hatte Auszubildende in zweien seiner Betriebe Persönlichkeitstests und Strukturanalysen unterworfen. Auszubildende hatten die typischen 200-Fragen-Tests der Scientologen auszufüllen. Auch hier hatten die Auszubildenden, oftmals von einer Stunde auf die andere, ihren Arbeitsplatz wechseln und andere Aufgaben übernehmen müssen. Dies wertete der Regierungspräsident in Düsseldorf als Verstoß gegen das Berufsbildungsgesetz und entzog dem Makler Klaus Kempe die Ausbildungs-erlaubnis.[4]

In den siebziger Jahren brüstete sich Scientology damit, daß Aus-zubildende bei der Bayer AG in Leverkusen unter Anwendung der Scientology-Studiertechnik lernen müßten.[5] Der bei Bayer als Leiter der kaufmännischen Ausbildung angestellte Fred Girschkowski bereitete Abiturienten und Realschüler, die jetzt bei Bayer arbeiten, unter Anwendung der Lehren Hubbards auf die Prüfung bei der Industrie- und Handelskammer vor. Die Auszubildenden kamen natürlich mit dem gefährlichen Gedankengut in Kontakt. Girschkowski arbeitete zum Glück nur drei Jahre bei der Bayer AG.

---

[1]   a.a.O.

[2]   Fachwortsammlung für Scientology von L. Ron Hubbard, Seite 66.

[3]   The Auditor, 249, 1990.

[4]   Neue Rhein Zeitung, 17. August 1993, »Makler darf nicht mehr ausbilden«.

[5]   In: College 18/19, Zeitschrift des Stuttgarter Dianetic College e.V.

Kapitel 7

Immobilienkartell: Trauriges Theaterstück vom »Häuslebauer«

Hand aufs Herz, lieber Leser: Können Sie sich vorstellen, Opfer von Scientology zu werden? Ich schätze Sie, der Sie dieses Buch gekauft haben, als kritisch, gesellschaftlich interessiert und aufgeschlossen ein. Also eigentlich nicht als der Typus Mensch, den Scientology sonst auf der Straße anzusprechen pflegt – den eher labilen, zurückhaltenden, verschlossenen und einsamen Typus. Und doch sind genau Menschen wie Sie, also »ganz normale« Bürger unseres Staates, in der Ziellinie von Scientology.

Glauben Sie mir, in meinen Akten finden sich heute genauso viele Namen von Opfern, die nie direkt mit Scientology zu tun hatten, wie Namen von Opfern, die frontal mit der »Sekte« oder ihren Tarnorganisationen in Kontakt gekommen sind. Vor mir liegen die Namen von ganz normalen Bürgern, wie Sie und ich es sind.

Ich möchte Ihnen dazu eine beispielhafte Geschichte erzählen. Es ist eine wahre Geschichte. Hauptakteure dieser Geschichte, und sie stehen mit ihrem Namen dafür, sind Ute und Jürgen Stätter, ein junges Ehepaar aus Stuttgart.

Eines Tages fanden die beiden einen Wurfzettel der Firma Allhaus/Filderstadt im Briefkasten ihrer Mietwohnung in Stuttgart. Die Firma Allhaus warb damit, Grundstücke für Bauvorhaben zu verkaufen. Ute und Jürgen Stätter, die sich zu dieser Zeit mit Baugedanken trugen, vereinbarten einen Termin bei der Firma Allhaus.

1. Akt

Die erste Szene des 1. Aktes dieser Geschichte spielt in den Räumen der Firma Allhaus. Die Räume sind hell, groß, sachlich – ein gutes Ambiente für Verhandlungen. Inhalt dieser Szene: Ein Gespräch zwischen dem Ehepaar Stätter und Mitarbeitern der Firma Allhaus.

Ehepaar Stätter nach der Einigung auf ein Projekt (mehrfache Frage): Welche Kosten denn sofort auf sie zukämen.

Firma Allhaus: Bei Unterzeichnung des Kaufvertrages sei eine sofortige Zahlung zu leisten in Höhe von 14 000 DM Vermittlungsprovision.

Es wird ein Notartermin vereinbart. Hier spielt die zweite Szene des 1. Akts. Auftretende Personen: ein Notar, Herr Gronwald von der Firma Allhaus, Ehepaar Stätter, zeitweise: Herr Gall von der Firma Gutermann.

Jürgen Stätter zu Allhaus/Gronwald: Ob der von ihm (Stätter) aufgestellte Zahlungsplan für Grundstück und Haus, insgesamt rund 800 000 DM, so in Ordnung sei.

Gronwald: Ja, aber der Kaufpreis des Grundstücks werde in genau 14 Tagen fällig.

Stätter (empört): Als sofortige Kosten sei bisher nur die Vermittlungsprovision angezeigt worden. Der Preis für das Grundstück sei vom Ehepaar in derart kurzer Zeit nicht aufzubringen.

Auftritt Herr Gall von der Firma Gutermann. Die Familie Stätter erfährt zum ersten Mal, daß das Grundstück nicht der Firma Allhaus, sondern der Firma Gutermann gehört.

Gall: Gewährt Verlängerung der Zahlungsfrist für das Grundstück um einen Monat.

Notar: Verliest den Kaufvertrag.

Alle berechtigten Personen unterzeichnen.

2. Akt

2. Akt, erste Szene :

Im Haus der Stätters.

„Wenn es um Immobilien geht, sollte man nur Profis für sich arbeiten lassen."

Thomas Ganz

„Der Kunde muß in dem Objekt für sich selbst einen Nutzen sehen."

Hans Moser

„Mein Glaubensbekenntnis ist: die Vorteile müssen immer noch einen Tick besser sein als vorher versprochen."

Ernst Haible

„Jede Information, die etwas mit der Immobilie zu tun hat, können wir in bares Geld umwandeln."

Bernd Kollmus

So werben die Protagonisten des Immobilien-Kartells für sich; in: Kempe/Talkenberger/Mehler, Immobilienprofis, Möwe-Verlag. Wie heißt es doch in einem Papier des OT-Committee Stuttgart unter der Überschrift »Ideale Scenen«? ». . . Der Großraum Stuttgart ist ein voll aktives Feld und ein sicherer Ort für Scientology und Scientologen. In Verbindung mit der Stuttgarter Org (größte CI.IV Org der Welt) ist das OTC das stärkste OTC auf dem Planeten. Ein Netzwerk von Scientology-orientierten Aktivitäten, komplett integriert in die Gesellschaft, z. B. Schulen, Kindergarten und Firmen, welche LRH Tech anwenden.«

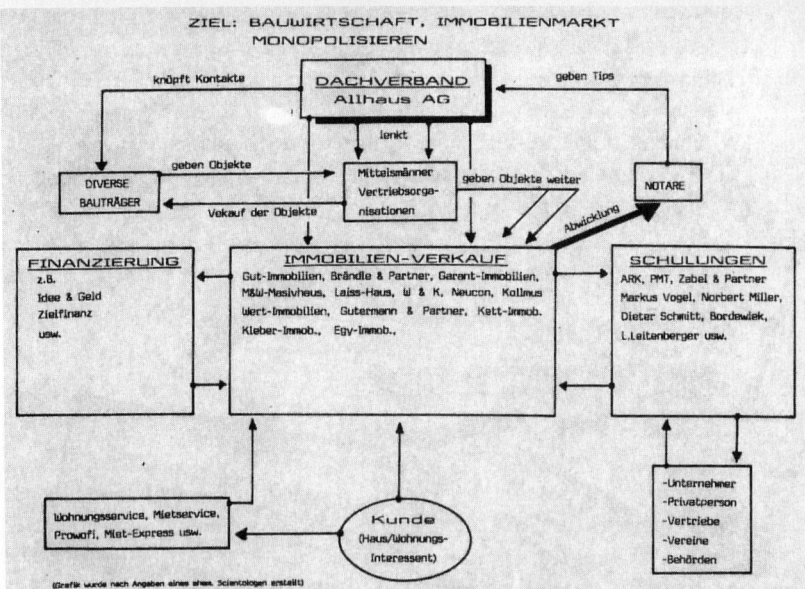

Ein Schaubild, das nach Angaben ehemaliger Mitarbeiter bei Firmen des Immobilienkartells und Ex-Scientologen erstellt wurde, verdeutlicht die Arbeitsweise des Stuttgarter Immobilienkartells. Dachverband des Kartells ist die Allhaus KG.

Stätter am Telefon: Bittet die Firma Allhaus um Rückruf, da der Finanzierungsplan, den der offenkundig inkompetente Berater von Allhaus ausgearbeitet habe, nicht ausreichend sei.

Ein Rückruf von Allhaus/Gronwald erfolgt nicht. Mit Rückrufen geht bei Allhaus sowieso selten was.

Stätter ruft versehentlich die alte Telefonnummer der Firma Gutermann an. Unter der Telefonnummer meldet sich allerdings eine andere Firma. Diese gibt an, daß, soweit ihnen bekannt sei, die Firma Gutermann bereits seit einem dreiviertel Jahr in Konkurs sei.

Stätter versucht tagelang in Telefonaten, zwischen dem Notar und der Firma Allhaus eine Verbindung herzustellen. Es geht darum, eine Grundschuld auf das Grundstück eintragen zu lassen (Voraussetzung für die Finanzierung), was nicht möglich ist, da Allhaus das Grundstück noch immer nicht vermessen ließ.

187

Aus den zahlreichen Ausflüchten der Firma Allhaus schließt die Familie Stätter, daß das geschäftige Ambiente der Firmenräume keineswegs den Leistungen der Firma entspricht. Das Telefon steht in dieser Szene kaum still. Immer wieder Ausflüchte, Versprechungen und Verweise der Firma Allhaus. Drängen des Notars auf Eintragung der Grundschuld. Gutermann schickt Mahnungen – der Kaufpreis sei fällig.

2. Akt, zweite Szene:

Auftretende Person: Jürgen Stätter, erheblich blasser als in den vorangegangenen Szenen.

Es klingelt das Telefon. Stätter erfährt, daß die Firma Gutermann den abgetretenen Grundstücksanteil, den das Ehepaar Stätter erworben hat, mit einer Grundschuld in Höhe von 1,2 Millionen DM an erster Rangstelle belastet hatte.
Stätter (mit energischer Stimme): Weigert sich, das Bauvorhaben fortzusetzen und noch eine Mark zu bezahlen. Aber: Vertrag ist Vertrag. Die Mahnungen kommen pünktlich.

Intermezzo misterioso:

Die Firma Gutermann, seit Monaten in Konkurs, löscht augenscheinlich die Grundschuldeintragung im Grundbuch für das die Stätters betreffende Grundstück. Wie dies bei einer zahlungsunfähigen Firma, die angeblich seit Monaten in Konkurs ist, möglich war, bleibe dahingestellt; vielleicht schreibt ein Staatsanwalt oder die Steuerfahndung einmal ein neues Theaterstück über diese Geschichte. Ob es wirklich die Firma Gutermann war, ist letztlich nicht zu klären, da die Zahlungsabwicklung über einen Treuhandauftrag an den Notar erfolgte.

3. Akt

Handlungsort: Wohnzimmer der Eheleute Stätter. Handelnde Personen: Ute und Jürgen Stätter.

Als Weihnachtsgeschenk treffen die Baugesuchsunterlagen kommentarlos beim Ehepaar Stätter ein, gleichzeitig verabschiedet sich die Firma W + K in die zweiwöchigen Winterferien.

Das Haus soll von der Firma W + K »Wyhs und Knewitz« gebaut werden. Dies war im Bauvorhaben bei Allhaus gleich mitvereinbart worden. W + K verlangt vom Ehepaar Stätter zusätzliche Nachweise über Bürgschaften und Eigenkapital, weit über die im Baugewerbe sonst übliche Form hinaus. Der Baubeginn für das Haus der Eheleute Stätter wird von der Firma W + K nicht genannt; statt dessen tauchen Probleme bei der Bauplanung auf.

Intermezzo giocoso:

Ein Brief der Firma M. taucht auf. Darin wird mitgeteilt, daß auf dem Nachbargrundstück, anders als den Stätters mitgeteilt, ein Neun-Familien-Haus erstellt werden soll. Die Firma Wohnbau Müller hat dieses Grundstück bereits mehrere Monate vor Vertragsabschluß der Stätters mit Allhaus gekauft – von der Firma Gutermann. Den Stätters wird aber noch monatelang das Märchen mit den drei Einfamilienhäusern vorgegaukelt.

4. Akt

4. Akt, erste Szene:

Jürgen Stätter sitzt in seiner Wohnung und hat eine Zeitung in der Hand. Er liest einen Bericht, in dem über einen Vortrag Renate Hartwigs von Robin direkt zu einem scientologisch geführten Immobilienkartell berichtet wird. In dem Artikel sind die Namen Allhaus und Gutermann zitiert. Jürgen Stätter setzt sich sofort mit Renate Hartwig in Verbindung.

4. Akt, zweite Szene:

Treffen von Renate und Paul Hartwig mit Ute und Jürgen Stätter. Requisiten dieser Szene: ein Tisch, vier Stühle, ein dicker Aktenordner auf dem Tisch.

Renate Hartwig: Das Immobilienkartell sei schon mehrmals in Erscheinung getreten. Ein Großteil der Chefs des Immobilienkartells seien Mitglieder des OT-Komitees Stuttgart, also hochrangige Scientologen.

Stätter: Legt Akten über den bisherigen Vorgang seines Bauvorhabens vor.

Renate Hartwig: Vergleicht dies mit Betroffenen-Berichten aus ihrem Ordner, in dem »Häuslebauer« aus Baden-Württemberg über Erfahrungen mit den Firmen Allhaus, W+ K, Gutermann und anderen berichten. Die Berichte sind deckungsgleich mit den Erfahrungen, die das Ehepaar Stätter gemacht hat.

Jürgen Stätter: Sind wir über den Tisch gezogen worden?

Renate Hartwig: Ich glaube ja – ein neues Opfer des Immobilienkartells. Ich rate Ihnen, zu einem Anwalt zu gehen.

Intermezzo storico:

Renate Hartwig erklärt Stätter, wie das Immobilienkartell in Stuttgart funktioniert. Mit Hilfe einer Grafik, die aufgrund von Angaben etlicher Ex-Scientologen und Ex-Mitarbeiter des Immobilienkartells entstanden war, kann Renate Hartwig die Arbeitsweise veranschaulichen. Die Methode entspricht in ihrer Struktur dem, was Scientology-Gründer L. Ron Hubbard sinngemäß für die Vorgehensweise von Scientologen vorgeschrieben hatte: Dafür zu sorgen, daß »Gewinner« zu Gewinnern kommen und daß »Verlierer« von den Kunden fernbleiben.

Und so funktioniert das Kartell:

Kunden wenden sich an Firmen wie »Mietservice« oder »Prowofi«, die in Kleinanzeigen in Zeitungen werben: »Suchen Sie eine Wohnung?« Diese Firmen vermitteln aber anstatt einer Wohnung einen Kurs, wie man sich bei einer Wohnungssuche verhalten solle.

Diese Firmen, die inzwischen in ganz Deutschland existieren, können mit den Daten, die ihnen die Wohnungssuchenden überlassen, genaue Baubedarfsstatistiken erstellen. Die Robin direkt bekannten Geschäftsstellen der Firmen sind ausschließlich in der Hand von Scientologen.

Robin direkt sind Fälle bekannt, in denen diese Wohnungsservicefirmen Interessenten auf Anzeigen von Immobilienverkaufs- bzw. Hausbaufirmen hinwiesen. Dies waren wiederum Firmen, die in der Hand von Scientologen sind. Dazu zählen unter anderem W + K, Kollmus, Gutermann und Partner, Allhaus, M + W Massivhaus und Markant. Argument des Wohnungsservice: Warum mieten, kaufen ist doch besser.

Kunden, die sich dafür interessieren, eine Immobilie zu kaufen oder ein Haus zu bauen, werden in den Tageszeitungen in Baden-Württemberg (und nicht nur dort) täglich auf Anzeigen von Firmen stoßen, die entweder Mitgliedern von Scientology gehören oder deren Mitarbeiter zumindest unter der Anwendung der Technologie von L. Ron Hubbard von WISE-Lizenznehmern geschult wurden.

Diese im Immobilien- und Baubereich tätigen Firmen schieben sich gegenseitig Aufträge und Kunden zu. Die Finanzierung wird oftmals über Firmen abgewickelt, in denen ebenfalls Scientologen an entscheidender Stelle sitzen. Dazu gehören beispielsweise die Firmen »Idee und Geld« sowie »Zielfinanz«. Als eine Art Dachverband, quasi wie ein großer Schirm (den sie als Logo benutzt) steht über allem die Allhaus AG in Filderstadt.

Alle Firmen dieses Kartells empfehlen sich gegenseitig gegenüber dem Kunden als vertrauenswürdig und zuverlässig. Es ist auch vorgekommen, daß Kunden von mehreren Firmen unterschiedlichster Art innerhalb dieses Kartells darauf hingewiesen wurden, daß sie ihre Finanzierung besser absichern könnten, wenn sie beruflich erfolgreicher seien. Dies könnten sie erreichen, indem sie Schulungen bei bestimmten Firmen belegten, um beruflich voranzukommen.

Diese Firmen waren mir namentlich als WISE-Lizenznehmer bekannt.

Ich kann das Kartell, dem Jürgen Stätter in Stuttgart auf den Leim gegangen war, veranschaulichen. Zu diesem Zeitpunkt stellte sich die Vernetzung folgendermaßen dar: So ist der Mitinhaber der Allhaus AG, Jochen Knewitz, gleichzeitig auch Inhaber der W + K GmbH.

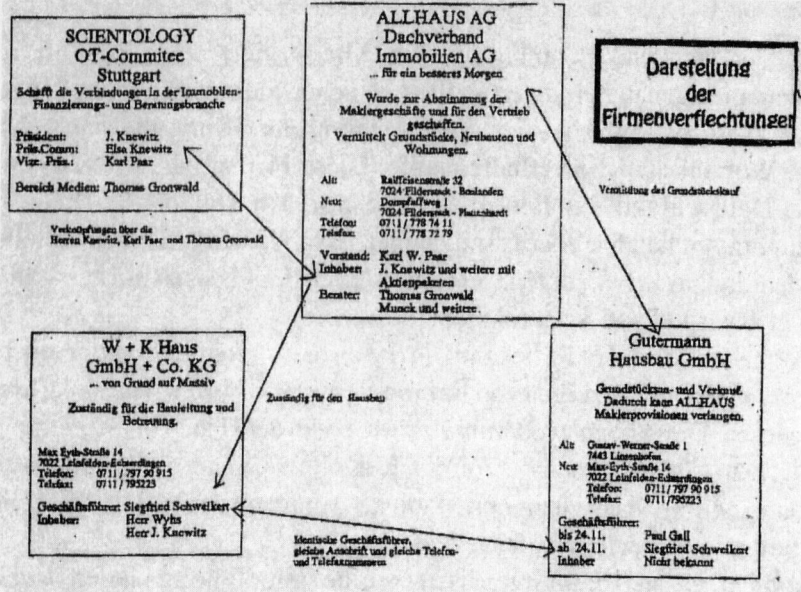

Was den Stätters anfangs nicht bekannt war: Die Firmen, mit denen sie zu tun hatten, waren miteinander verflochten. Das Kartell, gebildet von Scientologen, hatte seine Fangarme ausgebreitet.

Die Allhaus AG hatte, wie bekannt, Stätter den Vertrag bei W + K vermittelt. Geschäftsführer der W + K Haus GmbH ist Siegfried Schweigert, der auch Geschäftsführer der Gutermann + Schweigert Hausbau GmbH ist. Jochen Knewitz ist Präsident des Scientology-OT-Komitees in Stuttgart. Im OT-Komitee in Stuttgart sitzen auch Karl Paar, der Vorstand der Allhaus AG ist, und Thomas Gronwald, der als Berater bei Allhaus AG arbeitet.

Nachdem Bürger, die ebenfalls auf das Kartell hereingefallen waren, über die Machenschaften der Allhaus AG in der Öffentlichkeit berichtet hatten, versuchte das Kartell, die Bürger mit einer Verpflichtungserklärung zum Schweigen zu bringen.

Jochen Knewitz, Inhaber der Allhaus AG, hat übrigens in Clearwater/Florida, dem Hauptsitz von Scientology International, einen zweiten Wohnsitz. Dort unterhält er zusammen mit seiner Ehefrau Elsa, die ebenfalls im OT-Komitee in Stuttgart sitzt, eine Unternehmensberatung. Sie nennt sich »Ethics Counseling – Business consulting«. Dies geht aus einem Inserat in der internationalen WISE-Liste hervor.

Unsere Geschichte geht weiter mit dem letzten, dem

5. Akt.

5. Akt, erste Szene:

In der Kanzlei des Rechtsanwalts von Ute und Jürgen Stätter.

Rechtsanwalt: Er habe seine Forderungen an die Gegenseite gestellt und habe daraufhin bereits Post erhalten. Es sei ein Brief von der Anwaltskanzlei Wolff, Kiesswetter, Deplewski, Zielemann & Partner gekommen. Er sehe Schwierigkeiten, die Forderungen der Familie Stätter durchzusetzen. Stätter findet heraus, daß Kiesswetter politisch aktiv und Vorsitzender des Stuttgarter Anwaltsvereins sei und damit eine sehr angesehene Position in der Landeshauptstadt habe.
Stätter: Will sein Recht. Ob das bedeute, daß der Anwalt nicht bereit sei, energisch gegen das Immobilienkartell vorzugehen?

5. Akt, zweite Szene:

In der Wohnung der Stätters.

Die Schriftsätze des Anwalts werden vom Ehepaar begutachtet. Die Vorgehensweise erscheint ihnen zu lasch. Sie nehmen sich einen neuen Anwalt. Der läßt sich von dem honorablen Namen der Anwaltskanzlei des Immobilienkartells nicht beeindrucken und setzt sich für die Rechte der Stätters ein. Nach ungezählten Schriftsätzen kommt es zu einem außergerichtlichen Vergleich.

5. Akt, dritte Szene:

Pfaffenhofen, Haus der Hartwigs

Ute und Jürgen Stätter: Berichten Renate Hartwig vom glücklichen

OT-KOMITEE STUTTGART e.V.

Plieninger Strasse 100 - Apt. 1420, 7000 Stuttgart 80

18. November 1989

GUTE NACHRICHTEN!

Liebe Clears und OTs!

Am 12. November 1989 wurde das

OT-KOMITEE STUTTGART e.V.

mit dem folgenden Zweck gegruendet:

    1.) Public Relation Gebietskontrolle,
    2.) Verbesserung von Zustaenden in der Gesellschaft,
    3.) Public Relation fuer L.Ron Hubbard,
    4.) Den Mitgliedern helfen, Stopps zu entfernen,

in Ergaenzung zum Vereinszweck, welcher lautet:

1.) Der Zweck des Vereins ist die Foerderung des gemeinnuetzigen
Gedankengutes nach der Art des Philosophen Lafayette Ronald Hubbard
zum weitreichenden Wohle unserer Gesellschaft in Bildung,
Erziehung, Gesundheit. Umwelt, Kunst, Kultur, Wissenschaft und
Forschung.

2.) Unterstuetzende Massnahmen zur Weiterbildung und Verbesserung
von Zustaenden bei gesellschaftlichen Gruppen zur Orientierung und
Verwirklichung einer lebenswerten Zukunft.

Die Gruendungsmitglieder sind - in alphabetischer Reihenfolge - :

    Karl-Robert Behringer, Heimo Bucerius, Bernhard Gut,
    Rolf Gutermann, Brigitte Gutermann, Ernst Haible,
    Dietmar Kecht, Ruth Kecht, Jochen Knewitz, Elsa Knewitz,
    Winfried Koegler, Gabi Korell, Karin Nuessle,
    Martin Ostertag, Karl Paar, Christopher Sperling,
    Friedrich Veit, Gerd Weber, Maria Weber,
    Hubert Wullinger, Sieglinda Wullinger,

welche einen aus 7 Personen bestehenden Vorstand waehlten:

Ende nach vielen Schrecken. W + K war bereit, den Vertrag zu lösen, und die Stätters haben ihre Forderungen durchgesetzt.

Renate Hartwig: Mit diesem erlebten, geradezu durchlebten »Theaterstück« haben wir bewiesen, daß Bürger sehr wohl in der Lage sind, sich gegen die Machenschaften von Scientology aufzulehnen. Und seien sie auch noch so verdeckt.

Renate Hartwig beschließt, Rechtsanwalt Kiesswetter einmal öffentlich zu fragen, warum er in seiner Kanzlei das Immobilienkartell Stuttgart der Scientologen vertritt. Sie nimmt sich vor, auf einer Veranstaltung über Scientology, zu der sie die sehr engagierten Jungen Liberalen nach Stuttgart eingeladen haben, zu nutzen, Kiesswetter öffentlich darauf anzusprechen. Denn Rechtsanwalt Kiesswetter sitzt zu diesem Zeitpunkt als sekten- und rechtspolitischer Sprecher der FDP-Fraktion im Landtag von Baden-Württemberg – und ebenfalls auf dem Podium der Veranstaltung der Jungen Liberalen. Kiesswetter hat bereits öffentlich gefordert, daß Scientology der Vereinsstatus aberkannt werden müsse, weil diese Vereinigung sowohl in ihren inneren Strukturen als auch in ihrer äußeren Zielsetzung mit der freiheitlich-demokratischen Grundordnung unserer Gesellschaft nicht vereinbar sei. Eine gleichzeitige Mitgliedschaft bei der Scientology-Organisation sei mit der Mitgliedschaft bei der FDP nicht vereinbar. Während die Scientology auf Führung und Abhängigkeit setze, gälten bei der FDP Toleranz und Freiheit des einzelnen als absolute Maxime. Die Ziele seien deshalb völlig entgegengesetzt. Kiesswetter hatte deshalb sogar Ausschlußverfahren gegen Mitglieder der FDP beantragt, die ebenfalls bei Scientology Mitglied sind.

Vorhang fällt.

◁ *Im November 1989 wurde den »Clears und OTs« im Raum Stuttgart mitgeteilt, daß sich in Stuttgart ein OT-Komitee gegründet habe. Im OT-Komitee sitzt heute der Großteil der für das »Immobilienkartell« verantwortlichen Firmenchefs. Auch aus anderen Bereichen Deutschlands ist bekannt, daß Scientologen versuchen, sich zu Kartellen im Immobilienbereich zusammenzuschließen.*

Vorstandsmitglied:

Rolf Gutermann (46) OT VIII; L10; Seit 1975 in Scn.
Auditor; SS-I; In der Computerindustrie seit 1962
taetig und ab 1968 in einem weltweiten Konzern in
leitender Position im oberen Management taetig.
Seit 11 Jahren selbstaendiger Unternehmer. Taetig
als Public Relations-, Marketing- und Vertriebs-
berater. Spezialist in Unternehmensmotivation.

Vorstandsmitglied:

Elsa Knewitz - OT VIII - Ls - Seit 1975 in Scn.
Flag trainierter Auditor; SS-II; Exec Status I;
Debug-, Survey- und Invest.- Spezialist;
voll ausgebildeter Ethics Officer und Exec Esto.
Honorary LRH PERS. PRO; WISE- und I HELP-Member.
In den 70er Jahren OES in der Muenchner Org.
Taetig als Consultant in Ethik, Management und 2.D.

Vorstandsmitglied:

Gerd Weber (33) OT VIII; Patron; Seit 1976 in Scn.
Auditor; SS-II; Staffausbildung Delphian School in
Oregon. Seit 13 Jahren selbstaendiger Unternehmer.
WISE-Member; erfahrener Spezialist in Unternehmen-
und Existenzgruendungen.

Vorstandsmitglied:

Hubert Wullinger (35) OT V - Ls - Seit 1984 in Scn.
Patron; SS-II; Exec Status I; WISE-Member.
Mehrmals unter den weltbesten Remote Registraren
fuer Flag. Seit 10 Jahren selbstaendiger Architekt
und Unternehmer.
Spezialist fuer Stopps entfernen (Debugger).

3.Vorsitzender: Martin Ostertag (40) - OT V - Seit 1969 in Scn.
Auditor. Gruendung des DIANETIC Stuttgart e.V.
Aufbau von Pressebuero Deutschland, Oesterreich und
Schweiz. WISE-Member. Seit 10 Jahren taetig als
selbstaendiger Unternehmer. Werbespezialist,
OCA-Marketing und Aufbau einer europaweiten
Franchisekette im Bereich Personalberatung.

2.Vorsitzender: Karl Paar (34) - OT V - Seit 1983 in Scn.
Auditor. 12 jaehrige Erfahrung als selbstaendiger
Unternehmer. Spezialist in Vereins- und Verbands-
angelegenheiten. "Troubleshooter" in mittel-
staendischen Betrieben. Gegenwaertig Ausbau eines
Vertriebsnetzes.

*Aus internen Quellen gingen mir Listen der Vorstandsmitglieder des Stuttgarter OT-
Komitees zu. Die Liste ist wie ein Querschnitt des Stuttgarter Unternehmerstands. Nach
außen treten die OT-Vorstandsmitglieder als seriöse Geschäftsleute auf. Intern wird
gefordert, daß das Ziel ihrer Arbeit die Verbreitung der Lehre Hubbards in allen
Gesellschaftsbereichen sein solle. Das sollten sich Geschäftspartner vor Augen halten.*

1.Vorsitzender: Jochen Knewitz (43) OT VIII; Ls.; Seit 1972 in der
Flag trainierter Auditor; SS-II; Exec Status I;
Debug-, Survey- und Invest.- Spezialist; voll
ausgebildeter Ethics Officer und Exec Esto.
Honorary LRH PERS. PRO; WISE- und I HELP-Member.
Seit 23 Jahren erfolgreicher Unternehmer.
Taetig als selbstaendiger Exec Esto und E/O.

Geplant ist; einmal im Monat ein Gesamt-OT-Komitee-Meeting zu
machen. Die Vorteile fuer den Einzelnen aus diesem Meeting werden
sehr wertvoll sein. "OTs work best with OTs" (LRH)

Unsere Devise ist, dem Einzelnen zu helfen,
mehr Ursache zu sein,
unter Verwendung der richtigen Referenz, ganz egal, ob aus
Ethik-Tech, Tech-Tech oder Admin-Tech, siehe Referenz
HCO PL 30. Januar 83 v. L.Ron Hubbard, DEIN POSTEN UND DEIN LEBEN:

"Falls jemand auf einem Posten oder im Leben eine
nachteilige Wirkung erlebt, dann kennt er die
entsprechende Tech oder Policy dafuer nicht, oder er hat
sie nicht angewendet."

Das OT-Komitee wurde unter dem Gesichtspunkt folgender Referenzen
gegruendet:
                1.) "Die Geschichte einer Statik".
                2.) Definition von TEAM und OT-KOMITEE.
                3.) "Der Geist des Spieles".
                4.) "Gung-ho Group Tech".
welche ebenfalls zu Deiner Information beigelegt sind.

Desweiteren liegt der Mappe ein ganz wichtiges ROSA ROTES Papier
bei. Bitte bei Bedarf benuetzen.

Natuerlich erhaeltst Du eine Beitrittserklaerung. Bitte ausfuellen
und noch heute zuruecksenden.

Unser erstes Meeting wird noch vor Ron's Geburtstag stattfinden.
Dazu erhaeltst Du rechtzeitig eine gesonderte Einladung.

Mit Deiner Beitrittserklaerung hast Du einen wichtigen Beitrag
geleistet.

Vielen Dank.

Jochen Knewitz

*Aus dem OT-Komitee ging das »Immobilienkartell« hervor: Die Verantwortlichen für
das Kartell sind sämtlich Mitglieder des Komitees. Ute und Jürgen Stätter wurden zum
Opfer der Machenschaften des Kartells. Zwar gibt es Kartelle und geschäfts-
schädigende Handlungsweisen in allen Bereichen unserer Gesellschaft, doch verfolgt
dieses – scientologisch orientierte – Kartell auch ein ideologisches Ziel. Dies zeigt
obiger Brief.*

Nachspiel an der Bühnenrampe:

Auftritt eines Sprechers der FDP. In der Hand hält er einen Ausschnitt der »Stuttgarter Zeitung« vom 23. Oktober 1993. Überschrift: »Scientology-Gegnerin Renate Hartwig bei den Jungen Liberalen. Scharfe Kritik an den Helfern der Sekte.«

FDP-Sprecher: Kiesswetter hat sich auf der Veranstaltung auf den Mandantenschutz berufen und auf seine anwaltschaftliche Schweigepflicht. »Ich kann mich nicht entsinnen«, habe Kiesswetter dort gesagt, »daß ich jemals einen Scientologen wegen seiner Scientology vertreten hätte.«

Pressesprecher tritt ab. Von Bühnenarbeitern wird ein Fernseher hereingeschoben. Es läuft ein Film, der ein Interview mit dem Vorsitzenden der FDP-Fraktion, Döring, zeigt. Döring gibt darin bekannt, daß Ekkehard Kiesswetter von seinem Amt als sektenpolitischer Sprecher der FDP-Landtagsfraktion zurückgetreten ist. Sein Amt als rechtspolitischer Sprecher der FDP-Fraktion halte er jedoch weiterhin aufrecht.

Soweit, liebe Leser, diese Geschichte. Ute und Jürgen Stätter haben übrigens bis heute ihr Haus noch nicht gebaut. Es gibt aber zwei Dinge, die mich immer noch nachdenklich stimmen.

1.: Eine Hausbau-Odyssee, wie sie die Stätters hinter sich gebracht haben, gibt es sicherlich vielfach in Deutschland. Mehrfach auch in der Hand von Scientologen. Wer jedoch diese Irrfahrt mit Scientology unternimmt, kann nicht nur ärmer werden, sondern finanziert mit seinem Geld zum einen ein moralisch verwerfliches Immobilienkartell, zum andern aber auch noch die »Kriegskasse« der Scientologen. Und wenn er sich dann über die Behandlung durch das Kartell beschwert, werden eben diese Gelder aus der »Kriegskasse« dazu verwendet, ihn, der zum Kritiker, zum »Ärgernis-Verursacher«, also im Sprachgebrauch von Scientology zum »PTS« geworden ist, zum Schweigen zu bringen.

2.: Da ist der Umstand, daß ein FDP-Politiker, der von seiner Partei höchstselbst ein Ausschlußverfahren gegen Scientology-Mitglieder einforderte, sich nicht zierte, ein solches Exempel der Doppelmoral zu statuieren. Wäre Kiesswetter ein Mann mit Rückgrat gewesen, hätte er nicht nur sein politisches Mandat als sektenpolitischer Sprecher der FDP-Fraktion niedergelegt, sondern er und die Anwaltskanzlei, in der er arbeitet, hätten sich öffentlich und deutlich von dem Mandat des scientologischen Immobilienkartells distanziert.

Kapitel 8

Scientology und Medizin

8.1 Heilpraktiker auf der Linie von Scientology

Im Sommer 1993 hielt ich einen Vortrag über Scientology in Rastatt. Kurz zuvor hatten sich bei mir Anfragen gehäuft über ein gewisses »Keppler Institut« in Stuttgart, das in Baden-Baden eine neue Heilpraktikerschule eröffnen wollte. Hermann Keppler, der diese Schule leitete, war mir seit zwei Jahren bekannt. Er hatte bereits im Jahr 1991 in der Scientology Organisation in Kopenhagen die Ausbildung zum OT (operierender Thetan) absolviert. Keppler ist Mitglied der IAS, der Internationalen Vereinigung der Scientologen.

Keppler hatte in seiner Heilpraktikerschule in Stuttgart-Mühlacker Personen des Instituts den scientologischen 200-Fragen-Test machen lassen und zur Auswertung an das »ARK Degerloch« gesandt, das eine selbständige scientologische Organisation ist. Von dort kamen die Auswertungen per Fax an das Institut in Mühlacker zurück.

Keppler hatte für Ausbilder an seiner Heilpraktikerschule Buchlisten zusammengestellt, damit die wiederum den Schülern empfehlenswerte Werke nahelegen konnten. In dieser Liste wurde unter anderem das Buch »Das Kuckucksnest« empfohlen. Geschrieben ist es von der Scientologin und Präsidentin der scientologischen Tarnorganisation »Kommission für Verstöße der Psychiatrie gegen Menschenrechte e.V.«. Mit dieser raffinierten Tarnorganisation versucht Scientology u. a., Pluspunkte in der sozial engagierten Öffentlichkeit zu machen. Im »Kuckucksnest« wird diese Kommission als Beratungsstelle aufgeführt, ebenfalls die scientologische Tarnorganisation »Narconon«. Das Buch ist im hauseigenen Verlag von Hermann Keppler in Stuttgart-Mühlacker erschienen.

Keppler hat übrigens Bücher zusammen mit den hochrangigen

Scientologen Talkenberger und Mehler geschrieben. Mehler ist WISE-Lizenznehmer und in diesem Buch bereits mehrfach erwähnt worden. Wes Geistes Kind Mehler und Keppler sind, geht zum Beispiel aus ihrem zusammmen mit Gerhard Leibold veröffentlichten Buch »Heilfasten und Entschlacken« hervor.

Es ist die Aufgabe eines jeden Mitarbeiters, ihre Befolgung durchzusetzen.

Spezielle Botschaft

Die Funktionsfähigkeit der Scientology wird nur so lange erhalten bleiben, wie Sie Ihren Teil dazu beitragen, diese Funktionsfähigkeit zu erhalten, indem sie diesen Policybrief anwenden.

Egal wo sie in der Scientology sind, ob Mitarbeiter oder nicht, dieser Policybrief geht sie an.

Dafür zu sorgen, daß die korrekte Technologie angewendet wird, besteht aus folgenden Schritten:

Eins: Die korrekte Technologie haben.

Zwei: Die Technologie kennen.

Drei: Wissen, daß sie korrekt ist.

Vier: Die korrekte Technologie korrekt lehren.

Fünf: Die Technologie anwenden.

Sechs: Dafür sorgen, daß die Technologie korrekt angwendet wird.

Sieben: Inkorrekte Technologie ausmerzen.

Acht: Inkorrekte Anwendungen ausmerzen.

Neun: Jeder Möglichkeit inkorrekter Technologie die Tür verschließen.

Zehn: Inkorrekter Anwendung die Tür verschließen.

Dieser Punkt wird natürlich als »unpopulär«, »selbstgefällig« und »undemokratisch« angegriffen werden. Und ich sehe nicht, daß populäre Maßnahmen, Selbstverleugnung und Demokratie dem Menschen irgend etwas gebracht haben, außer ihn weiter in den Schlamm zu stoßen.

Und doch gibt es keine ethischere Gruppe auf diesem Planeten als uns.

aus: Nr. 1 der Serie: »Die Funktionsfähigkeit der Scientology erhalten«, Ergänzungsstudierpack für das Executive-Status-Eins Kurs, HCO PL, 7.2.65, korr. und wiederhrsg. 12. 10. 85

Heißt es dort doch im Zusammenhang mit Erkenntnissen über das Vorhandensein von Giftstoffen im Körper: »Spätestens seit den Forschungen des bekannten Biophysikers Dr. Popp und des Pioniers L. Ron Hubbard wissen wir, daß sich selbst geringste Spuren dieser Stoffe in den Zellen des menschlichen Organismus anhäufen«.[1] L. Ron Hubbard und immer wieder L. Ron Hubbard! Ein Champ in allen Wissenschaften und Lebenslagen.

Abgesehen davon ist der an der Autorenkonstellation Mehler/Keppler/Leibold völlig unschuldige Autor Gerhard Leibold der eigentlich Betrogene. Sein ursprünglich in einem anderen Verlag erschienener Text wurde ohne Wissen und Zustimmung des renommierten Fachautors mit Texten des Scientologengespannes Mehler/Keppler »zusammengefügt«. Autor Gerhard Leibold erklärt, daß er Scientology nie angehörte oder unterstützte und auch zukünftig nie angehören wird. Das von Scientology vertretene Gedankengut widerspricht seinen persönlichen ethischen Wertvorstellungen.

Die Lokalpresse in Rastatt berichtete über meinen Vortrag – und natürlich auch über meine Ausführungen über Herrn Keppler, der ja in Baden-Baden eine neue Heilpraktikerschule einrichten wollte. Die Ordner, die mit der Rückenaufschrift Keppler bei mir im Regal standen, bekamen bald gleichnamige Gesellschaft. Es zeigte sich nämlich, daß Keppler gerade dabei war, auch in den neuen Bundesländern Schulen zu eröffnen und Vorträge zu halten.

Hermann Keppler und seine Frau müssen den Kodex der Scientologen befolgen. Unter Punkt 17 heißt es dort, daß jeder Scientologe »seinen Teil der Verantwortung dafür zu übernehmen« hat, »daß die Scientology in der Welt an spürbarem Einfluß gewinnt.«

Hermann Keppler hat sich sozusagen selbst »geoutet«, indem er sich getreu den Richtlinien von L. Ron Hubbard verhielt. So hat er nach meinem Vortrag in Rastatt gleich mit der bei Scientology üblichen schwarzen Propaganda begonnen und in einem Brief an seine Schüler ausgeführt: »Ich empfinde es als eine Ungeheuerlichkeit, daß es möglich ist, jemand wegen seiner Religion in der Öffentlichkeit zu diffamieren. Früher waren es Juden, Moslems und Anthroposophen, heute sind es wohl Scientologen.« Gegenüber seinen Schülern verhielt sich Keppler indifferent. Einigen gegenüber gab er an, Scientologe zu sein, anderen gegenüber leugnete er es. Sein Rechtsanwalt Wilhelm Blümel aus München bestritt zwar, daß Keppler Scientologe in Deutschland wäre, bestätigte jedoch in einem Schriftsatz, daß Keppler Mitglied der IAS, der Internationalen Vereinigung der Scientologen sei.

Der Vortrag entsprach nicht der Wahrheit. Denn mir liegen Unterlagen vor, daß Keppler bei der Scientology in Stuttgart zum Beispiel den Kurs »PTS/SP« absolvierte. Der Kurs behandelt das Thema »Wie man Unterdrückung konfrontiert und zerschlägt«. Dies kann er aber nur als formelles Mitglied von Scientology/Stuttgart gemacht haben. Ohne Mitgliedschaft gibt es keine Möglichkeit zum Kursbesuch.

Treu dem mir bekannten Grundsatz der Scientologen: »Klage nicht, um zu gewinnen, sondern um den Gegner zu zermürben«, fing Keppler, vertreten durch seinen Rechtsanwalt Blümel, sofort Prozesse gegen Journalisten an, die über den Vorgang berichtet hatten. Die Journalisten haben die entsprechenden Prozesse jedoch aufgrund des vorliegenden Materials für sich entscheiden können. Am Ende eines Verfahrens betonte ein Richter, die Schüler der Heilpraktikerschule Kepplers hätten das Recht zu erfahren, wes Geistes Kind hinter dieser Schule stecke.

Die Badischen Neuesten Nachrichten (BNN) beispielsweise konnten in diesem Zusammenhang den Antrag auf einstweilige Verfügung abweisen (AZ 1 O 296/93 Landgericht Baden-Baden).

Behörden scheinen allerdings von Keppler noch nichts gehört zu haben, oder aber sie ziehen nicht die notwendigen Konsequenzen. Denn noch am 24. August 1993 fanden Schüler, die sich beim Arbeitsamt nach den Möglichkeiten über eine Ausbildung zum Heilpraktiker informierten, das Keppler-Institut als mögliche Ausbildungsstätte in der Datenbank für Aus- und Weiterbildung. Die Bundesanstalt für Arbeit, die für diese Datenbank verantwortlich zeichnet, täte gut daran, dieses dubiose Institut einmal genauer unter die Lupe zu nehmen.

Der Fall Keppler zeigt, daß die Scientologen, gemäß ihrer Anweisung, alle Schichten der Gesellschaft mit der Lehre L. Ron Hubbards zu versorgen, auch den medizinischen Bereich nicht ausklammern. Von ausgestiegenen Scientologen, die die hohe Ausbildungsebene bei Scientology erreicht hatten, weiß ich, daß der Bereich Medizin eine wichtige Rolle spielt auf dem Weg zum Endziel »Clear Deutschland«.

Beinahe wäre es übrigens einmal zu einer Begegnung Keppler –

Hartwig gekommen. Der irritierte Schülerkreis lud mich als Gast zu einer Aussprache mit Keppler ein, die dieser bei meinem Eintreffen fluchtartig verließ. Eine Kursteilnehmerin: »Es war wie im Film. Als Herr Keppler Frau Hartwig sah, verstummte er wie der Vampir, dem man das Kreuz hinhält.«[2]

8.2 Herr Brügemann und die Geistwesen

Auch Hans Brügemann, Chef des Brügemann-Instituts für ultrafeine Biokybernetik in Gauting, scheint die Absicht zu haben, Hubbards Lehre zu verbreiten. Schon allein von den unbarmherzigen Hubbardschen Richtlinien her ist Brügemann, der IAS-Mitglied und Patron ist, also in die Kriegskasse der Scientologen mindestens 40 000 $ eingezahlt hat, dazu verpflichtet.

Die Brügemann GmbH in Gauting stellt medizinische Geräte her und vertreibt sie. Zu diesen Geräten zählt das »BICOM«-Gerät, das zur »ultrafeinen Bioresonanz-Therapie« angepriesen wird. Nebenbei bemerkt: Brügemann arbeitet eng mit Hermann Keppler zusammen, der ja die Schule für Heilpraktiker leitet. In dessen Ausbildungsstätten wird das »BICOM«-Gerät vorgestellt.

Brügemann gibt übrigens auch bei der »Gesellschaft für Erfahrungs-heilkunde e.V.« Seminare. Seit mehreren Jahren hält Brügemann bei verschiedensten Gelegenheiten Vorträge über die »Bio-Resonanz-Therapie«, die mit Hilfe des BICOM-Gerätes durchgeführt wird.

Ende des Jahres 1993 meldeten sich bei mir in Pfaffenhofen mehrere Ärzte, die zu einer Präsentation des BICOM-Gerätes durch Herrn Brügemann eingeladen waren. Die Ärzte hatten an verschiedenen Präsentationen Brügemanns teilgenommen; doch waren ihnen jeweils die gleichen Faktoren aufgefallen. So war beispielsweise jedes Mal die Presse bei den Veranstaltungen ausgeschlossen gewesen. Nur die Ärzte oder Heilpraktiker, die sich zuvor mit einer Karte angemeldet hatten, erhielten Eintritt in den Saal. Am Eingang, noch vor Beginn der Veranstaltung, mußten die Teilnehmer ein sogenanntes Daten-erhebungsblatt ausfüllen. Den Teilnehmern, die sich bei mir meldeten, war völlig unverständlich, warum sie bei dieser Präsentation (wie es täglich etliche in Deutschland gibt) ein derartiges Datenblatt ausfüllen mußten, das nicht nur Angaben zur Person, sondern auch zur Arzt- bzw. Heilpraktikerpraxis forderte.

Einige Ärzte hatten schon gerüchteweise gehört, daß Brügemann den Scientologen nahestehe. Sie wurden noch aufmerksamer, als ihnen Teile des Referates recht seltsam erschienen. Sie fragten bei mir nach, ob mir Herr Brügemann im Zusammenhang mit Scientology bekannt sei.

Ich konnte ihnen helfen. Mir war Herr Brügemann einschlägig bekannt. Und das seit langem. Mir liegt nämlich ein Brief von seiner Tochter vor, den mir Ex-Scientologen übergaben. In diesem Brief schrieb Cornelia Brügemann: »Durch meinen Vater lernte ich 1976 Scientology kennen. Ich hatte damals Schwierigkeiten in der Schule und nach einem Schulwechsel große Kontaktschwierigkeiten.« Cornelia Brügemann, so schrieb sie in dem Brief, belegte ihren ersten Kurs bei Scientology. Sie habe bemerkt, daß sie ihr ganzes Leben besser im Griff habe. »Ich merkte, daß es hier eine Chance gab, mich zu entfalten und fing an, mich für die Sache zu interessieren«. Cornelia Brügemann muß damals 12 oder 13 Jahre alt gewesen sein. In den Schulferien fuhr sie aus Nordrhein-Westfalen, wo die Familie damals wohnte, nach München, um sich weiter mit Scientology zu befassen. Es wurde ihr klar, so schrieb sie in dem Brief, »daß es nicht egal ist, was man in seinem Leben tut. Es gibt ethische Entscheidungen, die ich treffen muß in meiner Beziehung zu meiner Umgebung.« Cornelia Brügemann schrieb, daß sie sich um ihre Geschwister gekümmert und ihr Leben genossen habe. Einige Jahre habe sie in einer Scientology-Mission gearbeitet. Damals habe sie »das erreicht, was ich damals lernen wollte«, es hätten sich »neue Horizonte aufgetan. Mein Ziel ist, als geistiges Wesen frei zu werden, anderen zu helfen und zum höchsten Wesen zu finden, und ich weiß, daß ich es mit Scientology schaffen werde«, heißt es in dem Brief von Cornelia Brügemann.

Hans Brügemann tat, als er seine Tochter zu Scientology führte, genau das, was L. Ron Hubbard von einem Scientologen erwartete: Er führte seine Umgebung an die Lehre L. Ron Hubbards heran. Ich kann mir nicht vorstellen, daß Hans Brügemann, nach all dem, was er an Scientology-Ausbildung durchlaufen hat und nach den Summen, die er – nach den mir vorliegenden Unterlagen – an Scientology spendete, die Ethik von L. Ron Hubbard in seiner beruflichen und privaten Umgebung nicht angewandt hätte.

Schaut man einmal näher in die Schriften, die Hans Brügemann veröffentlichte, verdeutlicht sich dies und wird zur Gewißheit. So schrieb

> »Investitionen für ›Weg-zum-Glücklichsein-Stiftung‹ in einem Jahr 9 Millionen Dollar – Ausgaben der besonderen Art: 7 Millionen $ für 7 atombombensichere Türen für einen Bunker, in dem Hubbards Aufzeichnungen in Titanbehältern (Kosten: nochmal 7 Millionen $) aufbewahrt werden sollen. Es sind derzeit 3 dieser Bunker im Bau: Nord- und Südkalifornien sowie Neu Mexico.«
>
> *aus: Petersburg Times*

er in einem Sonderdruck der angesehenen Zeitung »Erfahrungsheilkunde«, einer Zeitschrift für die ärztliche Praxis (Verlag Karl F. Haug in Heidelberg), einen Beitrag unter dem Titel »Die Position der Bio-Resonanz-Therapie (BRT) im Gesamtkrankheitsgeschehen«. Brügemann geht in diesem Beitrag vor allen Dingen auf die »Geistwesen« ein, die seinem Beitrag nach der Ursprung aller Materie sein sollen. In dem Artikel in der »Erfahrungsheilkunde« schreibt Brügemann: »Nun sollte der Begriff Geistwesen noch mehr präzisiert werden: Hubbard, Atomphysiker und Philosoph, ist ebenfalls über die Atomphysik zu wichtigen Forschungsergebnissen in bezug auf das Geistwesen gekommen. Seine Definitionen sind hier hilfreich.«[3]

Nun war L. Ron Hubbard sicher vieles, bloß mit Sicherheit kein Atomphysiker. Zwar hat er nach eigenen Angaben Atomphysik studiert (wie lange, ist ungewiß), aber er hat nie einen Abschluß in diesem Fach gemacht. Das, was Hubbard zur Atomphysik veröffentlicht hat, verkauft Scientology den Mitgliedern in einem Buch unter dem Titel »Alles über radioaktive Strahlung«. Darin wird betont, daß L. Ron Hubbard über einen Zeitraum von zwei Jahren mit einem Forschungsteam von Scientologen Gehirnwäsche, Kernstrahlung usw. untersucht habe. So führt er an, daß Scientologen »viele Fälle in Ordnung« gebracht haben, die einer Gehirnwäsche unterzogen worden waren. Denn Scientologen mit ihrem E-Meter könnten sagen, ob jemandes Loyalität verändert worden sei.[4] Noch frappantere Erfolgs-

◁ *Hans Brügemann taucht auf Spenderlisten der Scientology, wie hier der »Liste des Church of Scientology – Religious Trust« mehrfach auf. Er zeigt damit, wie auf der Liste betont wird, »herausragende Beiträge zum Church of Scientology Religious Trust«. Die Spenden gehen direkt nach Clearwater/Florida, USA. Spendet man mehr als 100 000 US-$, wird man vom Religious Trust zum »Hauptgeber« ernannt.*

Alles über radioaktive Strahlung

von einem Kernphysiker und einem Arzt

Auszüge aus Vorträgen L. Ron Hubbards werden in dem Buch »Alles über radioaktive Strahlung« dokumentiert. Während eines Kongresses in London hatte der Gründer von Scientology diese Vorträge 1957 gehalten, mit teilweise haarsträubenden Thesen.

berichte liefert Hubbard über erfolgreiche Behandlungen von Atomtest-Opfern. »Ein Mann kam in die Hubbard-Scientology-Organisation in Phoenix. Er war an einer der Explosionsstellen für Atombomben vorbeigefahren, und als er in beträchtlicher Entfernung dort vorüberkam, sah er den Explosionsblitz am Horizont. Augenblicklich schwollen ihm Gesicht und Augen an, und er konnte kaum bis nach Phoenix weiterfahren. Er war in einem fürchterlichen Zustand und fühlte sich schrecklich. Ich gab ihm einfach eine Scientology-Assist und die Schwellung ging sofort zurück. Das allgemeine Auditing von Einzelpersonen ist also eine grundlegende Lösung [...]. Tatsächlich durchgeführten Untersuchungen zufolge ist bei Personen, die Scientology-Auditing erhalten haben, die Reaktion auf Strahlung weitaus geringer als bei jenen, die kein solches Auditing erhalten haben.«[5] Soweit Hubbard in dem Buch »Alles über radioaktive Strahlung«. Strahlungsschäden beseitigen? Gewissermaßen eine seiner leichtesten Übungen!

Brügemann nun gibt in seinem Beitrag in der Zeitschrift »Erfahrungsheilkunde« einige, wie er meint, sehr hilfreiche Definitionen von »Geistwesen«. Die Definitionen erinnern sehr an die Beschreibung L. Ron Hubbards von »Thetanen«, den Geistwesen der Scientologen. Brügemann selbst ist ja operierender Thetan (OT). Eine Definition des »Geistwesen«, die Brügemann in seinem Beitrag liefert, ist fast wörtlich aus dem Buch »Die Aktionen der Scientology« von L. Ron Hubbard übernommen.

Damit ist bewiesen, daß Brügemann in seiner beruflichen Arbeit, wie es L. Ron Hubbard in der Ethik der Scientology verlangt, die Lehre der Scientologen verbreitet. Hoffentlich funktioniert das BICOM-Gerät. Es steht bereits in zahlreichen deutschen Praxen.

8.3 Durch Korruption zum »OT«?

Norbert K. aus Rottenburg ist Dezernent an der Uniklinik Tübingen. Sein Aufgabenbereich sind der Einkauf und die Beschaffung für die Universitätsklinik. Mitarbeiter bezeichnen ihn als introvertiert, zurückgezogen, fast roboterhaft.

Norbert K. ist operierender Thetan (OT) der Scientology. Den Weg dorthin hat er sich teuer erkauft. Zahlreiche Kurse mußte Norbert K. absolvieren, ehe er die Stufe zum OT erklimmen konnte. Norbert K.

In einem Brief an Norbert K. erkundigt sich ein Mitarbeiter des Flag Service in Tampa/Florida, wann Norbert K. wieder auf die »Brücke« käme, wann er also sein Kursprogramm fortführen werde.

ist als fleißiger Schüler der Lehre von L. Ron Hubbard in den Scientology-Organisationen in Stuttgart, München und Kopenhagen bekannt. Aus mir vorliegenden Unterlagen des »Dianetik Stuttgart e.V.« geht hervor, daß Norbert K. allein im Zeitraum von März 1978 bis Juni 1993 mehr als 50 000 DM an Kosten für Kurse und Materialien an »Dianetik Stuttgart e.V.« zu zahlen hatte. Am 24. Februar 1991 wurde Norbert K. »Lifetime-member« (also Mitglied auf Lebenszeit) bei der IAS, der Internationalen Vereinigung der Scientologen. Dafür zahlte er 3660 DM. Die Mitgliedschaft in der »Scientology Kirche Bayern e.V.« war dagegen billiger. 12,50 DM zahlte Norbert K. am 15. Juli1989 als Mitgliedsbeitrag ein. Offenbar, so geht aus den mir vorliegenden Dokumenten hervor, ist Norbert K. in jeder der Scientology-Organisationen, in denen er Kurse belegte, Mitglied geworden.

Nach mir vorliegenden Rechnungen war Norbert K. mindestens dreimal in der Zentrale der Scientologen in Clearwater/Florida. Allein für Kurse, Auditing und Materialien zahlte er an den »Flag Service« 25 584.41 $. Unterkunft, Verpflegung und Flug muß man da wohl

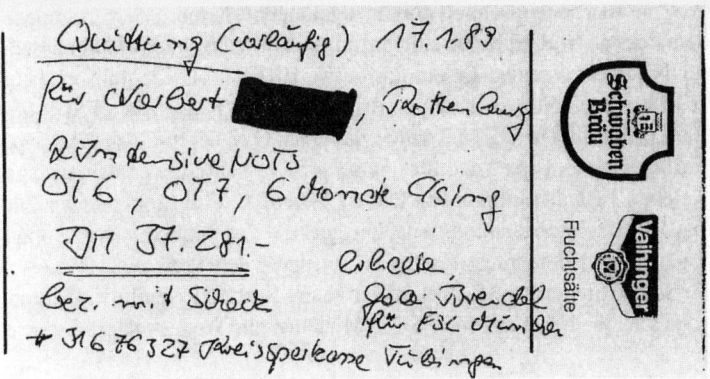

Auf einem Blatt eines Kellnerblocks quittierte die Mitarbeiterin des »Flag Service Consultant München« (FSC), von Norbert K. 37 281 DM für »2 Intensive NOTS« erhalten zu haben. Die Quittung wurde vorläufig erstellt, weil Norbert K. mit einem Scheck bezahlte.

noch hinzurechnen. Ich glaube nicht, daß Norbert K. nach Amerika geschwommen ist.

In Kopenhagen zahlte er an die dortige Scientology-Ausbildungsstätte allein nach uns vorliegenden Rechnungen mehr als 44 000 DM.

Bereits am 17. Januar 1989 quittierte ihm Gabi Brendel von der Scientology München, daß Norbert K. 37 281 DM per Scheck für »2 Intensive NOTS – OT 6, OT 7« bezahlt habe. Die Quittung muß in einer Gaststätte ausgestellt worden sein, da sie auf dem Addierblock eines Kellners ausgestellt worden ist. Einen Tag später erhält Norbert K. die offizielle Quittung vom »Flag Service Consultant«, der laut Briefkopf der Quittung über die Scientology Kirche in München erreichbar ist. Es wird ihm ein Rabatt von 45% gewährt, da er die Kurse kombiniert mit Schulungen in Kopenhagen belegt hatte.

Am 20. Januar 1989, zwei Tage später, freuten sich Gabi Brendel und Monika Wieneke vom Flag Service Consultant (FSC) der Scientology, daß Norbert K. »auch bald auf OT-7« sei. »Ich lege dir wirklich ans Herz, einen Weg auszuarbeiten, schnell dort anzugelangen«, betonte Gabi Brendel in dem Brief an Norbert K. Sie teilt ihm mit, daß das schwarze E-Meter bestellt sei. E-Meter kosten bei Scientology etwa 10 000 DM. Ebenfalls im Januar 1989 erhielt Norbert K. einen Brief von Klaus Kleber vom FSC München, in dem ihm bescheinigt

211

wurde, daß er das O.K. des FSC habe, das »Spezial Auditor tools package for one person« zu kaufen, wenn er noch am gleichen Tage die Summe von DM 6228 beim FSC in München bezahle. Das Fax, das laut Kennungszeile von den New Era Publications in Kopenhagen abgesandt wurde, weist darauf hin, daß in dem Preis auch die Kosten für Schiff, Steuern und Zoll enthalten seien. Norbert K. zahlte die Summe noch am gleichen Tag beim FSC in München ein. Wenig später leistete er eine »Restzahlung«, in der auch zwei Wochen »Unterbringung« enthalten sind: insgesamt 12 067 DM.

Woher nahm Norbert K. die Zeit für diese Kurse? Offensichtlich

STATEMENT OF ACCOUNT

Church of Scientology® Flag Service Org. Inc. 210 S. Ft. Harrison Ave., Clearwater, Florida 34616, U.S.A. Phone: (813) 447-7151

NORBERT

ROTTENBURG
WEST GERMANY

ACCOUNT NO. : 201774

PHONE: 07071294453-7472317

DATE	INVOICE	DESCRIPTION	DONATION REQUESTED	DONATION RECEIVED	BALANCE
8 NOV 82	70514	AP OT 6 DKR 17,455 @ 9.08 (PART OF CK #!6 7455, 0409334, 0409333) VENDELBOBANKEN		1,922.36	1,922.36
14 DEC 83	196534	DEBIT INTER-ORG TRANSFER TO AOSH EU	1,922.36		0.00
18 JAN 89	A625371	ADU, MK VII E-METER	3,420.00		3,420.00-
19 JAN 89	A625978	DON, NOTS, S/NOTS DM 37,281 @ 1.821		20,472.82	17,052.82
19 JAN 89	A625979	DON, MK VII & RTA DM 6228 @ 1.821		3,420.10	20,472.92
22 JAN 89	A632851	MINUS DON, NOTS & S/NOTS REF A625978	20,472.82		0.10
. JAN 89	A632852	ADV DON, NOTS, S/NOTS		20,456.34	20,456.44
20 SEP 89	B88293	DON, L-11 DM 10,138 @ 1.977		5,127.97	25,584.41
		BALANCE AS PER 22 MAR 90			25,584.41

In der Zentrale der Scientology in Clearwater/Florida belegte Norbert K. zahlreiche Kurse, wie diese Rechnung belegt. 25 584,41 US-$ mußte er im März 1990 bezahlen – stets als »Donation«, also Spende, ausgewiesen.

benutzte er jeden freien Tag, jeden Urlaubstag dazu, bei Scientology Kurse zu belegen. Des weiteren muß er abends in den Missionen von Scientology Auditing gemacht haben. Zeit für seine Familie wird ihm keine geblieben sein. Seinem Arbeitgeber ist dies offensichtlich nicht bewußt geworden. Dabei ließ die Qualität der Arbeit von Norbert K. offensichtlich nach. Aus Wissensberichten, die Norbert K. an Scientology schrieb, geht hervor, daß auf seinem Schreibtisch Stapel unerledigter Arbeit gelegen hätten. Der Grund dafür sei gewesen, daß er durch das Auf und Ab der Kurse in Phasen gekommen sei, wo alles unendlich langsam gegangen sei.

Aus den Berichten, die Norbert K. sowohl an Scientology-Organisationen als auch speziell an Doris Heinzel von Scientology schrieb, lassen sich noch kleinste Details sowohl seines Seelenlebens als auch seines Tagesablaufs und seines Terminkalenders erkennen. Dies beweist mir, daß nicht nur theoretisch von Scientology Berichte gefordert werden, sondern daß sie von den Mitgliedern von Scientology auch tatsächlich geschrieben werden.

Norbert K. zum Beispiel spricht in den Wissensberichten, die er an Scientology schrieb, von der Kontrolle, die er über seine Mitarbeiter an der Uniklinik hatte. Dabei war ihm wohl nicht bewußt, daß er, obwohl er bereits selbst einen relativ hohen Ausbildungsstand bei Scientology erreicht hatte und eine berufliche Stellung innehatte, die zu den gehobenen Positionen zählt, längst selbst zum Werkzeug der Kontrolle von Scientology über sein Privatleben und sein berufliches Umfeld geworden war.

Ich frage mich, wie Norbert K. die immensen Kosten für die zahlreichen Kurse, die er bei Scientology absolvierte, tragen konnte. Wie war das möglich, mit einem Gehalt nach BAT-Angestelltentarif, sechsstellige Summen an Scientology zu zahlen, ohne sich zu verschulden? Eltern, die Millionäre sind, hat er nicht im Rücken.

Bei meinen Recherchen erfuhr ich folgendes: Die Familie K. hat zwei Autos. Beide Autos waren zuvor in Firmenbesitz. Der eine Wagen gehörte zuvor der Firma Zehnacker, einer Gebäudereinigungsfirma. Der andere Wagen stammte von der KBF, der Körperbehindertenförderung mit Sitz im schwäbischen Mössingen. Die KBF wird als eine der größten Zivildienststellen der Bundesrepublik bezeichnet, da sie mehrere hundert Zivildienstleistende beschäftigt.

Interessant ist, daß die Firma Zehnacker von der Universitätsklinik

213

Tübingen einen Gebäudereinigungsauftrag erhielt. Dieser Vorgang wurde über den Schreibtisch von Norbert K. abgewickelt. Aus dem beruflichen Umfeld von Norbert K. wurde mir bekannt, daß der Repräsentant der Firma Zehnacker, ein Herr Tegen, Norbert K. in den Räumen der Klinik Geldscheine überreichte. Und dies so offensichtlich, daß es Kollegen von Norbert K. auffallen mußte, die davon peinlich berührt waren.

Geschäftsführer der Mössinger Körperbehindertenförderung (KBF) ist Hans-Georg Döbereiner. Er ist Gründungsmitglied des Arbeiter-Samariter-Bundes (ASB) in Mössingen. Döbereiner wurde darüber hinaus zum geschäftsführenden Vorstandsmitglied des Arbeiter-Samariter-Bundes

»Wenn sich jemand für einen Kurs einschreibt, dann betrachten Sie ihn als Mitglied für die Dauer dieses Universums – lassen Sie niemals eine ›aufgeschlossene‹ Einstellung zu. Wenn jemand fortgehen will, lassen Sie ihn schnell fortgehen. Wenn sich jemand eingeschrieben hat, so ist er an Bord, und wenn er an Bord ist, dann ist er zu denselben Bedingungen hier wie alle anderen von uns – gewinnen oder beim Versuch sterben. Lassen Sie ihn niemals ein halbherziger Scientologe sein. Die besten Organisationen der Geschichte waren harte hingebungsvolle Organisationen. Kein einziger weichlicher Haufen Windelhöschen tragender Dilettanten hat jemals etwas zustande gebracht. Es ist ein hartes Universum. [...] Du bist hier, also bist du ein Scientologe. Jetzt werden wir dich zu einem fachmännischen Auditoren machen, was auch immer geschieht. Wir haben dich lieber tot als unfähig.«

aus: Hubbard Kommunikationsbüro HCO-Richtlinienbrief vom 7. Februar 1965, Seite 8

Neckar-Alb bestellt. Nach einem Bericht der Tübinger Lokalzeitung zweigte er 1983 aus den großen Wagenparks der KBF vier Kleinbusse und Kombis ab, ließ sie umspritzen und in den Dienst des ASB übergehen. Überraschend wurde dann der ASB Mössingen von der Uniklinik Tübingen damit beauftragt, einen Teil der Krankentransporte zu übernehmen. Als Grund wurde die Kostenlage angeführt. Zuvor hatte diese Krankentransporte das Deutsche Rote Kreuz (DRK) durchgeführt. Klagen über die Qualität der Transporte des DRK hatte es nie gegeben.

ASB-Vorsitzender Döbereiner konnte die Kosten für die Krankentransporte wohl deshalb so niedrig kalkulieren, weil er den Dienst durch Zivildienstleistende absolvieren ließ. Die Zivildienstleistenden konnte er aus der in Bodelshausen gebauten Zivildienstschule rekrutieren. Für 300 DM monatlich begannen die Zivildienstleistenden 1983 mit dem Krankentransport für die Medizinische Poliklinik der Universität Tübingen.

Döbereiner kam 1988 erneut in die Schlagzeilen der Medien, weil er angeblich die Zivildienstleistenden, die beim KBF ihren Dienst leisteten, durch nicht zulässige Dienstverträge ausgebeutet haben soll.[6]

Als das Geschäft mit den Krankentransporten zwischen der Uniklinik und dem KBF abgewickelt wurde, war Norbert K. bereits in der Verwaltung der Uniklinik Tübingen beschäftigt.

Ich bezweifle, daß es ein Zufall ist, daß Norbert K. Autos fährt, die just von den zwei Unternehmen stammen, die in den vergangenen Jahren durch (überraschende) Entscheidungen der Klinikverwaltung profitierten. Und ich zweifle auch deshalb daran, weil unter den Informationen über Norbert K., die ich im Laufe der vergangenen zwei Jahre erhielt, im März 1993 eine Information war, die von Geldüberweisungen in Verbindung mit Norbert K. und seinem Umfeld sprach.

Diese Information besagte, daß die Firma, die die Krankentransporte für die Universitätsklinik Tübingen durchführt, einer Person, die nicht bei ihr beschäftigt sei, monatlich Geld auf ein Konto überweise, das die Maximalsumme eines nicht zu versteuernden Einkommens betrage.

Norbert K. ist für Scientology interessant, weil er im wirtschaftlichen Bereich der Universitätsklinik Tübingen großen Einfluß hat. Das Dianetik-Zentrum Stuttgart schrieb deshalb an ihn in der Absicht, ihn zum Mitglied einer »Treasury-Abteilung« zu machen. »Eine Finanzabteilung im Machtzustand wäre so gänzlich reibungslos und genau, daß sie das Schweizer Banksystem schlecht aussehen lassen würde«, zitiert der Brief von David McClurg den Gründer von Scientology L. Ron Hubbard.

Das Schicksal von Norbert K. ist im Grunde tragisch. Er ist von

Zeugin Shelly Tuggle

»Man kann keinen Kommunikationskurs beim Kläger (also bei Scientology) buchen, wenn man nicht zuvor Mitglied geworden ist«.

Auszug aus dem Protokoll, LG Hamburg, 74 O 365/73 vom 5. 6. 1975.

Scientology in die Abhängigkeit gebracht worden, und nun wird er vom Opfer zum Täter gemacht. Verwunderlich ist für mich nur, wie und warum Norbert K. über Jahre hinweg in seiner Position an der Universitätsklinik in Tübingen ungehindert arbeiten konnte. Schließlich arbeitet doch der CDU-Landtagsabgeordnete im Landtag von Baden-Württemberg und sektenpolitische Sprecher der CDU-Landtagsfraktion, Dr. Paul Stefan Mauz, als Arzt an der Universitätsklinik Tübingen.

Mauz, der die Scientologen in Wahlkampfzeiten gerne zum Thema macht und sie in Reden gerne als Mafia bezeichnet, war von mir im Rahmen einer Diskussion im Stuttgarter DGB-Haus mit der Andeutung konfrontiert worden, an der Tübinger Uniklinik befinde sich ein hochrangiger Scientologe in führender Position. Mauz versicherte, daß er diesen Mann »an eine unschädlichere Stelle«[7] bringen wolle, sollte sich dieser Verdacht bestätigen. Der sektenpolitische Sprecher der CDU-Landtagsfraktion im Landtag von Baden-Württemberg, Dr. Paul Stefan Mauz, schlägt da einmal mehr das Spielchen »Beamte verschieben« vor. Das bringt nichts! Der einzelne wird ein bißchen bestraft. Das System bleibt – dank der sektenpolitischen Problemlöser vom Schlage Mauz – intakt.

1   In: Heilfasten und Entschlacken, hrsg. von Ha.A.Mehler, Hermann Keppler.

2   Bericht im Badischen Tageblatt.

3   Aus: Erfahrungsheilkunde, Acta medica empirica. Heft 12/1990, S. 808.

4   Aus: »Alles über radioaktive Strahlung«, von einem Kernphysiker und einem Arzt. Kopenhagen 1980, S. 85ff.

5   ebd., S. 122f.

6   Der Stern, 11. 8. 1988, S. 126f.

7   Stuttgarter Nachrichten, 23. 10. 1993, »Politik ist unterwandert«.

Kapitel 9

Scientology und Öffentlichkeit

9.1 Eigenwerbung

Scientology versucht, möglichst viele Menschen zu erreichen und ihnen die Ideologie von L. Ron Hubbard zu vermitteln. Dies passiert unter den verschiedensten Vorzeichen. Natürlich gibt es Scientology-eigene Zeitschriften, die in diesem Buch später noch eine besondere Rolle spielen werden. Als Mittel des Transports der Ideologie von L. Ron Hubbard haben Scientologen aber auch Buchverlage gegründet. Dazu gehört unter anderem der »New Era« Verlag in Kopenhagen. Hier erscheinen die klar L. Ron Hubbard zuzuordnenden Schriften. Dies sind die Bücher, die unter seinem Namen erscheinen, sowie das Kursmaterial, das Scientologen verwenden. Man kann New Era als Hausverlag der Scientologen bezeichnen.

Es gibt weitere Verlage, die sich in den Dienst der Scientologen stellen. So veröffentlicht z. B. der Möwe Verlag in Hünstetten immer wieder Bücher, die offensichtlich dazu dienen, führende Scientologen salonfähig zu machen. In diesen Büchern werden Scientologen als Beispiele für erfolgreiches Unternehmertum dargestellt. Die Reihe der vorgestellten Unternehmer liest sich wie die Patronliste im Impact-Journal, also die Liste jener Leute, die in die »Kriegskasse« der Scientologen eingezahlt haben. Die Bandbreite der Titel im Möwe Verlag reicht von »Selfmademen und Millionäre« über »Wirtschaftskarrieren« bis hin zu »Immobilienprofis« und »Der Verkaufsabschluß«.

Der Möwe Verlag läßt sich diese Publikationen gleich doppelt bezahlen. Denn Unternehmer und Geschäftsleute, die in den Büchern des Möwe Verlages porträtiert werden wollen, müssen für diese Selbstdarstellungen viel Geld hinblättern. Gleichzeitig müssen sich die

Klaus Kempe / Peter P. Talkenberger / Ha. A. Mehler

IMMOBILIENPROFIS

Wie sie den Einstieg in das Immobiliengeschäft schafften

Womit sie Spitzengewinne einfahren

Was ihre Geschäftsgeheimnisse sind

mowe

Im Möwe Verlag in Hünstetten erscheinen Bücher, in denen vielfach Scientologen als erfolgreiche Geschäftsleute dargestellt werden. »Immobilienprofis« lautet der Titel eines dieser Bücher – und wer das Kapitel 7 in diesem Buch liest, wird wissen, wie Scientologen dies offensichtlich verstehen.

218

Geschäftsleute verpflichten, einen Teil der Auflage dieser Bücher selbst zu übernehmen. Die Bücher werden dann von den Unternehmern oder ihren Angestellten den Geschäftspartnern der Firmen sozusagen als Empfehlung des Betriebes überreicht. Die Bücher sind also nichts anderes als geschäftliche Werbung – reine Public Relations. Nehmen wir z. B. das Buch »Immobilienprofis« aus dem Möwe Verlag (erste Auflage 1990). Die Autoren dieses Werkes sind sämtlich hochrangige Scientologen, OTs und Patrons.

Vorgestellt werden auf den 260 Seiten des Buches großteils Scientologen, so Bernd Kollmus und Ernst Haible. Unter anderem wird auch der Geschäftsführer der Garant Immobilien in Stuttgart, Hans Moser, vorgestellt. Ein weiteres Portrait gilt dem operierenden Thetan (OT) Thomas Ganz, der für 535 000 DM die U-MAN Lizenz für Deutschland erworben hat.

Die Autoren wie auch die scientologischen Unternehmer, die in Interviews vorgestellt werden,

»Die Arbeitsgrundlage ist: Genauso wie Sie mit Geld umgehen, so müssen Sie es auch mit Büchern tun. Es gibt einen Unterschied: Geld sinkt im Wert – Bücher steigen im Wert. [...] Es gibt ein Wort, das besagt, daß ein einzelnes Dianetik- oder Scientologybuch für die menschliche Rasse mehr wert ist als die Entdeckung des Rades oder des Feuers. Das ist deswegen so, weil es den Verfall der Menschheit und das Verderben des einzelnen aufhalten könnte. [...] Bücher, E-Meter und Kassetten sind ein großes Geschäft. Sie als nebensächlich zu erachten, kann sich auf das Gesamteinkommen fatal auswirken. Es ist das Buch in der Hand der Öffentlichkeit, mit dem jeder Aufschwung, unabhängig von jeglicher anderer Werbung beginnt. Die Bücher sind die Gesandten und Botschafter für die Welt. Das hat sich seit 1950 unzählige Male bewiesen.

aus: HCO Policy-Brief vom 9. Mai 1982, Nr. 32, »Bücher stellen Vermögen dar«

wählen in dem Buch durchaus die scientologische Sprache, wie wir sie von Hubbard kennen. So antwortete in dem Buch beispielsweise Ernst Haible auf die Frage »Was, würden Sie sagen, ist das Wichtigste in Ihrem Beruf?«: »Ethik, wie in jedem Bereich des Lebens. Ethisch arbeiten, sauber ausführen, den Leuten immer mehr bieten, als sie erwarten.«[1]

In diesem Satz kann ich Haible nur zustimmen. Die Kunden, die von Scientologen betreut werden, bekommen wahrhaftig mehr, als sie erwarten. Nämlich Hubbard pur.

Der FREIHEITSSPIEGEL

Unabhängige Zeitung, herausgegeben von der Scientology Kirche • Nr. 46 • Verlagsort Stuttgart • Mai 1992
Auflage dieser Ausgabe: 500.000 Exemplare

Das neue Image von Baden-Württemberg im In- und Ausland?

Drogenumschlagsplatz Baden-Württemberg

Unzufriedene Bürger

Politische Skandale

Würden Sie Baden-Württemberg einem Besucher so zeigen?

An erster Stelle käme ein Ausflug zu bestimmten Drogenplätzen in Stuttgart. Betont wird dabei: Alleine in der Landeshauptstadt wird täglich durch Drogenkriminalität ein Schaden von etwa 900.000 Mark angerichtet. Dies würde belegen, wie gut wir soziale Probleme im Griff haben.

Dann gibt es ein gemütliches Treffen mit Leuten, die mit dem heutigen Baden-Württemberg recht unzufrieden sind. Wohnungsmangel, zu wenig Schulen und Kindergärten, hohe Steuern. Ein Kontakt mit Personen, die positiv über unser Land denken, würde natürlich vermieden, da sonst der Eindruck des Beschönigens entstehen könnte.

Und dann setzten wir uns mit Rentnern zusammen und lassen uns von ihnen vorrechnen, wieviel ihnen von der letzten Rentenerhöhung durch die ohnehin knappe Geldbörse geblieben ist.

Die anschließende Berichtigung von verschmutzten Gewässern und sterbenden Bäumen würde die profitgierigen und rücksichtslosen Industriekonzerne in unserem Land ins rechte Licht rücken.

Den krönenden Abschluss würde eine ausführliche Unterrichtung darüber bilden, wie Korruption und Filz die politische Landschaft in Baden-Württemberg prägen.

Wahrscheinlich würden Sie all dies nicht tun, es sei denn, Sie wären daran interessiert, Baden-Württemberg absichtlich in einem schlechten Licht erscheinen zu lassen.

Sie würden eher versuchen, ein ausgewogenes Bild unseres Landes zu vermitteln, bei dem Positives und Negatives in einem ausgewogenen Verhältnis stehen.

Die Folgen einer einseitigen Presse

Was würden Sie von einer Presse halten, die unser Bundesland im In- und Ausland nur im gerade geschilderten Sinne präsentieren würde? Sie wären sicher nicht erfreut, vielleicht sogar ziemlich erbost über solch eine einseitige Berichterstattung. Unser Ansehen im In- und Ausland wäre dadurch ernsthaft gefährdet und uns würden wahrscheinlich weit weniger Türen offenstehen, als es heute der Fall ist.

Wie würden Sie sich nun aber fühlen, wenn die Presse hartnäckig auf dieser Linie beharren würde und dies noch zusätzlich mit erfundenen oder inzwischen Geschichten anreichert? Wenn alle positiven Aspekte Baden-Württembergs, selbst wenn eindeutig belegt, völlig außer acht

gelassen würden? Sie kämen sich sicher nicht ungerecht behandelt vor, ganz abgesehen von einigen unfreundlichen Gefühlen den Medien gegenüber.

Welches Image entsteht?

Welches Ansehen hätte Baden-Württemberg nach Jahren derart einseitig negativer Berichterstattung? Die Vorstellung ist vielleicht zu schrecklich, und Sie denken, daß dies unmöglich sei in einer Welt der freien Presse und Meinungsäußerung. Die Geschichte lehrt uns aber, daß dies leider immer wieder vorgekommen ist. Mit Hilfe von einseitigen Informationen an die Bevölkerung werden Kriege angezettelt und gerechtfertigt. Auch die Verfolgung von Minderheiten und religiösen Gruppen, wie die Christen zur Römerzeit oder die Juden im NS-Staat, wird so geschürt.

Wäre ein ausgewogenes Bild nicht besser?

Wenn Sie an ausgewogenen Informationen interessiert sind, dann

lesen Sie auf den nächsten Seiten weiter!

Ein ausgewogenes Bild verzerrt nicht die Wirklichkeit und zeigt alle Aspekte im richtigen Verhältnis.

Wir haben festgestellt, daß durch fehlende, einseitige oder falsche Angaben ein nicht immer korrektes Bild über die Scientology Kirche entstanden ist. Deshalb haben wir uns entschlossen, Sie in dieser Zeitung über unsere Religion zu informieren.

Scientology ist in Deutschland eine relativ neue wachsende Religionsgemeinschaft mit Kirchen in Stuttgart, München, Hamburg, Berlin, Hannover, Düsseldorf und Frankfurt, sowie Missionen in über 20 weiteren Orten. Die erste Kirchengründung erfolgte 1970 in München und wenige Jahre später in Stuttgart. Zu den Mitgliedern gehören Menschen aus allen gesellschaftlichen Bereichen, Altersgruppen und Berufen, wie Arbeiter, Hausfrauen, Angestellte, Beamte, Manager, Künstler und Selbständige.

Auch in Deutschland bekennen sich Zehntausende zu Scientology. Vor allem unseren Mitgliedern ist es deshalb wichtig, daß Sie erfahren, was Scientology wirklich ist, an was wir glauben und was wir tun, unsere Einstellung zum Leben und unseren Beitrag zur Lösung sozialer Probleme.

Wir werden in diesem Rahmen auch zu kontroversen Fragen Stellung beziehen.

Der Freiheitsspiegel ist eine Zeitung, die sich für Menschenrechte und persönliche Freiheit einsetzt. Wenn Sie einen Beitrag haben, so schreiben Sie an die Redaktion oder rufen Sie an: Tel. (07 11) 16 33 82

In dem im Möwe Verlag erschienenen Buch »Selfmademen und Millionäre« schildert der Hamburger Unternehmensberater Andreas M. Groß, was ihn als finanziell erfolgreichen Menschen von anderen unterscheide. Er habe, so Groß, das Buch »Dianetik« von L. Ron Hubbard entdeckt. »Daraufhin habe ich mir selbst fünf Stunden Dianetik-Sitzungen verpassen lassen.«[2] Über zwei Seiten hinweg erzählt Groß, wie er Auditing-Sitzungen gemacht habe, bis er mit Hilfe der Dianetik sein Leben schlagartig geändert habe. »In beruflicher und finanzieller Hinsicht gelang mir der Durchbruch. Außerdem erlernte ich selbst diese dianetische Methode und ließ mich ausbilden. Heute erziele ich damit auch bei anderen unglaublichen Erfolg.«[3] Und im Buch geht der Text weiter: »Der Rest des Lebens von Andreas M. Groß liest sich wie im Bilderbuch: Nach dieser Erkenntnis, nach dieser Dianetik-Sitzung, veränderte sich für Groß alles. Er machte sich selbständig mit einer Unternehmensberatung, die auch Persönlichkeitstraining einschließt, und ließ anderen seine Erkenntnisse und Methode angedeihen. Es handelte sich dabei um den totalen turning-point, den Wendepunkt in seinem beruflichen Leben.«[4] Die Aussagen Groß' lassen sich als klare Werbung für Scientology werten.

Auch in anderen Medienbereichen, so im Zeitschriftenbereich, versucht Scientology Fuß zu fassen. Der »futura verlag« in Düsseldorf ist spezialisiert auf Fachzeitschriften. Dort erscheinen die Zeitschriften »Das Elektrofach«, »Porzellan + Glas« sowie »Tele-Connect«. Als Verlagsleiter und Geschäftsführer zeichnet im Impressum Alexander Druckenmüller verantwortlich. Der »futura verlag« sucht seine Mitarbeiter unter anderem mit Hilfe des WISE-Lizenznehmers »Choice International« aus. In einem Fernsehinterview gab Geschäftsführer Alexander Druckenmüller an, daß er drei Mitarbeiter des »futura verlages« zu »Kommunikationskursen« geschickt habe. Diese seien auf der Grundlage der Technologie von L. Ron Hubbard, also scientologisch durchgeführt worden. Davon wußten die Mitarbeiter, die den Kurs besuchten, im Gegensatz zu Herrn Druckenmüller, allerdings nichts. Druckenmüller ist nach eigener Aussage Scientologe und besucht das Celebrity-Center in Düsseldorf, in dem sich Prominente aus

◁ *Der »Freiheitsspiegel« ist die Zeitung von Scientology in Deutschland. In hunderttausendfacher Auflage werden abstruse Behauptungen, Verleumdungen und Verdrehungen der Wirklichkeit gebracht. In der Zeitung stellen sich die Scientologen als Verfolgte dar.*

Politik, Wirtschaft und Kultur nach der Technologie von L. Ron Hubbard schulen lassen.

Als Scientologe, der nach den Richtlinien von L. Ron Hubbard lebt und wirkt, wäre Alexander Druckenmüller dazu angehalten, z. B. »Umgebungskontrolle« auszuüben. Dies bedeutet, alles in seiner Umgebung zu kontrollieren und die Umgebung, für die er verantwortlich zeichnet, an die Technologie von L. Ron Hubbard anzupassen.

Ob der Bundesverband des Beleuchtungs- und Elektroeinzelhandels e.V. in Köln und der Bundesverband der Glasindustrie, des Porzellan- und Keramikeinzelhandels e.V. in Köln, die die Fachzeitschriften beim »futura verlag« herausgeben, sich darüber im klaren sind, was die Richtlinien von Hubbard in letzter Konsequenz bedeuten, bezweifle ich.

Die Herausgeber sollten sich vor Augen halten: Ein Verlagsleiter verfügt über sämtliche Daten, die einem Verlag zur Verfügung stehen. Im Fall der Fachzeitschriften des »futura verlages« sind dies z. B. sämtliche Adressen der Abonnenten und Inserenten.

9.2 Journalisten »handhaben«

Scientology ist es nicht egal, wie die Organisation in der Öffentlichkeit dargestellt wird. Es gibt speziell für die Öffentlichkeitsarbeit ausgebildete Scientologen. Peinlich genau wird die gesamte Medienlandschaft nach Veröffentlichungen über Scientology durchforstet. Befinden sich darin Berichte, die Scientology kritisch durchleuchten, versucht die Organisation, die Journalisten bzw. die Informanten so zu »handhaben«, wie es ihnen L. Ron Hubbard in seiner »Public Relation-Serie« vorgeschrieben hat. Hauptaufgabe der scientologischen Öffentlichkeitsarbeit ist es demnach, »beständig auf so vielen Kanälen wie möglich die Identität dessen (zu wiederholen), was man repräsentiert«. Die Scientologen weisen deshalb, sooft sie können darauf hin, daß Scientology eine Kirche sei und daß die Aktivitäten der Scientology unter den Begriff »Religionsausübung« fielen.

Andererseits werden z. B. Journalisten, die über Scientology schreiben, als »Ärgernisverursacher« eingestuft und entsprechend behandelt. Die offensichtlich weltweit übliche Vorgehensweise bei Scientology reicht von Beschwerden bei den Vorgesetzten der Journalisten, Unterlassungserklärungen, Gegendarstellungen, einstweiligen Verfügungen bis hin zu Bedrohung und Nötigung.

Scientology-Missionen haben für ihre Mitglieder eine Art »Punktesystem« eingeführt, mit dem Scientologen dafür belohnt werden, daß sie Leserbriefe an Zeitungen schreiben und Scientology verteidigen. Diese Leserbriefe werden zuvor von den Mitarbeitern von Scientology teilweise kontrolliert und freigegeben. Je mehr Leserbriefe ein Scientology-Mitglied schreibt, um so höher steigt er in der Erfolgsstatistik der Missionen, sofern der Brief veröffentlicht wird.

Andererseits läßt sich durchaus ein Umfeld von »Sympathisanten« erkennen, in dem angesehene Persönlichkeiten unserer Gesellschaft versuchen, ihre Stellung zu nutzen, um die Machenschaften von Scientology zu verharmlosen. So schrieb z. B. Rechtsanwalt Dr. Michael Scheele in seiner Funktion als Geschäftsführer der »Bürgerinitiative Fair Press« für die juristische Kolumne einer Zeitschrift, in der er das »Outing« von Mitgliedern von Scientology verurteilte. Scheele führte in dieser Kolumne an, daß der Rechtsstaat einige der einfachen Scientology-Mitglieder nicht im Stich gelassen habe. Er zitierte Urteile des Oberlandesgerichtes Stuttgart und der Landgerichte Hamburg, München und Berlin, nach denen der Geheimhaltung der Religion besondere Bedeutung zukomme. Scheele beklagte, daß das Outing selbst solche Personen getroffen habe, die bemüht waren, ihre persönliche Weltanschauung für sich zu behalten.

Ich empfinde es als eine ausgemachte Frechheit und Bauernfängerei, daß sich Scheele ausgerechnet für Scientology-Mitglieder auf den Rechtsstaat beruft. Schließlich vertrat er – zumindest in der Vergangenheit – als Anwalt eine ganze Reihe von Mitgliedern von Scientology, z. B. die Familie Erdtmann aus Krefeld, die überzeugte Scientologen sind, und hätte wissen müssen, welcher Geist diese Menschen leitet. In mehreren Gerichtsverfahren haben Richter mir nämlich zugebilligt, daß ich künftig über Scientology sagen darf: »Gängige Spielregeln des Rechtsstaates gelten da nicht.«

In seiner Kolumne in der Zeitschrift für Juristen verglich Scheele die Lage der Scientologen mit der gesellschaftlichen Situation der Ausländer. Durch die Medien, vor allem durch das »Reality TV«, würden die Scientologen daran gehindert, ihr allgemeines Persönlichkeitsrecht auszuüben. Scheele stellte Scientologen auf eine

Stufe mit Menschen, die wegen ihrer Weltanschauung, ihrer Religionszugehörigkeit oder ihrer Staatsangehörigkeit diskriminiert werden. Scheele berief sich damit auf das Grundgesetz, den Artikel 4 (Religionsfreiheit). Ist ihm der Beschluß des Bundesverfassungsgerichts vom 5. 2. 1991 – 2 BvR 263/86 – unbekannt? Hier wurde zur religiösen Vereinigungsfreiheit und Vereinsautonomie folgendes festgestellt: »Allein die Behauptung und das Selbstverständnis, eine Gemeinschaft bekenne sich zu einer Religion und sei eine Religionsgemeinschaft, können für diese und ihre Mitglieder die Berufung auf die Freiheitsgewährung des Art. 4 Abs. 1 und Abs. 2 Grundgesetz nicht rechtfertigen; vielmehr muß es sich auch tatsächlich, nach geistigem Gehalt und äußerem Erscheinungsbild, um eine Religion und Religionsgemeinschaft handeln.«

Wie jedoch geht Scheele als Anwalt von Scientologen mit Kritikern von Scientology um? Wie behandelt er Journalisten, die über Scientology berichten? Scheele überzieht sie mit Unterlassungserklärungen, einstweiligen Verfügungen, zeitraubenden Gerichtsverfahren. Unter anderem nutzte Dr. Michael Scheele das hauseigene Kampfblatt der Scientologen, den »Freiheitsspiegel«, als angebliches Beweismittel, um mich vor Gericht zu denunzieren. Im »Freiheitsspiegel« werde ich von Scientologen über Seiten hinweg und mit Bild verleumdet, in meinem Persönlichkeitsrecht angegriffen, beleidigt und in übelster Weise in den Schmutz gezogen. Rechtsanwalt Scheele schickte den »Freiheitsspiegel« auch an einen Journalisten und einen Stuttgarter Verlag, als »Beweis«, daß ich keine vertrauenswürdige Informantin sei. Dr. Michael Scheele, ich frage Sie: Warum messen Sie in unserem Rechtsstaat mit zweierlei Maß? Gelten für Scientologen andere Gesetze als für mich? Gilt der Schutz des Grundgesetzes nur für Scientologen?

In der Kolumne für die juristische Zeitschrift wies Dr. Michael Scheele übrigens auch auf die Bürgerinitiative Fair Press hin. Fair Press war als eingetragener Verein gegründet worden, um eine faire Berichterstattung in den Medien zu fördern. Ich frage mich, wie Dr. Michael Scheele als Geschäftsführer dieses Vereins fungieren kann, wo er doch selbst eine faire und kritische Berichterstattung über Scientology mit allen Mitteln bekämpft.

Dr. Michael Scheele ist übrigens ein sehr reger Zeitgenosse. Er war Honorarkonsul der Seychellen und war, zumindest bis März 1991, al-

REINIGUNG

Beginnen Sie noch heute mit dem Reinigungs-Programm

Der Weg zu klarem Denken

Für weitere Informationen wenden Sie sich bitte an folgende Adresse:

In Hochglanz-Broschüren wirbt Scientology für das »Reinigungs-Programm« als den »Weg zum klaren Denken«. Sinnbild für diese »Reinigung« ist ein Fluß, der kristallklares Wasser führt. Das Zweite Deutsche Fernsehen (ZDF) verbreitete dieses Bild vom reinigenden Fluß über seine Serie die Trauminsel – wohl ganz im Sinne der Scientology (s. nächste Seite »Auditing per ZDF«).

leinvertretungsberechtigter Geschäftsführer einer Marketing- und Medien-Agentur in München, die er zusammen mit Christoph Gottschalk, dem Bruder des bekannten Talkshow-Moderators, unter der gleichen Adresse wie seine Kanzlei betrieb. Die Agentur konzipiert und führt Maßnahmen auf dem Gebiet der Öffentlichkeitsarbeit für Dritte durch.

Aber es gibt durchaus auch Journalisten, die Scientology unterschätzen. Oder aber die nicht wissen, was wirklich hinter diesem Verein steckt. Scientology freut sich wohl über Artikel wie den von

Herbert Riehl-Heyse in der Süddeutschen Zeitung vom 30. Oktober 1993. Herbert Riehl-Heyse, Ex-Stern-Chefredakteur und einer der bekanntesten Journalisten in Deutschland, hatte in einem Kommentar »Ohne Skrupel?« unter anderem die ARD-Sendung »Report« mit einem Bericht über die Albanien-Mission der Scientology und die Rolle von Gerhard Haag aufs Korn genommen. Riehl-Heyse tat in seinem Kommentar die Machenschaften der Scientologen als, kurz gefaßt, »halb so schlimm« ab. Offensichtlich hatte Herr Riehl-Heyse keinerlei Ahnung über die wirkliche Rolle, die Gerhard Haag in Albanien spielte, und hatte nicht recherchiert, wer Gerhard Haag denn wirklich ist.

Ich nehme an, daß Herbert Riehl-Heyse schlecht informiert war. Oder aber er ist falsch informiert worden. Von wem, sei dahingestellt. Herbert Riehl-Heyse hatte in seinem Kommentar auch ein Interview, das ich in einem privaten Fernsehsender gegeben hatte, zitiert. »Wieder eine griffige Auskunft – muß sie dann auch noch stimmen?« hatte Riehl-Heyse am Ende seines Kommentars über meine Aussagen geurteilt.

Herr Riehl-Heyse, ich lade Sie ein, zu mir nach Pfaffenhofen zu kommen. Dort können Sie in Ruhe Aktenordner wälzen. Tagelang. Ich glaube, Sie werden mir dann, nach eingehendem Studium der Akten, zustimmen, daß meine Aussagen über die Albanien-Connection von Gerhard Haag und die Absichten, dort ein scientologisches System zu errichten, stimmig sind.

9.3 Auditing per ZDF

Eines Samstags abends rief mich ein Freund an. Ein ehemaliger Scientologe, inzwischen ausgestiegen. »Schalte schnell den Fernseher ein, zweites Programm«, riet er mir. »Da läuft Hubbard live«. Ich verstand ihn erst, als ich auf den Bildschirm schaute. Es lief »Die Trauminsel«, eine Serie aus dem Vorabendprogramm, Ausstrahlung: jeweils samstags zur besten Sendezeit um 19.30 Uhr. Was ich dort sah, erinnerte mich tatsächlich an Hubbard, die Scientology und das, was ich von einer Auditing-Sitzung weiß.

In der Sendung »Die Trauminsel« wird nämlich dargestellt, wie Menschen auf eine Insel reisen, weil sie negative Erlebnisse nicht verarbeiten können. Auf dieser Insel wohnt ein Arzt, der zuerst Gespräche mit diesen Menschen führt. Dann geleitet sie der Arzt jeweils zu einem abgelegenen Ort an einem ruhigen Fluß. Dort schließen diese Menschen ihre Augen und werden in ihr Erlebnis gleichsam zurückgeführt. Der Film schildert das Erlebnis; und wenn die Menschen nach Abschluß dieser Episode ihre Augen wieder öffnen, hat sich das Erlebnis aufgelöst.

Das gleiche Raster wird beim Auditing angewendet. Denn Auditing dient bei den Scientologen angeblich dazu, negative Erlebnisse (»Engramme von Aberrationen«) aufzulösen. Ein Auditing-Beistand (dies entspräche der Rolle des Arztes) führt dabei den »Pre-Clear« (also eine Person, die noch nicht den Zustand »Clear« bei den Scientologen erreicht hat) mit Hilfe des Auditings in seine Vergangenheit zurück. Der Pre-Clear erlebt in einer Art Trance-Zustand diese Erlebnisse neu. Dadurch werde das psychische Trauma ausgelöscht, erklären die Scientologen, und die Genesung in einem beachtlichen Maße beschleunigt.

Ich habe die Serie im Sommer 1993 verfolgt. Spontan fühlte ich mich an die ganze Diskussion um die Infiltrations- und Manipulationskraft subliminaler, d. h. unterschwelliger Werbeimpulse erinnert. Das ist optische Werbung, die unterhalb der Schwelle bewußter Wahrnehmung auf dem Bildschirm aufscheint und ins Unterbewußtsein des Zuschauers gehen soll.

Die Grundlagen für das Drehbuch stammen von Anita Mally, einer hochrangigen Scientologin. Anita Mally hat bei den Scientologen die Stufe OT VIII erreicht und unterstützt die internationale Vereinigung der Scientologen (IAS). Sie selbst sagt über die Internationale Vereinigung der Scientologen, daß die IAS helfe, überall wo es notwendig sei, für Scientology an vorderster Linie gegen den Feind zu kämpfen.

Als Skandal empfinde ich, daß das ZDF bereits am 27. November 1991 auf die Verbindung von Anita Mally zu Scientology hingewiesen wurde und nichts unternahm. In einem Brief an die ZDF Hauptabteilung Programmgestaltung warnte ein Ex-Scientologe davor, die Serie »Trauminsel« weiterhin auszustrahlen. In die Sendung sei Scientology-Bewußtseinsbildungs-Technologie eingebaut. Bei Interesse, so schrieb der Ex-Scientologe, schicke er gerne Kopien der Original-Scientology-Schriften zu, aus denen dies hervorgehe. Das ZDF hat sich

228

allerdings bei ihm nie gemeldet. Der Ex-Scientologe ist »Fachmann«. Er war selbst einmal Auditor und hatte die OT-Stufe erreicht.

Als ich die Serie 1993 sah, war es bereits die Wiederholung. Ich befürchte, daß diese Serie einigen Schaden angerichtet hat. Wie viele Menschen, die bereits einmal in Kontakt mit Scientology gekommen sind, werden sich bei den hintergründigen Aussagen dieses Filmes an Scientology erinnert haben? Wie viele Menschen, die von Scientology auf der Straße erstmals angesprochen wurden, werden es mit dem Film verglichen haben, wenn sie in die scientologischen Methoden eingeführt wurden – nach dem Motto: Wie im Fernsehen! Kann ja nicht so schlimm sein!

Das ZDF hat sich, indem es diese Serie nicht nur einmal, sondern gleich auch noch in der Wiederholung ausstrahlte, zum Steigbügelhalter der scientologischen Ideologie gemacht. Das ZDF hat Anita Mally sogar noch dafür bezahlt, daß sie scientologisches Gedankengut in die Wohn- und Kinderzimmer transportieren durfte.

Ich rate dem Zweiten Deutschen Fernsehen, einmal seine Mitarbeiterlisten durchzuforsten. Denn in den Unterlagen, die ich habe, tauchen mehrere Scientologen auf, die sich damit brüsten, einmal beim ZDF gearbeitet zu haben oder aber immer noch dort beschäftigt zu sein.

9.4 Seid willkommen, ihr Stars!

» Seid also willkommen, glänzende Stars. Willkommen zu einem neuen Leben, das euch selbst gehört«, grüßt L. Ron Hubbard Künstler und berühmte Persönlichkeiten im Kreise der Scientologen. »Wir schätzen uns unheimlich glücklich darüber, große Namen unter uns zu haben«, heißt es in der Zeitschrift »The Auditor«[5]. Künstler und andere Berühmtheiten werden nicht ohne Grund von Scientology hofiert. Speziell für »Berühmtheiten« werden von Scientology sogenannte »Celebrity Center« aufgebaut. Aufgabe eines Celebrity Centers ist es, aktiv Scientology-Dienstleistungen an Prominente zu verkaufen. Ein

◁ *Die Fernsehserie »Die Trauminsel«, im ZDF samstags im Vorabendprogramm ausgestrahlt, erinnert mit einigen Szenen an scientologische Auditing-Sitzungen. Ein kristallklarer Fluß, der in der Serie eine große Rolle spielt, taucht auch in Werbebroschüren der Scientologen immer wieder auf. Durch die Serie droht nun ein »Wiedererkennungs-Effekt«.*

Celebrity Center ist, so definiert es das Glossar der Scientologen, »für die Grundausbildung einer prominenten Persönlichkeit in der Scientology verantwortlich«. Für Berühmtheiten wollen die Scientologen »das Beste an Mitarbeitern, an Service und an Imageausführungen bieten«, was sie haben, heißt es in der Zeitschrift »The Auditor«.[6] Voraussetzung, diese Grundausbildung zu beginnen, ist die Mitgliedschaft bei Scientology. Die Scientologen werben mit den Künstlern, die sich zu Scientology bekennen, in ihren eigenen Zeitschriften. Bereits 1976 brüsteten sie sich damit, daß ausgebildete Auditoren und fortgeschrittene Scientologen in den Fernsehserien »Columbo« und »Die Waltons« auftreten. In der gleichen Zeitschrift wird darauf hingewiesen, daß es jetzt in Wien den »ersten Scientology-Zirkus der Welt« gebe. Gründer sei Bernhard Paul.[7]

In einem Buch von Ha. A. Mehler, »Selfmademen und Millionäre«, erschienen im Möwe Verlag, berichtet Adelheid Rech-Gesche über das Celebrity-Center Düsseldorf, das sie leitet: »Sie finden bei uns im Celebrity-Center Düsseldorf Top-Manager, Sportler, Regierungsleute, bekannte Ärzte und überhaupt Leute, die auf ihrem Gebiet gut sind, gleichgültig was sie machen. Diese Leute unterstützen wir bei ihren Expansionsabsichten und helfen ihnen, Probleme zu beseitigen, sei es im Bereich Personal oder was auch immer. Ein ganz wichtiger Aspekt bei Prominenten ist, daß fast jeder eine unterdrückerische Person in seiner Nähe hat, eine Person, die ihm wirklich nicht gut gesonnen ist. Der Betroffene merkt das gewöhnlich nicht sofort. Wir hingegen verfügen hier über eine Methode, das herauszufinden. Ich sehe meine Aufgabe auch darin, Prominente von solchen Personen zu befreien.«[8]

In dem Buch von Ha. A. Mehler gibt Frau Rech-Gesche an, daß das Celebrity-Center Düsseldorf heute schon legendär sei. Es beschäftige 30 Mitarbeiter und bediene ständig rund 200 VIPs, zum Teil mit sehr prominenten Namen. Hinsichtlich ihrer Pläne in dem Buch befragt, antwortete Frau Rech-Gesche: »Ich beabsichtige, in naher Zukunft Sportlern zu helfen, desgleichen wie Politikern. Das sind Bereiche, die mich faszinieren. Wir arbeiten im Moment an einem Programm, diese Personen mit unserer Dienstleistung bekannt zu machen.«[9] Die Dienstleistung, so wird in dem Buch ausgeführt, ist das Dianetik-Verfahren. Autor Ha. A. Mehler, Jahrgang '52, besucht übrigens bereits seit 1971 selbst scientologische Kurse.[10]

Ein anderes Beispiel, wie Künstler mit Scientology zusammen-

»Persönliche Kommunikationslinien sind machtvoll. Machtvoller, als sich die meisten Leute vorstellen können. Leute vertrauen ihren Freunden und Bekannten wesentlich mehr, als dem, was sie in den Zeitungen zu lesen bekommen. Aus diesem Grund sind persönliche Kommunikationslinien wichtig. Es mag sein, daß Sie den Bundeskanzler nun nicht persönlich kennen, aber sicherlich kennen Sie Personen, die für ein Hinausgreifen der Kirche in die Gesellschaft wertvoll sind.

Ich möchte Sie daher herzlich bitten, mich wissen zu lassen, welche Kommunikationslinien Sie in den folgenden Bereichen haben.

Politik: Dies könnten Politiker auf nationaler, regionaler und lokaler Ebene sein, seien es nun örtliche, städtische Beamte, Abgeordnete. Dies würde auch führende Vertreter von Regierungsbehörden und Verwaltungsbeamte mit einschließen.

Medien: Hier betrifft es alle möglichen Vertreter der Medien, die Sie kennen, besonders Besitzer oder Teilhaber von Zeitschriften, Presseagenturen, Zeitungen, Verlagen, Fernseh- oder Radiostationen, sowie Herausgeber oder Redakteure jeglicher Art.

Rechtswesen: Dies wären Richter, Staatsanwälte, Rechtsanwälte etc..

Finanzwesen: Mitglieder der Direktion, Aufsichtsräte, Präsidenten oder ihre Stellvertreter, sowie andere leitende Positionen von Banken, Sparkassen, Kreditgesellschaften. Auch Aktienmakler und andere Leute des Finanzwesen.

Kunst und Unterhaltung: Bekannte Persönlichkeiten vom Film oder Fernsehen. Bekannte Künstler, Schauspieler, Schriftsteller und alle Meinungsführer auf diesem Gebiet.

Sie ahnen vielleicht gar nicht, wie bedeutsam und wertvoll Ihre Kommunikationslinien für die Kirche sein mögen. Nehmen Sie sich daher bitte die Mühe und schreiben Sie alle Ihre Kontakte in diesen Kategorien vollständig auf.

Anmerkung der Redaktion:
Wir bitten darum, die vorbereiteten Fragebögen bei der Redaktion in München, Claudia Kauer, Beichstraße 12, 8000 München 40, Telefon 0 89/34 49 28 schriftlich oder telefonisch anzufordern. Selbstverständich werden alle Angaben vertraulich behandelt.«

aus: Scientology heute, 18. 8. 1988

arbeiten, ist der bekannte Maler Gottfried Helnwein. In der Zeitschrift des Stuttgarter Dianetik-College e.V. wurde in den siebziger Jahren berichtet, daß Gottfried Helnwein in Wien ein Zentrum für Kunst und Kommunikation leite, das einer großen Zahl von Künstlern einen kulturellen Ansichtspunkt geschaffen habe. Auf einer Fläche von 400 m^2 arbeiteten dort elf Personalmitglieder und vier Halbtagsmitarbeiter an der Verwirklichung hochgesteckter Ziele, heißt es in der Zeitschrift des Stuttgarter College e.V. »Außer dem Studium bis zum Dianetik-Auditor kann man dort ausgezeichnetes Auditing von einem Class IX Auditor erhalten.«[11]

1993 bestritt Gottfried Helnwein, jemals in Kontakt mit Scientology gestanden zu haben. Helnwein, der 1993 öffentlich vom katholischen zum jüdischen Glauben überwechselte, ist nach meinen Unterlagen aber auch trainierter Scientologe.

Und noch mehr geht aus meinen Unterlagen hervor. Gottfried Helnwein hat sich, so heißt es in einem mir vorliegenden Brief vom 7. Mai 1992, bereit erklärt, eines seiner neuesten fotorealistischen Gemälde – »Marilyn Monroe« – in einer weltweit limitierten Auflage von 450 Stück zum Zwecke der Unterstützung von Narconon und OSA auf den Markt zu bringen. Narconon ist eine scientologische Tarnorganisation, die vorgibt, vorrangig in der Drogenbekämpfung zu arbeiten. Die OSA kann man als »Geheimdienst« der Scientologen bezeichnen. Mitglieder der Scientology wurden in dem Brief aufgefordert, das Kunstwerk von Gottfried Helnwein zu kaufen, damit die Narconon Schulden bei der OSA, dem Geheimdienst der Scientologen, abbauen könne. Unterzeichnet hat den Brief Richard Eisenböck, Mitarbeiter bei OSA München.

Gottfried Helnwein wird in einer Selbstdarstellung von Scientology auch gleich noch mit Bild zitiert: »Scientology ist der größte Durchbruch in der Geschichte der Erforschung menschlichen Denkens und Verhaltens. L. Ron Hubbards Erkenntnis und Methoden waren nicht nur 1950, sondern sind auch heute noch der Zeit weit voraus [...] Scientology ist imstande die Welt zu verändern. Es könnte eine Welt ohne Geisteskrankheit, ohne Kriminalität, ohne Krieg sein.«[12]

Der Name Helnwein taucht in den Impact-Listen der Internationalen Vereinigung der Scientologen (IAS) gleich mehrfach auf. Gleich einige Helnweins werden dort als Förderer der internationalen

Chick Corea ist einer der Vorzeige-
Scientologen. Der bekannte Jazz-Pia-
nist ist ein bedeutender Spender
für Scientology – Hunderttausende
Dollar hat Chick Corea der Organisation bereits zukommen lassen. Vom
Commanding Officer der OSA, des
Scientology-Geheimdienstes, Kurt
Weiland, bekam Chick Corea daher
beim »Patron Dinner 1993« eine
Ehrentafel mit der Ernennung zum
»Patron with honor« überreicht (Foto
oben). Bei der gleichen Veranstaltung
stellte der OSA-Offizier die »Hass«-
Broschüre vor, die in den USA unter
dem Titel »Hate« erschien (Foto
links).
Die Bilder wurden dem Impact-Magazin Nr. 49 entnommen.

233

Scientologen-Bewegung aufgelistet. Mindestspendenbeitrag jeweils: 40 000 $. Im Oktober 1992 lud die Kreissparkasse Heilbronn Gottfried Helnwein ein, in ihren Räumen einige seiner Werke auszustellen. Mehrfach erhielt die Kreissparkasse Briefe von Menschen und Organisationen, die sich kritisch gegen Scientology wendeten. Anstatt aber die Ausstellung abzusagen, kaufte die Kreissparkasse Heilbronn sogar noch ein Werk des österreichischen Künstlers an.

Ich habe damals die Kreissparkasse öffentlich darauf hingewiesen, daß Gottfried Helnwein mit Erlösen seiner künstlerischen Arbeit die Arbeit des Geheimdienstes der Scientologen, der OSA, mitfinanziert hat. In einer Pressekonferenz sagte Gottfried Helnwein daraufhin aus, er habe kein Amt, keinen Posten und keine Funktion in irgendeiner Religionsgemeinschaft oder Sekte und habe nichts mit Scientology Österreich zu tun. Diese Aussagen hatte Helnwein in eidesstattlicher Form vorgelegt und ähnlich einem Rundbrief an etliche Zeitungen, Verlage und Funkredaktionen in Deutschland geschickt.

Meine damalige Meinung über die Verbindung von Gottfried Helnwein zu Scientology habe ich bis heute nicht geändert. Und das, obwohl die Anwälte von Gottfried Helnwein mich per Unterlassungserklärung zu einer Unterschrift zwingen wollten, die für mich eine Art Maulkorb zur Folge gehabt hätte. Ich habe dies nicht unterschrieben. Auf die angedrohte Klage warte ich noch heute und sehe ihr gelassen entgegen.

Weltweit brüstet sich Scientology gern mit bekannten Künstlern, Schauspielern, Musikern und Schriftstellern, die hinter der Lehre von Hubbard stehen. So z. B. Tom Cruise, John Travolta, Julia Migenes, Kirstie Alley und Chick Corea. Chick Corea ist operierender Thetan der Stufe VIII, hat Millionen Dollar in die Kriegskasse der Scientologen gezahlt und ist Träger der »Freedom Medal« der Internationalen Vereinigung der Scientologen (IAS). Chick Corea, der siebenmal den berühmten amerikanischen Grammy gewann, sagt, daß es notwendig sei, in der Öffentlichkeit zu zeigen, daß die Scientologen »ein guter Haufen von Leuten sei«, die »sehr gute Sachen mit unserer Technology tun« würden.[13]

Aufgrund seiner Mitgliedschaft bei Scientology wurde Chick Corea von der Landesregierung Baden-Württemberg zu einem Konzert im Rahmen der Leichtathletik-Weltmeisterschaft 1993 in Stuttgart wieder ausgeladen.

*Scientology wirbt gerne mit Prominenten für die Organisation. Stars wie John
Travolta (auf dem Foto aus dem Impact-Magazin Nr. 49 zusammen mit Frau
und Kind) werden vorgezeigt, um Sympathien zu heischen.*

Chick Corea kündigte mit großen Medienrummel an, er werde gegen die Landesregierung Baden-Württemberg klagen. Die Mitgliedschaft bei Scientology sei seine Privatsache. Chick Corea stellte sich so dar, als ob er aufgrund seiner Religionszugehörigkeit von Deutschen verfolgt würde. In Deutschland vertritt Rechtsanwalt Wilhelm Blümel aus München die Sache von Chick Corea. In einer Pressemitteilung, die mit Briefkopf der Rechtsanwaltskanzlei vertrieben wurde, wies Blümel darauf hin, daß Corea sich auf das in den Artikeln 3 und 4 des Grundgesetzes und auf das in Artikel 9 der Menschenrechtskonvention enthaltene religiöse Diskriminierungsverbot berufe. Herrn Blümel und Herrn Chick Corea möchte ich an dieser Stelle einmal darauf hinweisen, daß das Grundgesetz nicht nur aus Artikel 3 und 4 besteht. Und auch die Menschenrechtsdeklaration enthält weitere Artikel als nur den Artikel 9.

Unser Grundgesetz weist im Artikel 1 darauf hin: »Die Würde des Menschen ist unantastbar«. Aus meinen Aktenordnern und meinen persönlichen Erfahrungen ziehe ich den Schluß, daß das System Scientology seine Mitglieder und Sympathisanten dazu bringt, den Inhalt des Artikels 1 unseres Grundgesetzes mit Füßen zu treten.

9.5 So unschuldig war ich noch nie

In der Zeitschrift »Bunte« vom 22. 7. 1993 wurde Thomas Gottschalk von seinen Interviewpartnern angesprochen: »Bei Millionen Deutschen, die SAT.1 ›Akut‹ gesehen oder am nächsten Tag die Bild-Zeitung gelesen haben, ist der Eindruck entstanden, Sie könnten zur Scientology-Sekte gehören.« Thomas Gottschalk antwortete darauf: »Ich bin bereits verschiedener Dinge bezichtigt worden. Manchmal war ich nicht schuldig. Manchmal war ich ein bißchen schuldig, und manchmal war ich nicht ganz unschuldig. Aber so unschuldig wie dieses Mal war ich noch nie.«

Ich möchte das wirklich gerne glauben. Ich wünsche mir im deutschen Fernsehen Sympathieträger und Multiplikatoren, die nichts, aber auch gar nichts mit Scientology am Hut haben. Scientology kämpft um jede lobende Erwähnung, um jeden Zentimeter Film, um jede Sendeminute, um jeden Star, der die Organisation in die Sympathieränge bringen könnte. Warum? Die Scientologen brauchen nichts dringender als eine weiße Weste, einen anerkannten Platz in unserer Gesellschaft. Sie brauchen Applaus; sie brauchen die Bühnen der Welt. Und sie begnügen sich nicht mit der Anwerbung von Beleuchtern und Souffleuren. Sie wollen die Hauptrolle und Regie. Sie brauchen John Travolta und Sharon Stone, Priscilla Presley und Tom Cruise. Diese und andere bekannte Künstler arbeiten mit in einer (für mich) kriminellen Vereinigung. Sie blenden. Sie verbreiten den Nebel, mit dem Scientology faschistoide Ziele und menschenverachtende Praktiken tarnt. Besonders Künstler, die im Rampenlicht der Öffentlichkeit stehen, müssen das wissen. Müssen hochsensibel sein.

Wir brauchen klare Verhältnisse – auch in den Medien. Um dieses Thema einmal auf den Tisch zu bringen, setze ich hier öffentlich ein Gespräch fort, das Thomas Gottschalk am 22. 3. 1993 mit mir telefonisch begonnen hat. Wir kannten uns vorher nicht.

Lieber Thomas,
wir haben so lange nichts mehr voneinander gehört. Du hast mich am 22. März 1993 angerufen. Es war etwa gegen 15.30 Uhr; ich bereitete gerade für Paul und seine Geburtstagsgäste den Kaffee vor, als mein Mann mir zurief: »Du, geh mal ans Telefon, Gottschalk will dich sprechen!« – »Gottschalk?« – »Ja, Gottschalk!« Ich hielt es für einen verfrühten Aprilscherz. Ich, am Telefon: »Hartwig ... « – »Hallo, Renate!« – »Wer ist dort?« – »Ich bin's, Thomas!« – »Welcher Thomas?« – »Thomas Gottschalk.« – »Ah, du bist es!« ... Weißt Du noch? Wir unterhielten uns – trotz Geburtstagstrubel – mehr als eine halbe Stunde lang miteinander. Über Scientology natürlich.

Es blieb nicht bei Allgemeinplätzen. Wir sprachen intensiv über Dein menschliches und berufliches Umfeld. Ich legte Dir ganz offen dar, welche Unterlagen mir vorliegen über Leute, die sich in Deiner Einflußsphäre bewegen und teilweise damit hausieren gehen. Wir sprachen über Deine Freunde. Ich sagte Dir, daß in meinem Ordner Unterlagen sind, die besagen, daß bereits 1989 die Technologie von Hubbard bei einer guten Bekannten von Dir mit »gut« bewertet wurde – wahrscheinlich deshalb, weil sie Kurse im Scientology-Celebrity-Center in München, Arnulfstraße 197, besucht hat. Dieses Training hat sie angepriesen und andere dafür geworben – davon distanziert hat sie sich öffentlich bis heute nicht. Du erzähltest mir von Pablo Röhrig, der Dich und Deine Frau gemalt hat. Ich informierte Dich über meinen Leitzordner mit der Aufschrift »Röhrig«; und vor allem über die

Richtlinien und die Zielsetzungen, die Scientology auch von denen verlangt, die sich als Künstler der Sache verschworen haben. Von Gottfried Helnwein war die Rede, von Julia Migenes, Al Jarreau, John Travolta, Tom Cruise, Kirstie Alley – alle diese lupenreinen Hubbardisten, zu denen Du Kontakt hast oder die Du zu Dir ins Studio geholt hast oder denen Du in »Kuck mal, wer da spricht!« Deine Stimme geliehen hast.

Du weißt noch, wie ich mich über Deine sagenhafte Naivität aufgeregt habe, weil Du nicht wahrhaben wolltest, was da – meiner Meinung nach – mit Dir gespielt wurde. Chick Corea & Co. – das sind nicht die netten Hollywood-Kumpels zum Bussi-Bussi machen – das ist so etwas wie die mobile Propagandatruppe von Scientology. Diese Leute haben einen klaren operativen Auftrag, nämlich diesen: in einer skeptischen Öffentlichkeit »Eisbrecher« zu spielen für den Hubbard-Irrsinn. Bei der Schönhuber-Panne hast Du wenigstens noch ansatzweise kritisch herumgestottert. Von kritischer Distanz im Umgang mit diesen merkwürdigen Scientology-Stars hat Deutschlands Fernsehöffentlichkeit leider noch ziemlich wenig bemerkt. Du hast es zugelassen, daß diese Leute auf Deiner roten Couch Punkte machten. Gerade wir Deutschen haben genug historische Erfahrung, um ein für allemal wissen zu können, wie man umzugehen hat mit Leuten, die sich als Sympathiemagneten einer totalitären Ideologie instrumentalisieren lassen; denk mal an Goebbels' UFA-Freunde. Man muß sie entlarven. Keine gemeinsame Sache machen, keine Umarmungen, keine gemeinsamen Keepsmiling-Fotos, keine Einladungen! Und in Deinem speziellen Fall: Hofier sie nicht, präsentier sie nicht auf dem Silbertablett!

Am Telefon sagte ich Dir: »Merkst Du denn nicht, daß sie Dich einkreisen und daß sie versuchen, Dich als Multiplikator und Sympathieträger vor ihren Karren zu spannen?« Ich hatte den Eindruck, Du wurdest nachdenklich ...

Und deshalb auch erzählte ich Dir im Staccato, welchen Terror meine Familie hier seit Jahren mitmacht. Wir sprachen von Prozessen, mit denen sie mich mundtot machen wollen und über die Rolle, die dabei ein gewisser Rechtsanwalt Scheele spielt. Ich weiß, es ist ein delikates Thema für Dich – Dein Bruder Christoph betrieb mit Scheele die »Gottschalk & Scheele Public Relations + Management GmbH«. Natürlich kanntest auch Du Scheele; Du erzähltest mir, daß er sogar einmal Dir und Deiner Frau eine Reisegelegenheit vermittelte, über die Du Dich wahnsinnig ärgertest, weil Du Ruhe wolltest. Du wurdest vom Blitzlichtgewitter der Journalisten erwartet. Du äußertest mir gegenüber die Vermutung, Scheele habe Dein Urlaubsziel an die Presse weitergegeben.

Ich habe Dich damals gefragt: Wenn Du Dich schon so über Scheele geärgert hast, warum läßt Du dann nicht die Finger von diesem Mann? Was Scheele für einer ist, habe ich Dir haarklein dargelegt; Du kannst es – um ein paar Feinheiten angereichert – in diesem Buch noch einmal nachlesen. Du weißt ganz genau: Scheele hat noch ganz andere Sachen drauf, als den honorig-engagierten Geschäftsführer von »Fair Press« zu markieren.

Das Gespräch endete für mich recht positiv. Wir wollten in Kontakt bleiben. Ich sagte Dir zu, Journalisten, die bei mir recherchieren, um Dich in die Nähe von Scientology zu rücken, an Dich zu verweisen. Ich habe Wort gehalten und allen Journalisten, die sich in der Folge bei mir meldeten, gesagt: »Ruft ihn doch selber an!« Nach unserem total offenen Gespräch hatte ich mir erhofft, daß Du den Kopf aus dem Sand ziehst. Ich habe einige öffentliche Klärungen von Dir erwartet. Du hättest Aufklärung betrieben. Ein bißchen Zivilcourage bewiesen. Es hätte Dich ein paar offene Worte gekostet. Du redest doch sonst über Gott und die Welt. Aber leider: Funkstille zu Scientology. Ich habe das registriert, aber auch nicht überbewertet.

Statt dessen war ich wie vom Donner gerührt, als mir im Juni eine Wiener Elterninitiative ihr »Kurz-Info« 4/93 zuschickte. Da konnte man lesen, daß der österreichische Politiker und langjährige Scientologe Pepi Wagner (Liberales Forum) sich auf einer Wahlveranstaltung wegen seiner Scientology-Zugehörigkeit rechtfertigen mußte, wobei er unter anderem sagte: »Auch berühmte Persönlichkeiten wie Thomas Gottschalk, Helnwein und Priscilla Presley finden sich dort.« (Das »Kurz-Info« zitiert die Journalisten Mayer und Prinz von der Wiener Zeitung »Täglich Alles« für NÖ, Nr. 396.)

Mich hat diese Aussage umgehauen. Sie stammt nämlich von einem Insider.Wie sicherlich viele andere auch, war ich gespannt darauf, mit welchen Mitteln Du diese Ungeheuerlichkeit aus der Welt schaffen würdest. Wie so was geht, weiß ja nun jedes Kind: Man geht mit juristischen Mitteln dagegen vor. Die Wiener Boulevardzeitung »Täglich Alles« wartet noch heute auf eine einstweilige Verfügung.

Mir ist auch nicht bekannt, daß Du mit Pepi Wagner vor Gericht gezogen wärst. Das verstehe ich einfach nicht! Warum hast Du diesen Menschen, den eigentlichen Verursacher der Sensationsmeldung, unbehelligt gelassen? Warum hast Du ihn Dir nicht gepackt? Verleumdung, Gerichtsurteil, Schadenersatz – das wäre logisch gewesen.

Statt dessen hast Du es sehenden Auges zugelassen, daß sich jeder bessere Journalist auf die von Pepi Wagner und »Täglich Alles« gelegte Fährte setzen konnte. Daß die Sendung »Akut« dann am 12. Juli 1993 – also über drei Monate, nachdem in Wien die Nachrichten-Bombe hochgegangen war – ein paar naheliegende Fragen stellte, hätte Dich eigentlich nicht umhauen dürfen. Mir wären noch ein paar weitere Fragen eingefallen. Eines ist jedenfalls klar: Deine Ohrfeigen haben die falschen Leute abbekommen. »Aber die Säcke sollen bluten«, zitiert Dich der »Stern«. Hast Du damit etwa die Journalisten gemeint?

Oder hatten die Akut-Redakteure etwa keinen Grund nachzufragen? Oder haben sie – um nur ein einziges Beispiel zu nennen – etwa nicht sauber recherchiert, als sie die Öffentlichkeit erfahren ließen, daß Du Miteigner des Hauses Frankfurter Ring 105 bist? Kassierst Du eigentlich Miete von der OSA?

Du hast in der Presse den großen Katholiken herausgekehrt. Dazu gehört vor allem, daß man sich mit den Opfern solidarisiert und die Täter – noch einmal: das sind Deine Mieter! – zur Rede stellt. Du hast Dich selbst als »Opfer« bestens in Szene gesetzt – das ist o.k., aber nur solange, wie Du die ungezählten anderen Opfer bei dieser Geschichte nicht unerwähnt läßt. Sonst finde ich's – pardon, Thomas! – makaber!

Viele Deiner Zuschauer, die nie Mitglied bei Scientology waren, sind solche Opfer. Und viele von ihnen haben mehr verloren als ihren guten Ruf. Was Verleumdung bedeutet, will ich hier nicht herunterspielen; ich selbst erfahre es täglich am eigenen Leib. Gerade habe ich vor Gericht zwei Beschlüsse gegen einen Herrn Walter Scheele (angeblich von Beruf Journalist) erwirkt, der in einem 23-Seiten-Pamphlet die übelsten Verleumdungen über mich an die Presse weitergab. Gott sei Dank gibt es in diesem Land hervorragende Journalisten, die das Spiel des Herrn Scheele nicht mitspielen. Seine Auftraggeber ermittelt der Staatsanwalt.

Im »Stern« wirst Du mit der Aussage zitiert: »Zu meinem Verständnis von Liberalität gehört auch, daß jeder nach seiner Façon selig werden soll.« Lieber Thomas, eines kann ich Dir versichern: Ich kenne kein Opfer, mit dem ich gesprochen habe, das jemals bei Scientology das Gefühl der Glückseligkeit erfahren hätte. Liberalität hat Grenzen.

Sie hört dort auf, wo die Freiheit des anderen mit Füßen getreten wird.

Ganz vorne in meinem Buch spreche ich von den »Kumpanen« von Scientology und sage: »Unter diesen Kumpanen gibt es zwei Sorten, die manchmal schwer auseinanderzuhalten sind: Kumpane wider Willen und Kumpane wider besseres Wissen. Die einen kann man aufklären; die anderen muß man beim Namen nennen.« Aufgeklärt bist Du. Ob man Dich beim Namen nennen wird, hängt von Dir ab.

Gruß

Renate Hartwig

---

1 In: Kempe, Klaus, Talkenberger, Peter, Mehler, Ha. A. (Hrsg), Immobilienprofis. Hünstetten 1990, S. 61.

2 In: Mehler, Ha. A.: Selfmademen und Millionäre. Hünstetten 1989, S. 241.

3 ebd., S. 242.

4 ebd.

5 »The Auditor«, Nr. 187, 1983, »Neues Netzwerk für Celebrity-Centers geschaffen«.

6 ebd.

7 »realität«, Zeitschrift des College für angewandte Philosophie e.V. Frankfurt, 21. Januar/Februar 1976.

8 Mehler, Ha.A.: Selfmademen und Millionäre, Hünstetten 1989, S. 75f.

9 ebd., S. 76.

10 »realität«, Zeitschrift des College für angewandte Philosophie e.V. Frankfurt, 21. Januar/Februar 1976.

11 »College«, Zeitschrift des Stuttgarter Dianetic e.V., 18/19.

12 In: Was ist Scientology, o.J., S. 19.

13 ebd., S. 16.

Kapitel 10

Im Fadenkreuz von Scientology

10.1   Schikane mit Tradition

Als ich im August 1991 merkte, daß ich zum Ziel scientologischer Kritikerbekämpfung wurde, begann für mich ein völlig anderes Leben. Mein Lebensstil veränderte sich von nun auf plötzlich grundlegend. Denn wir waren nicht mehr »allein ...« Ich wurde von diesem Zeitpunkt an ständig beobachtet, überwacht, aufs übelste verbal angegriffen und belästigt. Ich war ins Fadenkreuz des scientologischen Geheimdienstes (OSA) geraten.

Doch es geht nicht nur mir allein so. Die Verfolgung, Bedrohung, Einschüchterung und Schikanierung von Bürgern hat bei Scientology Methode und Tradition.

Bereits 1966 hatte L. Ron Hubbard einen eigenen Geheimdienst eingerichtet, den er »Guardian Office« (GO), also Schutzbüro nannte. Der Guardian Office nahm sich Kritiker, unfreundlich gesinnte Geistliche und Journalisten vor. 1981 hatte die New Yorker Schriftstellerin Paulette Cooper das Buch »The Scandal of Scientology« veröffentlicht. Die Autorin wurde mit einer bis dahin nie dagewesenen Kampagne von Prozessen, falschen Beschuldigungen, Rufmord und Drohungen überschüttet. Der Verleger von Paulette Cooper zog das Buch vom Markt zurück. Er wollte den zahlreichen gerichtlichen Prozessen, die Schadensklagen in Millionenhöhe zum Thema hatten, aus dem Wege gehen. Zwei Jahre lang kämpfte Paulette Cooper vor Gericht um ihr Recht, doch das Verfahren wurde letztendlich eingestellt, ohne daß eine Entscheidung gefällt wurde. Und das, obwohl nachweislich Paulette Cooper Briefe untergeschoben worden waren, in der sie angeblich Bombendrohungen ausgesprochen hatte.

1966 griff das FBI in Washington scientologische Agenten auf, die

»Die nachfolgende erste Gruppe von Aktionen war nicht effektiv für die Handhabung von Angriffen. (Das G steht für Gruppe; das folgende sind drei verschiedene Gruppen von Aktionen.)

G.1.1. Das Engagieren teurer außenstehender, professioneller Firmen;

G.1.2. Briefe an Scientologen mit der Aufforderung, ihrem parlamentarischen Vertreter in der Regierung zu schreiben;

G.1.3. Den Angriff im Scientology-»Feld« bekannt zu machen;

G.1.4. In unseren Äußerungen sorgfältig rechtlich abgesichert zu sein.

Diese zweite Gruppe von Aktionen hatte einen kleinen Nutzen darin, Angriffe abzuwenden:

G.2.1. Direkte Briefe von der Org an einen Kongreß oder ein Parlament (dies schlug die Sibirien-Gesetzesvorlage in den USA nieder);

G.2.2. Das Zirkulieren von Flugschriften über die Attacke (wir wurden dadurch Wearne aus der Untersuchungskommission los);

G. 2.3. Gerichtliche Klagen gegen Quellen von Verleumdung und übler Nachrede.

Die dritte Gruppe von Aktionen war positiv im Stoppen von Angriffen:

G.3.1. Die Angreifer lautstark zu untersuchen;

G.3.2. In keiner Weise schuldig zu sein;

G.3.3. Unseren körperschaftlichen Status in ausgezeichneter Verfassung zu haben;

G.3.4. Unsere Steuererklärungen und Bücher akkurat und pünktlich vorliegen zu haben;

G.3.5. Von allen Leuten, die wir für Service unterzeichnen lassen, Verzichtserklärungen zu bekommen;

G.3.6. Unzufriedenen Leuten Geld rückzuerstatten;

G.3.7. Unsere eigenen Profis fest unter Mitarbeitervertrag zu haben (aber nicht nur halb als Mitarbeiter zu haben);

G.3.8. Fortgesetzt völlige Freiheit zu verkünden;

G.3.9. Zu überlegen und zahlungsfähig zu bleiben, indem wir unsere eigenen normalen Aktivitäten steigern;

G.3.10. Kein Abfangen der fallengelassenen Verantwortlichkeiten, die von anderen Leuten und bezahlten »Profis« verpatzt worden sind;

G.3.11. In unserem Wesen wie auch vom körperschaftlichen Status her religös zu sein.

Wenn Sie das obige durchlesen, können Sie sicherlich erkennen, wo unsere Geldmittel eingesetzt werden sollten.«

aus: HCO-Richtlinienbrief vom 18.02.1966

sich mit falschen Papieren Zutritt zum Justizministerium der Vereinigten Staaten verschafft hatten. Einer der Agenten, Michael Meisner, erklärte, Scientology hätte einen Großangriff auf die amerikanischen Regierungsbehörden gestartet, von denen Scientology annahm, daß sie sich gegen die Unternehmungen der Organisation stellten. Zusammen mit anderen Agenten sei Meisner, so erklärte er dem FBI, bei der Steuerfahndung eingebrochen und habe dort Ausweispapiere gefälscht.

Daraufhin durchsuchte das FBI die Hauptniederlassung Scientologys in Washington und Los Angeles. Dort wurden neben Einbruchswerkzeugen und elektronischen Abhörgeräten 23 000 Dokumente, von denen viele bei Bundesbehörden gestohlen worden waren, sichergestellt. 1979 wurden neun hohe Scientology-Mitglieder vor einem amerikanischen Bundesgericht wegen Diebstahls und Verschwörung gegen die Regierung verurteilt.

Seit 1970 ist Scientology auch in Deutschland aktiv. Auch hier hat Scientology einen eigenen Geheimdienst installiert. Er nennt sich seit den achtziger Jahren OSA (Office of Special Affaires) und hat seinen Hauptsitz in München. Die OSA hat ein Netz von Agenten in ganz Deutschland aufgebaut. Überall dort, wo Scientology örtliche Niederlassung gegründet hat, hat sich auch ein sogenanntes »DSA« (Department für spezielle Aufgaben) installiert. Das DSA wird nach außen hin als »Öffentlichkeitsarbeit« geführt.

Die Auseinandersetzung mit den Kritikern von Scientology hatte die OSA in einer Anweisung vom 10. Dezember 1987 als »einen bitteren und grundlegenden Krieg« bezeichnet. In der Anweisung der OSA geht die Organisation geradezu sarkastisch mit ihren Opfern um: »Es ist eine schreckliche Heuchelei, wenn sie behaupten, daß wir Menschen verletzen. Irgend jemand, der unter unseren Händen ›gelitten‹ hat, ist immer noch frei, gesund und in der Lage, sich zu beschweren.«[1]

Ich bekam diese Anweisung der OSA, die den Titel trägt »Schlagabtausch mit dem Feind«, anonym zugesandt. Unterstrichen war in der Anweisung der Satz: »Ich bedaure es, daß sie sich uns zum Henker ausgewählt haben.«[2]

Am 17. Januar 1992 war ich zu einem Vortrag nach Bad Waldsee eingeladen. Bis dahin war ich mit dem Geheimdienst der Scientologen, der OSA, nie direkt in Berührung gekommen. In den Briefkästen der Nachbarschaft und in ganz Deutschland hatten die Scientologen

Hetzschriften über Robin direkt und mich verteilt. Ich selbst war zwar bespitzelt worden, hatte anonyme Drohungen erhalten, hatte einstweilige Verfügungen und Unterlassungserklärungen bekommen. Diese Bedrohung erschien mir bis dahin typisch für Scientology, und ich erlebte sie aus einer gewissen Distanz heraus. Eine Schlüsselfigur, die mir immer wieder unterkommt, ist der Rechtsanwalt Wilhelm Blümel in München. Er vertritt die Interessen der Scientology als Organisation und auch einzelne Scientologen im Gerichtsverfahren gegen mich und Robin direkt. Die Größenordnung dieser Prozeßlawine, in der Wilhelm Blümel immer wieder als Prozeßbevollmächtigter auftritt, wurde mir erst nach und nach bewußt.

Am Nachmittag dieses 17. Januar, es war ein Freitag, riefen mich Bekannte aus Studentenzeiten an, mit denen ich vor Jahren einmal politisch aktiv gewesen war. Wir hatten miteinander praktische Demokratie geübt, einander danach aber aus beruflichen Gründen aus den Augen verloren. Ich war einigermaßen überrascht, daß mich gleich mehrere Freunde anriefen, von denen ich fast zwanzig Jahre lang nichts gehört hatte. Ihnen allen war in den vergangen Tagen Seltsames widerfahren.

So hatte z. B. einer meiner Bekannten, der heutige Richter am Amtsgericht Lindau, Thomas Walter, am 17. Januar gegen 11 Uhr einen Anruf in seinem Dienstzimmer erhalten. Eine mit französischem

»Sobald dir jemand droht, gewinnst du einen Scientologen oder mehrere Scientologen lautstark zu untersuchen. Du findest heraus, wo er oder sie arbeitet oder gearbeitet hat, wer sein oder ihr Arzt ist, Zahnarzt, Freunde, Nachbarn jeden rufst du an und sagst: »Ich stelle im Falle von Herrn/Frau ... Untersuchungen an, ob er/sie mit kriminellen Aktivitäten versucht hat, die Freiheit der Menschheit zu verhindern und meine Religionsfreiheit einzuschränken und die meiner Freunde, Kinder etc... Du betonst immer wieder, daß du bereits einige erstaunliche Tatsachen beisammen hast, etc. (Benutze eine Verallgemeinerung). Es macht nichts aus, wenn du nicht viele Informationen erhältst. Sei nur GERÄUSCHVOLL – es ist zunächst sehr komisch, funktioniert aber ganz fantastisch.«

aus: HCO PL, vom 5. 9. 1966

245

Akzent sprechende männliche Person teilte ihm mit, daß er als Student der Politologie für einen gewissen Professor Schmidt an der Universität Freiburg eine Seminararbeit zum Thema Studentenbewegung und 68er Generation zu fertigen habe. Sein Professor habe ihm unter anderem ein Stichwort gegeben, mit welchem er bisher noch wenig anzufangen wisse. Dieses Stichwort laute »Rote Renate«. Mit dieser »Roten Renate«, so schloß Thomas Walter aus mehreren Nachfragen des Anrufers, war offensichtlich ich gemeint. Der Anrufer wollte von Richter Thomas Walter Auskünfte über meine politischen Aktivitäten Anfang der siebziger Jahre erlangen.

Richter Thomas Walter zeigte sich verwundert, daß solch kleine Geschehnisse aus einem privaten Bereich zum Thema einer wissenschaftlichen Seminararbeit werden könnten. Er schöpfte Verdacht und verabredete sich mit dem Anrufer, der sich ihm als Frank Pfingstner vorstellte, in einem Café in Lindau.

Bei dem Gespräch mit Frank Pfingstner nun in dem Café gewann Richter Walter den Eindruck, daß der angebliche Student der Politologie von politologischen Begriffen, von Politik allgemein und sozialdemokratischer Politik im besonderen keinerlei Ahnung hatte.

Zudem irritierten ihn Fragen, ob der Richter wisse, ob jene »Rote Renate« auch einmal in irgendwelche Auseinandersetzungen, speziell Schlägereien, verwickelt gewesen sei. Ob es Skandale gegeben hätte, an denen Renate beteiligt gewesen wäre? Wie die Renate damals geheißen habe und ob ihr Ehemann auch irgendwie politsch aktiv gewesen sei? Was ihr Mann beruflich gemacht habe? Ob die beiden an Demonstrationen beteiligt gewesen wären? Richter Thomas Walter verneinte mit bestem Gewissen sämtliche Fragen, da ich ja, wie er wußte, ein ganz normales und aktives Mitglied der Lindauer Juso-Gruppe, der Jugendorganisation der SPD, gewesen war.

Nicht nur Richter Thomas Walter war in diesen Tagen von den Scientologen angegangen worden, um meine Vergangenheit auszuforschen. Meine gesamte Geburtsstadt Lindau muß von Scientologen überschwemmt gewesen sein. Sie scheinen die Absicht gehabt zu haben, mein gesamtes Leben, bis hinein in meine Kindheit, auszuforschen. So berichteten mir Lindauer Bürger am Telefon, daß sie von Unbekannten, die sich als Rechercheure für eine Dokumentation ausgaben, über die politische Rolle meines Vaters befragt worden waren. Mein Vater ist schon 1963 gestorben. Und selbst dies haben wohl die Scientologen nachgeprüft – es sind Personen auf dem Lindauer Friedhof beobachtet worden, wie sie sich die Daten vom Grabstein notierten. Vertrauen ist gut, Kontrolle ist besser!

Auch in den Archivräumen der Lindauer Zeitung suchten sie nach Belegen über meine Vergangenheit. Mit falschem Namen und unter der Vorgabe, eine Dokumentation für die Universität Freiburg zu erstellen, hatten sie sich bei der Lindauer Zeitung Zugang verschafft. Natürlich wurden sie fündig. Ich war schon als junge Frau sozial engagiert und aktiv gewesen.

»Wenn wir über einen erstklassigen Gesetzeskodex und ein Rechtssystem verfügen, die den Menschen echte Gerechtigkeit bringen werden, wird die Gesellschaft schnell überschwemmen und jeder wird gewinnen. Ein Scientologe, der die Scientology-Technologie-Verwaltungs- und Rechtsverfahren nicht auf die ihn umgebende Welt anwenden kann, wird auch künftig zu abgelenkt und ziellos sein, um seine Aufgabe zu erfüllen. Das ist schlimmer, als es Ihnen zunächst erscheinen mag. Ein Scientologe, der autonomen und inoffiziellen Dev-T (entwickelten und unnötigen Händeln) einer Regierung nicht mit unseren Dev-T-Richtlinien begegnen konnte, verursachte kürzlich Ärger. Ein Regierungsbeamter handelte inoffiziell (über sein eigenes Büro), und der Scientologe wandte unser Verfahren,

a) die Angelegenheit an die Quelle zurückzuverweisen,

b) den politischen Irrtum zu korrigieren und

c) seine Vorgesetzten zu informieren nicht an, als man zu keinem Ergebnis gelangte.

Sie mögen sagen: »Das ist ja wahnwitzig, eine Regierung durch Scientology-Admin zu lenken.« Ich jedenfalls weiß nur, daß wir viel Ärger hatten, als wir dies nicht taten.

Glauben Sie nicht, bei der Scientology-Gerechtigkeit handle es sich um ein »Araber«-Gesetz. In den »Gerichten« der Gesellschaft zählen die Taten und die Wahrheit wenig bei der Tatsachenermittlung. Eine Vielzahl von Fällen wird durch einen gemeinen Richter, einen klugen Staatsanwalt oder durch geringfügige Justizirrtümer entschieden. Arabergerichte können mit einem Würfelspiel verglichen werden. Da gibt es Kosten, Publicity und Strafe im Überfluß – auch für den Unschuldigen. Wir wollen uns der Welt gegenüber als Scientologen bekennen.

L. Ron Hubbard«

HCO-Schreiben vom 27. März 1965

So hatte ich mich um Obdachlose gesorgt, indem ich mich bei der Stadtverwaltung für sie einsetzte, hatte mich vielleicht sogar deshalb unbeliebt gemacht. Ich hatte mich für mehr Kinderspielplätze stark gemacht. Ich betreute Straffällige, die aus der Haft entlassen worden waren. Ich war, kurz gesagt, stark im sozialen, gesellschaftlichen und politischen Leben Lindaus vertreten.

Ich hätte jedoch nie gedacht, daß das, was ich damals als soziales Engagement getan habe, von den Scientologen im Sinne der dogmatischen Sprache Hubbards derart umdefiniert werden konnte, daß es als »Beweis« für das genaue Gegenteil herhalten konnte.

Und die Ausforschung wurde konsequent von den Scientologen fortgesetzt. Sie haben in der Folgezeit mein gesamtes Leben durchleuchtet. Jeder Wohnort, jede Arbeitsstätte, jedes Hobby, das ich hatte, wurde daraufhin abgeklopft, ob es für die Schmähschriften der Scientology von Nutzen sein konnte. Umgedeutet und redefiniert im Sinne der Hubbard-Anordnung »Propaganda durch Umdefinierung von Wörtern«, ergab sich dann oft auf Flugblättern, in Scientology-Zeitschriften und in internen Dokumenten ein Sinn, der den Lesern oft genug weismachte, ich sei eine Kriminelle.

Schon Hubbard hatte angeführt, daß diese Umdefinierung von Wörtern und Tatsachen »eine von Sozialisten (Kommunisten und Nazis gleichermaßen) benutzte, langfristige Propaganda-Technik ist«. Der Trick sei, Wörter umzudefinieren, um zu Gunsten des Propagandisten eine andere Bedeutung zu erhalten.

Zurück zum 17. Januar, zur Veranstaltung in Bad Waldsee. 700 Personen etwa waren in die Vortragshalle gekommen. Die Stimmung war von Anfang an geprägt von einer fast aggressiven Atmosphäre. Vor der Veranstaltung hatte der Organisator der Veranstaltung, Horst Fallenbeck, mit mehreren Scientologen zusammengestanden. Nicht nur ich hatte beobachtet, daß er intensiv mit diesen Scientologen redete. Es wirkte, wie wenn er von ihnen Anweisungen bekommen würde. Was sich hinterher auch als Vermutung in die richtige Richtung erwies: Fallenbeck forderte nämlich, die Zahl der Scientologen auf dem Podium von zwei auf drei zu erhöhen.

Demnach saßen dann mit mir auf dem Podium: von scientologischer Seite her Claudia Kauer, bei der OSA in München zuständig für die Öffentlichkeitsarbeit, Rechtsanwalt Ulrich Bräunig aus München und Rechtsanwalt Dr. Bühler, ebenfalls aus München. Von politischer

Seite nahmen teil: Dr. Paul Stefan Mauz, sektenpolitischer Sprecher der CDU im Landtag von Baden-Württemberg, die jetzige Sozialministerin und damalige SPD-Landtagsabgeordnete Helga Solinger und von den Grünen Rechtsanwalt Rezzo Schlauch. Dazu der damalige Sektenbeauftragte der Landesregierung Baden-Württemberg, Hartmut Hauser, und ein Diskussionsleiter mit Namen Brutscher.

Es wirkte so, als ob der Diskussionsleiter der Sache nicht gewachsen sei. Die Diskussion glitt ihm aus der Hand. Die Redezeiten der Scientologen wurden immer länger, Ausführungen der Politiker, Hausers und von mir wurden mehr und mehr beschnitten, teilweise sogar von Brutscher unterbrochen. Es dauerte nicht lange – vor allem, als Brutscher persönlich geworden war –, bis ich die Nase voll hatte. Ich verließ das Podium unter Protest. Ich hatte zuvor extra für die Veranstaltung eine Ausnahme von einer Regel gemacht, die ich mir selbst auferlegt hatte: Niemals mehr zusammen mit einem Scientologen auf einem Podium zu diskutieren. Schließlich diskutiert man ja auch nicht mit einem Dealer auf einem Podium, wenn es um das Thema Drogen geht.

Als Folge meines Protestes passierte etwas, was bisher in Deutschland in dieser Art noch nie geschehen war: Opfer von Scientologen standen auf, gingen an die Mikrophone und rechneten in der Öffentlichkeit mit den Scientologen ab. Mir schien es, als ob man die Emotionen mit Händen greifen könne. Es kam zu teilweise tumultartigen Szenen, als Richter Thomas Walter berichtete, was in Lindau an Ausforschungen über mich abgelaufen war. Mehrere hundert Menschen skandierten gegen die Ausführungen der Scientologen nur noch »Lindau, Lindau, STASI, STASI!«. Und dies so lange, bis Claudia Kauer das Mikrophon an sich riß und zugab: »Es ist richtig. Wir untersuchen Frau Hartwig.«

Diese Szenen wurden von mehreren Fernsehteams, die in Bad Waldsee dabei waren, dokumentiert und ausgestrahlt. Natürlich erwuchsen aus dieser Veranstaltung für mich wieder rechtliche Konsequenzen: Menschen, die sich als Opfer dieser Organisation fühlten, und die aufgestanden waren, um gegen Scientology und ihre Methoden zu klagen, mußten sich vor Gericht rechtfertigen. Journalisten, die über die Veranstaltung berichteten, mußten ebenso wie ich selbst vor Gericht erscheinen. Scientology Deutschland, vertreten durch Rechtsanwalt Blümel, hatte alle juristischen Register gezogen, die der Organisation zur Verfügung standen.

Nach dieser Veranstaltung besuchte Horst Fallenbeck, Veranstalter der Podiumsdiskussion, selbst Personen, die in Bad Waldsee dabeigewesen waren. Er versuchte, weitere Informationen über mich zusammenzutragen. Es ging sogar soweit, daß er am 9. März 1992 in der Gaststätte »Grüner Baum« in Bad Waldsee eine Pressekonferenz veranstaltete. Auf dieser Pressekonferenz lag für die Journalisten bereits eine Tischvorlage bereit, in der Horst Fallenbeck sich selbst als Opfer darstellte: Ich würde ihn und seinen Lebenswandel ausspionieren und hätte nach der Veranstaltung von Bad Waldsee eine Person beauftragt, herauszufinden, ob er irgend etwas mit Scientology zu tun hätte.

Diese Tischvorlage verliest er in der Pressekonferenz, und genau diese Tischvorlage wird später von Scientologen gegen mich in Gerichtsprozessen verwendet. Inhalte des Textes von Horst Fallenbeck werden später auch in Flugblättern und Schmähschriften der Scientologen gegen mich zitiert. Teilweise wird sogar die gesamte Tischvorlage der Pressekonferenz als »Dokument« von den Scientologen mitverschickt.

Im Rahmen der Pressekonferenz hatte Horst Fallenbeck, der professionell Podiumsdiskussionen veranstaltet, bereits auf seine nächste Aktion hingewiesen. Am 20. März 1992 nämlich fand unter seiner Regie eine Podiumsdiskussion zum Thema: »Okkultismus – Tür zum Jenseits?« in Weingarten statt. Im Vorfeld dieser Veranstaltung wiederum bewies Horst Fallenbeck, daß ihm die Lehre L. Ron Hubbards zumindest nicht egal zu sein scheint. Mitglieder der Jungen Union in Bad Wurzach nämlich, denen er Vorverkaufs-Karten persönlich vorbeibrachte, überreichte er auch zu ihrer Information das Dianetik-Buch von L. Ron Hubbard.

Meinen nächsten persönlichen Kontakt mit Fallenbeck hatte ich in Biberach-Warthausen. Dort sollte ich auf einer Veranstaltung der Katholischen Jugend sprechen. Vor dem Gebäude verteilten einige Mitglieder von Scientology, wie es inzwischen bei Veranstaltungen, bei denen ich auftrete, üblich geworden ist, Schmähschriften und Flugblätter gegen mich. Mit von der Partie war Horst Fallenbeck, der sogar einige dieser Flugblätter und die Zeitschrift der Scientologen, den »Freiheitsspiegel«, in mehreren Tragetaschen in sein Auto lud.

Ich erfuhr, daß sich Fallenbeck seiner guten Kontakte zur Staatsanwaltschaft in Ravensburg rühmte. Besonders sein Freund Klaus Zell würde ihn dort unterstützen. Weiterhin wurde mir bekannt, daß Horst Fallenbeck meine Vergangenheit weiterhin ausspionierte, Bekannte von mir persönlich aufsuchte, um sie über mich zu befragen und zu ehemaligen Kunden aus meiner beruflichen Tätigkeit fuhr, um sie mit angeblichen Beweismitteln gegen mich aufzuhetzen.

Ich hatte schon bald beim Landgericht Ravensburg einen Antrag auf Unterlassung gegen Horst Fallenbeck gestellt. Am 24. März 1992 beschloß das Landgericht, daß er künftig die verleumderischen Aussagen gegen mich nicht mehr wiederholen dürfe. Trotzdem erschien er Monate später wiederum vor einem Gericht, doch diesmal als Zeuge. In dem Verfahren, das Robin direkt gegen Scientology angestrengt hat, hat Rechtsanwalt Blümel ihn als Zeugen benannt. Erneut führte Fallenbeck die falschen Anschuldigungen gegen mich ins Feld. Ich habe daraufhin damals wiederum Strafantrag gegen Horst Fallenbeck gestellt.

Ich habe begonnen, mich vor Gericht gegen die Scientologen zu wehren – und zwar mit moralischer Rauflust. Sie, die jeden Kritiker, der den Mund auftut, sofort mit Gerichtsverfahren überziehen, sehen sich nun von meiner Seite ebenfalls vor Gericht bestellt. Die Scientologen, die die Gerichte unseres demokratischen Staates als Kriegsschauplatz nutzen, um eine »Schlacht« gegen ihre Gegner zu führen, finden in mir jemand, der bereit ist, es auf diesem »Schlachtfeld« mit ihnen aufzunehmen. Und durchzustehen. Insofern mag das, was ich an Gerichtsverfahren gegen Scientology erlebte, für den Leser manchmal unverständlich erscheinen. Doch es ist Notwehr; es ist die einzige Möglichkeit, mich gegen Scientology mit den Mitteln unseres Rechtsstaates zu wehren. Die greifen nämlich, wenn man sich ihrer nur mutig genug bedient! Für Scientology ist aber der Gang vor das Gericht nur eines der Mittel, das sie gegen mich verwenden.

10.2 »STASI« in Pfaffenhofen

Nach der Veranstaltung in Bad Waldsee erlebte ich folgendes: Meinen damaligen Nachbarn, Helmut Randolf, habe ich ja bereits in diesem Buch erwähnt. Er war es, der im Sommer 1991 die Autos unserer Besucher per Videokamera gefilmt hatte.

Helmut Randolf war es, der für den 12. Februar 1992 das Nebenzimmer des Lokals »Taverne« bei uns in Pfaffenhofen anmietete. Davon hörte ich allerdings erst abends. Was ich an diesem 12. Februar im Laufe des Nachmittages erfuhr, war, daß irgend etwas in Pfaffenhofen gegen mich lief. Denn ehemalige Kunden von mir riefen mich an diesem 12. Februar an und berichteten, sie wären von einem Mann angerufen worden.

Dieser habe sie zu einer Veranstaltung am 12. Februar in die »Taverne« nach Pfaffenhofen eingeladen. Es solle, so der Anrufer, eine »Initiative Hartwig-Geschädigter« gegründet werden – und der Angerufene gehöre doch auch dazu, oder?

Von der Veranstaltung wußte ich also bereits am Nachmittag. Gegen 18.00 Uhr läutete wiederum das Telefon in unserem Haus.

Zunächst meldete sich niemand.

Dann eine unbekannte männliche Stimme, die sagte: »Frau Hartwig, sind Sie daheim? Bleiben Sie heute daheim?«

Ich fragte, wer denn dort sei.

Die Stimme antwortete: »Das tut nichts zur Sache, ich komme bei Ihnen vorbei«.

Ich daraufhin: »Sie brauchen gar nicht zu kommen, bei mir kommt niemand rein, den ich nicht kenne.«

Daraufhin die Stimme: »Sie lernen mich noch kennen. Ich bin der, der Sie mundtot macht.«

Kurze Zeit später – wiederum ein Anruf.

Wiederum eine männliche Stimme, die mir sagte: »Frau Hartwig, ich muß mit Ihnen sprechen, ich bin auf dem Weg zu Ihnen.«

Auf meine Frage, wer denn dort spreche, meinte die Stimme: »Den Namen sage ich Ihnen nicht.«

Ich darauf: »Sind Sie auch einer, der mich mundtot machen will?«

Die Stimme: »Nein, ich besorge den Rest.«

Dann ein Klicken in der Leitung, der unbekannte Anrufer hatte aufgelegt.

Aufgefallen war mir, daß bei beiden Anrufen ein Rauschen im Hintergrund war und ich vorbeifahrende Autos hören konnte. So, als ob jemand in einer offenen Telefonzelle über eine schlechte Leitung oder aber über ein Mobilfunkgerät von einer Straße aus mit mir gesprochen hätte.

Von dem Rest des Abends ließe sich zumindest der erste Teil eines »Tatort-Krimis« drehen.

Meine erste Reaktion war, in der »Taverne« anzurufen, um zu fragen, ob dort wirklich um 20.00 Uhr eine Veranstaltung stattfinde. Die Kellnerin meinte, hier wäre nichts von einer Veranstaltung bekannt. Doch der Herr Randolf, der ja mein Nachbar sei, habe das Nebenzimmer für 20.00 Uhr gemietet.

Damit war mir klar, daß Randolf etwas gegen mich im Schilde führte. Unklar blieb mir, wie er an die Adressen meiner Kunden aus der »Single-Zentrale« herangekommen sein konnte, die ich doch 1988 verkauft hatte. Ich habe mit diesem Mann bis zum heutigen Tag noch nie ein Wort gewechselt, und ich frage mich: Wie kommt jemand, mit dem ich weder privat noch beruflich eine Verbindung unterhalte, an die Daten von Personen, mit denen ich einmal vor Jahren eine berufliche oder private Verbindung hatte? Denn auch Freunde, Nachbarn und Bekannte von mir waren, so stellte sich dann heraus, zu dieser Veranstaltung telefonisch eingeladen worden. Hatte Scientology dabei die Finger im Spiel? Klären konnte ich das bis heute nicht einwandfrei; der Staatsanwalt wird die genauen Umstände zu ermitteln haben.

Meine zweite Reaktion war, Freunde und mir bekannte Journalisten anzurufen. Außerdem verständigte ich meine Anwältin. Gegen 19.00 Uhr hatte ich bereits fast zwanzig Freunde bei mir im Haus versammelt. Wie sollten wir vorgehen? Wir entwickelten einen Plan. Einstimmigkeit herrschte darüber, daß ich auf keinen Fall sofort in die »Taverne« gehen sollte. Statt dessen wollten meine Freunde und Bekannten eine »Abordnung« dorthin schicken. Denn den Veranstaltern dieser ominösen Zusammenkunft konnten die möglichen Teilnehmer ja vom Angesicht her nicht bekannt sein; hatten sie doch meine Kunden und Bekannten nur per Telefon kontaktiert.

Ich weiß heute, daß mehr als 50 Personen zu der Veranstaltung telefonisch eingeladen wurden. Erschienen von ihnen war einer. Denn als meine Freunde in der »Taverne« eintrafen, fanden sie dort im Nebenzimmer nur vier Personen vor: Helmut Randolf und seine Frau, einen Herrn Wagner, der später als Kontaktperson zwischen der scientologischen Geheimdienstorganisation OSA und Privatdetektiven auftrat, sowie einen ehemaligen Mitarbeiter von mir, Henri Liebmann, der mir noch heute 8000 DM schuldet.

Wären meine Bekannten also nicht gekommen, hätte Randolf wahrscheinlich dort mit seiner Frau, Wagner und Liebmann einen ziemlich einsamen Abend verlebt. So aber fühlte er sich sicher. Helmut Randolf stellte sich zu Beginn gleich als Sprecher der »Initiative Hartwig-Geschädigter« vor. Randolf führte aus, er sammle Material

---

Methoden der Kritikerbekämpfung

Folgende Mittel haben Scientologen im Kampf gegen Kritiker belegbar in der Vergangenheit eingesetzt:

1. Schmäh-Artikel in der Scientology-Presse;
2. Leserbriefe in Zeitungen;
3. sogenannte Informationsbriefe an Personen des öffentlichen Lebens;
4. Sammlung von Informationen über Kritiker;
4.1 offene Materialsammlung (Archive etc.);
4.2 verdeckte Materialsammlung (Beschattung, Anrufe bei Bekannten und Verwandten des Kritikers etc.);
5. Verschicken von Briefen mit falschen Anschuldigungen an den Arbeitgeber des Kritikers;
6. Telefonkampagnen gegen Kritiker;
7. Bespitzelung durch Privatdetektive;
8. Einschleusung von Scientologen in Kritikerorganisationen oder -veranstaltungen;
9. Herbeiführen von Gerichtsverhandlungen mit konstruierten Anklagen;
10. Verleumdung, Schmähung und Falschaussagen;
11. Einbruch bei Behörden.

aus: Christoph Minhoff – Holger Lösch,
Neureligiöse Bewegung, München 1988, S. 78.

---

von Leuten, die von Renate Hartwig, also mir, geschädigt worden seien. Irgendwann im Laufe des Abends fiel in der Runde der Name Stuckenbrock. Dieser Herr ist nicht nur der Freund von Toni Egert; er ist Scientologe der »Nobelklasse« und, nach Aussagen von Ex-Scientologen, in einer ganz hohen Kontrollfunktion bei der Stuttgarter Org tätig. Kontakte zwischen Randolf und Stuckenbrock konnte ich mir später erklären, als ich erfuhr, daß beide bereits gemeinsam in einer Ulmer Firma gearbeitet hatten ... Stuckenbrock war damals schon der Firma bekannt, weil er als Ausbilder junge Menschen auf Scientology empfehlend hingewiesen hatte.

Kurz vor neun machten auch der Rest der Freunde sowie Paul und ich uns auf, und wir fuhren zur »Taverne«. Dort angekommen, bemerkten wir, daß rund um die »Taverne« junge Männer plaziert waren, die Mobiltelefone in der Hand hielten. Ich erinnerte mich sofort an die Anrufe gegen 18.00 Uhr. Paul ging gleich auf einen der jungen Männer zu: »Wenn du uns schon bespitzelst, steck wenigstens die Antenne deines Mobiltelefons weg. Die schaut nämlich aus deiner Jacke heraus.« Anstatt zu antworten, ergriff der junge Mann die Flucht.

Wir gingen in die Kneipe. Es gibt nicht viele Gaststätten in Pfaffenhofen. Diejenigen, die es gibt, sind deshalb abends relativ voll. Doch die vielen Gesichter, die ich in der Gaststätte sah, nahmen kaum Notiz von mir – nur einer starrte mich wie elektrisiert an. Auch ich erkannte ihn wieder. Es war ein Mann, der unserer Familie schon tagelang aufgefallen war, weil er ständig in der Einfahrt meines Nachbarn Helmut Randolf gestanden hatte. Wir gingen ins Nebenzimmer; ich stieß die Tür auf.

Helmut Randolf hatte ein Glas Weizenbier in der Hand, wollte gerade seine Rede weiterführen. Sein Hand blieb quasi in der Luft stehen, er erstarrte in seiner Pose, als ich plötzlich vor ihm stand. »Randolf«, fuhr ich ihn an, »das war ein Fehler! Damit Sie wissen, warum ich da bin: Ich wollte mit eigenen Augen sehen, daß es die STASI auch in Pfaffenhofen gibt.«

Meine schon anwesenden Freunde blickten mich erwartungsvoll an. Die vier übrigen Gäste im Nebenzimmer waren wie zu Salzsäulen erstarrt. Der erste von ihnen, der schaltete, war ein hagerer, fast abgehärmter Mann mit verschlossenen Zügen. »Dies ist eine geschlossene Veranstaltung«, wagte er zu sagen. »Gehen Sie raus, Frau Hartwig, sonst holen wir die Polizei.«

HUBBARD-KOMMUNIKATIONSBÜRO
Saint Hill Manor, East Grinstead, Sussex

HCO-RICHTLINIENBRIEF VOM 23. DEZEMBER 1965RA
REVIDIERT AM 10. SEPTEMBER 1983

Allgemeine Non-Remimeo-
Ausgabe
An der öffentlichen
Anschlagtafel aufzuhängen
Alle Organisationen
Alle Missionen
International Justice Chief
Senior-HCO-Netzwerk
Alle HCOs
MAAs
Ethik-Officers

Kopie

(HCO Abteilung 1)

ETHIK

~~UNTERDRÜCKERISCHE HANDLUNGEN~~

UNTERDRÜCKUNG VON SCIENTOLOGY UND SCIENTOLOGEN

Referenzen:

HCOB 10. Sept. 83	PTS-SEIN UND DAS ABBRECHEN DER VERBINDUNG
Tonband: 6505C18 SH Spec 61	ORGANISATION UND ETHIK
Tonband: 6506C08 SH Spec 63	HANDHABEN DER PTS-PERSON
Tonband: 6608C02 SH Spec 73	UNTERDRÜCKER UND SCHWERE AUDITIERFEHLER
Tonband: 6608C25 SH Spec 78	DIE ANTISOZIALE PERSÖNLICHKEIT
HCOB 27. Sept. 66	DIE ANTISOZIALE PERSÖNLICHKEIT, DER ANTI-SCIENTOLOGE
HCOB 24. Apr. 72 I	C/S-Serie Nr. 79 Expanded-Dianetik-Serie Nr. 5 PTS-INTERVIEWS
HCOB 10. Aug. 73	PTS-HANDHABUNG
HCOB 31. Dez. 78RA II Rev. 26.7.86	ABRISS DER PTS-HANDHABUNG
HCOB 31. Dez. 78RA III Rev. 21.3.89	UNTERWEISUNG DER PTS-PERSON – DER ERSTE SCHRITT ZUR HANDHABUNG: PTS-...
HCOB 8. März 83	DAS HANDHABEN VON PTS-SITUATIONEN
HCOB 17. Apr. 72	C/S-Serie Nr. 76 DAS FALLÜBERWACHEN EINES PTS-RUNDOWNS

Das Hubbard-Kommunikationsbüro in Saint Hill Manor, East Grinstead, Sussex, Großbritannien, hat am 10. September 1983 einen revidierten HCO-Richtlinienbrief herausgegeben, in dem beschrieben wird, wie der »Unterdrückung von Scientology und Scientologen« begegnet werden kann. »PTS« (mögliche Ärgernisverursacher) nennen die Scientologen ihre Kritiker – und gehen gemäß ihren Richtlinien gegen sie vor.

256

oder nicht. Wenn Familienmitglieder oder Anhänger einer unterdrückerischen Person oder Gruppe wissentlich auditiert werden, dann ist jeder Auditor, der das macht, eines Vergehens schuldig. (Referenz: HCO PL 7. März 65 III, VERGEHEN UND STRAFEN)

Eine potentielle Schwierigkeitsquelle, die es wissentlich zuläßt, daß sie selbst oder die unterdrückerische Person auditiert wird, ohne den Auditor oder Scientology-Autoritäten zu informieren, macht sich eines Verbrechens schuldig. (Referenz: HCO PL 7. März 65 III, VERGEHEN UND STRAFEN)

UNTERDRÜCKERISCHE HANDLUNGEN

Unterdrückerische Handlungen sind definiert als Handlungen oder Unterlassungen, die unternommen werden, um Scientology oder Scientologen wissentlich zu unterdrücken, einzuschränken oder zu behindern.

Solche unterdrückerischen Handlungen umfassen:

1. Jegliche Schwerverbrechen (wie z.B. Mord, Brandstiftung usw.) an Personen oder Besitz.

2. Sexuelles oder sexuell perverses Verhalten, das sich nachteilig auf das Wohlergehen oder den guten Geisteszustand eines Scientologen auswirkt, der im Status guten Ansehens ist oder der unter dem Schutz der Scientology steht, wie zum Beispiel ein Student oder ein Preclear.

3. Angedrohte oder durchgeführte Erpressung von Scientologen oder Scientology-Organisationen. In diesem Fall gelangt das Verbrechen, das für die Zwecke der Erpressung genutzt wird, vollständig außerhalb der Reichweite der Ethik, und die Person, die erpreßt wird, wird durch die Tatsache der Erpressung von der Schuld freigesprochen, es sei denn, das Verbrechen wird wiederholt.

4. Die Zeichen der Dianetik und Scientology zu verwenden, ohne die ausdrückliche Genehmigung oder Lizenz vom Besitzer der Zeichen oder eines seiner autorisierten Lizenznehmer zu haben.

5. Das Verfälschen von Aufzeichnungen.

6. Daten gegen Scientology fälschlich oder in verallgemeinerter Form oder ohne persönliches Wissen der Angelegenheiten, über die man Aussagen macht, zu bezeugen oder zu geben.

7. Das Organisieren von Splittergruppen, die von Scientology-Praktiken abweichen, während man es immer noch Scientology oder etwas anderes nennt.

8. Das Organisieren einer Splittergruppe, um Scientology-Daten oder irgendeinen Teil davon zu verwenden, um Leute von der Standard-Scientology abzulenken.

9. Das Verwenden der Scientology (oder entstellter und alter-ister Technologie, wobei man sie trotzdem Scientology nennt) in schädlicher Weise, so daß eine Org, Gruppe oder Scientology selbst in Verruf gebracht wird.

173

Seitenlang werden »unterdrückerische Handlungen« gegen Scientology oder Scientologen definiert. Die Scientologen gehen dabei von ihrem eigenen »Rechtssystem« aus – und gehen auch mit den Methoden ihrer eigenen »Polizei« gegen mögliche »Ärgernisverursacher« vor. Wer demnach Scientology in Verruf bringt, macht sich eines Verbrechens schuldig. (Ausriß aus einem HCO-Richtlinienbrief vom 23. 12. 1965, rev. am 10. 9. 1983)

»Genau das machen wir auch«, schlug ich vor. »Und dann lassen wir sofort eine Personenüberprüfung machen, um festzustellen, aus welcher Scientology-Org Sie denn sind.«

Ich brauchte gar nicht mehr in Aktion zu treten. Die Polizisten standen bereits hinter mir. Sie waren, wie sie mir erklärten, von einem anonymen Anrufer verständigt worden. Sie sollten in die »Taverne« kommen, da sei eine Schlägerei im Gange.

Ich erklärte den Polizisten die Situation und bat sie, die Personalien des hageren, verhärmten Mannes festzustellen – die übrigen würde ich kennen. Außerdem sollten sie doch bitteschön den Herrn im Gastzimmer nebenan überprüfen. Schließlich hätte ich ihn in Verdacht, mich in den letzten Tagen bespitzelt zu haben.

Die Personalüberprüfung fand statt. Der hagere Mann wies sich als Franz Wagner aus. Seine Visitenkarte gab »journalistische Recherche« als Beruf an. In der Diskussion im Nebenzimmer hatte er jedoch zuvor gesagt, er sei Detektiv. Als Adresse gab er an: Allacher Straße 104 in München. Die Personalien des Mannes im Gastzimmer konnte die Polizei nicht mehr ermitteln; er hatte sich aus dem Staub gemacht.

Inzwischen weiß ich, daß auch Helmut Randolf Kontakte zu Scientology hat. In den Unterlagen der Org in Ulm tauchten nämlich Briefe von ihm auf.

Die »Initiative Hartwig-Geschädigter« war mit der Pleite in der »Taverne« allerdings nicht gestorben. Bereits im Mai trat sie wieder an die Öffentlichkeit, diesmal unter zwei Adressen. Zum einen wurde als Kontakt Helmut Randolf angegeben, zum anderen trat Dieter Rapp aus Dachau mit als Verantwortlicher auf.

Mitarbeiter und Kunden der Single-Zentrale, die ich bis 1988 unterhalten hatte, sowie Bekannte von mir und auch Menschen, die ich nicht kannte, bekamen von der Initiative einen Fragebogen zugeschickt. Darin wurde z. B. gefragt, ob sie bereit wären, beim Staatsanwalt eine Anzeige wegen Betrugs gegen mich zu stellen. Die Initiative

> »Lokalisiere die möglichen Ärgernisverursacher, indem Du nach Leuten Ausschau hält, die Gerüchte verbreiten. Finde dann den Unterdrücker und »drück ab«. Ruhe wird eintreten. Tech ist drinnen. Und das ist eigentlich alles, was man erreichen möchte.«
>
> *HCO Policy-Letter, vom 16. Mai 1965, Unterabteilung II, Ethikabteilung*

habe nämlich Anwälte zur Hand, die dabei helfen würden, diese Anzeige auszuarbeiten. Gefragt wurde gleich auch noch, ob man weitere »Opfer« dieser Frau kenne und ob weitere mögliche Straftaten oder Unregelmäßigkeiten bekannt seien.

Heute weiß ich: Der Fragebogen wurde unzählige Male in Deutschland verschickt mit dem Ziel, ein Sammelstrafverfahren gegen mich anzustrengen. Die Initiative wurde dabei unterstützt und vertreten von – Sie dürfen raten! – dem Münchner Rechtsanwalt Wilhelm Blümel. Randolf und Rapp schrieben bereits im Mai 1992 in einem Rundschreiben »an ehemalige Single-Club Mitglieder«, daß Ermittlungen der Staatsanwaltschaft in dieser Sache begonnen hätten. Gleichzeitig wollten sie sich bei den vielen Mitbürgern bedanken, die bisher durch »Informationsgebung und Strafanzeigen« bei dieser »gerechten Sache« mitgewirkt hätten.

Ermittelnder Staatsanwalt (bis zu dessen Versetzung nach Leipzig) war in dieser Sache interessanterweise Klaus Zell, jener Staatsanwalt, von dem Horst Fallenbeck gesagt hatte, er sei sein enger Freund. Von eben diesem Zell ist mir bekannt, daß er in seiner Funktion als Staatsanwalt und während der Ermittlungsphase gegen mich, sich gegenüber dem LKA in Stuttgart über mich äußerte. Der Inhalt dieser Äußerung wurde mir durch Scientology (!) bekannt. In ungezählten Dossiers und Flugblättern hat sich Scientology dieses Zitats bedient. Demnach hat Zell gesagt, ich sei »eine schillernde, nicht ganz seriöse Persönlichkeit«.

Die von der »Initiative Hartwig-Geschädigter« angestrengten Ermittlungen wurden allerdings sämtlich eingestellt. Statt dessen wurde Dieter Rapp am

»Denn wir stehen nicht alle auf der Bühne, und unsere Namen erscheinen nicht alle in Leuchtbuchstaben –, schieben Sie immer Macht in die Richtung eines jeden, von dessen Macht Sie abhängen, sei es in Form von mehr Geld für die Machtperson oder größeren Erleichterungen oder einer flammenden Verteidigung der Machtperson gegenüber einem Kritiker. Es kann sogar darin bestehen, daß einer seiner Feinde in der Dunkelheit dumpf aufs Straßenpflaster klatscht oder das ganze feindliche Lager als Geburtstagsüberraschung in riesigen Flammen aufgeht.«

aus: L. Ron Hubbard, Einführung in die Ethik der Scientology, a.a.O., S. 270f

13. Januar 1993 vom Landgericht München II verurteilt[3], die Behauptungen gegen mich zu unterlassen, soweit sie Bestandteil der Fragebogenaktion der »Initiative Hartwig-Geschädigter« seien. Dieses Urteil, gegen das Rapp Berufung einlegte, wurde am 15. Oktober 1993 vom Oberlandesgericht München in letzter Instanz bestätigt. Das Gericht führt in seiner Begründung an: »Der vom Beklagten begangene Eingriff in das allgemeine Persönlichkeitsrecht der Klägerin ist rechtswidrig«.[4]

Mir wurden in dieser Zeit Hinweise zugetragen, daß die polizeilichen Kennzeichen der Autos von Besuchern, die vor unserem Haus parkten, aufgeschrieben wurden. Irgendwie landeten die Angaben über die KFZ-Kennzeichen bei dem Augsburger Polizisten Pöllmann, der nachweislich Scientologe und für Scientology aktiv ist. So hatte er in einem Altenheim für die Organisation geworben und hatte z. B. Promillesündern Kurse von Scientology als mögliche »Hilfe« für ihre Probleme angepriesen.[5] Pöllmann befand sich – zeitweise jedenfalls – im Besitz von Listen mit den KFZ-Kennzeichen unserer Besucher und von Dokumenten von Scientology, die darauf hinwiesen, daß man uns im Blickfeld hatte. So enthielt ein Briefumschlag, auf dem eine Telefonnummer in München mit dem Hinweis »OSA« und dem Namen Johann Altendorfer notiert war, Anweisungen der OSA an Pöllmann mit dem Auftrag, z. B. über mich und andere Mitglieder von Robin direkt zu recherchieren. Desgleichen fand sich in dem Umschlag eine Anfrage, ob Jürg Stettler, derzeit wohnhaft in der Schweiz, polizeiliche Schwierigkeiten bekäme, wenn er nach Deutschland einreise. »Mit anderen Worten, liegt gegen ihn was vor oder nicht?« fragte der Brief. Jürg Stettler ist Chef von Scientology in Zürich und war zuvor beim Geheimdienst der Scientologen in München.

Ein Journalist konnte nachweisen, wer die Kennzeichen der Autos unserer Besucher notiert hatte. Er sprach mit dem Ehepaar Randolf, das ihm die Listen mit KFZ-Kennzeichen zeigte. Der Journalist schrieb die Listen ab und verglich sie später mit denen, die bei Pöllmann gefunden worden waren. Sie waren bis auf eine einzige deckungsgleich.

Als »begnadete Volksverhetzerin« werde ich im »Freiheitsspiegel«, der ▷ Zeitung der Scientology in Deutschland, beschrieben, als Frau, die »gutgläubigen Bürgern Märchen« erzählt. Neben meinem Foto gipfelt das Pamphlet in der Überschrift: »Diese Frau betreibt sozialen Mord«.

Diese Frau betreibt sozialen Mord

Seltsame Vorgänge ereignen sich seit Monaten in Baden-Württemberg. Frau R. aus der Lahrer Gegend berichtet, seit in ihrem kleinen Ort bekannt wurde, daß sich der Sohn Scientology angeschlossen hat, sei kurze Zeit später das Gerücht aufgetaucht, "ihr Mann ginge fremd". Sie läßt auch keinen Zweifel daran, wem sie die Urheberschaft für dieses Gerücht zuschreibt: Den Scientologen.

Sven M. aus Heidenheim erwischte es im Dezember noch viel schlimmer. Der 20jährige ernannte sich zum "Sektenbeauftragten" der örtlichen Jungen Union und startete einen Inquisitionsfeldzug gegen alle Personen - die sich in der Stadt zu Scientology bekennen - um "ein Heidenheim zu schaffen, in dem Bürger wieder friedlich leben und nicht täglich Angst haben müssen", wie er sich wörtlich in einem am 23.12.91 veröffentlichten Leserbrief ausdrückte, der von Formulierung her ausländerfeindlichen Parolen in Nichts nachstand. Nachdem er wegen Verleumdung durch eine einstweilige Verfügung vor dem Landgericht Ellwangen belangt wurde, wollte Sven M. neue Wege aus Mittel: Ein Anschlag auf sein Auto. Während der Fahrt hätte sich ein Reifen gelöst ... Natürlich läßt auch Sven M. anklingen, wer die Bösewichter sind.

Auch Frau S. aus Stuttgart - sie ist nach eigenen Angaben im Immobiliengewerbe tätig - offenbare jetzt ihre leidvollen Erfahrungen: Seit Monaten würde sie keine Wohnung finden. Hinter diesen Dilemma vermutet sie Immobilienbüros der Scientologen. Der Höhepunkt: Anita S. aus Waiblingen. Sie behauptete öffentlich - im Zusammenhang mit der Scientology Kirche - von einer "kriminellen Sekte verfolgt zu werden und zwei Mordanschlägen entgangen zu sein". Die Geschichte hat freilich einen Haken: Anita S. war ein Scientology-Mitglied.

Quellenstudium liefert Fakten und Beweise

Was verbindet Frau R., Sven M., Frau S. und Anita S.? Alle vier sind Mitglieder oder stammen aus dem direkten Umfeld des Vereins "Robin Direkt" in Pfaffenhofen bei Ulm. Das dort ansässige Vereinsvorsitzende ermuntert nach eigenen Angaben besorgte Bürger, Mißbräuche von Mordandrohungen und Drohanrufen, denen sie regelmäßig ausgesetzt ist und läßt auch keinen Zweifel daran, wer dahinter steckt.

Beweise und Fakten sind überflüssig, denn sie sind nicht der Stoff, aus dem Gerüchte sind. Zudem ist Renate Hartwig eine begnadete Volksverhetzerin. In ihrer beispiellosen Hetzkampagne werden selbst unschuldige Kinder vermarktet. Bei einer Veranstaltung in Bad Waldsee am 17. Januar ließ besagte Anita S. aus Waiblingen ihre 13jährige Tochter ans Mikrofon treten und behaupten, der Vater hätte sich in den Armee des Kindes ausgeweint, weil er von Scientology psychisch ruiniert wurde. Solche Praktiken sind in der Tat Weinen, denn auch der Ex-Mann von Anita. S. war niemals Mitglied der Scientology Kirche, wie er in einer eidesstattlichen Versicherung erklärt hat.

Auch Renate Hartwig erschüttert ihre Kindergeschichte in Bad Waldsee mit tränenerstickter Stimme: "Unser Sohn ist dreizehn. In dem Moment,

wo es dunkel wird, geht er nicht mehr raus." Die Zeugen dieses spontan wirkenden Auftritts sind beeindruckt. Sie wissen natürlich nicht: Bereits zwei Tage vorher gab Frau Hartwig in Ochsenhausen die gleiche Szene - offensichtlich sorgsam einstudiert - bühnenreif zum besten, um dann im nächsten Atemzug ganz routinemäßig weiterzuhetzen.

So ist es auch dann nicht verwunderlich, wenn bei den Vereinsnachwuchs an dem Schmierenstück teilhatläßt, um handesweil mit laut-minären Gerüchten und fingierten Mord- und Drohanrufen eine Religionsgemeinschaft zu diskriminieren.

Verleihen Betrügereien, Offenbarungseid, Verleumdungen und hohe Schulden besondere moralische Qualifikationen?

Renate Hartwig ist eine geheimnisvolle Frau - eine Frau gleichsam ohne Vergangenheit? Mit besonderer Hingabe widmete sich der heute 42jährige in den 80er Jahren den partnerschaftlichen Problemen ihrer Mitmenschen, allerdings nicht im sozialen Sinne, sondern gegen klingende Münze. In einem von ihr betriebenen Single-Club wurde den partnerschaftssuchenden Mitgliedern in Preisklassen von etwa 500 - 3500 Mark von Jemand bis zur Ehenbahnung je nach Preisklasse alles feilgeboten. Mehrere Dutzend Geschädigte beklagten freilich, daß Ihnen nach erfolgtem lekanno vom Single-Club herzlich wenig geboten wurde, doch ihr Geld sahen sie nie wieder.

Angesichts zunehmender Klagen und unbezahlter Gläubigerforderungen verrauchte Renate Hartwig 1988 ihren Single Club aus "persönlichen und familiären Gründen" schnell loszuwerden, um flugs in einen Staubsaugerdirektvertrieb einzusteigen. Sie saramelte Mahnbescheide, wie andere Leute Briefmarken.

Selbst im Supermarkt versuchte sich Renate Hartwig an der Kasse mit bargeldlosem Einkauf mittels ungedeckter Schecks. Ein Offenbarungseid, auch von Ehemann Paul Hartwig, folgt. Die Geschädigten und Betrogenen warten bis heute und Renate Hartwig bekannt ganz öffentlich "ich bin pleite, bei mir ist nichts zu holen".

Ist der Ruf erst ruiniert ... , diskriminiert sich gänzlich ungeniert!

Ausgestattet mit diesen kriminellen Erfahrungen und unter diesen Voraussetzungen möchten weder Renate noch Paul Hartwig an ein geordnetes Berufsleben denken, denn dazu hätte es ehrlicher Arbeit bedurft. So gründeten sie 1990 den Verein "Robin Direkt", und die Vereinsgelder bot schließlich an einen kirchenfeindlicher Zugriff.

Renate Hartwig zog ein Jahr lang gegen angeblich lebensgefährliche Staubsauger zu Felde, als sie vorher selbst vertrieben hatte, und sorgte sich um Staubentmittarbeiter in diesem Bereich. Auch bei sich selbstlosem Einsatz weißte Renate Hartwig schon damals von Opfern, Mordanschlägen, einem 1988 abgestürzten Auto - wo bei auch von einem versuchten Versicherungsbetrug die Rede war - und

Renate Hartwig: verleihen ihr Betrügereien, Offenbarungseid und Rufmord besondere moralische Qualitäten?

ähnlichem Ungemach zu berichten. Dies hinderte sie freilich auch daran den Autobrand im Herbst 1991 erneut aufzukochen und in Zusammenhang mit der Scientology Kirche zu bringen. Im Frühjahr 1992 wurde die Auflage am weiteren Kapitel bereichert: jetzt hieß es plötzlich in einem von der Ludwigsburger Jungen Union fabrizierten Artikel, Renate Hartwigs Auto sei in die Luft geflogen.

1989 belegte Renate Hartwig und ihr Mann ein dreitägiges Seminar in Ulm, welches auf weltlich-administrativ verwendbaren Daten des 1986 verstorbenen Scientology-Gründers Hubbard basierte. Beide zeigten sich über das Seminar in ihren eigenen Beurteilungen recht angetan. Es gab freilich auch ein Gesamtbild.

Renate und Paul Hartwig haben dieses Seminar bis heute nicht bezahlt. Ganz im Gegenteil: Zwei Jahre später entdeckt Renate Hartwig urplötzlich, sie sei bei diesem Seminar manipuliert und finanziell ruiniert worden. Die Täterin funktioniert sich kurzerhand zum Opfer um und Diktaminationen zerfetzten sich fortan auf Dokumentierungen gegen die Scientology Kirche.

Wer sind hier die Opfer?

Wenn es um Diskriminierung geht, offenbart sich bei Renate Hartwig und in ihrem Umfeld ein Geflecht von kriminellen Praktiken, das von Anschwärzen, Beleidigungen, Lügen, Betrug, Verleumdung bis hin zur gezielten Existenzvernichtung reicht.

Einige Betroffene berichten über persönliche Erfahrungen:

Am 23. Januar behauptete Renate Hartwig bei einer Veranstaltung den Wetzlarer Zahnarzt und Scientologen Dr. Thomas Röder:

"Sie haben sich Datenmißbrauch begangen und jetzt frage ich alle diese Patienten, denen Sie einmal im Mund geholt haben, ob sich überlegen, ob diese Daten weitergelangten sind." Dr. Röder hat mit Patientendaten weitergeben und setzte sich gegen den

Rufmord mit einer Strafanzeige wegen Verleumdung, Beleidigung und übler Nachrede zur Wehr. Wir haben bei Dr. Röder weiter nachgefragt:

Wie haben Sie Renate Hartwig kennengelernt?

Dr. Thomas Röder: Von Renate Hartwig habe ich zum ersten Mal gehört als ich Ende 91 in einer Sendung des "Hessischen Rundfunks" zu hören war und unglaublich verlogene Geschichten präsentiert bekam. Persönlich habe ich sie erstmals am 23. Januar einer Hetzveranstaltung in Wetzlar erlebt.

Was haben Sie bei dem Auftritt empfunden?

Dr. Thomas Röder: Ich war zutiefst betroffen über eine solch unqualifizierte, mit Halbwahrheiten hetzende, abnehmend brüllige Veranstaltung mit unter so skrupellos lügenden Menschen in unserer heutigen Zeit noch möglich ist.

Wie beurteilen Sie das Wirken dieser Frau?

Dr. Thomas Röder: Nach der Veranstaltung in Wetzlar hat ein Bekannter zu mir gesagt: "Ich habe meinen Vater oft gefragt, wie das mit Hitler damals passieren konnte." Ich habe nie eine befriedigende Antwort bekommen. Heute habe ich eine erfahren." Ich denke, das bringt mit wenigen Worten die Sache auf den Punkt. Bei dieser Veranstaltung hat mir noch die Parole gefehlt: "Wollt Ihr den totalen Krieg gegen die Scientologen?" Ich bin mir sicher, aus hundert Kehlen wäre ein begeistertes "ja" gekommen. Diese Frau ist eine gefährliche Instiganatin, die unschuldige Bürger gegen unschuldige Bürger aufhetzt. Ich hoffe, daß ihr nun von Gerichten ihr unseliges Handwerk gelegt wird.

Auch Jürgen Schwarz, Vorstand der Scientology Kirche Stuttgart, hat mit Renate Hartwig und dem Verein "Robin Direkt" seine eigenen Erfah-

Beschimpfungen gegen meine Religionsgemeinschaft. Überfordert wurde sie nur noch von einem Herbert Henke und der ist- wie ich inzwischen weiß - "Robin Direkt" Gründungsmitglied. Anwesende Mitglieder bemerkte Henke öffentlich mit einer ganz üblen Scheinghrunde, die in der Wortwahl am ehesten mit den Sprüchen gegen Ausländer zu vergleichen sind.

Was haben Sie gegen die Diskriminierung unternommen und mit welchem Ergebnis?

Jürgen Schwarz: Gegen den "Robin Direkt"-Mann habe ich Strafanzeige wegen Beleidigung erstattet. Vor der Staatsanwaltschaft Stuttgart erhebt ungenehen nun ein Verfahren gegen ihn, wegen dem Bescheid. Herr Henke wurden wegen einer anderen Straftat zu einer Freiheitsstrafe von einem Jahr verurteilt. Die Beleidigung würde neben der Strafe nicht berücksichtigt im Gewicht fallen, die gegen Norbert Henke durch ein rechtskräftiges Urteil des Amtsgerichts Ingolstadt verhängt werden ist.

Wie sehen Sie die Aktivitäten von "Robin Direkt" heute?

Jürgen Schwarz: Herr Henke ist nur ein Beispiel. Nachdem auch eine Anita Stutz aus Waiblingen in "Robin Direkt" Umfeld auftritt und mehr eigenen Bekannten bereits dreimal vor bestraft ist und gegen Renate Hartwig rund ein halbes Dutzend Strafverfahren laufen, erhebt sich zunehmend die eigentliche Frage: Ist "Robin Direkt" eine Vereinigung von Kriminellen oder eine kriminelle Vereinigung?

Bei Stefan Merkle, einem selbständigen Ingenieur aus Heidenheim, zielte Renate Hartwig mit gezielter weltkühnen Verleumdungen auf die Zerstörung seiner beruflichen Existenz ab. Dazu haben wir Herrn Merkle konkrete Fragen gestellt:

rungen gemacht, zu denen er sich hier äußert:

Welche persönlichen Erfahrungen haben Sie mit "Robin Direkt"?

Jürgen Schwarz: Bei einer Veranstaltung am 12.10.91 in Stuttgart erging sich Frau Hartwig in wüsten

Erinnern Sie sich noch an die erste Begegnung mit Frau Hartwig?

Stefan Merkle: Ich habe von Frau Hartwig zum ersten Mal bei einer Veranstaltung der Jungen Union gehört. Sie fiel mir dadurch auf, daß sie sehr polemisch und überspitzt in die

261

Meine Gäste gingen dazu über, ihre Kennzeichen mit Alu-Folie abzudecken, um ein Notieren der Nummer zu vereiteln. Manche taten dies schon vor dem Ortseingang von Pfaffenhofen, und auch auf dem Rückweg entfernten sie sie erst weit hinter der Gemeindegrenze. Einmal wurde ein Bekannter von der Polizei angehalten, weil er die Alufolie noch über seinem Nummernschild hatte. »Sie können die Folie jetzt abmachen, sie sind nicht mehr bei der Hartwig!« sagte einer der Polizisten.

Der Augsburger Polizist Pöllmann wurde, vor allem weil er in einem Altenheim für Scientology werbend auftrat, in die kleine Stadt Zusmarshausen versetzt. Doch auch dort betrieb er im Dienst Werbung für die Organisation. Schließlich versetzte man ihn – offizielle Version: aus Gesundheitsgründen – in den Ruhestand. Pöllmann ist noch keine 50 Jahre alt.

Was mich an der Sache ärgert, ist, daß mancher Bürger zu hohen Strafen verurteilt wird, weil er einmal zu schnell fuhr oder eine weiße, durchgezogene Linie überfahren hat. Aber ein Polizist wie Pöllmann, der im Dienst für Scientology wirbt, wird nicht verurteilt, sondern bezieht heute Pension, verlebt seinen Ruhestand auf Staatskosten. Die Geschichte paßt jedenfalls in die Strategie von Scientology. Mehrfach wurde – teils mit Erfolg – versucht, eine, wie es in der Scientology-Sprache heißt, »gute Comline« zu Polizei und Zoll aufzubauen. In Augsburg scheint diese »Comline« funktioniert zu haben.

Ich hatte den Eindruck, in der Mitte eines Kesseltreibens zu stehen. Ich wußte nicht mehr, welche Jäger auf mich angesetzt waren. Von überall her tauchten Informationen auf, daß Personen auf mich angesetzt seien, daß Strohleute der Scientologen Informationen über mich beschafften und Gerüchte über mich verbreiteten. Scientology heuerte Privatdetektive an, um mich auszuspionieren. Doch einigen Detektiven wurde das Pflaster bei Scientology zu heiß. Sie informierten mich über die Besuche des Scientology-Geheimdienstes OSA in ihrem Detektivbüro. Die Akten, die die OSA über mich angefertigt hatte, brachten sie gleich mit.

Sogar per Computer versuchte die Scientology bundesweit gegen mich vorzugehen. Mit einem Brief vom 27. April 1992 fordert die OSA Süddeutschland alle als Geschäftsführer tätigen Scientologen auf, ihre Datenbestände hinsichtlich Robin direkt und verschiedener Mitglieder und Freunde unserer Selbsthilfegruppe zu überprüfen.

»Gebt mir bitte Bescheid, ob obengenannte Personen bei euch auf Linien waren oder (was durchaus möglich wäre) noch auf Linien sind«, heißt es in dem Brief. Im Klartext: Die Geschäftsführer sollten nachsehen, ob Scientology noch Einflußmöglichkeiten auf die mehr als 35 aufgeführten Personen hatte. Die Vorgehensweise der Scientologen hat durchaus Methode. Ziel ist es nämlich, das Opfer, in diesem Fall also mich, derart zu verwirren, daß es nicht mehr angeben kann, woher die Angriffe kommen und keine Möglichkeit mehr sieht, sich gleichzeitig gegen alle Angriffe wehren zu können.

Als eine der schlimmsten und unwürdigsten Kampagnen empfand ich die anonyme Anzeige, die gegen uns beim Jugendamt Weißenhorn einging. Man müsse unseren jüngsten Sohn augenblicklich aus der Familie entfernen, hieß es dort, weil in unserem Haus »Gruppen-sex vor unverdeckten Fenstern« ablaufe. Der Junge wäre schon ganz verstört, weil ich, seine Mutter, akut psychotisch sei. Er solle an seine leibliche Mutter zurückgegeben werden – und wir »Rabeneltern« sollten auf unseren Gesundheitszustand untersucht werden.

Ich konnte mit diesen Anschuldigungen umgehen, hatte man mich doch schon in einem Pamphlet verleumdet, ich betriebe Sexclubs in Kaiserslautern und Pirmasens. Doch mein Sohn, der zu diesem Zeitpunkt gerade 14 geworden war, wurde in das Zentrum einer scheußlichen Schmutzaktion gezogen. Es gibt nichts Schlimmeres, als wenn jemand versucht, durch falsche Beschuldigungen Zwietracht in einer Familie zu säen. Die Lehrer der Schule, auf die unser Sohn geht, haben mir einen Brief geschrieben und versichert, daß es keinen Grund zur Klage gebe. Die Verleumdungen hätten, so schrieb mir der Rektor der Schule, das gesamte Lehrerkollegium erschüttert.

Die Verleumdungskampagnen von Scientology gehen bis in die heutige Zeit. Eine Schlüsselfigur in diesem Netzwerk scientologischer Angriffe ist sicherlich Rechtsanwalt Blümel aus München. Die Schriftsätze, die Blümel verfaßt, sind an sich schon eine Frivolität eigener Art. Zum Beispiel vertrat er Dieter Rapp, unter dessen Namen und Adresse ja der Fragebogen über mich von der »Initiative Hartwig-Geschädigter« verschickt worden war. In seinem Schriftsatz für das Landgericht München II begründete Blümel die Verteidigung Rapps: »Die Klägerin ist als eine gefährliche Serienbetrügerin in Erscheinung getreten. Neben dem Beklagten hat die Klägerin zahlreiche weitere Personen und Firmen betrügerisch beschädigt.«

Scientology München hat im Januar 1993 eine 24seitige Mappe mit »Fakten, Informationen und Dokumenten zu den kriminellen Aktivitäten von Renate Hartwig und im Umfeld ihres Vereins Robin Direkt« zusammengestellt. Die »Dokumente« entpuppen sich als Beleidigungen und üble Nachreden.

Die Schriftsätze sind, schon vom Layout her, so angefertigt, daß sie später, aus dem Zusammenhang herausgerissen, wie eine Urteilsbegründung erscheinen. Schriftsätze von Herrn Blümel tauchen nämlich als Einzelblätter in Flugschriften von Scientologen immer wieder auf. Sie wirken dort wirklich so, als wäre ich als Serienbetrügerin verurteilt worden.

Die Papiere, die Scientology z.B. regelmäßig vor den Veranstaltungsorten verteilt, an denen ich Vorträge halte, zitieren oft aus den Schriftsätzen Blümels. Die Flugblätter sind häufig so aufgebaut, daß man nicht erkennen kann: diese Passagen sind keine Urteile. Ebensowenig führen sie aus, wie das eigentliche Urteil des Gerichts ausgegangen ist. Statt dessen wird der Eindruck erweckt, die Verteidigungsbegründung Blümels sei bereits das Urteil des Gerichts.

Die Scientology Deutschland in München hat beispielsweise im Januar 1993 eine 24seitige Mappe über Fakten, Informationen und Dokumente zu den »kriminellen Aktivitäten« von Renate Hartwig »zusammengestellt«. Die darin enthaltenen »Dokumente« entpuppen sich als Schmähschriften, seitenweise sind sie Beleidigungen und üble Nachreden. Wilhelm Blümel, der als Rechtsanwalt für Scientology Deutschland bundesweit auftritt und viele Scientologen vor Gericht vertritt, sagte in dieser Funktion zu Journalisten: »Wer mir vor die Flinte kommt, kriegt so eine verbraten, daß er nicht wieder hochkommt.«

Herr Blümel ist nicht nur Anwalt von Scientologen, sondern er nimmt auch an internen Scientology-Veranstaltungen teil. Dies bestätigte er mir in einer Gerichtsverhandlung vor dem Oberlandesgericht in München am 10. September 1993. Auf meinen Vorhalt, daß er sogar an internen Veranstaltungen von Scientology wie der am 14. August 1992 im Ibis Hotel in München teilgenommen habe, bestätigte er, dabeigewesen zu sein

Diese Sitzung war eine interne Konferenz von WISE-Lizenznehmern in Deutschland. Eingeladen hatte Rainer Weber, den Ex-Scientologen der OSA in München zuordnen. Gegenstand der Sitzung: Wie man mit Kritikern umgeht. Einer der Inhalte der Gespräche: Renate Hartwig.

Die Flugblätter, die die Scientologen über mich in Umlauf brachten, wurden nicht nur zu Beginn der Veranstaltungen, in denen ich auftrat, vor den Türen der Säle verteilt. Sie wurden auch dazu benützt, gegen mich Stimmung zu machen bei Verbänden, Geschäftsleuten, Institutionen und den Interessengemeinschaften, die mich als Referentin einluden. Genützt hat es ihnen nichts. Mein Terminkalender wird immer voller mit Vorträgen, in denen ich über diese in meinen Augen kriminelle Organisation aufkläre.

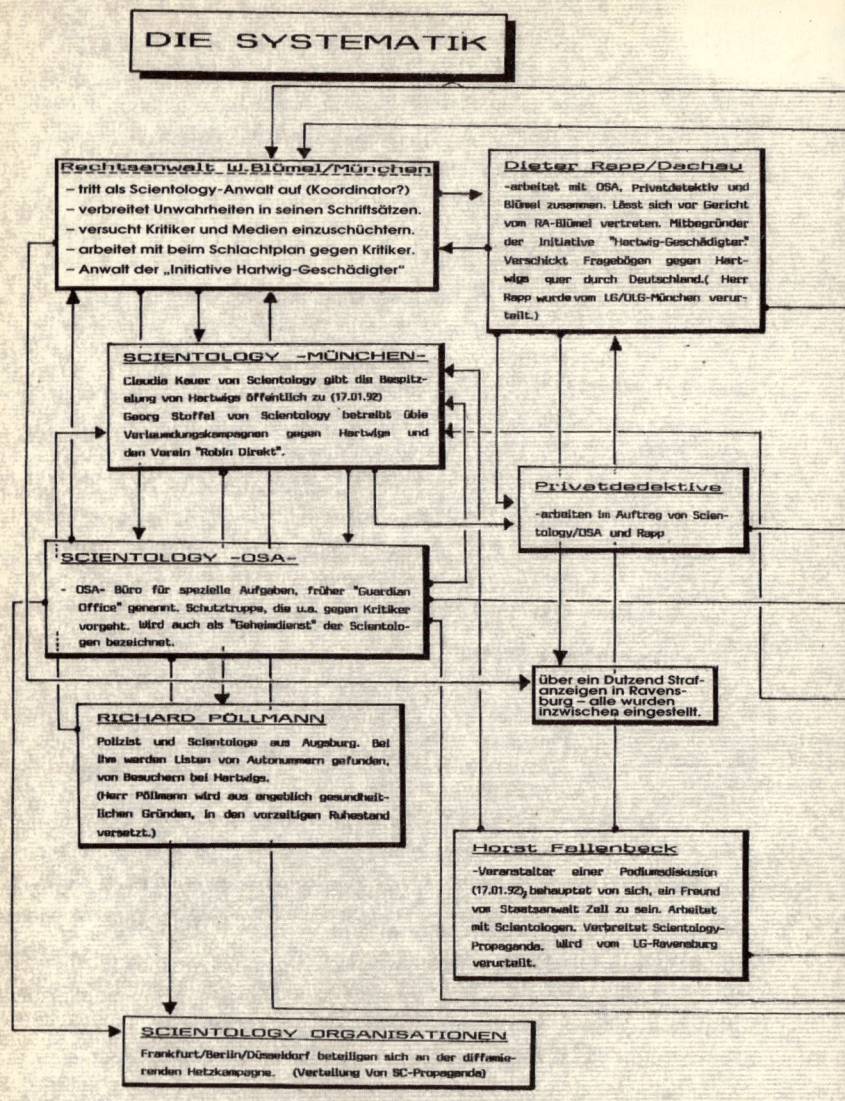

Wir haben in dem oben abgebildeten Plan die nachweislichen Versuche dargestellt, meine Familie, Robin direkt und mich mundtot zu machen. Manchmal war und ist es Scientology direkt, manchmal waren und sind es noch heute Mittelsmänner. Aus den beweisbaren Verbindungen unter den verschiedenen Personen und Gruppen ergibt sich ein wahres Netzwerk, mit dem Scientology und Scientologen uns in unserer Arbeit be-

SCIENTOLOGY -STUTTGART-

- Scientologe Stuckenbrock und Nachbar Randolf können sich aus gemeinsamen Zeiten bei Magirus.
- Scientologin Maja Nüesch verschickt diffamierende Pressemitteilungen. Schreibt unverschämte Leserbriefe.
- Scientologische Propagandazeitung "Freiheitsspiegel" wird bundesweit verteilt. Flugblätter gegen Hartwigs sind keine Ausnahme.

HELMUT RANDOLF

- Hat Kontakt zum Scientologen Stuckenbrock/Stuttgart. Schreibt die Autonummern der Besucher auf, die zu Hartwigs kommen. Mitbegründer der Initiative "Hartwig Geschädigte".
- Organisiert konspiratives Treffen gegen Hartwigs. Wird enttarnt. Randolf ist der Nachbar von Hartwigs in Pfaffenhofen.

HELMUT HURLE

- Ehem. Kirby-Vertragshändler; hatte Aug.-Sept. 1988 bereits Kontakt mit Rijta Raffelt.
- Besuchte mit seiner ersten Frau (lt. eigenen Angaben) in den 80 er Jahren Kurse bei Scientology.
- Kontakt mit Rapp/Dachau.
- Hat Schulungen bei Zabel & Schmitt absolviert.
- Gibt persönliche Daten von MA Hartwig weiter.

SCIENTOLOGY -HAMBURG-

- Der Scientologe Franz Riedel und die Scientologin Sabine Titzel geben öffentlich zu, Kontakt zu dem Nachbarn der Hartwigs, H.Randolf zu haben (Juni 1992)
- Riedel und Titzel sind mitverantwortlich für Hetzkampagnen gegen Hartwigs. Verteilen den "Freiheitsspiegel" (Propagandablatt der Scientologen).
- Aus Gerichtsakten in Hamburg werden Unterlagen kopiert und zu Rufmordzwecken in einer Flugblattaktion gegen mich verwendet.

W.Zabel & D.Schmitt

- Scientologen & WISE-Lizenznehmer.
- Veranstalten Business-Trainings.
- Haben Kontakt zu Helmut Hurle und anderen Vertragshändlern.
- Zabel & Schmitt verlieren Prozeß vor dem LG-Memmingen gegen Hartwigs

RIITA RAFFELT

- Käuferin der Single-Zentrale in der auch Rapp Mitglied war.
- Unterlagen der Firma tauchen bei einer Pressekonferenz der Scientologen auf. Riedel verteilt diese Unterlagen.

SCIENTOLOGY -ULM-

- verschickt Dossiers über Hartwigs an Personen, die im öffentlichen Leben stehen.
- Stefan Merkle/Heidenheim (Scientologe) ruft Personen aus verschiedenen Verbänden an und versucht die Fam. Hartwig zu denunzieren. Verschickt scientologisches Verleumdungs-Propagandamaterial an Organisationen und Öffentlichkeit.

Walter Scheele -Darmstadt-

Verfasser einer Verleumderischen und diffamierenden Hetzschrift gegen Hartwigs.

---

hindern wollten. Vieles ist hier nicht aufgenommen worden, weil wir nur vermuten können, daß es in dieses Netzwerk hineinpaßt, wir es aber nicht beweisen können, weil uns Zeugen und weitere Informationen fehlen. An Ideen, das zeigt die Systematik jedenfalls deutlich, wie sie »uns fertigmachen wollten«, hat es Scientology nicht gemangelt. Und an Mittätern und Mitläufern ebenfalls nicht.

5/8/92

E-I-N-L-A-D-U-N-G

zu einer geschlossenen Konferenz

An: Siehe separaten Verteiler :

Von: DSA GS Rainer Weber, c/o Scientology Kirche Deutschland, Frankfurter Ring 105, 8 München 40, Tel.: 089-3580581/ fax: 3580587

Ort: Hotel Ibis, Konferenzraum, Ungererstr. 139, 8 München 40, Tel.: 089/380830

Zeit:Freitag, der 14. August 1992, 16.00 Uhr

Voraussichtliche Agenda:

1. Die Natur des Gegners: Namen, Charakteristiken, Statistiken, Fakten.

2. Stand der Erkenntnisse bezüglich derzeitiger gegnerischer Aktionen auf IAS und WISE Mitglieder, Arbeitsweise der Gegner anhand von Beispielen, geplante gegnerische Aktionen

3. Die Aktivitäten und Strategien von OSA bezüglich obiger Situation, rechtliche Maßnahmen, kürzliche Urteile, PR-Maßnahmen etc..

4. Gemeinsame Nenner aller Anriffe und die daraus zu ziehenden Lehren und Vorbeugemaßnahmen - die Defensiv-Rolle des Einzelnen in der Handhabung der Situation.

5. Die Achillesferse des Gegners - die Offensiv-Rolle des Einzelnen in der Handhabung der Situation.

6. Nationales Komitee gegen Religiöse Diskriminierung (Arbeitstitel) - eine Idee und ihr Zweck.

7. Individuelle Ideen, Fragen, Antworten.

8. Verschiedenes.

Für Erfrischungen und Kaffeepausen ist gesorgt. Die Möglichkeit eines Abendessens besteht.

Rechtsanwalt Blümel wird teilweise anwesend sein.

Voraussichtliche Dauer: bis 21.00 Uhr.

Um einen Unkostenbeitrag von DM 20.- pro Person wird gebeten.

BESTÄTIGUNG ODER ABSAGE DES TERMINS DURCH JEDE GELADENE PERSON BIS SPÄTESTENS NÄCHSTEN DIENSTAG IST UNBEDINGT ERFORDERLICH!

Es freut sich auf Euer Erscheinen

R. Weber
DSA GS

Zu einer »geschlossenen Konferenz« hatte Rainer Weber aus München vom »Department of Special Affairs«, der deutschen Abteilung der OSA, vor allem WISE-Lizenznehmer eingeladen. Die Tagesordnung wies aus, daß Aktivitäten und Strategien der OSA, des Geheimdienstes der Scientologen, besprochen werden sollten. Mit auf der Konferenz anwesend: Rechtsanwalt Wilhelm Blümel aus München.

10.3   Mundtot um jeden Preis?

Das Kapitel »Bei Auftrag: Mord?«, das ursprünglich an dieser Stelle stand, behandelt ein schwebendes Verfahren, über das in einer abschließenden Gerichtsentscheidung erst noch das letzte Wort gesprochen werden muß. Dazu werden wir den Klageweg bis zur letzten Instanz beschreiten. Nicht nur, um Recht zu bekommen, sondern auch zur Verteidigung des Grundgesetzes, der Presse- und Meinungsfreiheit.

Besonders wichtig ist das auch wegen der Erfahrungen, die ich seit Erscheinen dieses Buches machen mußte: Mit allen erdenklichen Mitteln, auch mit Hilfe von Rechtsanwälten, versucht die Geheimdienstabteilung von Scientology, kritische Stimmen gegen die Organisation zu ersticken. Meiner Meinung nach orientiert man sich dabei an folgender Richtlinie:

> »Der Zweck eines Gerichtsverfahrens ist aufzureiben und zu entmutigen statt zu gewinnen (...) Verteidige niemals. Greife immer an. Finde oder erfinde genügend Bedrohung gegen sie, so daß sie um Frieden betteln. Löse eine Schwarze PR Kampagne aus, um den Ruf der Person zu zerstören und sie so in Verruf zu bringen, daß sie geächtet wird. Stellen Sie sicher, daß Sie bei der geringsten Gelegenheit wegen Verleumdung klagen, um die öffentliche Presse davon abzuhalten, Scientology zu erwähnen.«
>
> »Es ist meine eindeutige Absicht, daß durch die Verwendung professioneller PR (Schwarze PR) Taktiken jede Opposition nicht nur gedämpft, sondern dauerhaft ausgelöscht werden soll.«
>
> Aus einem vertraulichen »Board Policy Letter« vom 30. Mai 1974, Handhaben Feindlicher Agenten/Dead Agenting.

Agentenspiele

Der Name des scientologischen Geheimdienstes wurde geändert, als in Amerika öffentlich und aktenkundig wurde, mit welchen Methoden unliebsame Personen zum Schweigen gebracht werden sollten. Aus dem berüchtigten GO (Guardian Office) wurde die OSA (Office of Special Affairs), eine Geheimpolizei mit speziellen Aufgaben, die aus Imagegründen nach außen als »Rechtsamt« auftritt. Daß die Methoden und die Strategien bis in die heutige Zeit gleich geblieben sind, erleben alle, die die Expansion von Scientology durch Aufklärung und Gegenwehr stören. Je gefährlicher man der Organisation wird, desto heftiger werden die Angriffe.

Bereits in den 70er Jahren hat die Organisation Scientology Kritiker des Systems mit schmutzigsten Agentenmethoden terrorisiert. Der Gründer L. Ron Hubbard gab Richtlinien heraus, nach denen weltweit bis zum heutigen Tag nach immer gleichen Mustern verfahren wird. Am Fall der Autorin Paulette Cooper wird selbst für Bürger ohne juristische Kenntnis klar ersichtlich, daß es nicht um Recht und Gerechtigkeit geht, sondern um juristische Kriegsführung, die nichts mit einem demokratischen Rechtsstaat zu tun hat.

Um das Manuskript von Paulette Cooper (»Der Skandal Scientology«) gar nicht auf dem Markt erscheinen zu lassen, hat der Geheimdienst von Scientology, damals unter dem Namen Guardian Office, unglaubliche Methoden angewandt. Aus mir vorliegenden Gerichtsakten geht unter anderem hervor:

BEZIRKSGERICHT DER VEREINIGTEN STAATEN FÜR DEN BEZIRK COLUMBIA

VEREINIGTE STAATEN VON AMERIKA

gegen   Strafsache Nr. 78-401(2)&(3)
JANE KEMBER
MORRIS BUDLONG
alias MO BUDLONG (...)

Paulette Cooper
Bereits am 29. Februar 1979 schrieb die Angeklagte Kember dem DGIUS (damals Terry Milner) und ordnete an, er solle Informationen über Paulette Cooper ausfindig machen, so daß sie »gehandhabt« werden könne (Belege Nr. 32 hierzu). Paulette Cooper ist die Autorin von »Der Skandal Scientology«, einem Werk, welches Scientology scharf kritisiert. Kembers Interesse am Handhaben von Cooper hielt an, und ihre getreuen Helfer in den Vereinigten Staaten führten unglaubliche Intrigen gemäß Kembers Anleitungen aus[1]. Im März 1976 fragte Mo Budlongs Stellvertreter in »Weltweit« nach Details bei einer Operation Dynamit, die gegen Paulette Cooper durchgeführt werden sollte. Die Operation wurde an den Geschäftsführer des Informationsbüro Nordost delegiert

mit der Anordnung, »an Weltweit zu berichten« (Beleg Nr. 33, DGIWW Logbuch Seiten 72 und 73).

Weiterhin arbeiteten die ranghöchsten Scientologen der Vereinigten Staaten einschließlich mindestens sechs der Mitangeklagten (Heldt, Snider, Weigand, Willardson, Hermann und Raymond) 1976 eine Reihe von Plänen aus, um die Anordnungen der gemeinsam angeklagten Kember und Budlong auszuführen, deren Ziel die Inhaftierung von Paulette Cooper war oder deren Einlieferung in eine Nervenheilanstalt.

Im Frühjahr 1976 wurden sechs Komplotte ausgearbeitet mit dem ausdrücklichen Ziel, »P. C. (Paulette Cooper) in eine Nervenheilanstalt oder ins Gefängnis zu bringen oder sie zumindest so hart zu treffen, daß sie ihre Angriffe unterläßt«. (Siehe »Operation Ausflippen« [Freakout] vom 1. April 1976, Beleg Nr. 34 hierzu; siehe auch Beleg Nr. 35.)

Die erklärte Absicht von Scientology war es, »PC [Paulette Cooper] von ihrer Machtposition zu entfernen, so daß sie die S[cientology] C[hurch] nicht angreifen kann«. Die sechs einzelnen Komplotte wurden zusammen als »Operation Ausflippen« bezeichnet. In ihrer ersten Form sah »Operation Ausflippen« drei verschiedenen Pläne vor. Der erste forderte, daß eine Frau Paulette Coopers Stimme imitieren und arabische Konsulate in New York telefonisch bedrohen sollte. Der zweite Plan beinhaltete das Verschicken eines Drohbriefes, der den Anschein erwecken sollte, er sei von Paulette Cooper geschrieben. Zuletzt sollte sich eine Feldmitarbeiterin von Scientology in einer Wäscherei als Paulette Cooper ausgeben und Drohungen gegen den Präsident und den damaligen Staatssekretär Henry Kissinger aussprechen. Ein zweiter Scientologe hätte danach das FBI von der Drohung unterrichtet.

Am 13. April 1976 wurden der »Operation Ausflippen« zwei weitere Pläne hinzugefügt. Der vierte Plan sah vor, daß sich Feldmitarbeiter von Scientology bei Paulette Cooper einschmeicheln sollten, um von ihr Informationen zu bekommen, damit Scientology den Erfolg der ersten drei Pläne einschätzen könne. Nach dem fünften Plan sollte ein Scientologe ein arabisches Konsulat per Telefon warnen, Paulette Cooper habe von einem Bombenattentat auf sie gesprochen.

Der sechste und letzte Plan von »Operation Freakout« beinhaltete, daß Scientologen Paulette Coopers Fingerabdrücke auf einem leeren Blatt besorgen, eine Bombendrohung gegen Henry Kissinger auf dieses Blatt tippen und es abschicken sollten.

Dieser Plan hat eine deutliche Ähnlichkeit mit einem Komplott, das Scientologen 1972 und 1973 gegen Paulette Cooper durchgeführt hatten.

---

1   Zusätzlich zu Kembers gesonderter Anweisung zur »Handhabung« von Cooper waren Mo Budlong und andere weltweit eingesetzte Überwacher dauernd verpflichtet, dafür zu sorgen, daß alle Angriffe gegen Scientology »richtig berichtet und gehandhabt würden, (andernfalls) werden sowohl der CSG (Mary Sue Hubbart) und **Ich Eure Köpfe zum Frühstück kriegen** ... Love Jane.« Order der Jane Kember aus dem Postordner des Informationsbüro, Band 1, Anlage Nr. 37 hierzu (Hervorhebung R. H.)

1972 besorgen Scientologen Paulette Coopers Fingerabdrücke auf einem leeren Blatt, tippten zwei Bombendrohungen auf dieses und ein anderes Blatt und schickten die Drohungen an Scientology-Büros in New York. Danach benachrichtigten sie das FBI, daß sie diese Drohungen bekommen hätten und daß diese von Paulette Cooper stammen könnten. Paulette Cooper wurde 1973 im Süd-Distrikt von New York wegen dieser Drohungen angeklagt. 1975 wurde das Verfahren eingestellt. Wie Bruce Raymond/Randy Windment in ihrem »CSW« vom 13. April 1976 an Weigand – das er bekräftigte – schrieben, werde sich der sechste Plan als wirksam erweisen, da das gleiche Komplott gegen Cooper in der Vergangenheit bereits funktioniert habe.

>»Beigefügt ist die genehmigte Operation Ausflippen. Dieser zusätzliche Kanal (der sechste Plan) sollte sie wirklich ausgeschaltet haben. Hat mit all den anderen Kanälen funktioniert. **Das F. B. I. denkt bereits, daß sie die Bombendrohung auf die SC** (Scientology Church) **wirklich gemacht hätte.**«
(Dokument Nr. 11423)

Erst heute kann ich aus eigener Erfahrung gefühlsmäßig nachvollziehen, was die amerikanische Autorin durchlebte, bis sie endlich in letzter Instanz aufgrund von Beweisen des FBI freigesprochen wurde.

Als ich persönlich zum erstenmal mit diesen Beweisen konfrontiert wurde, war mir unverständlich, warum Scientology immer noch weltweit massive Einschüchterung gegen Kritiker und andere der Organisation unliebsame Personen ungestraft betreiben darf. Mittlerweile weiß ich, wieso Scientology mit so vielen Dingen ungestraft davonkommt. Die Angst vor Scientology ist selbst in Behörden stärker als der Respekt vor unseren Gesetzen.

Die Schlacht der Scientologen findet im Gerichtssaal statt. Das Komplott »Scientology« existiert weiterhin und tyrannisiert jeden, der sich der totalitären Zielsetzung entgegenstellt. Die Anführer der Organisation verschanzen sich hinter ihrem Geheimdienst, der weltweit zentral gesteuert ist und die Vernichtungsoperation gegen Kritiker ausführt.

Es wird Zeit, daß die verheerenden Strategien von Scientology gegen ihre »Feinde« die erforderliche Beachtung finden, damit die wahren Täter im Hintergrund zur Strecke gebracht werden können.

10.4 Schwarze Propaganda am eigenen Leib

Am 10. Mai 1993 rief mich eine »TV-Produktionsgesellschaft Walter Scheele« an, um mit mir einen Drehtermin zu vereinbaren. Auf die Frage an Walter Scheele, für wen er denn diese Produktion drehen wolle, verhedderte er sich mehrfach, so daß ich ihn kurzerhand bat, mir sein Anliegen per Fax vorzutragen – und zwar mit Briefkopf der Redaktion! Später hatte ich Grund, mich zur Person des Walter Scheele näher zu informieren. Es stellte sich heraus, daß der Mann laut andernorts getätigten eigenen Angaben Frührentner ist und weder einer beruflichen noch selbständigen Tätigkeit nachgehe. Früher hat er einmal als Journalist gearbeitet, u. a. bei einem evangelischen Kirchenblatt, bei dem man ihm aber kündigte.

Tatsächlich kam auch etwas von Walter Scheele. Ein Fax. Aber nicht vom Fax-Gerät der Produktionsgesellschaft, sondern vom Postamt Darmstadt 11, aufgegeben am 11. 5. 1993, 11.55 Uhr. Ihm durfte ich entnehmen, daß die TV-Produktionsgesellschaft »als Programmzulieferer für einen neuen Fernsehsender arbeitet, der bereits in den nächsten Wochen bundesweit ins Kabelnetz gehen wird. Die Probesendungen laufen bereits in einigen Testgebieten. Wir werden eine wichtige Nische ausfüllen: Verbraucherberatung und Schutz vor unlauteren Praktiken, besonders im Bereich Direktvertrieb. Deshalb stellen wir Schutzorganisationen wie Robin direkt vor. Und, ganz wichtig, die Menschen, die hinter ihnen stehen. Meine Fragen an Sie werden sich deshalb in erster Linie drehen: um Robin direkt, wie es zu Gründung kam, für wen Sie sich in erster Linie einsetzen . . . «

Und dann folgten ein paar Sätze, bei denen mir sofort die roten Alarmlichter im Kopf angingen: »Schwerpunkt wird auch Scientology sein. Da bitte ich Sie, richtig vom Leder zu ziehen. Das liegt den Geldgebern besonders am Herzen. Aus verständlichen Gründen darf ich den Namen des neuen Senders noch nicht nennen.« Ja, die Geldgeber! Wir sagten Herrn Scheele ab. Wie er das seinen anonymen »Geldgebern« nahebrachte, entzieht sich unserer Kenntnis.

Mit der Absage an Herrn Scheele war freilich die Aktion für ihn noch nicht beendet. Am 25. 5. 1993 war Herr Scheele zur Stelle, als im Freiburger Kolpinghaus der DGB zu einer Aufklärungsveranstaltung lud, an der ich als Referentin teilnahm. Ausgerüstet mit einer Videokamera und begleitet von seinem Bruder Gerhard Scheele war man angerückt, um

20. Mai 1992

Scientology-Kirche – eine Sekte, die an Seele und Geld geht
Auch im Kreis gibt's Sekten-Firmen

Kreiszeitung Böblingen   *20. Mai 1992*

Renate Hartwig:
Frühere Leiterin eines Single Clubs, einen Offenbarungseid, selbsternannte Bundesvorsitzende des Vereins „Robin Direkt"; rund 25 Strafanzeigen wegen Betrugs, Verleumdung und Volksverhetzung anhängig. Verlor diverse Einstweilige Verfügungen; Ehemann Paul Hartwig, Vorstandmitglied von „Robin Direkt", wegen versuchten Betrugs seit 1991 vorbestraft; diverse andere führende Mitglieder des Vereins „Robin Direkt" sind ebenfalls strafrechtlich in Erscheinung getreten; gibt vor, Scientologen auch auf rein geistiger Ebene verfolgen zu wollen.

In der Flugschrift »HASS«, einer angeblichen »Dokumentation der Hetzkampagne gegen die Scientology-Gemeinschaft« mit hunderttausendfacher Auflage, werde ich auf üble Weise beschimpft und mit Aussagen im »Stürmer«, der Zeitschrift der Nationalsozialisten, verglichen. Denn Scientology stellt sich gerne auf eine Stufe mit dem jüdischen Volk, indem sie sich als diskriminierte Religionsgruppe ausgibt.

»Der einzige Grund, warum L. Ron Hubbard die Kirche gründete und mit ihr arbeitete, bestand darin, den Leuten dieses Planeten direkt on-policy und in-tech Dianetik und Scientology zu verkaufen und zu liefern, da er es allein nicht schaffen konnte, 2,5 Milliarden Leute auszubilden und zu auditieren. Das ist der einzige Grund, warum es die Kirche gibt. Und das ist der einzige Grund, warum wir sie managen.

[...] Denkt immer daran: Ihr seid da, um Material und Dienstleistungen an Kunden zu verkaufen und zu liefern.

Denkt also daran, was LRH (L. Ron Hubbard) im HCO (Hubbard Kommunikationsbüro) PL (Policy-Letter) 31. Jan. 1983, Der Grund, aus dem es Orgs gibt, sagt:

»Der einzige Grund, aus dem es Orgs gibt, ist die Aufgabe, Materialien und Dienstleistungen an die Öffentlichkeit zu verkaufen und zu liefern und Leute aus der Öffentlichkeit herauszuholen, an die man verkaufen und liefern kann. Die Zielsetzung sind total befreite Kunden!«

Aus: Bulletin des Internationalen Management – Nr. 7, Management der Scientology-Kirche Oberste Zentrale für Aktivitäten von Dianetik und Scientology, 2.Februar 1983

»[...] ausschließlich Clears und OTs werden diesen Planeten überleben. Und wir sind die einzigen, die Clears und OTs hervorbringen können.«

Aus: HCO Policy-Brief vom 15. April 1982, Marketing-Serie Nr. 18 (Nur an Orgs und Management. Keine Ausgabe für die allgemeine Öffentlichkeit)

»die Hartwig« zu filmen. Gegenüber mehreren Personen aus dem Kreis der Veranstalter stellte Walter Scheele seinen Bruder als Sektensprecher der nordrhein-westfälischen FDP vor; er sei extra angereist, um diesen Vortrag zu hören. Nach Rücksprache mit uns untersagte der Veranstalter das Filmen. Damit erlosch das Interesse des Brüderpaares an der Veranstaltung; sie verließen den Drehort.

Aber die Scheeles sind zäh. Oder ihre Geldgeber. Am 20.8.1993 fand ich in der Post ein »Dokument« besonderer Güte. Wäre ich nicht hart im Nehmen und wüßte ich nicht, nach welchen Strickmustern die »schwarze Propaganda« gefertigt ist, mit der ich seit Jahren bombardiert werde – es hätte mich umgehauen. Journalisten ließen mir die 23seitige Verunglimpfung aus der alleruntersten Schublade zukommen. Scheele bot der Bundesredaktion von BILD eine »Hartwig-Story« feil, die einem moralischen Todesurteil gleichgekommen wäre – hätte auch nur die Hälfte davon gestimmt. Um das Ganze brisanter zu machen,

zog Scheele in das »Dokument« staatliche Stellen wie den Innen-
ausschuß des Bundestages, den Verfassungsschutz und das Landeskriminalamt Baden-Württemberg hinein. Die betreffenden Stellen wurden von mir natürlich angeschrieben; die Stellungnahmen fielen gegen
Scheeles Pamphlet aus. Den Rest besorgte das Gericht. Scheele wurde es
mit Beschluß des LG Darmstadt und des OLG Frankfurt untersagt, die
im Pamphlet aufgestellten Behauptungen zu wiederholen. Scheele ver-
teidigte sich mit dem Hinweis, seine Behauptungen wären nichtöffent-
lich gewesen, und er habe sie nur »als Hilfsmittel für eine von dritter Seite geplante Recherche« weitergegeben. Die »dritte Seite« war jedenfalls
nicht BILD. In diesem Punkt darf, bis die Ermittlungen abgeschlossen
sind, geraten werden. Mittlerweile habe ich beim Staatsanwalt Strafanzeige gegen Scheele (und vorsorglich auch: gegen seine anonymen
Auftraggeber) wegen Verleumdung und aller in Frage kommenden
Straftatbestände gestellt.

Und der Inhalt des Pamphlets? Neben den Wiederholungen dessen,
was Scientology schon seit Jahren über mich verbreitet, um mich mundtot zu machen, setzte Scheele noch eins drauf. So heißt es zum Beispiel
über Robin direkt: »... Mir drängte sich der Verdacht auf, wenn ich es in
dieser Sache nicht mit einer kriminellen Vereinigung zu tun bekommen
habe, dann mit einer Vereinigung von Kriminellen.« Ich selbst war diffa-
miert – nicht etwa »nur« als Diebin, Betrügerin, Erpresserin, Urkunden-
fälscherin – nein, er bringt mich sogar in den Verdacht, als »Scientologin
... im Untergrund« zu arbeiten. Der schamlose Gipfel dieses Pamphlets: Scheele stellt einen Mordverdacht in den Raum.

Alle diese Anschuldigungen mögen so haltlos sein wie nur irgend
etwas. Darauf kommt es der »schwarzen Propaganda« auch nicht an.
Sie arbeitet nach der Devise: Irgendwas wird schon haften bleiben. In
einem Punkt wird man sich in uns täuschen: Wir werden nicht eher
ruhen, bis alle Ideen-, Auftrag-, und Geldgeber dieses Komplotts verurteilt sind. Das wird dieser Rechtsstaat noch hinkriegen!

---

1 Office of Special Affairs Network Order, »Schlagabtausch mit dem Feind«, 10. 12. 1987.

2 ebd.

3 Landgericht München II, AZ 9 O 4422/92.

4 Oberlandesgericht München, AZ 21 U 2553/93, verkündet am 15. 10. 1993.

5 tz, München, 10. 7. 1993: »Kommissar als Sekten-Werber«.

Kapitel 11

Internationale Aspekte

11.1   In den USA ist Scientology »gemeinnützig«

Chick Corea kann sich freuen: Im Oktober 1993 wurde Scientology in den Vereinigten Staaten von der US-amerikanischen Steuerbehörde IRS (Internal Revenue Service) als gemeinnützige Organisation anerkannt – aufgrund eines Gesetzes von 1913.[1] Künftig also kann der international bekannte Jazzpianist seine Spenden in Millionenhöhe an Scientology von den Steuern absetzen.

Mit der Entscheidung der US-Steuerbehörde, der ein jahrelanger Rechtsstreit vorausgegangen war, kann Scientology wahrscheinlich mehrere Millionen Mark an Steuern einsparen. Denn die Organisation selbst ist seit langem Besitzerin von Hotels, etlichen anderen Immobilien und Grundbesitz. Sie investiert in neue Scientology-Missionen in der ganzen Welt. Dabei wird darauf geachtet, daß die Missionen an guten Adressen gelegen sind. In Hochglanzbroschüren weist Scientology beispielsweise darauf hin, daß in Hollywood die Mission dort angesiedelt sei, »wo die Stars wohnen«.

Dabei war Scientology noch im April 1992 verurteilt worden, an Lawrence Wollersheim jr., ein ehemaliges Mitglied der Organisation, 2,5 Millionen US-Dollar Schadenersatz zu leisten. Vor dem Obersten Gerichtshof der Vereinigten Staaten hatte Wollersheim Scientology auf Schadenersatz verklagt, weil er bei der Organisation Zwangspraktiken und hypnotischen Psychotechniken ausgesetzt gewesen sei. Dies hätte ihn der Fähigkeit, eigene Entscheidungen zu treffen, beraubt. Das Gericht sah es als erwiesen an, daß »die Methoden, die in diesem Fall eine Abfindung rechtfertigen – Kirchenpraktiken wie ›Auditing‹, ›Schnorrerschuld‹, ›Freiwild‹ und ›Trennungsbefehl‹ entweder überhaupt nicht als religiös gewertet werden können oder nicht

HASS
UND PROPAGANDA
Sanktioniert und betrieben von Medien und Behörden

Deutsche!
Wehrt Euch!
kauft nicht bei Juden!

Dokumentation der Hetzkampagne gegen die Scientology-Gemeinschaft

»Dokumentation einer Hetzkampagne gegen die Scientology-Gemeinschaft« nennt sich die »Haß«-Broschüre, die die Scientology bundesweit an Redaktionen von Zeitungen, Zeitschriften, Haushalte und an Politiker versandte. In der Broschüre vergleicht Scientology Berichte über die Organisation mit der Verfolgung der Juden durch die Nationalsozialisten. So findet sich dort »Der Spiegel« verglichen mit dem »Stürmer«.

»Confessional-Liste«

Welchen Verfahren sich Scientologen, die gegen eine Order verstoßen haben, unterziehen müssen, zeigt eine sogenannte »Confessional-Liste«. Sie verdeutlicht auch, daß die Scientologen nicht davor zurückschrecken, intimste Details aus dem Privatleben der Mitglieder zu erforschen, die Mitglieder der Organisation unter Druck zu setzen und sie gleichsam zu verhören. Die Liste zeigt auch, daß rassistische Tendenzen, wenn nicht gar eine rassistische Ideologie, sich hinter der Ideologie der Scientology verbirgt.

Die Liste besteht aus einem Fragenkatalog, der vom Hubbard-Kommunikationsbüro in Sussex/Großbritannien als »die schonungsloseste Confessional-Liste in der Scientology« bezeichnet wird.

Einige der Fragen aus der Liste:

6. Hast du je jemanden erpreßt?
9. Bist du je im Gefängnis gewesen?
10. Hast du dich je dem Trinken hingegeben?
11. Bist du je rücksichtslos gefahren?
13. Hast du je Geld unterschlagen?
16. Hast du je vor Gericht gelogen?
17. Hast du je etwas mit Pornographie zu tun gehabt?
19. Bist du je drogensüchtig gewesen?
23. Hast du je jemanden vergewaltigt?
24. Hast du je etwas mit einer Abtreibung zu tun gehabt?
26. Hast du je Ehebruch begangen?
27. Hast du je Homosexualität praktiziert?
28. Hast du je mit einem Mitglied deiner Familie Geschlechtsverkehr gehabt?
30. Hast du je Sodomie betrieben?
32. Hast du je mit einem Mitglied einer andersfarbigen Rasse geschlafen?
35. Hast du je jemanden ermordet?
43. Bist du je ein Spion für irgendeine Organisation gewesen?
44. Hattest du je irgend etwas mit Kommunismus zu tun oder warst du je ein Kommunist?
54. Hast du Angst vor der Polizei?
55. Hast du je etwas getan, wovon du fürchtest, die Polizei könnte es herausfinden?
66. Hast du je Leute kontrolliert?

verfassungsmäßig geschützt sind, da sie Teilnehmer wie Wollersheim durch emotionalen, psychischen und körperlichen Zwang aufgedrängt wurden.« Das Gericht hatte sich schon früher über die Praktiken der »Church of Scientology« geäußert: »Ein solches Verhalten ist zu unerhört, um unter den Schutz der Verfassung zu fallen und zu unwürdig, um unter dem Schadenersatzrecht bevorzugt behandelt zu werden [. . .].«[2]

Offensichtlich hat Scientology gute Verbindungen zur amerikanischen Regierung. Mancher vermutet, daß Scientology über Druckmittel verfügt, um einzelne Regierungsmitglieder gefügiger machen zu können. Anders wäre der Beschluß, die Scientology als gemeinnützig anzuerkennen, angesichts solcher Urteile nicht verständlich.

Dies scheint auch der Fall zu sein für die amerikanische KSZE-Kommission. Diese nämlich hat unter dem Titel »Gewalt gegen Ausländer im vereinigten Deutschland« nicht nur die Übergriffe von Mölln, Solingen und Rostock aufgelistet, sondern darunter auch die Ausladung des Jazz-Pianisten Chick Corea eingeordnet. Corea war von der Landesregierung Baden-Württemberg von einem Konzert bei der Leichtathletik-WM in Stuttgart wieder ausgeladen worden, weil er der Scientology angehört. Und nicht nur angehört, sondern sich auch noch als besonders verdientes Mitglied in der Organisation feiern läßt. So zeigt ihn ein Foto in einem der »Impact«-Magazine[3] der Scientologen an der Seite des kommandierenden OSA-Offiziers Kurt Weiland. Beim »Patron Dinner 1993« in Los Angeles hatte Weiland, der im gleichen Magazin stolz eine »Haß-Broschüre« dem Fotografen präsentiert, Chick Corea eine Ehrentafel überreicht. Die »Haß-Broschüre« erscheint in zahlreichen Ländern als Mittel scientologischer Kritiker-Bekämpfung. Auch ich hatte schon die zweifelhafte »Ehre«, in der Schrift mit dem Titel »Haß« zu erscheinen.

Die Ausladung des Jazz-Pianisten Chick Corea jedenfalls wertete die KSZE-Kommission – ganz auf der Höhe der Zeit – als den KSZE-Beschlüssen von Helsinki entgegenstehend. »Es scheint klar, daß Deutschlands Vorgehen zum Ziel hat, extremistisch [...] empfundende Gruppen auszugrenzen oder auszumerzen«, bemerkte die amerikanische KSZE-Kommission und meinte: »So haben beispielsweise Mitglieder der Scientology-Kirche gegen [...] Entlassungen protestiert, gegen den Ausschluß aus politischen Parteien und diskriminierende Behandlung durch öffentliche und staatliche Stellen.«[4]

11.2 Spione im Elysée-Palast

Die Szene in Paris, 1992: Sein Name ist Alain Brunet. Seine Aufgabe: Technischer Berater des französischen Kulturministers Jack Lang. Seine eigentliche Aufgabe: Geheime Informationen aus der Regierung an Scientology weiterleiten. Im Oktober 1992 ist er sogar Generalinspekteur des Schulwesens in Frankreich geworden.

Wichtigste Mittlerin zwischen Alain Brunet und Scientology ist Eva Lefèvre von der DSA, dem Geheimdienst der Scientologen in Paris. Und es gibt weitere Informationen über eine Person, die noch höher im Rang steht als Alain Brunet, doch wurden Namen bisher nicht bekannt.

Bis in den Präsidentenpalast sind die Scientologen in Frankreich vorgedrungen, und sie zielen auf das Zentrum der Macht. Bis jetzt konnte man ihnen noch nichts nachweisen, weil entsprechende Unterlagen fehlen. Schwarze Listen der OSA, des Scientology-Geheimdienstes in Frankreich, halten jene, die etwas wissen, in Schach.

Doch in Frankreich ist die Öffentlichkeit 1993 aufmerksam geworden. Verschiedene Presseorgane haben in den vergangenen Jahren mehrere Personen, unter ihnen Alain Brunet, als Scientologen »geoutet«. Auch die ominöse Scientology-Spionin »Edith«, eine Deutsche, die Verbindungen bis in Regierungskreise hatte, hat inzwischen das Land wieder verlassen.

In Frankreich hat sich Scientology 1992 in eine seltsame Allianz begeben: Gemeinsam mit der Moon-Sekte, mit Vertretern eines Druiden-Kultes, mit Satanisten und den »Freunden der Außerirdischen« sowie einer Vielzahl kleinster Gruppierungen und Grüppchen, die sich sämtlichst »Sekte«, »Kirche« oder »Religion« nennen, gründete Scientology in Straßburg den »Internationalen Bund der religiösen und philosophischen Minderheiten«. Man tat sich also zu einer Art »Sektenkartell« zusammen, um die verschiedenen Interessen zu bündeln und gemeinsam zu vertreten. Wichtig dabei: »Wir reden nie über unsere Philosophie«, sagte Danielle Gounord, Chef der Scientologen in Frankreich.[5]

Denn dann würden die Gruppen wohl nie das erreichen, was sie erreichen wollen: gesellschaftliche Anerkennung trotz teilweise gesellschaftsverändernder Tendenz.

---

[1] Vergl. Meldung epd v. 13.10. 1993, 14.13 Uhr.

[2] Pressemeldung: Betrifft Scientology und Dianetik, 24. 4. 1992, Cynthia Kisser, Chicago.

[3] In: Impact, 49, 1993, S. 30f.

[4] In: Human rights and democratization in unified Germany. Prepared by the Staff of the Comission on Security and Cooperation in Europe. Washington D.C. 1993.

[5] Le Point, 27. 2. 1993, S. 70: »Sous le masque du cartel«.

Kapitel 12

Was tun unsere Politiker?

Die umtriebige Tatenlosigkeit unserer Politiker

Vor nunmehr 21 Jahren hatte das Bundeskriminalamt einen Bericht an die Bundesregierung verfaßt. Zweck: die gefährlichen Machenschaften von Scientology aufzuzeigen. Anfang der 80er Jahre hatte der Bonner Ministerialrat Dr. Klaus Karbe in einem Brief an die Justizministerin des Landes Nordrhein-Westfalen, Ingeborg Donnepp, vorgeschlagen, Ermittlungen gegen Scientology zentral bei einer Staatsanwaltschaft für die gesamte Bundesrepublik zusammenzuführen. Denn Scientology, so führte damals Ministerialrat Karbe aus, gehe mit Mafia-Methoden gegen Kritiker vor. Er selbst sei wiederholt Opfer der Scientology gewesen, zuletzt im Herbst 1981. »Es ist jedoch unerträglich, daß Staatsbürgern von der Scientology das Recht streitig gemacht wird, Scientology und andere destruktive Kulte zu kritisieren, nur weil diese Organisationen Religionsgemeinschaften sind oder glauben, es zu sein«, schrieb Karbe in dem Brief an die Justizministerin des Landes Nordrhein-Westfalen. Seines Erachtens nehme die Justiz in Deutschland die Vorfälle um Scientology viel zu leicht.

Inzwischen hat die offensive Aufklärungsarbeit zur Sensibilisierung der Politik, Gerichte und Öffentlichkeit beigetragen. Leider ist bis heute gesetzlich noch nichts Einschneidendes unternommen worden, um die Mafia-Methoden gegen Andersdenkende, die Ausbeutung von Menschen, die sich in psychischen Notlagen befinden, die geistige Manipulation, das wirtschaftsschädigende Verhalten und die gesellschaftsverändernde Tendenz von Scientology zu unterbinden.

Ich habe Berge von Aktenordnern mit Protokollen von Landtagssitzungen, mit Berichten über Stellungnahmen zu parlamentarischen

> »Da wir auch ohne Vorschläge vorwärts gekommen sind, tun wir also besser daran, uns zu rüsten, dies jetzt, da wir es geschafft haben, auch weiterhin zu tun. Dieser Punkt wird natürlich als »unpopulär«, »selbstgefällig« und »undemokratisch« angegriffen werden. Das mag durchaus stimmen. Aber es ist auch eine Überlebensfrage. Und ich sehe nicht, daß populäre Maßnahmen, Selbstverleugnung und Demokratie dem Menschen irgend etwas gebracht haben, außer ihn weiter in den Schlamm zu stoßen. Heutzutage erfreuen sich Schundromane allgemeiner Beliebtheit; Selbstverleugnung hat die Dschungel Südostasiens mit steinernen Götzen und Leichen angefüllt; und die Demokratie hat uns Inflation und die Einkommenssteuer gebracht.«
>
> *aus: Hubbard Kommunikationsbüro HCO-Richtlinienbrief, vom 7. Februar 1965*

Anfragen, mit Protokollen von Arbeitskreisen, mit Übersichten über Beschlüsse, mit Aussagen von Politikern, politischen Gruppierungen und Interessengemeinschaften. Ich habe große Anfragen und kleine Anfragen an alle möglichen Parlamente, ich habe Pressemitteilungen und Sitzungsprotokolle, ich habe Anträge und Ausführungen, ich habe Reden und Statements, und alle betreffen nur ein Thema: Scientology und die kriminellen Machenschaften dieser Organisation, die es zu verbieten gelte. Ich habe diese Aktenordner inzwischen in unseren Keller verbannt.

Für mich sind sie bis heute nur bedrucktes Papier geblieben. Das, was im Bundestag, in den Landtagen, den Bezirksparlamenten, den Kreistagen und den Stadträten von den von uns Bürgern auf demokratischem Wege gewählten Volksvertretern ausgeführt wurde, bleibt für mich bis heute Makulatur.

Der nötige Handlungsbedarf, gegen Scientology mit rechtlichen Mitteln vorzugehen, ist auf dem Papier schon längst erkannt. Doch die Realität sieht bis heute anders aus. Als betroffene Bürgerin bin ich nicht nur maßlos enttäuscht, ich bin entsetzt. Stinksauer.

Ein paar Kostproben aus meinen »Kellerakten«:

• Antrag der FDP-Fraktion im hessischen Landtag am 2. März 1993: »Der hessische Landtag betrachtet mit Sorge die verstärkten Aktivitäten der Scientology-Organisation. Er bewertet die Scientology weder als eine Kirche noch eine Sekte, sondern als eine allein auf Profit und Macht gerichtete Organisation, die ihre wahren Ziele unter dem Deckmantel der Religionsausübung zu verschleiern versucht« (Versandt mit einem Beibrief unter dem Titel »Mutige Politik. FDP. Die Liberalen«).

• Antrag der Fraktion der CDU im Landtag von Baden-Württemberg vom 26. März 1991: »Die Scientology Kirche hat ein klar strukturiertes, handlungsorientiertes Programm (Technologie), das weltweit standardmäßig nach festen Richtlinien durchgeführt wird. Die Einhaltung wird durch Kontrollinstanzen (z.B. Fallüberwacher, »Ethik-Offizer«, Handhabung mit Problemen von Mitgliedern durch Ethik-Verfahren, Ursachenforschung bei Geldrückforderungen) überwacht.«

• Beschluß des CDU-Parteitages 1991 in Dresden: »Scientology vertritt totalitäres, menschenverachtendes Gedankengut und wendet Praktiken an, die persönlichkeitszerstörende Auswirkungen haben. Scientology nimmt für sich in Anspruch »Kirche« zu sein und suggeriert damit eine Nähe zu christlichen Kirchen und Glaubensgemeinschaften. Die Inanspruchnahme dieses Begriffes stellt angesichts der von Scientology verbreiteten Lehren lediglich eine Strategie dar, Mitglieder zu werben, Steuervorteile in Anspruch zu nehmen und in Deutschland den Status einer Körperschaft des öffentlichen Rechts zu erreichen.« Der Parteitag faßte den Beschluß, daß eine Mitgliedschaft bei Scientology unvereinbar mit der Mitgliedschaft in der CDU sei.

• Große Anfrage der Fraktion der FDP im Landtag von Nordrhein-Westfalen am 6. Mai 1993: »Die Tätigkeit der Scientology-Organisation beurteilt die Landesregierung als sozialschädlich und auf wirtschaftliches Interesse ausgerichtet.«

• Bericht des Rechtsausschusses der Bürgerschaft der Freien Hansestadt Hamburg: »Die Ausschußmitglieder nannten die Dianetik als ein Täuschungsbeispiel, die von der Scientology als Heilbehandlung ausgegeben werde.«

• Große Anfrage der Fraktion der CDU und der Fraktion der SPD im Senat von Berlin am 17. Juni 1991: »Die Scientology hat bundesweit ihren Schwerpunkt weiter auf wirtschaftliche Ziele gelegt.«

• 63. Konferenz der Justizminister und -Senatoren vom 18. bis 21. Mai 1992 in Hannover: »Die Justizminister und -Senatoren beobachten das Gebaren der ›Scientology‹-Organisation mit Besorgnis. Sie bitten den Bundesminister der Justiz um Prüfung, ob zum Schutz der von dieser Organisation und von ähnlichen Organisationen angeworbenen Personen der Tatbestand des § 302 a StGB (Wucher) um den Fall der Ausbeutung physischer oder psychischer Abhängigkeiten zu erweitern ist. Weiter bitten sie die Konferenz der Innenminister und -Senatoren um Prüfung, ob die Ziele und Methoden der ›Scientology‹-Organisation eine Beobachtung durch die Verfassungsschutzbehörden notwendig machen.«

Unabhängig davon, daß als Ergebnis dieser Beschlüsse wahrscheinlich nur die Gewinne von Papierherstellern, Druckmaschinenherstellern und Altpapierverwertern angestiegen sind, abgesehen davon, daß Hunderte von Politikern ungezählte Stunden lang über das Thema Scientology diskutiert haben, ist bis heute nichts passiert. Die Justizminister haben die Debatte über Scientology an die Innenminister verwiesen, und die diskutieren heute weiter darüber, ob

---

»Die Funktionsfähigkeit der Scientology erhalten«

Ein Scientologe ist das Wesen, das sich einen Meter hinter dem Kopf der Gesellschaft befindet. Und die Gesellschaft arbeitet auf acht Dynamiken, nicht in einem Krankenzimmer. Einige von uns würden natürlich praktizierende Fachleute werden. Aber ein professioneller Scientologe ist jemand, der die Scientology an jedem Bereich und jeder Stufe der Gesellschaft fachmännisch anwendet.

[...] die Fabriken, die Zentren des Handels, die Wohnungen, die Gemeinden, das sind die Orte, wo wir ausgebildete Scientologen haben wollen. Nur auf diese Weise haben wir Teil an den geschäftigen, noch immer gesunden Kommunikationslinien der Welt.

[...] Auditieren Sie Leute an den Wochenenden, betreiben sie an einigen Abenden der Woche zu Hause ein Ko-Auditing; aber begeben Sie sich auf jeden Fall auf die aktiven Kommunikationslinien der Welt und machen Sie Ihren Einfluß spürbar.

[...] Erobern Sie, egal wie, die Schlüsselpositionen, die Position als Vorsitzende des Frauenverbandes, als Personalchef einer Firma, als Leiter eines guten Orchesters, als Sekretärin des Direktors, als Berater der Gewerkschaft – irgendeine Schlüsselposition. Verdienen Sie sich einen ordentlichen Lebensunterhalt damit, fahren Sie einen guten Wagen, aber bringen Sie Ihre Aufgabe über die Bühne, handhaben und verbessern Sie die Leute, denen Sie begegnen und schaffen Sie eine bessere Welt.

Hubbard Kommunikationsbüro HCO Bulletin vom 10. Juni 1960 wiederherausgegeben am 12.4.1983, Nr. 33 der Serie

---

Scientology vom Verfassungsschutz beobachtet werden soll. Wie lange wollen die Damen und Herren der Politik eigentlich noch warten und Material sammeln lassen, bevor endlich einmal Scientology beispielsweise im Verfassungsschutzbericht auftaucht?

Berge von Beweismaterialien liegen vor. An allen möglichen Stellen. Bei Staatsanwälten, bei Privatinitiativen wie bei uns von Robin direkt, bei Elterninitiativen und auch bei kirchlichen wie staatlichen Stellen, z. B. in den Büros der Sektenbeauftragten. Tausende Bürger haben sich in Unterschriftenaktionen, wie beispielsweise veranstaltet von der Initiative Hoisdorf bei Hamburg, gegen Scientology gewandt. Die Initiative Hoisdorf hat allein 50 000 Unterschriften gegen Scientology zusammengetragen, die sie öffentlich Rita Süssmuth überreichten. Geschehen ist seitdem nichts. Statt dessen ruft die Junge Union in Baden-Württemberg in Zusammenarbeit mit der »Bundesarbeitsgemeinschaft der Scientology-Opfer« eine weitere Unterschriftenaktion ins Leben, die sich für das Verbot des Auditings seitens der Scientology einsetzt. Ich frage, wie viele Unterschriften wir wohl noch brauchen, bis etwas passiert. Und wie viele Opfer Scientology bis dahin noch fordern wird.

Auffallend ist, daß Parteien immer dann aktiv in Sachen Scientology werden, wenn irgendwo Wahlen in Sicht sind. Das Thema scheint sich immer gut zu machen, wenn es um Stimmenfang geht.

Im Verfassungsschutzbericht ist zu lesen, daß unser freiheitlicher Rechtsstaat über ein Instrumentarium verfüge, um die »Wiederholung einer Entwicklung zu verhindern, in der Grundprinzipien der Verfassung von ihren Gegnern angegriffen und ausgehöhlt werden konnten«. Wenn ich mir vor Augen führe, was Scientology in den Schriften der Organisationen an Gedankengut verbreitet, wie sie mit dieser Lehre ihre Mitglieder indoktriniert und mit welcher Konsequenz und Zielsetzung diese Lehre umgesetzt wird, dann frage ich mich, warum ich im Verfassungsschutzbericht Scientology nicht neben der Roten Armee Fraktion (RAF), den Revolutionären Zellen (RZ), der Nationalistischen Front (NF) und der »Aktion sauberes Deutschland (ASD)« finde.

Die Idee »Clear Deutschland« von Scientoloy ist ein Angriff auf unseren Staat. Der Staat ist aufgefordert, sich zu wehren. Und der Staat, das sind wir.

Schlußwort

»Die Dianetik ist ein Abenteuer«, hatte L. Ron Hubbard an den Anfang seines Buches gesetzt. Das ist der einzige Satz von Hubbard, dem ich rückhaltlos und aus innerster Überzeugung zustimme. Aus Unkenntnis, Biedersinn und Dummheit hat sich die deutsche Öffentlichkeit auf das Abenteuer Scientology eingelassen – ahnungslos, was da passiert.

Eine totalitäre Bedrohung unseres Landes erwartet man nur aus der Ecke der Schaftstiefel. Daß uns das Totalitäre befallen könnte wie ein Bazillus, fällt uns im Traum nicht ein. Es ist aber so. Die brutale Gewalt kommt über uns in Form teuer bezahlter Erfolgstrainings; der Verlust der Freiheit findet statt in Selbsthilfekursen; der Rassismus tarnt sich als Religionsgemeinschaft. In unserem freiheitlichen Rechtsstaat darf sich diese Organisation einen »Geheimdienst« halten und Andersdenkende bespitzeln und schikanieren.

Die Scientologen nehmen sich einfach die Freiheit, unser Land – das sich der freiheitlichsten Verfassung in seiner Geschichte rühmt – zum »Abenteuerspielplatz« umzufunktionieren. Mit rotzfrecher Kaltblütigkeit nutzen sie die Liberalität, Offenheit und Toleranz dieses Landes, um ihr Ding zu drehen. Sie setzen die Spielregeln fest. Bis das einmal oben angekommen ist im schwerfälligen Apparat unserer Demokratie, ist der Deal gelaufen. Und Scientology sitzt an den Schlüsselstellen der Macht.

Meine Erwartung an die Politiker – das haben Sie gemerkt – ist nicht mehr allzu groß. Ich hoffe auf eine andere Kraft, eine Kraft, die nicht so leicht zu korrumpieren ist: die Zivilcourage hellsichtiger und mutiger Bürger. »Was ich am meisten verachte«, schreibt Antoine de Saint-Exupéry, »ist die Rolle des Zuschauers ...« Scientology spielt das Spiel halt nicht nur, weil hier viel zu viele Leute mitspielen. Man spielt auch wegen der Zuschauer.

Ich habe während meiner Vorträge in den letzten Jahren so viele positive Erfahrungen mit unerschrockenen Menschen gemacht, daß ich sagen kann: Ich bin mir sicher, daß der wachere Teil der Bürger in unserem Land das Spiel durchschaut, gar nicht erst mitspielt noch zuschaut, sondern im Gegenteil den Mut besitzt, das Spiel kurzerhand abzupfeifen. Einer allein pfeift nur gegen den Wind. Das Spielchen ist aber zu Ende, wenn nur laut genug gepfiffen wird: wenn Tausende pfeifen.

Helfen Sie, daß aus vereinzelten Bürgerinitiativen eine Bürgerbewegung wird!

»Das Abenteuer geht jetzt erst los« – so ließ L. Ron Hubbard sein Buch enden.

Stimmt, Herr Hubbard.

Jetzt geht es los!

Glossar

Aberration
Abweichung vom scientologisch vorgegebenen Verhaltensmuster.

ARC/ARK
Ein Wort, das aus den Anfangsbuchstaben von Affinität, Realität und Kommunikation (engl. communication) geformt wurde, die zusammen Verstehen ausmachen. Für Scientologen hat es die Bedeutung von Wohlwollen, Liebe und Freundlichkeit bekommen. Man verliert jedoch nicht das ARC, sondern man hat einen »ARC-Bruch«. ARC wird gemeinhin als Dreieck dargestellt.

Auditing
Dianetik Auditing/Scientology Auditing, vom lat. audire = zuhören. Von Hubbard entwickelte Fragetechnik, eine Mischung aus Verhör, Beichte und Therapieform. Soll helfen, Eindrücke wie Mißemotionen, Mißverständnisse und Geburtsängste des Preclears zu löschen. Ausgebildete Auditoren entlocken ihren Klienten persönliche Lebensdaten. Als Hilfsmittel wird ein »E-Meter« benutzt.

Brücke
Das Kurssystem der Scientology wird von Scientologen als »Brücke zur totalen Freiheit« bezeichnet. Einstieg oft mit Kommunikationskurs, höchste Stufe: OT-Kurse.

Celebrity Center
Ist dafür verantwortlich, sicherzustellen, daß Prominente (Celebrities) in ihrem »Machtbereich« expandieren. Diese Organisation ist auch für die Grundausbildung einer prominenten Persönlichkeit in der Scientology verantwortlich.

Clear

Laut L. Ron Hubbard ist ein Clear ein Mensch, der von Ängsten, Miß-emotionen und Mißverständnissen befreit ist. Der »geklärte« Mensch ist das Idealziel der dianetischen Verfahren. Alle Nicht-Scientologen und alle Menschen, die den Zustand Clear noch nicht erreicht haben, sind Preclears (PCs). Doch nicht nur Menschen sollen den Zustand Clear erreichen, sondern auch die Welt soll »geklärt« werden, also nur noch nach scientologischen Vorstellungen und Anweisungen funktionieren. Hierfür gibt es bestimmte Programme, so zum Beispiel das Programm Clear Planet, Clear Europe, Clear Deutschland.

CSI

Church of Scientology International, eine kalifornische gemeinnützige religiöse Körperschaft, »Mutterkirche« und höchste »kirchliche« Auto-rität der sich als »Religion« bezeichnenden Scientology.

Dianetik

Vom griech. dia = durch und nous = Verstand. Durch den Verstand, den Verstand betreffend. L. Ron Hubbards Vorstellung von einer funk-tionierenden Therapie. Teilt den Verstand (mind) in reaktiven und analytischen Teil. Erhebt den Anspruch, den reaktiven Verstand aus-löschen zu können und damit den Menschen grundlegend von allen Ängsten und Schmerzen befreien zu können.

E-Meter

Elektro-Meter, Hilfsgerät in der Art eines Lügendetektors, wird beim Auditing verwendet. Der Preclear hält während der Sitzung zwei Weiß-blechdosen, durch die ein schwacher Strom geleitet wird. Der Wider-stand beim Körperdurchfluß wird gemessen.

Engramm

Auditingbegriff. Per Hubbard-Definition sind in einem Engramm Ein-drücke von Schmerz und Bewußtlosigkeit eingeschlossen. Engramme sind demnach im reaktiven Verstand gespeichert und beginnen nach soge-nannten Secondaries auf das Leben des Menschen negativ Einfluß zu nehmen.

Sogenannte Ur-Engramme sind das Koitus-Engramm und das Geburts-Engramm.

Ethik

Zentraler Begriff der Scientologen. Ethik wird in der Organisation umdefiniert als »Gegenabsichten aus der Umwelt zu entfernen«.

Ethik-Offizier

Unmittelbarer Vorgesetzter in der Scientology-Hierarchie. Er hat strafende und eingreifende Möglichkeiten.

Flag

Hubbard leitete seine Organisation eine Zeitlang von einem Schiff (Flag) aus, deshalb wird die Landbasis Flag Land Base (Clearwater/ Florida) genannt. Oberste Technische Organisation und Zentrum der Dienstleistungen für die OT-Stufen. Nur dort werden Spezialkurse für die Stufen ab OT III geliefert. Als »Sea Base« dient heute das Schiff »Freewind«.

FSM

Freier Scientology-Mitarbeiter (Field Staff Member): FSMs bringen Leute zur Scientology, indem sie Verbreitungsarbeit betreiben.

Guardian Office

Wächter-Büro. Eingerichtet zur Abwehr von Feinden und zur Kontrolle der Veröffentlichungen über Scientology in der Presse. Geleitet von Mary-Sue Hubbard, dritte Ehefrau von Ron Hubbard, bis zu ihrer Verhaftung und Verurteilung wegen Verschwörung gegen die Vereinigten Staaten. Wegen »schlechter« Presse und zur Säuberung von Hubbards Gefolgsleuten 1983 von David Miscavige aufgelöst. Neuer Name: Department 20, OSA (Office for Special Affairs). Nationale Abteilungen für Deutschland: DSA (Departement für spezielle Angelegenheiten).

HCO

Hubbard communication office, zu Lebzeiten Hubbards die Machtzentrale der Scientologen. Von hier wurden auch die HCO Policy-Briefe ausgegeben. Diese Policy-Briefe haben quasi Gesetzescharakter.

IAS

International Association of Scientologists. Internationale Organisation der Scientology-Mitglieder. Sitz der IAS ist Saint Hill Manor in Sussex/England.

Impact-Liste
s. Kriegskasse

Kriegskasse
war chest. Die Kriegskasse dient zur Finanzierung der Kampagnen
»Clear Planet«, »Clear Europe«... Alle Scientologen sind zu Spenden
aufgefordert. Wer mindestens 40 000 US Dollar einzahlt, wird auf
Ehrentafeln (Impact-Liste/Patron-Liste) erwähnt und als »patron«
bezeichnet.

LRH
Abkürzung für Lafayette Ron Hubbard.

LRH-Tech
Hubbards scientologische Management- und Verwaltungs-Technologie.

Mind
Übersetzt bedeutet es für Scientologen Geist/Verstand. Es ist nach Hubbard eine Steuerungseinheit, die der Thetan verwendet, um den Körper
zu kontrollieren; reactive mind (Unterbewußtsein), analytical mind (Bewußtsein) und somatic mind (Schmerzbewußtsein).

Org
Abkürzung für Organisation, nationale Niederlassung der Scientology
Church an einem Ort. Wird geleitet von einem ED (Executive Director),
einem HES (Hubbard Executive Secretary), einem OES (Org Executive
Secretary) und einem PES (Public Executive Secretary). Diese vier bilden das Exec Council, leiten damit die Organisation und sind direkt dem
kontinentalen Büro (CLO – Continental Liaison Office) unterstellt. Sie
erhalten von dort die täglichen und wöchentlichen Befehle und Soll-
zahlen für Umsätze (für Europa und Afrika – mit Ausnahme von Großbritannien und Italien, die über eigene kontinentale Orgs verfügen – ist
dies in Kopenhagen/Dänemark).

Org Board
Organizing Board, Organisierungstafel. Eine Tafel, die zeigt, welche
Funktionen ein Scientologe in einer Organisation auszuführen hat, wel-
che Ziele die Org verfolgt und wer für die Durchführung der Pläne zur
Durchsetzung der Ziele verantwortlich ist. Die Organisierungstafel glie-

dert sich meistens in einen »Ist-Plan« (Zustand) und einen »Zukunfts-Plan« (Ziele) mit genauen Anweisungen.

Preclear/PC
Der zu klärende Mensch. Jeder Nicht-Scientologe und jeder Mensch, der durch Auditing noch nicht »geklärt« worden ist.

OSA
s. Guardian Office.

OT
Abkürzung für Operierender Thetan. Der Zustand nach Clear wird in Scientology OT (Operierender Thetan) genannt. Ehe man ein voll-wertiger OT ist, befindet man sich auf der Stufe des Pre-OT (etwa bis OT III). Die zur Zeit höchste Stufe ist derzeit OT VIII.

Persönlichkeitstest
Katalog mit 200 Fragen. Hauptzweck: Kundenfang.

PTS (Potential Trouble Source)
Potentieller Ärgernisverursacher. Hubbard fordert, diese Personen zu »handhaben«.

Reinigungs-Rundown
Scientology-Kurs mit angeblicher Wunderwirkung. Exzessive Schwitz-kuren in der Sauna, täglich über mehrere Stunden, als Beigabe hochkon-zentrierte Vitamine (Niacin).

Scientology
vom lat. scire = wissen und dem griech. logos = Lehre. Wird übersetzt als Lehre vom Wissen oder wissen, wie man weiß. Scientology wird seit 1954 als Name für die Gesamtorganisation benutzt und wurde als Mar-kenzeichen eingetragen.

Sea Org
Von Hubbard gegründete Organisation. Der Name Sea Org, Organisa-tion zur See, begründet sich dadurch, daß Hubbard mehrere Jahre seine Organisation von einer Schiffsflotte aus leitete. Sie ist die Keimzelle des heutigen Scientology Konzerns. Arbeitsverträge werden in der Sea Org

über einige Millionen Jahre abgeschlossen. Motto: Revenismus (Wir kommen wieder). Das Sea Org Member verpflichtet sich, im nächsten Leben sofort seinen Dienst wieder anzutreten. Schwimmender Stützpunkt heute: Schiff »Freewind«. Nur hier Ausbildung zum OT VIII.

Saint Hill (SH)

Saint Hill Manor, alter Landsitz in East Grinstead, Sussex/England. Wurde von Hubbard einem Maharadscha abgekauft. Dort entwickelte er den kompletten Ausbildungsgang der Auditoren (Saint Hill Special Briefing Course). Damit sollte das »Machen« von »Clears« zum Standard werden. Alle Organisationen, die befugt sind, Clears anzuerkennen (Clear Attest: heute »Clear Certainty Rundown«), werden seitdem Saint Hill Organisationen genannt. Dies sind meist die kontinentalen Organisationen, wie z. B. in Kopenhagen (AOSH EU & AF = Advanced Organisation Saint Hill, Europe and Africa). Saint Hill in Sussex ist heute zu einer modernen Burganlage ausgebaut und ist Sitz der IAS.

Statistik

Jeder Scientologe hat über seinen »Erfolg« Statistiken zu führen, die zu Kontrollinstanzen, u. a. an Ethik-Offiziere, weitergeleitet werden. Kontrolle ist somit stets möglich.

Thetan

Begriff der Hubbardschen Lehre, er bezeichnet das Leben an sich, ohne Materie, Energie, Raum und Zeit. Auch als Selbstbezeichnung des Scientologen gebräuchlich. Laut Hubbard muß das Ziel des Menschen sein, ein Operierender Thetan zu werden. Endziel ist es, durch (Auf-) Opferung (von Materie, Raum und Zeit) wieder ohne Körper existieren zu können, wie es vor 75 Billionen Jahren bereits möglich gewesen sei.

WISE

World Institute of Scientology Enterprises. Ist die wirtschaftliche Dachorganisation von Scientology. Außerdem ist WISE die Vertriebsorganisation, um Hubbards Technologie in der gesamten Geschäftswelt zu verbreiten. WISE schließt nach scientologischen Richtlinien geführte Unternehmen zu Konsortien zusammen und übt Kontrolle aus. Unternehmer und Geschäftsleute werden durch Lizenzverträge (Abgabeordnung) an WISE gebunden.